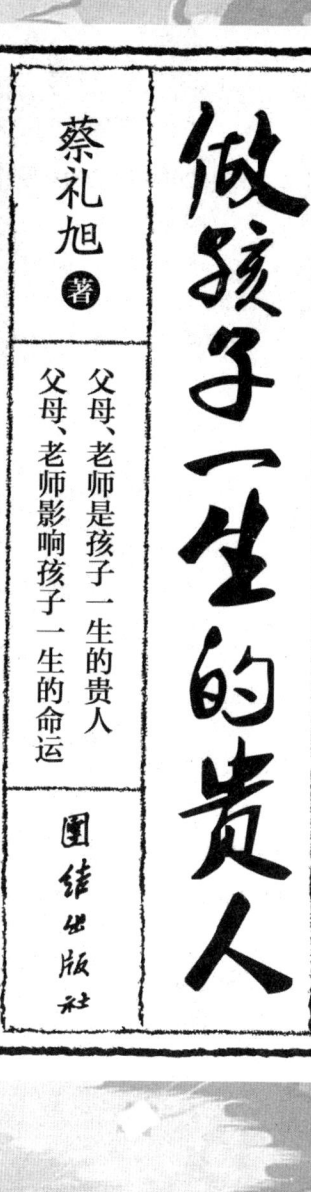

蔡礼旭 著

做孩子一生的贵人

父母、老师是孩子一生的贵人
父母、老师影响孩子一生的命运

团结出版社

图书在版编目（CIP）数据

做孩子一生的贵人/蔡礼旭口述.—— 北京:团结出版社,2014.7
ISBN 978-7-5126-2964-6

Ⅰ.①做… Ⅱ.①蔡… Ⅲ.①青少年教育 Ⅳ.①G775

中国版本图书馆CIP数据核字(2014)第160293号

出版：团结出版社
　　（北京市东城区东皇城根南街84号 邮编：100006）
电话：(010) 65228880 65244790 (传真)
网址：http://www.tjpress.com
Email：65244790@163.com (投诉)
经销：全国新华书店
印刷：三河市祥达印刷包装有限公司
装订：三河市祥达印刷包装有限公司
开本：170×240 1/16
印张：27.75
字数：370千字
版次：2015年1月 第1版
印次：2015年1月 第1次印刷
书号：978-7-5126-2964-6
定价：36.00元

编者序

　　"望子成龙，望女成凤"是每位家长的期盼；"为天下得人"是每位教育工作者的志愿。如何才能成为自己的孩子、自己的学生，乃至身边所有人生命中的贵人，用爱与智慧的心灯，照亮彼此的一生？

　　2013年7月，中国教师发展基金会、国家教师科研基金"十二五"规划重点课题"中国学校法制教育行动研究"总课题组，在南京举办了"学习传统文化做有道德的教育者"校长培训班，蔡礼旭老师受邀义务演讲，主题是"做孩子一生的贵人"，一共六课时。因在南京的演讲尚未圆满，蔡老师返回马来西亚中华文化教育中心后，每周六继续录制此套课程，计有十七课时。因而此主题演讲共二十三课时。

　　蔡老师以一颗真诚无私的爱心，将自身深入中华五千年教育智慧的心得，以及十多年弘扬文化、培育人才的经验，毫无保留地奉献给大众。此次课程，是继《幸福人生讲座》、《细讲弟子规》之后，蔡老师的又一菁华演讲，不但值得所有家长及教育工作者细细体味，也值得所有为员工的幸福和大众的感动而奋斗的企业家、团队领导者参考。

　　鉴于此，敝讲记组根据蔡老师演讲文字稍加整理，以飨读者。若有内容汇整不当、或文字讹误之处，祈望诸位仁者不吝赐教。

马来西亚中华文化教育中心 讲记图书组

2014年7月1日

《做孩子一生的贵人》提纲

壹 释题

贰 生命的意义

叁 人类的苦难

肆 建国君民 教学为先

伍 师道尊严

　一 教师的重要性

　1.不知礼义不可以行法 （《群书治要360》第218句）

　2.玉不琢不成器

　3.古之学者 比物丑类 （《礼记·学记》）

　4.师哉师哉 童子之命也

　5.文化承传

　二 尊师方能重道

　1.凡学之道 严师为难 （《礼记·学记》）

　2.是故古之圣王未有不尊师也, 尊师则不论贵贱贫富矣（《群书治要360》第250句）

　3.一分诚敬得一分利益 十分诚敬得十分利益 有状元学生, 没有状元老师

　4.孝亲是尊师的基础

5.古今对比

三 振兴师道

　1.自重而后人重

　2.夫知为人子 （《群书治要360》第177句）

　3.知本分——传道、授业、解惑

　4.安贫乐道 为国育才

　5.自我提升

陆 教育工作者的典范——至圣先师

　一 孔子治学

　　1.述而不作 信而好古 （《论语·述而第七》）

　　2.子曰 吾十有五而志于学 （《论语·为政第二》）

　　3.十室之邑 （《论语·公冶长第五》）

　　4.子曰 不曰如之何者 （《论语·卫灵公第十五》）

　　　知之者不如好之者 （《论语·雍也第六》）

　　5.子曰 由 诲女知之乎 （《论语·为政第二》）

　　6.君子食无求饱 （《论语·学而第一》）

　　　士志于道 （《论语·里仁第四》）

　　7.德之不修 （《论语·述而第七》）

　　8.学而不思则罔 （《论语·为政第二》）

　　9.子曰 三人行必有我师焉 （《论语·述而第七》）

　　10.赐也 汝以予为多学而识之者 （《论语·卫灵公第十五》）

　二 孔子为师之风范

　　1.智慧

　　(1)务本

　　(2)看得深远

　　(3)禁于未发

(5)不疑

2.宽以待人

(1)设身处地

(2)不计较

(3)厚道

四 敦伦尽份 闲邪存诚

1.作之君 作之亲 作之师

(1)君:以身作则 使命感 大公无私 知人善任 纳谏

(2)亲:养育 高度信任 不弃不舍 不求回报

(3)师:道统承传 培养民族栋梁 开人智慧

2.人臣本分

(1)四种主动

(2)务本

(3)立节 尽忠 劝谏 举贤

3.正确的思想观念

(1)对人

(2)对事

(3)对物

目录

第一讲 释题(一)

尊敬的诸位教育界的同道们，诸位长辈、兄弟姐妹们，大家早上好！

看到诸位校长，诸位教育界的同道，内心非常的喜悦。孔子说，"有朋自远方来，不亦乐乎？"而我们讲台上的背景图，是油菜花田，数以千万计的美丽的花朵，让我们感受到诸位校长同道们，是为了孩子一生幸福的人生在用心，在着想。诸位校长的这份用心，一定会在孩子的人生当中开花结果，就像这片油菜花田一样。在诸位校长背后，可能影响的是几万、几十万孩子的人生幸福。所以今天跟大家交流的题目，是"做孩子一生的贵人"。

从昨天到了我们南京居美馨教育中心，我一直都在感动当中。像昨天晚上大家自我介绍，其实有一句俗话讲，"人生得一知己，死而无憾"，在听着校长们的自我分享，我们可以感觉到，在这里会遇到很多知音，会有一种惺惺相惜的感觉。而且又会体会到，经典告诉我们的，"德不孤，必有邻"、"四海之内皆兄弟"。而且今天这个缘分，我们走在这个弘扬圣贤教育的路上，会形成一个教学的团队。我们一百多个人，大家一起同心协力，以后有好的经验、好的例子都可以互相分享，那个力量是非常非常大的。

我们以前一个人孤军奋战，现在结识到我们祖国大地所有的志士仁人，对教育非常有使命的校长们，大家共聚一堂，这是非常殊胜的缘分。

所谓"知缘、惜缘(珍惜这个缘分)、造缘",造我们往后所有学校老师、同仁、孩子们幸福人生的缘。"知恩、感恩、报恩",我们感恩南京居美馨教育中心,对于整个圣贤教育地弘扬、整个教育的未来,他们有一份使命感,良苦用心,在暑假期间办了这样的课程。我们也感谢主办单位,教育部中国教师发展基金会,国家教师科研基金课题小组,跟居美馨中心一起合办这样的因缘,这背后有这些负责人非常多的良苦用心。包含整个居美馨工作的团队,我们每天要吃好、睡好,对生活种种地照顾,多亏居美馨团队给我们地照顾。

所以我们知恩,知道背后这么多人地付出,我们遇到工作人员,我们要露出灿烂的微笑,感谢他们地付出。不只在这里,我们回到学校,感谢所有老师同仁,大家同心协力地付出,也感谢所有家长对学校的支持,我们都活在感恩的世界里。

事实上,人只要心存感恩,他决定是一个幸福的人。那知恩、感恩,接着什么? 报恩。透过自己的提升,在学校的落实,能够真正把伦理道德教育在自己的学校扎根、弘扬开,让自己的学校成为我们中国落实伦理道德教育的示范学校,光照神州大地。我们已经有榜样了,像吉林松花江中学,他们一个王琦老师在自己的班上用心的做,不为名也不为利,就希望给孩子好的未来。大家想一想,一个人的真心能够发挥多大的作用? 可能很难想象。就像一颗种子落到土壤里,它生根、发芽、茁壮,它又结了很多的果实,这些果实里面又有种子。可能一颗种子最后结的果实、结的种子,有上千上万,再落到地上,又成为一棵棵大树。这颗种子就是人的一个善心,就是对教育的一个使命,它会产生非常非常大的作用。

王琦老师他就是一个很好的例子、样板,他一个人把一个班带好了。吕杰校长也是非常有心的校长,当他经过这个班级,觉得这个班级的孩子非常专注,不会受外面的影响,让他印象深刻。升旗的时候,看着这班的学生精神抖擞,都不会乱动,非常有威仪。留下的这些印象,让他开始去了解，原来是王琦老师把中华传统文化这些伦理道德的教育、孝道的教育、德行的教育融入了他的班级。他非常欢喜感动，就从这一个班，在他全校推展。

由于他全校推展，德行提升得很快。刚好那一年高考在他们学校，学校一进门就有一个孔子像。因为学校是考场，非常多的学校的学生都来了，不只是松花江的学生。可是只要是松花江的学生，都会恭恭敬敬地到孔子像面前鞠躬才进去。结果考试的教育官员，他就觉得怎么有这些学生这么恭敬给夫子像行礼？觉得是一道很美丽的风景线。后来一了解，全部都是松花江中学的孩子，所以教育界也开始重视他们学校。而那一年考出来的成绩，他们本来优秀成绩，是另一个学校的一半，就是考得好的学生，本来只有他们的一半。结果那一年考出来，他们学校是那个学校的两倍。成绩提升得非常快，所以整个东北的教育界，也受到松花江中学的影响，他们称为"松花江中学效应"。

大家想一想，一个人能产生多大的作用？一个班能产生多大的作用？一个学校能产生多大的作用？愿有多大，力量就有多大。所以我们老祖先教给我们的教诲，是人生的真理，每一个人这一生只要用心去感悟、去力行，每一个人都可以印证这些真理。就像《弟子规》最后一句话告诉我们的，"勿自暴，勿自弃，圣与贤，可驯致"。这个"致"就是我们这一生只要肯用心去做，就可以契入圣贤的境界，"可驯致"。

《大学》开头就告诉我们，"古之欲明明德于天下者"，这是胸怀天下的一种人生价值观。"先治其国；欲治其国者，先齐其家"，我们现在有自己的家庭，还有我们学校这个大家庭。"欲齐其家者，先修其身；欲修其身者，先正其心"，心又是修身的根本。"欲修其身者，先正其心；欲正其心者，先诚其意；欲诚其意者，先致其知；致知在格物"。所以根本在哪？格物。物格而后知至，而后意诚、心正、身修、家齐、国治、天下平。而"格物"就是什么？格除习性，格除物欲。人的烦恼越轻，智慧就越增长。

现在的人物欲太重，"欲令智迷，利令智昏"。做的都是急功近利，甚至是刀头舐蜜。一支刀前面有一滴蜂蜜，宁可去尝个甜头，也顾不到可能舌头会被切断。其实人类现在何尝不是如此？短短的几十年，已经让一个美丽的地球，变成很多地方没有办法居住。尤其在江浙一带，我们俗话讲的，"上有天堂，下有苏杭"。江浙一带很多非常美丽的地方，我们小时候，水沟清澈，鱼都在那里游。现在呢？污染非常非常的快。科学家已经提出来，很多地区不能住人，甚至很多地区，本来是青山绿水的地方，污染到成为癌的高危险区。那不是让后代子孙连生活的地方都没有了吗？那何尝不是刀头舐蜜？就为了尝点甜头，把舌头给割了。就为了尝点甜头，急功近利把后代子孙都忽略掉了，都毁掉了。

现在不是哪一个地区急功近利，现在是全世界都急功近利，被功利主义所污染。所以全世界都发生了同样的问题：环境污染；青少年犯罪，这是全世界的问题，这提醒了人类，没有好的下一代，人类还有未来吗？可是却为了赚更多的钱，把人生最重要的教育下一代给忘记了。重利轻义啊！老祖宗告诉我们，"不孝有三，无后为大"，所以人类现在不能只考虑眼前。

我们为人父母、为人老师，这两个身份，是天地间最尊贵的身份，我们对于孩子的人生影响最大。大家回想一下，一个小孩生出来，会讲的第一句话是什么？女士都说"妈妈"，男士都说"爸爸"。夫妻可不能因为"先学爸爸"、"先学妈妈"，就吵了，这不行。夫妻和乐，对孩子一生人格的健康是有决定性的影响。

从孩子牙牙学语，他刚会讲话，讲得很顺，整句话可以讲，请问十句里面有几句是"我爸爸说"、"我妈妈说"？不少句吧？我看超过一半。所以每一对父母都曾经是自己小孩的偶像，是不是？你们的孩子都是你们的粉丝。这叫天性。父母跟子女之间的亲爱是天性。教育第一个最可贵的目标，就是让"父子有亲"这个孝道终身保持，这个人是天地之间最幸福的。

这种感受，只有自己去做了才知道。当我们双膝跪下，想着父母一生养育、教育的恩德，给父母磕头。磕了三个头，起来了，终于体会到，跪着磕头比站着舒服太多了。那种跟自己内心性德的相应处，让自己觉得心里非常的喜悦，表达了我们对父母这种感恩之心。有帮父母洗过脚的人跟没有洗过脚的是决定不一样的。"学而时习之，不亦说乎"，做了的那种喜悦，自己一定可以感觉得到。

我看《天下父母》节目，当中翟俊杰导演，他讲的一句话让人很感动。人家问他，他觉得人生最幸福的是什么？他六十多岁了，他说："我人生最幸福就是回到我的家，打开门，我能喊一声娘。"大家听到一个六十几岁的老人说这样的话，你们的脑海里有没有浮现什么影像？六十几岁的老人跟一两岁走路还不大稳的孩子有没有相应处？你有没有看过一两岁走路还不稳的孩子，突然看到爸爸妈妈，那个脸笑开花了，是吧？然后这样边走边摇，"妈"，跑过去抱在妈妈的腿上、爸爸的腿上，好像他就是天底下最幸福的人，是吧？请问他有没有钱？他有没有地位？可是他是最快乐的人。可是我们现在有钱也有地位，笑得都没有他灿烂，是不是？对呀，那值得我们思考很多问题。

依照科学家的实验结果，一个人一两岁的时候，平均一天笑一百八十次。这个数字我认同，为什么？刚好我的同事生了一个孩子，四个月，跟我是邻居。首先第一个重点，他胎教做得不错，他母亲常常读中华传统文化的经典给他听，所以不会吵。有时候会稍微闹，读经典给他听他就不吵，很有效。再来，我常常都会进去看他，他的小名叫恕儿，"忠恕之道"，让他终身奉行。您看有文化涵养的父母，他就知道给孩子的名字，包含给他人生的每一个引导，都要跟经典相应，利益他一生正确的思想观念。我常去他们家里看这个孩子，这个孩子平常没有人跟他讲话，他也会自己笑，呵呵呵就笑了。所以确确实实可以笑一百八十次。但是人成年以后，平均一天笑七次。

　　从这个科学的结果，我们思考一个问题，人活着的目标是什么？活着的目的是什么？为了自己的幸福快乐，也为了家人的幸福快乐。认同吗？（认同。）好。其实这句话大家都认同，我们的老祖先在经典的第一句就是这么教的。"大学之道，在明明德，在亲民，在止于至善"，这就是我们的人生价值。"明明德"，"明德"是自己本有的本善，"明"是智慧，"德"是德能、福分，我们可以恢复到如孔子、孟子一般无量的智慧、德能、福报。

　　像舜王，"舜其大孝也与！"他的孝做到极点了，他的智慧也彰显，因为孝能开一个人的明德。在《中庸》里面讲，"大孝也与！德为圣人"，他力行孝道，最后契入圣贤境界，"德为圣人，尊为天子"，那他能当天子，他的福报是天下第一。而且什么？德能也高。在《论语》当中又讲，舜王是非常有智慧的，他能"恭己正南面"，他自己做好自己，以身作则，"正南面"就是治理天下。他用了五个人就把天下安定了，当然这五个人都是圣人，管了各个最重要的事情。舜王能治理天下，他有没有德能、有没有能力？有。所以他恢复了"明德"，尧舜他们恢复了，历代圣贤恢复了。

　　所以"舜何人也，予何人也，有为者亦若是！"圣贤人不会骗人的。他说只要肯真正依教奉行的人，都能契入圣贤境界，这句话一定是真理。不能怀疑经典，更不能怀疑自己。人只要怀疑自己，兵败如山倒。"天救自救者，天助自助者，天弃自弃者"，自己放弃自己，旁边纵使孔子再来了，也帮不上我们的忙。所有圣贤、所有生命当中的有缘人，对我们的人生都是助缘，最重要的是我们自己，要肯自立自强、自求多福才行，这些助缘才能产生好的影响。

　　而《大学》里面讲"在明明德"，一个人恢复到无量的智慧德能，他当然幸福。所以我们刚刚讲，我们就是为了自己一生的幸福而努力。再来，为生命当中有缘的人，我们的家人、我们的同事（学校的老师），还有所有的学生，这叫"亲民"。"民"，治国的人，就是所有的人民，甚至天下的人民。所以这是珍惜人与人之间的缘分，都去成就他的人生。那"明明德"跟"亲民"做到了极点，就是"止于至善"。

而科学家这个实验结果，人成年以后平均一天只笑七次。成年以后笑七次，那我请问大家，七十岁的时候笑几次？那不好说了。但是你们有没有遇过活八九十岁笑得很灿烂，返璞归真的人？有，我的师长，他的人生就是这样的，笑得很灿烂，像孩子一样，皮肤也像孩子一样。新加坡的国宝许哲女士活到114岁，我们当时在马来西亚的时候，她那时候112，我们邀请她来，那笑得跟小孩子一样，非常天真。

所以人应该是这样的追求才对，不然越活越笑不出来，苦了自己，走出来还吓了别人。所以一个人要多行善积德，首先脸上不要有杀气。人家一跟我们谈话就发抖了，这就伤害到他人。所以叫"面上无嗔"，没有杀气，没有嗔恨，"供养具"，你就恭恭敬敬，给人一个非常好的启示，跟这个人相处非常舒服，如沐春风，原来他是学传统文化的。你给老祖宗脸上贴金，是吧？你都笑容满面，走到哪里让人如沐春风。

所以"人能弘道"，经典里的教诲都在你的身上体现出来，你走到哪，道就传到哪里。假如今天我们只会背，行为都跟经典不相应，人家反而反感，"这都是说一套、都是要求别人，自己都不做。"反而给圣贤教育抹黑，这个就不好。

那我们冷静的想一想，因为这个时代，整个思想观念由于科技发达，思想观念非常的蓬勃，每一天的资讯量太多太多。您去问一个人生的问题，问十个人可能会有几个答案？十个，说不定还有十一、十二个。为什么？因为有的人跟你讲完，早上跟你讲完，下午他又打电话给你，又改答案了。所以人心不安。到底人生什么样的思想观念才是正确的？这个时候需要什么？先冷静下来、沉淀下来，人的心越定、越不浮躁、越清净，越有智慧。大家看湖面，没有起涟漪波涛的时候，照旁边的东西照得清清楚楚；它只要起波浪了，照旁边的东西就照不清楚了。

其实真理在哪？就在我们的眼前，就在我们的每一天。大家相不相信？比方昨天祭孔，前天本来要练习，雨下得太大没办法练习，但是昨天就没下雨。结果整个祭孔仪式结束了，雨又怎么样？下下来了。大家悟到什么？老天爷是可以商量的。这些事例我们听太多了，我们也亲身体验太多了。

《天下父母》栏目组在曾子的故乡嘉祥县，刚好他们成立孝道村，领导都约好了，但是那几天下雨不断。你要改日子，现在领导都很辛苦，哪有可能给你改日期？没办法，只好进行。结果一开始，时间到了，雨停了，开始致辞，这个流程半个小时，过程都没有下雨，半个小时快到了，最后大家集体合照，很高兴，"喀嚓"照完，雨下来了。刚好，配合得刚刚好，哪有这么巧的事情？

2007年，我们到沈阳，整个辽宁省三百多个老师做培训。他们的干部先到了庐江中心参加课程，他们想熟悉整个课程怎么办，他们回去可以参考。结果刚好我们那一次的讲座一千多人参加，分三个地方吃饭。结果那天下雨，我们心里：想中心又没有一千把雨伞，哪个单位有一千把雨伞？没有买那么多。可是下课的时候，这雨就停了。然后大家到了三个地方吃饭，一到餐厅开始吃，雨又下了差不多二三十分钟，大家吃饱了，要回去休息了，雨又停了，配合得很好。这个例子是我到辽宁省跟教育厅长吃饭，他们的干部讲给厅长听的，"哇，太奇妙了，我们去上课，一千多个人，老天爷可以商量、配合。"这个话，教育官员自己讲好，假如我讲，人家还会对我有意见，是吧？

所以这个是什么道理？老祖先的教诲，这个学问在哪里？天人合一。这个天是什么？所有自然的现象。都跟人心是相应的，它不是分开的。在《尚书》当中点出来告诉我们，"作善降之百祥，作不善降之百殃"，这些在经典当中的经句就是人生的真理。而我们明白这句话，就知道解决问题的根本在哪里，在转变人心。

而我们现在中华民族最大的危难在哪里？丧失民族自信心，对自己的经典不学，学外国的比较多。我是先接触了老祖宗的经典，之后接触一些新的理论。新的理论假如是对的，我跟大家做保证，你所学到所有对的理论，全部在几千年的经典当中就有。世间的好话，圣贤祖先都讲尽了，因为他非常的慈爱后代子孙。

而且我们要冷静，请问几千年前的圣贤祖宗心比较清净无欲，还是现在的人？祖先圣贤比较清净，清净心生智慧。我们现在的人心比较浮躁，很多见解都不见得正确。孔子是圣人，智慧这么高，但孔子留了一个治学的态度给我们，太珍贵了，叫"述而不作，信而好古"，他相信古圣先贤的教诲，没有怀疑，而且他所讲的都是古圣先贤经典里面的教诲，他没有自己的创造发明，"祖述尧舜，宪章文武"。

所以只要有人跟你讲我这个想法、理论，以前的人都没有说过，那他的理论你最好不要相信，铁定是错的。契入境界的人都是像孔子这样"述而不作，信而好古"。我们现在都讲创新，其实创新当中首先要掌握什么？不变的原理原则。只要离开了仁义礼智信，所有的创新会给这个世界带来非常大的危难。既然他都没有超出仁义礼智信五常，那还有什么东西是创造发明？不都是从这些性德当中延伸出来的东西吗？而这些性德延伸出来的东西，不也是因为先跟圣贤祖宗学到了伦常吗？那他怎么还会自己拍着胸脯说我这个东西是创新出来的？

所以现在人讲，都是他自己新的东西，本身就已经是狂妄了。传统文化最重要的两个精神，孝道跟师道。师道一定是一代传承一代，孔子也是传承整个道统下来的。而我们都是因为接受了老师的教诲，我们才能明理，一生都感恩，怎么还会说都是自己创造发明出来的？

而且我们这一代，整个师承出现比较大的一个危机点，因为有承传的人非常少。我的师长他今年87岁了，他小时候还上过几个月的私塾，我们传统文化的教育，他的弟弟少他6岁，就没有接触到，就是比较重视知识技能，西方的那个教育系统。西方的教育系统有他可取之处。但是我们必须冷静观察一个现象，全世界现在的教育系统都差不多，但是，现在全世界的下一代犯罪率越来越高，下一代的素质越来越差，家庭教育跟学校教育必须要好好的思考了。

我自己在教育第一线教学，我所看到的是什么？不是一代不如一代，是什么？一届不如一届。我前几天接到一个大学老师的电话，他感叹的跟我讲，不是一年不如一年，是一天不如一天。社会的污染很严重，孩子有可能就因为一天晚闻圣贤教诲，刚好他那天就做出了一失足成千古恨的事情。所以现在把我们老祖宗的伦理道德送到每一个人的生命当中，那个急迫不亚于救火，你可能不告诉他，他就堕下去了。

中央党校刘余莉教授，她有一次讲课，面对官员讲课，她讲到了东汉时期宋弘，当时候光武帝想把他的姐姐湖阳公主，因为湖阳公主守寡了，皇帝希望把姐姐许配给宋弘。那一下就是皇亲国戚，变成皇帝的姐夫了。光武帝就用一般民的话跟宋弘谈，他说，人有钱，换朋友；富贵了，换妻子，这是人情吗？就在暗示宋弘。古人很厉害，古人都学《诗经》，知道意在言外。宋弘马上讲："贫贱之交不可忘"，曾经在我困苦、曾经在我贫贱的时候，帮助过我的朋友，哪怕是滴水之恩，我都不能忘；"糟糠之妻不下堂"，陪着我筚路蓝缕、披荆斩棘的原配，这一生都要记住她的情义、她的恩德，不可以抛弃她，"糟糠之妻不下堂"。光武帝听到这样的话，自己也是觉得惭愧了。所以这句话就变成千古的名言，在《群书治要》当中有这句话，还有《德育课本》也有这个故事。刘余莉教授讲了这个故事，下课之后有一个官员过来感谢她，"我已经这几天就要去办离婚手续，听了你的故事，觉得自己太错误了，太不是人了，要赶紧去给太太道歉。"那大家想一想，刘教授这堂课对这个官员的人生、他的家庭、他的下一代，就有非常大的影响。

所以我们能体会到我们的同仁、我们的孩子，他们现在所面对的诱惑这么多，我们要赶紧把这些正确的思想观念引导他们、帮助他们，他们就能够在这些诱惑这么多的社会当中不被染着，就像莲花一样出淤泥而不染。而我们假如真的有这种迫切感，我们自己学习传统文化，那决定是勇猛精进，不用人家提醒，不用人家推。为什么？我们有这颗仁慈博爱的心。我们自己要提升得好，才能帮得上别人，自觉才能觉他；不然自己没有学好，帮不上人，俗话讲的，"泥菩萨过江，自身难保"。那这个心境就是一份道义。

刚刚跟大家谈到科学家的这个实验，他让我们这个时代的人类要静下来考虑了，小时候笑一百八十次，长大了反而笑七次而已。那你们有没有遇过哪个人说，我每天这么辛勤的工作，这么努力，就是为了让自己越来越笑不出来？你们有没有遇过这样的亲朋好友？没有。有的话，可能要送精神病院了。是不是？没有这样的人，可是全世界绝大部分的人走的人生路都是这样的情况，都是越来越笑不出来。那不是跟人生的目标背道而驰了吗？假如我们继续越来越笑不出来，那我们能做人家的贵人吗？我们去教人家越来越笑不出来，不是让人家的人生越来越苦吗？

有一个研究所的学生，他自己读书读得觉得很苦。他说奇怪了，孔子说"学而时习之，不亦说乎"，我怎么越学越苦？然后他在读书馆准备论文，实在有点喘不过气来，就走出来外面，看到旁边的居民进到他们师范大学散步，牵着家里的狗，在那里散步。结果这个研究生看着那条狗，说它怎么这么自在安详？怎么我的日子比不上这条狗？他就很感叹。最后他鼓起勇气问他的班主任，说："老师，我怎么觉得这学习还有这人生，怎么越来越苦？人生应该追求快乐。"他的班主任跟他说："我跟你一样。"他还是不死心，找到他们系上最受欢迎的老师，他又去请教这个问题，"怎么越来越苦？"那个最受欢迎的老师非常义正辞严的看着他，跟他讲："人生本来就是这样！"人生本来就苦，那我们活着就是让它越来越苦，那这样的人生，难怪自杀率越来越高。越来越苦活着干嘛？所以都活错了。

"学而时习之，不亦说乎"才对。

其实《论语》第一句话，"时习之"，"时"是什么？时时保持；"习"，练习、实践。你真正去做了，你的喜悦就来了。你给人礼敬，露出灿烂的微笑，跟人家问：早上好！对方很欢喜，你呢？你也很欢喜啊。所以一个人对人的恭敬，首先先滋润了自己的身心。你今天对人献出爱心，首先滋润的也是自己的身心。所以"仁者寿"，仁慈的人为什么长寿？他念念都是仁慈的思想、磁场，他的身心都是最好的，太和之气。就像我们早上念感恩词，念的时候感觉身心怎么样？非常欢喜平和。整个身心都在感恩的磁场里面，"不亦说乎"。孔子没骗我们吧？我们以前觉得学的时候觉得不亦苦乎，怎么会喜悦？因为我们把可以利益我们一生的智慧把它学成知识，只把它拿来在考试当中用而已。它本来有大用，结果我们现在把它当一个很平常的物品，甚至还把它扔在一边不用它，很可惜。

"有朋自远方来，不亦乐乎"，我们一百多个同道中人聚在一起，孔子这句话当下不就印证了吗？"人不知而不愠，不亦君子乎"，有没有人来了一两天，很兴奋，打电话回去跟你家里的人分享在这里的情况。你分享得太激动了，你太太还是你先生说，你有没有发烧？一下子人家不知道你的这种感悟，他会觉得你有点不正常了。这个时候"人不知"，人家不能理解，"而不愠"，"不愠"就是心里没有不舒服，没有情绪。人家不理解我们，我们泰然处之，"人不知而不愠，不亦君子乎"。

而诸位校长、诸位同道，你们在这里培训二十一天，回去的时候你会遇到很多人不理解你，会不会？会哦。你们从天堂下到了凡间，自己要调适好。所以这个时候，"人不知而不愠，不亦君子乎"。

先送给大家一句话共勉："别人错的，也是对的；我对的，也是错的。"有一点搞糊涂了，我们一起来交流一下。别人错的为什么是对的？那个对是正常现象，普遍现象，因为他还没有学。"人不学，不知道"；"人不学，不知义"。

那人们不学，责任在谁？在父母、在老师，我们不怪其他人。《三字经》告诉我们，"养不教，父之过；教不严，师之惰"。每一个身份尊贵的背后，都是要尽责任的。天地之间三个角色最尊贵：君、亲、师。几千年来，一般家庭里面的祠堂供的一个牌位，天地君亲师。可以了解我们的祖先，对于天地万物都是怀着一颗感恩的心。所以"环保"这两个字也是外来语。因为我们五千年来，都是敬天敬地、敬万物，甚至于丰收的时候都要敬这些河川，都是它们让我们有今天的丰收，所以古人那种感恩心太可贵了。包含汉朝建的第一所寺庙叫白马寺。因为当时候，这匹白马把很多佛教的经典载回来，最后因为太累了就累死了。我们的古人感念一匹马的恩德不能忘，所以就把第一所寺庙叫白马寺。我们可以从这些历史当中，了解到我们古人处事很可贵的态度，就是"饮水思源，知恩报恩"。

现在因为传统文化有几代忽略掉了，大家都没有学，对于没有学习的人我们指责，这样就太苛刻。所谓不知者不要降罪给他，"不教而杀谓之虐"。这在《论语》当中讲的。你还没有教他，你就处罚他，那这样叫虐待人民，虐待学生。所以"先人不善"，这几代人没有重视到，没有传承下来，"不识道德，无有语者"，没有人告诉他，"殊无怪也"，不要去指责他。古人就教我们，处事要厚道，不要苛刻。我们有这样的态度，任何人不理解我们，任何人做错事情，我们都不责怪他们，不跟他们对立。反而生起什么？怜悯的心。别人错的可以包容、可以接受，甚至什么？我怎么赶快帮助他。

而大家冷静想一想，天底下没有恶人，只有可怜的人。我们为什么觉得这个人可恶？因为我们执着在他骂我们的那句话，我们执着在他做的那件可恶的事情。一执着了，这个嗔恨心、对立就起来了。其实对自己没有帮助，对对方也没有帮助，然后更看不清原因出在哪。请问一个人行为非常恶劣是结果，原因在哪里？失教了嘛，失爱了嘛。请问一个人没有父母老师好好的爱护他，你还跟他生气吗？他很可怜啊。

　　每个人来到这个世间都是天真无邪的，孩子一生出来，个个都很可爱。我当时到婴儿房去，印象非常深，当时开放时间都有限制的。然后看到小孩，当然一般都是先看自己的孩子的，自己的晚辈。看着看着也会不自主的被旁边天真的脸庞所吸引。性本善，在刚出生孩子的脸庞上看得到。谁抱他都欢喜，他不分别，他不执着。

　　有没有哪一个人到婴儿房去看这些孩子，然后开始说：我跟你讲那个人是杀人犯；那个人以后是重刑犯；那个人以后会把父母气得要死。有没有可能？没有。都是这么天真。可是，后来为什么会变成这样？所以当我们在对一个人生气了，对一个学生实在是受不了，你马上想象一下他刚出生的样子，或者你自己准备一张小孩刚出生的照片。然后你每一次在气哪一个学生，"这个照片，他本来也是这么可爱的。"然后你就会突然怜悯心升起来。一个这么天真的孩子，现在为什么变成这样？父母离婚，父母没有责任感，根本就不教他，他还跟很多社会当中黑社会的鬼混，多可怜。所以从他的原因看是可怜的，这是我从教的那两三年亲身遇到的事情。

　　有一个学生，都已经被三个学校退学了，到我们学校是第四个学校。他在学校里面也是横行霸道、恶名昭彰。刚好有次犯了一个大错，被严重处罚。他就很落寞，坐在阶梯上，刚好我看到他的背影，可以感觉到他的心情，就陪他坐了一下。当然他在那个时候是最需要关爱的。我陪他坐了一会，他就把心里话跟我讲，"老师我很想死。"我说，"你为什么很想死？"他说，"都没有人喜欢我。"接着我引导他，"那人家为什么不喜欢你？""因为我打人，骂人。"他自己也知道，他控制不住，失教太久。我接着就跟他讲，"那你就不要打人、不要骂人，那人家就不会不喜欢你了，你改过来，就会变成受欢迎的人。"

　　我这么跟他引导了，然后送他书看，这些圣贤人的风范。结果过没几天，他把书上圣人的像，画在自己的手背上，然后手这样捂着，走到办公室那边绕啊绕，不好意思。我用余光看到他，看他的表情，就是来找我的。但是我要装着不知道，"要找谁啊？什么事？"他就说要找我，然后慢慢的把他的手移开。画得真好，我的画画天分都不如他。所以行行出状元，哪只是会考试的人以后有出息？每个孩子都有很深的天分、特长，只要发掘了，可能都是那个行业的佼佼者。

而我们想象一下，这个孩子要画这尊圣像，他要画多久？他假如画一个小时，请问他那个小时脑海里是什么？全神贯注想着这个圣像。他只是遇到的缘不同，他假如遇到好的父母老师教导他，都是给他这样好的圣贤教诲熏习，那他这一生会有大成就。可是父母不教他，电视又染污他，他当然越来越堕落。所以从原因上他是可怜人。而他现在错误的行为是种下了因，以后是什么结果？他的人生会很悲惨，甚至会万劫不复。所以从他以前的原因看他是可怜的人，从他以后的结果看他是可怜的人。所以仁者无敌，世间决定没有恶人，只有可怜的人而已。尤其我们从事教育工作的人都能清楚，正确的思想要透过教育，只要有好的教育，人人都可以教得好。但是只要没有好的教育，人人也有可能在这一生当中快速堕落下来。所以"别人错的，也是对的"，怜悯心、包容的心起来了。

"我对的，也是错的"，这些词语，我们不能执着在那个文字上，要体悟它背后的义理。为什么？"我对的"，是什么？自己的心觉得自己对，有对就有什么？错。对、错，对立起来了，高下起来了，我高，人家低了。接着呢？高下起来，傲慢就接着起来了。所以人修身的功夫在哪？护念好自己这颗心，不能变成贪嗔痴慢疑，这傲慢很厉害。

孟老夫子提醒我们，"人皆好为人师"，就告诉我们人的傲慢的态度很容易起来。那怎么来对治这个傲慢？其实我们在交流的过程当中，我们从事教育工作，"君子务本，本立而道生"。我们自己的学业也好，我们从事教育的这个事业、志业也好，要能成就，要务本。就像一棵树，它一定要根深蒂固，它才能枝繁叶茂。而一个教育者的根本是什么？我们海南省司法厅张发副厅长有一句名言，我想这句名言会记入中国的历史。因为他们海南省的成果，是目前传统文化最成功的一个典范。而且这个典范不只在监狱适用，在任何一个因缘全部适用。

首先第一个原则，领导者带头。他是一把手，他带着八个干部，九个人上了五天的课，坐在第一排，真是风景线。他们都是军人，精神抖擞，全神贯注的听课。九个人回去之后带头学，用十五天的时间，把海口市所有的干警轮训一遍。干警要教育服刑人员，教育者首先自我教育。假如我们不能把自己教好，又怎么去教别人？我们要自爱才能爱人。"欲爱人者先自爱，欲助人者先自助，欲知人者先自知"，这个都是务本。

而且他们是从点、线、面循序渐进，这个都是做事的原理原则。现在的人就喜欢快、就喜欢多，一下子自己根基不稳，精力又顾不上，结果最后好事都搞砸了，非常可惜。老祖宗留给我们，"无欲速，无见小利。欲速则不达，见小利则大事不成。"你只顾眼前，看起来很风光，做表面文章，铁定毁了大事，铁定让人对传统文化误解。所以要循序渐进，稳扎稳打，"瓜熟蒂落，水到渠成"，这才是做事的正确态度方法。所以海南省从一个监区推展，这个监区的服刑人员，精神面貌、气质跟其他地方差别太大了，出现效果，大家有信心了，接着整个监狱推展；整个监狱推展稳固了，整个海口市推展；海口市稳固了，整个海南省推展。就这样整个省统统接受了伦理道德的教育，服刑人员改变命运的非常多，所以张发厅长功德无量。他现在65岁了，我看他现在是空中飞人，一个月二十几场演讲，飞来飞去的。而且越讲越有精神，因为他非常仁慈，希望利益更多的人，不疲不厌，忘了自己了，反而越来越健康。

我们体会到根本在自我教育，首先从格物下手。物格而后知至，而后意诚、心正、身修、家齐、国治、天下平。我们的人生决定可以像经典一样，产生治国平天下的人生价值。我们邀请过吕杰校长跟王琦老师到马来西亚，面对一千多个校长、老师，统统是华小的。那他们的影响、利益的人群，到了全球的华人。而且他们那次分享，底下坐了好几个马来的校长，马来人的校长，他们也在他们的学校推展《弟子规》。那他利益到不同国度、不同民族、甚至不同宗教的人类。那不是治国平天下的效果吗？只要我们有这份愿心，我们每一个人的生命都能像《大学》讲的，产生修身、齐家、治国、平天下的价值。

"学贵立志"，我们首先要立下跟孔老夫子同样的志向，因为孔老夫子是我们教育界最好的榜样。我们跟别人介绍我在学校教书，"我跟孔老夫子同行"，与有荣焉。但是同行，也要像孔老夫子，要效法他。孔老夫子那个时候，文化出现礼崩乐坏，也出现承传的危机。夫子能够删诗书、定礼乐、阐明易道、作《春秋》，等于道统是由夫子传下来。那请问，我们现在文化承传的危险，跟夫子那个时候相比，哪个时候危险？对啊，现在更危险。那我们应不应该站出来？（应该站出来。）我遇到一个女校长，她在初中当校长，她上台给我们勉励，第一句话就让我震得头皮发麻，她真是女中豪杰。她说："社会越乱，我们越应该要站出来；没有难不难做的事，只有该不该做的事。"这是道义人生。该做的，九死一生都要做；不该做的，金山、银山在面前都如如不动。

林则徐先生当时候也面临民族存亡之际，我们多少华人在抽鸦片，已经到了亡国败种的时候。他当时受到皇帝的指示要到广州禁鸦片。当时因为鸦片赚到钱的人都不知道有多少，既得利益者数以千万计。知道他要去禁鸦片，多少人要他的命。也在这样的因缘当中，林公讲出了一句千古的名言："苟利国家生死以，岂因祸福避趋之"。他连死都不怕，只要能利益国家民族。那我们现在恢复伦理道德、恢复中华文化，又没有生命危险，比起他们算得了什么？都没有生命危险，我们还不干，那我们真的无颜见这些古圣先贤。而且很可能在座就有林公的后代，我听说林公的后代不抽烟，因为他们的祖先是世界禁毒第一人，他们的后人抽烟会把老祖宗的面子给搞砸了。

而且像孔子、范公的后代都非常优秀，我接触了不少，家教都很好。那夫子在文化承传关键,他直下承担,见义勇为,而他所积累的功德,"积善之家必有余庆",他的后代两千多年不衰,到现在已经八十几代。我记得我们居美馨有一年办课程,四个孔子的后代聚在一起,七十四代、七十五代、七十六代、七十七代,结果七十四代辈分最大年纪最轻,很有意思,他们四个在我们进门的那个地方拍照。四个都非常优秀,有企业家、有官员、也有教师,孔子的后代发展得都很好。一来是孔子的德荫,二来是孔子的风范让他们从小扎下很好的家教。所以两千多年不衰。

孔子那个时候的难度还比不上我们现在,我们现在更难,那你难行能行、难忍能忍,功德更大!所以假如遇到很困难的时候,不只不要难过,你要说,上天瞧得起你。孟子曰:"天将降大任于斯人也,必先苦其心志、劳其筋骨、饿其体肤、空乏其身,行拂乱其所为,所以动心忍性,增益其所不能。"我们才能不断提升、突破,所以这是有志气的人,这是知天命的人,知道这些都是锻炼自己,提升自己的智慧跟德能。好,越难功德越大,诸位同道,你们在这个时代尽心尽力承传文化,那你们后代得到你们的福荫,决定少不了两千五百年,因为孔子的后代已经兴了两千五百年。

我们相信在不久的将来,可能五十年、一百年之后,你们的孩子有一天就会站上来,"我是某某学校校长的孩子,我非常佩服我的父亲,当时在学校贯彻伦理道德,把传统文化由学校弘扬开来。我很佩服父亲,然后我要承传他的家道,我也要这么做。"结果他上来一报,"我是某某人的后代",马上底下响起一片热烈的掌声。那您的人生就没有白来。"人生自古谁无死,留取丹心照汗青"。

我的师长常常勉励我们,人生短短数十寒暑,总不能白白来到世间一遭。总要对得起自己,总要对得起家族、祖先,总要对得起国家、社会、民族,也要对得起天下的苍生。所以要做就要做这个世间最重要的事情、最根本的事情,就是教育。只有改善人心,才能真正解决问题。就要做世间最不能少的人，就要做世人不愿意做的事。世人不愿意做什么？放下自私自利，从此牺牲奉献，这一般的人不愿意做，但是我们愿意做这样的人，去利益更多的学生。那有这样的胸怀，这一生就不会空过。

那立定了利益国家民族天下的远大志向，下手处在哪？在格物，在格除习性。

其中一个严重的习性，就是刚刚讲到的傲慢、我慢。那请问大家，人什么时候会起傲慢？比方长得漂亮会不会傲慢？身材比较好会不会傲慢？学历比较高会不会傲慢？赚的钱比较多会不会傲慢？穿名牌的衣服会不会傲慢？大家有没有看到，人只要一不警觉，可能傲慢就起来了。

有一个犯人，他在监狱里已经被关了五年。突然有一天，有一个新的犯人要跟他关在一起，他那天精神特别好，有人要进来了。结果后来那个新的人进来了，他就跟他讲，"我告诉你，我可是关了五年的人。"关了五年应该羞耻，关五年变傲慢。所以连做错的事都能够傲慢，你看看。这个是外在的物质，会让人傲慢。包含人的经验也会让人家傲慢。比方我们在跟人家交流，"你学传统文化多久？""我学两年。""两年而已，我学五年了。"傲慢就来了。比方说，今天你遇到一个校长，他的学校的学生三百人，结果你的学校三千人，两个校长一碰面，"你们学校多少人？""三百。""才三百啊，我学校可是三千人。"三千人也傲慢。

所以大家有没有看到，人随着年龄、随着经历，心里一不清净，一觉得自己有什么，那个有什么就产生傲慢。满招损，谦受益。一个人一觉得自己有什么，别人的智慧、经验就进不来了。而且傲慢走到哪会给人家很大的压力，没有人缘。曾国藩先生说，"家败，败在一个奢字"，奢侈；"人败，败在一个逸字"，放逸，放弃自己，游手好闲，纵欲；"讨人厌，败在一个骄字"，骄傲，走到哪不受欢迎。

所以光是对治一个傲慢的态度，都要有高度的警觉，不然我们随时会傲慢。有一个人他听说某某禅师德行很好，他心里就想我去问问题把他考倒。其实这一念心就已经是不恭敬，傲慢了。结果他见到这个禅师，禅师很厉害，看他的态度就知道他心里想什么。先不跟他讲话，然后给他倒水，满了，继续倒，水都溢到桌子上来了。他赶紧，"满了满了，别倒了。""因为满了，根本就再倒不进去了。""我慢高山，法水难入"，一个人傲慢就像一座山一样，把自己的心灵都给封死，圣贤这些智慧之水没有办法进去。我们虽然在教育界这么多年，但因为我们这几代人传统文化承传得比较不足，我们现在珍惜了老祖宗的教诲，我们也要从一个恭敬诚敬的学生开始归零、开始学起，这样老祖先每一句话都很快的进入我们的心灵，我们的人生当场就受益了，进而就能够去利益老师跟学生了。

傲慢怎么来调伏，我们下一节课再跟大家交流。谢谢大家！

第二讲 释题（二）

诸位领导、诸位校长、诸位教育界的同道，大家上午好！

我们刚刚提到，一个人有远大的目标，要利益国家天下，首先下手处，还在革除自己的习性、欲望，假如我们自己脾气大、傲慢，连家里的人都不认同我们，我们怎么可能再去利益社会、国家、天下的人？"其家不能教，而能教人者，无之"，《大学》里面讲不可能。但是他假如把家治理好了，"君子不出家而成教于国"，因为他的夫妇相处很好，他教出来的孩子都很优秀，夫妇和乐，他的家就变成天下人的样板。就像周文王跟他的太太，太姒，他们夫妻就是天下的样板，他生的孩子几个都是圣人。所以"齐家"很重要。

我记得有一个朋友，他跟我讲：人找对象不要找小学老师。我说：为什么？他说：小学老师在学校这个班她最大，她像国王一样号令天下，她在班里面是小学老师，她回到家还是小学老师。她在学校是管理孩子，"你给我站好，不要动。"结果回到家对他先生，"你给我站好，不要动。"那她先生当然受不了。所以人在每一个经验、每一个人生的过程当中，都有可能产生执着点，产生贪着，产生傲慢。

比方，今天早餐的菜好不好吃？我们是用什么心情吃的？感恩心不会有副作用。假如是用贪心吃会有副作用。因为贪了以后会生比较，假如明天少一道菜，就生烦恼了，"昨天的比较好，今天的比较少。"烦恼就来了，是吧？人一生贪着，就会有烦恼出现了。我们有多少烦恼是从比较来的呢？上一届的学生多好，这一届的学生太差。就开始在那里比，烦恼来了。自己烦恼一大堆，怎么去爱别人？"应无所住，而生其心"，这个应无所住就是格物的功夫，放下贪着，放下傲慢这些习气，应无所住。这个"住"就是不贪着、不分别，生起仁慈的心、爱人的心。

刚刚跟大家讲到小学老师，她在学校的经历，让她产生一种执着点，她回到家对先生还是小学老师，那她先生当然受不了。不只是老师这个身份会让我们贪着，进而傲慢，当董事长会不会贪着、染着？我们曾经遇到一个东北的董事长，他赚了不少钱，而且他的兄弟姐妹很多跟着他干，但是有一年的除夕夜，他请兄弟姐妹吃饭，没有人愿意来，因为他一讲话就是骂人，很傲慢，人家受不了。那一年他开始学传统文化，结果他摆了一餐一万块钱的除夕夜年夜饭，没有人要来。他很感叹说以前自己不知道傲慢到什么程度。他在餐厅打电话给他的弟弟，在电话当中给他弟弟道歉，说他以前太傲慢，结果他弟弟在电话那一头流眼泪。所以人清清白白来，不应该因为这一生经历的这些事物产生贪着，而污染了自己的清净心。

这个企业家学了传统文化以后，东北人也是比较直，学了就干，也不简单。他就听了要尽孝道，回到家端了一盆热水，然后走到他妈妈面前："妈，我给你洗脚。"他妈妈吓得赶快转九十度，讲了一句很经典的话："哎呀，我不敢让董事长洗脚。"这话很有味道，请问在他面前的人是谁？不是他儿子，是董事长。他在办公室是董事长，回到家还是董事长。这个就有"住"了，住在自己的身份里面，慢慢官架子就来了，就让人家觉得很不舒服，甚至于对自己的母亲没有念恩，反而心里还想妈妈都是吃我的用我的，这些弟弟们都是靠我，他才有今天的。人因为心里面都觉得自己有什么，自己付出了很多，放在心上，之后就会产生要求、产生傲慢。其实坦白讲，人所做的一切都是应该做的，道义。那些心都是什么？利害。

付出都是有求回报的就是利害的心，付出心里面连记都没有记，道义的心。

请问诸位当父母的人，您有没有算过您煮几次饭给孩子吃？有没有记过您几次帮孩子盖被子？都没记吧？那请问您借给朋友多少钱，记不记得？记得。所以你看不一样。有一个爸爸，他还没结婚以前，他们家来客人，他的朋友刚好抱个小孩来，结果不小心小孩在他们家书房拉大便，拉到地板上。朋友回去以后都擦干净了，他说每一次走到那个书房，就觉得好像有味道。后来他自己生小孩了，自己的小孩在家里哪一个角落可能都拉过，他从来没有觉得臭。突然有一天"开悟"了，都是自己的分别心造成的，哪有臭？别人的就会臭，自己的孩子就不会臭。那把别人的全部当自己的，不就不臭了吗？

禅宗有一个故事很好：一群人在那里论道，突然风吹幡动。第一个人说，幡动了。第二个人说，不是幡动，风动了。第三个人六祖大师说，不是风动，也不是幡动，是仁者自己的心动了。所以境缘没有好丑，好丑在哪？自己的心。因为有了分别、有了执着、有了喜欢不喜欢，痛苦就来了。"烦恼起于爱憎"，格物就要从去除爱憎的心下手。

而且这个爱憎，真的他去爱了，也叫贪爱，因为爱了而有求，求不到的时候就变憎、就变恨。我们心里想想，人的一生，会恨的人，都是曾经爱过的人。有没有道理？对呀，今天一个陌生人，你走在路旁，他骂你两句话，你心里想，算了算了，可能他今天股票输了不少，心情不好，算了，不要跟他计较，没事。回到家里，另外一半骂你两句话，"我这一辈子跟你没完！"明明都是两句话，怎么差这么多？不是风动，也不是幡动，是我们自己的心动了，起了分别、执着、爱憎。所以痛苦都不是别人给我们的，自己造成的。老祖宗在成语当中，就要让我们洞彻人生的道理。"自讨苦吃、自作自受、自掘坟墓、自甘堕落、自暴自弃"，好了，接下来大家自己想。都讲了这么多了，都是要从自身开始转念，人生命运才会转，这么多成语我们还不清醒，不是糟蹋了老祖宗一片苦心吗？列了这么多让我们醒悟了。一转念，"自求多福、自强不息"，不都是一念之间吗？

那我们今天来思考这些道理，就是要把我们真正烦恼痛苦的根要找到，心产生贪着、产生傲慢了，才会痛苦。"爱憎起于分别"。"至道无难"，要契入圣贤之道不是很复杂，"唯嫌拣择"，最难的在常常起了拣择，就是喜欢不喜欢，这个好，那个不好，对人对事都起了这个爱憎的心。"但莫憎爱，洞然明白"。

《大学》有一句话，对这个诠释很好。"好而知其恶"，喜欢他，却很冷静看到他的不足；"恶而知其美"，很讨厌他，却能平心静气客观的去看一个人，而能看到他的长处优点。"天下鲜矣"，要做到这一点很困难。而且人的心，比方你对他有贪爱，会越来越严重；你对他讨厌，也会发生作用，一讨厌他，慢慢越来越讨厌，慢慢觉得没有任何优点，一无是处，就会变这样。所以人心一偏，心不正，越看越不清楚。

比方一个母亲溺爱孩子，"好而知其恶"，溺爱孩子，小学、幼儿园老师提醒，妈妈都不在乎，觉得我的孩子最好，看不到他的问题，最后孩子出大错，很多父母是到了孩子犯法了，警察局通知了，"不可能是我的孩子"，她都不觉得这么严重。"好而知其恶"。

而讨厌，也会发展到越来越严重。比方，我曾经在珠海，刚好当时谈到夫妻相处之道，说："只看对方的优点，不看对方的缺点，是夫妻白头偕老的一句真言。"这句真言大家要记住，好不好？只看对方的优点，不看对方的缺点，保证你夫妻白头偕老。还有，孔子说举一要什么？反三。所以这句话不是夫妻相处之道而已，所有五伦关系的相处，都要守这个原则。父子之间，看他的优点，鼓励他；朋友之间也是这样；当领导的人，看他的优点鼓励他，包容他的缺点，这样相处就非常融洽。

古人这些做人的教诲，放诸四海皆准。为什么？人同此心，心同此理。学圣贤教诲跟学知识不一样。知识是你记一个才能写一个，圣贤教育是你可以触类旁通，所以强调悟性。"记问之学不足以为人师"，"温故而知新，可以为人师矣"。他温故，以前读过的经典，因为他心境提升了，他悟得更深，悟得更广。这个就是他的智慧、悟性不断在提升。所以圣人教我们的目标是怎么样成为高度智慧的人，不是成为会考试的人。这个我们都要慢慢去能了解。当然有智慧了，考试一定会考得更好，但我们所着眼的是孩子一生都受用的做人做事的态度，这会伴随他一辈子。

当时在珠海，我分享了这句真言，突然底下有一个太太很激动，站起来，回答我说："没有优点！"我说只看对方优点，她说没有优点。结果我就走到她的面前，对这位女士肃然起敬，告诉她，我说："这位女士，你先生没有优点，你还敢嫁给他，你真是革命烈士。我不入地狱谁入地狱。"所以不可能没有优点嫁给他的啦。当时在谈感情的时候，都是情人眼里出西施。为什么情人眼里出西施，最后变没有优点？有没有看到，人产生讨厌的时候，会不会起化学作用？会，一直扩展一直扩展，到最后什么都不好。那不是别人有问题，谁有问题？自己有问题。

后来一次讲座，我也讲到这句真言，有一个大连的女士，她听我这一句真言讲完，她内心里面也冒出了："没有优点。"接着我又讲了那个珠海的例子，她自己也笑了，她当天回去拿了一张纸，优点、缺点，开始列她先生的优点跟缺点。结果她静下来以后优点列了不少，缺点主要列了一条，哪一条？钱赚得太少。这个不算缺点。所以你看人那个攀比虚荣的心，反而变得都是挑先生的毛病，都看不到他的好。

所以"恶而知其美"，人能真正很心平气和去看人事物才好，不然就被整个憎爱给障碍住了。都把憎爱放下了，很多事情你都越看越清楚。而且首先你是先自知，你就能够知人。有一个老师，他教学也遇到很大的瓶颈，他自己真的看着一个学生实在教不下去了，爱心提不起来，真的想放弃了。突然他转了个念头，他说假如前面这个学生，就是我的儿子，我还教不教？这么一想，他教育的使命爱心又回来了，又继续很有耐心的教孩子。

精诚所至，金石为开，慢慢那个孩子就转过来了。本来要放弃的，好像是学生的问题，事实上还是自己的心的问题。所以人能没有这些憎爱，都是真诚，至诚就能感通，慢慢的整个你的人事环境就开始转变，正己就能感化身边的人。

刚刚跟大家谈到傲慢，怎么调伏傲慢？首先学习的态度，"述而不作"，学习孔子。从今天开始，很诚敬的向古圣先贤学习，以前错误的思想观念要放下，随顺圣贤教诲，不随顺自己的烦恼习气了。要放得下才提得起，不然那些错误的思想观念，还继续在障碍我们的人生。能这样，就不傲慢，会谦虚了。

可能这么一讲，很多人会觉得，为什么我要听圣贤人的？圣贤人的教诲几千年了，它为什么能传几千年？它是真理，而你自己去做了以后才知道，那是我们本有的性德，而不是圣贤人牵着我们的鼻子走。真正去做了就很清楚了。"为善最乐，助人为乐"，你真正去做了，自己就明白了，就体悟到了。包含孟子说的，"人生有三乐，父母俱存、兄弟无故"，那种天伦之乐比世间任何欲望的刺激快乐太多了。包含"得天下英才而教之，二乐也；仰不愧于天，俯不怍于人"，这个也是人生的快乐，这三乐。俯仰无愧，良心很安，躺下去一两分钟就睡着了。

我有一个朋友功力真的很厉害，他人我5岁，我们两个大男人，有一天躺在床上谈心里话，结果讲啊讲，他说"礼旭呀，我要睡了"，我说"好"，我这么一回答，差不多十秒之内，他就鼾声大作，就睡着了。哇，心里都没事，真好。有福报的人是什么？不是很有钱的人，现在人钱越多烦恼越多，因为不知道要放哪一间银行利息比较高，还要选哪一支股票，累都累死了。他很放得下，又好睡，又好吃，吃什么都香。人心事很多，吃那个最好的菜还在那里想，根本就尝不到那个味道。还有一次跟他打电话，讲啊讲，他突然在电话那一头睡着了，鼾声都传过来了。结果我隔天跟他说，你昨天睡着了。他说有吗？都忘了。所以心上无事是人间的乐事。好像有一首歌说，"若无闲事挂心头，便是人间好时节"，是吧？

我们能够随顺圣贤教诲，就能够很受益，马上就能明白个中的喜悦，原来就是顺着自己本有的良知良能在经营人生。一开始是圣贤人带着我们走，慢慢你契入了，就是自己的真心、性德在带着自己走。而现在的人都比较傲慢，他不见得愿意接受这些真理，而很多的人现在的想法都跟经典不相应，但是却还编在教科书里面。所以现在人的浩劫，就是圣人的教诲没有人听，愚昧的思想反而很多人都接受，天下之不吉祥。

孔子有一次跟他的君王在一起，他的君王就问他说："我听说房子往东边盖，是不是会不吉祥？"孔子告诉国君："房子往东边盖不会不吉祥，但是有五件事情是真的不吉祥。"夫子的忠心，对人民的这种仁爱心，在每一个机缘当中体现出来。国君是问他盖房子，他马上从盖房子拉到怎么样治国、怎么样爱民。所以我们在听每一个故事，要能体会到古圣先贤的存心，"慕贤当慕其心"。

这不只是孔子是这样，也包含春秋的晏子，有一天他的国君上山，看到老虎，然后到水泽一带看到蛇，回去心情很不好，我今天又看到虎，又看到大蛇，今天真是衰，真是不吉祥。晏子马上抓这个机会，国君啊，国家有三个不吉祥，看到老虎、看到蛇不算。为什么你看到老虎？因为它家在那里，哪有什么不吉祥的？你为什么看到蛇？因为它的家也在那里嘛。但国有三不吉祥。有贤而不知，一不祥；知而不能任，二不祥；任而不能信，三不祥。一个国家之所以能兴盛，最关键的就是得到栋梁的圣贤之才，"人存政举，人亡政息"。以学校而言，学校有几个圣贤老师，这个学校就好像房子四支柱子都立住了，非常的稳固。但是千军易得，一将难求。将怎么求？《易经》告诉我们"方以类聚，物以群分"。"有德此有人"，要用德行自然感召好的人来，这个磁场会相互呼应。所以吕杰校长就遇到了王琦老师；张发厅长就遇到了他那一些全部都是孝子的干部，真的非常妙。我们有一次跟他们坐在一起，一聊，都是孝子。忠臣出于孝子之门，您看这些事情都能印证老祖宗讲的话。

孔子抓住了这个机会，给予国君最重要的治国智慧，告诉他五个不吉祥：第一个不吉祥，"损人自益，身之不祥"；"弃老而取幼，家之不祥；释贤而任不肖，国之不祥；老者不教，幼者不学，俗之不祥；圣人伏匿，愚者擅权，天下不祥"。夫子一句话把所有的问题全部谈完了，从自身到家国天下。所以有智慧很好，一句话都把所有的问题讲透了。

从自身来讲，一个人是去损害别人，想要利益自己，这个人福报就没有了。因为福田靠心耕。他每天都想害人，他就折福折完了。所以老祖先说"打人就是打自己，骂人就是骂自己"，"出乎尔者，反乎尔者"，今天你打他，他记在心上，"君子报仇，十年不晚"，这迟早人家要报回来。所以明理的人就清楚，打人最后是什么？还是打回来自己。"言悖而出者"，你讲不好的话出去了，"亦悖而入"，《大学》提醒我们这个事实真相。而我们想一想，利人首先利益自己：你的心是善心，你的身心就非常健康；再来，你做了善事，就种了善因，善有善报，你之后福报一定会现前。所以"损人自益"是非常错误的价值观。可是我们今天这些道理都不明白，我们很可能在教孩子自私自利。

有一个父亲在学校，他也是做教育的人，但是他的人生思想观念不见得是正确的，只有学经典，跟经典相应，才能有保证。他的孩子念小学一年级，刚好同一个学校。孩子知道父亲是行政人员，都比较晚下班，所以他就主动帮助老师、同学，每一次都是他最后离开教室，关好门窗。那孩子很单纯，能够去服务大众，他也很欢喜。每一天都是把教室都检查好了，他就边走边蹦蹦跳跳、欢欢喜喜的去找他爸爸，再跟他爸爸回家。有一天他也是如此，但是进了办公室，见到他父亲，他父亲跟他讲："你怎么这么傻，每一次都是你做，那你多吃亏？"哇，这个孩子愣住了。他爸爸这么跟他讲，他也觉得父亲是他尊重的人，他就接受了，从那一天开始就不做了。所以父母、老师思想观念影响孩子一辈子。他小时候一两岁是"我爸爸说"、"妈妈说"，上了小学一年级，开头就是"我们老师说"，所以父母、老师对他一辈子的影响很大。

他从那一天不只不会主动服务别人，开始非常计较，慢慢的变成刻薄。小学四年级的时候，他的同学父亲去世了，他不只没有怜悯，他还笑话人家是没有父亲的孩子，同学就哭得很伤心。他骂完同学没几年，他们家遭小偷，他的父亲脾气也大，看到小偷就穷追不舍，把那个小偷追到死巷子，最后这个小偷情急之下，抽出一把刀就回过头来刺他，刚好刺到心脏，当场就死了。两年前他的孩子还笑人家没有父亲，结果没多久他变成自己没有父亲了。所以刻薄，"薄"就无福。一个孩子本来这么欢喜去帮助别人，他是有福气的人，就因为父亲错误的引导，他开始变得很计较，心量很小，最后没有福报，又损人，那"身之不祥"，他的家也没有福报了。而这个故事，是他上了初中以后，主动回来讲给老师听的，那也是他的善良，希望这些错误后面的人不要再犯。一个学生假如从小就念念为人想，这个孩子一生不可能没有福报，你不用担心他，走到哪，"爱人者人恒爱之，敬人者人恒敬之"。

"弃老而取幼"，不管老人只在意小孩子，"家之不祥"。现在全世界都不强调孝道，老人很可怜，都在养老院，然后小孩子越来越嚣张，变小皇帝了。这个家没有孝道承传，铁定要败掉，所以家不吉祥。而很可贵，我们中国通过《老年人权益保障法》强调子女要尽孝道。这个在全世界没有这样立法的。从这些征兆可以看得出来，二十一世纪是中国人的世纪。只要不强调孝道，全人类没有前途。为什么？因为孝是爱的原点。人都不懂得爱人的话，他的人生怎么可能会幸福？人类怎么可能会有未来？爱的原点是孝，孝是根，德行的根本。百善孝为先，没有孝道，这个家就要败丧下来了。

"释贤而任不肖"，放弃有德行的人，用的都是奉承、溜须拍马的人，这个团体、国家不吉祥，"国之不祥"。其实也是一个领导者喜欢听好听的，不喜欢听忠言，就会释贤任不肖。所以《弟子规》每一句跟这个人这一生能不能事业有所成就，是息息相关。《弟子规》说，"闻誉恐"，听到称赞，诚惶诚恐，"这是大家的功劳，不是我的功劳"；"闻过欣"，别人提醒我们的过失很高兴，"感谢你，你是我的贵人，不然我当校长，这个决策错了，就害了很多学生，感激你，感激你的提醒。"

"忠言逆耳利于行，良药苦口利于病"，自古至今几千年来的圣贤人，都是有旁边的大臣，甚至他最亲近的家人给他提醒，他才能成就道业、成就他的功业。比方说唐太宗很伟大，但是他身边有谁？除了魏征以外，还有一个更重要的人，长孙皇后。没有长孙皇后，三个、五个魏征可能也不够杀。有一次唐太宗实在气得不行了，结果长孙皇后很厉害、很敏锐，察到这个现象，赶紧去换上国家最高庆典穿的衣服，穿得很高贵，走到他面前。唐太宗在那里气得半死，突然看她穿盛装有点搞不清楚状况，"你干什么？"皇后讲："恭喜皇上、贺喜皇上，有这样直言不讳的忠臣，就是因为有明主出世才有这种忠臣。"唐太宗一听，啊，我是明主，气就没有了。

所以大家要了解，成就一个功业，有多少看不到的关键的人在其中提醒。成就一件事很难。现在这个时代做好事，人家怀疑你；做坏事人家觉得很正常。所以我们有了这种体会，我们在团体当中要忍辱负重，大局为重，绝不为重要的教育事业添乱，所以不能发脾气，甚至于别人跟我们发脾气，我们都包容。

"任难任之事，要有力而无气；处难处之人，要有知而无言"。既然这个事情不容易成就，但是很重要，我们当然，"有力"就是主动去承担，带动风气，但是不能有脾气，甚至你付出多了，不能发飙，"我都做了那么多了，你们还不理解我！"哇，前功尽弃，火烧功德林，"一念嗔心起，百万障门开"，火烧功德林。而且发脾气真的有前功尽弃的危险。所以忍辱，一切法得成于忍，要忍耐，要忍辱负重。"处难处之人"，刚好这些重要的人，个性脾气都不好，这个时候你能够有智慧，善巧方便提醒他。你看这些圣贤人面对国君，很有权势甚至脾气很大的人，他们都要善巧方便的提醒，这都是有智慧。你看晏子那个提醒就很有智慧，甚至还要搬一些历史故事来提醒，是吧？所以我们肚子里面要多放一点东西。遇到事情，春秋时代有哪个故事；宋朝时代有哪个人度量很大。都给他讲故事，人家听起来就挺有兴趣的。有智慧，循序渐进的提醒他、帮助他。但是不要讲气话，不要讲批评的话。假如，"我都对他这么好了，他还是这么不受教。"这个话一讲，传到他耳里面，以后就有隔阂了。要"无言"，要耐得住，不要抱怨。

所以团体的人、家庭的人要记住，"不言家丑"。大家冷静去想一想，为什么要冷静？因为人容易情绪化，做很多事情都是后悔，后面才来悔，但天底下没有后悔药可以吃。冷静去感受，很多事理就明白了。今天一个人把家丑讲出来，他得什么好处？就逞一时之气，最后讲出来让人家瞧不起。哪有一个人批评自己的父亲还被人家尊重的？哪有一个人批评自己另一半，然后被人家尊重的？被人家看笑话，这不是自取其辱？所以哪一个人讲自己团体不是，然后还被人家肯定赞叹，也不可能。为什么？因为我们失了本。我们对家庭团体有我们要尽的道义，家人有不对，"善相劝，德皆建；过不规，道两亏"，他错了我也失了本分。

假如一个人讲了他另一半不好，家丑外扬，最后这个不好听的话又回到了另一半的耳里，那两个人隔阂不就更深了吗？就失和了。所以不言家丑，反而要讲什么？讲对方的优点，他的不好不讲，好的，赞叹。结果你的先生听到你赞叹他的话，从别人的耳里又回来他自己的耳朵，他说，我有这么多缺点，我太太都包容不讲，我才那么一点点优点，她还到处给我肯定。那先生会很感动，"我不能辜负了太太的欣赏跟信任"，他就慢慢有一种动力，提升改过自己。这是夫妻之间不言家丑还鼓励对方，这就往好的去改变。

人不冷静，一讲气话都往坏处堕落下去。婆媳之间也是这样，婆婆都讲媳妇的好，这个话传回媳妇那里，媳妇也会很感动；媳妇都讲婆婆的好，婆婆听了也很欢喜。那互相赞叹、互相亲爱，婆婆不就多了一个女儿？媳妇不就多了一个妈妈？这不是天底下的好事吗？但是假如婆婆去讲媳妇不好，有一句俗话讲："婆婆背着鼓，到处说媳妇；媳妇背着锣，到处说婆婆"。那不是变本加厉，这个家不就没完没了吗？"天时不如地利，地利不如人和"，这些句子都在提醒我们怎么让人与人更加的包容、更加的团结，这是团体能不能成就功业的关键。

今天我们讲到"释贤任不肖"的问题，我们领导者就要懂得用正直的人，不是用听话的人。当然他听话也得都是做对的。假如听你话，你错了他也听话那不对的。正直的人他没有欲望，他都是为你好、为团体好，但是有时候讲话冲了一点，你要包容得了。这个时候要学唐玄宗，唐玄宗还没有遇到杨贵妃以前，也是不简单，开创了"开元之治"。当时有大臣韩休、张九龄这些忠臣。所以身边有没有忠臣太重要了。

唐玄宗当时遇到韩休，韩休特别给他进忠言。有一次他在玩乐，突然警觉到："哎呀，我在这里玩，韩休知不知道？"他话讲完没多久，报，韩休的奏章来了，他看了有点发抖，又被他批评。结果这种情况好几次，旁边的臣子就开始进谗言："皇上你看都是这个韩休害的，害你瘦了一圈。"结果唐玄宗怎么讲？他说："每一次韩休跟我讲话或者看他的奏折，我都很难受，可是自己慢慢静下来一想，虽然很难受，但是对天下人有利，所以瘦了我一人，肥了天下人，可贵。你们都讲这些好听话，我当下觉得飘飘然很欢喜，但事后想想，不对，对老百姓没有利益。"所以他还很清醒。

但是后来遇到杨贵妃，这个诱惑让他抵不过，"从此君王不早朝了"。所以人的修养要赶快提升，提升到如如不动，任何诱惑你都能"富贵不能淫，贫贱不能移，威武不能屈"，要赶快调到这个境界，不然一失足成千古恨。你看遇到杨贵妃就毁掉了，差点把唐朝的天下都毁掉，幸好还有忠臣郭子仪这些人，把它挽救回来。

所以格物的功夫重不重要？重要，财、色、名、食这些诱惑要抵得过。我想杨贵妃假如遇到尧帝、遇到舜帝、大禹这些人，铁定被派去扫厕所。这些圣王很敏锐的，像大禹他喝到夷狄送给他的酒，他一喝，"这种酒马上毁掉，以后一定有人因为喝这个酒亡国。"他那种见微知著的能力非常非常强。一个校长、一个领导者越敏锐，他越能防微杜渐，他的学生就受大利益，他都能"禁于未发"。现在的教育都是已经染着了再来调整，亡羊补牢，很累人。

"老者不教，幼者不学，俗之不祥"，上一代没有把教育下一代放在心上，下一代又不学习，整个风俗快速堕落。我们看现在青少年的男女关系乱成一团，可是我曾听到有长者讲一句话："年轻人有年轻人的想法，我们管不了了。"我听了之后马上提醒他："这句话不要再跟下一个人讲，不然要承担严重的后果责任。你在误导所有身为长者的人，忘了他的责任。"身为父母长辈要怎样？一言一行都要给孩子好榜样，要有这种责任心；而且要教导他越早越好，从胎教开始教，从小开始教，大了要教比较辛苦，但是毕竟有开始，就不会嫌太晚。其实孩子是可以教好的。

我之前到大学，2005年，前后应该快一年的时间在大学讲传统文化，让我非常震惊，我在地质大学讲过十二个小时的课，八九百个学生全神贯注听。他们不是不愿意学，是我们没有教给他们？当时孩子那种专注，震撼我的心灵，都觉得一句话跟另一句话那个空档，不到一秒钟的时间，他们炯炯有神看着台上，我想当时有一根针掉下去都听得到。他们那种渴望让我们又感动又遗憾。遗憾什么？怎么到了大学才把这些东西教给他们？

而且我在他们学校兼了一个学期的课，当时有一个老师跑过来跟我说到："给大学生正确的思想观念，给他们传统文化的教育，真是刻不容缓。"因为前不久，他们找来一个成功人士（这个成功人士赚不少钱），请他来讲课给学生听，结果这个人士上台跟学生讲："诸位同学，今天你想要成功,首先要把道德两个字放下,只要不杀人、不放火、不犯法,什么事都可以干。"这个女老师坐在底下冷汗直流,这个人就站在台上讲话。更让她吃惊的是,这个人讲完这段话,底下响起一片热烈的掌声。你说那个掌声背后孩子有没有被误导?我听了都心痛,所以我走到哪里都鼓励学习传统文化的人,有机会赶快到大学,去给孩子正确的思想观念的引导。

每一个人都有责任,以前不只是父母长辈有这个责任,以前的社会风气是什么?看到路边的小孩做的事情错误,这以后是我们社会的主人翁,都要主动的去提醒、去教导。我小时候有经验,刚好爸爸妈妈、长辈没有在身边,但是做错事情,路遇长者,"小朋友你不可以这样。"自己很不好意思。"怎么那么没家教?"就收敛了。被不认识的长者教导,回到家去父母一知道,去感谢那个长者。现在没有这个观念,陌生人提醒自己的孩子,自己看到了,"我们家的事不要你管。"就没这个好的态度了。所以现在实实在在讲,不是孩子难教,更难教的是谁?成人。学校伦理道德、德行教育要推得好,要常常办家长的课程,不然家长的观念跟老师、跟经典教的不一样,那就唱反调,效果就不彰,所以现在教育界的责任重大。因为我们懂教育,一般的人不懂。好人要做到底才行,真的想把孩子教好,铁定也要常常对他的父母进行德行教育的课程。像松花江中学他们这些都积极在做。

"圣人伏匿,愚者擅权",圣贤的教诲没人相信了,愚昧的人反而掌握了权力,甚至于他们的思想都编进大学课本里面,"天下不祥"。我给大家举一个例子,曾经得过诺贝尔奖的人,他讲了一句话,"企业唯一目的:赚取利润"。这句话还编进教科书,愚者擅权,居然还得诺贝尔奖,那些评他得诺贝尔奖的人,全部要负责任,是吧?真的。我们老祖先很明白,做任何事都会产生影响力,要谨慎对待。古代如果父母培养了一个中央级干部,国家每一年祭祀他的父母,都用中央级大夫之礼祭祀,因为念念想着他的父母为国家培养了一个栋梁。不忘本,我们老祖宗就是这么样厚道，饮水思源。这是做好事。做坏事，那个后果都要负责任，谁被这个错误的思想误导，当事人就要负这个责任，更何况他编进了大学的课本，他这个罪太重了。所以老祖先说要"谨言慎行"，话不可以乱讲。

而他这句话，假如在古代中国社会铁定被人家吐口水，"唯一目的赚取利润"，小人啊！孔子告诉我们，"君子喻于义，小人喻于利"。"君子爱财，取之有道"。像古代我们几个地区非常成功的商团，山西晋商、安徽徽商、浙江浙商，他们都什么？利从义生。利从哪里来？从服务尽道义而来。"利自义生，财自道生"。财一定要跟道义相应，那才是正确的钱财；不跟道义相应叫横财，取横财必感横祸。哪有"唯一目的"，那不是唯利是图吗？那不是小人吗？那误导了多少人？而您看这句话在大学殿堂传了这么久，整个企业界对大自然的破坏空前严重。现在要把大自然恢复到本来的样子，把所有赚到的钱，全部拿来整治都不见得整治得回来。真的都是短视近利，造成对自己跟后代子孙的危害。所以你看愚昧的人掌握权力的时候很惨。

我们现在很多志士仁人希望改善环境，留给下一代一个好的生活空间，他们去了解土壤的污染情况，现在想做好事，很有挑战性。他去了解土壤，是想土壤被农药化肥污染了，怎么改善土壤？一接触才知道，水也污染，空气也污染，不是单一的问题了，全面都污染，所以这个工程很大。我们这个时代的人很有责任。那一天看到一句话，一个老人家写了一句墨宝，"河川若断流，我辈何以对子孙？"河川若断流了，下一代没有办法生存了，我辈何以对子孙？"文化若失传"，中华文化断在我们手上，"我辈何以见祖宗？"五千年就断在我们这里，我们就没有脸面见我们的祖先了。所以我们这一代要担负承先启后、继往开来的责任。

有经教一对照就知道邪正，君子是想着我的本分、我的道义在哪里，小人只想着自己的自私自利而已。刚好有一年我见到一位马来西亚的博士，阿里芬博士，我在庐江见到他，他坐在我的正对面，坐下来还没吃饭，他问我的第一句话是："你知不知道孔子陈蔡绝粮？"我当时后背流冷汗，为什么？一个外国人，一问就是孔子的陈蔡绝粮你知不知道，所以我觉得很有挑战性。幸好我知道，假如是不知道，我这个脸都不知道摆哪里去了。我就想到以前曾经听人家讲，说我们中国人到了美国、英国去，人家问：你读过《论语》吗？没有。你读过《老子》吗？没有。你读过《易经》吗？没有。人家问到最后，走了走了，问不下去了。他们很诧异，怎么你们中国人不读自己老祖宗最重要的经典？脸都丢到国外去了。所以他这么一问，我说我假如不知道，脸就丢大了。就跟他探讨"陈蔡绝粮"的情况。

结果这位博士，我们到了马来西亚去，他讲了一堂课，"孔子的思想与伊斯兰教的关系"，很有学问。当时联合国教科文组织寄了一本学校的教材，提供给马来西亚用，然后马来西亚政府把这本书给了阿里芬博士，"你帮我审核一下，这一本书适不适合在学校推展。"结果他审了以后，他把它退回联合国教科文组织。人家问他，你为什么把它退回去？他说，"这本书连孔子的思想都没有，不合格，退回去。"你看一个马来的博士，他都知道要跟孔子的思想去对应，才知道这本书符不符合真理，符不符合标准。

所以我们今天要调伏傲慢，刚刚跟大家讲到的，述而不作的态度，然后能够随顺圣贤教诲，就像这位博士一样。而我们听课的态度，或者读经典的态度，每一句都是讲自己，而不是讲别人。假如这个态度没有建立起来，这个傲慢会压不住，因为"人皆好为人师"。有一些学习传统文化的人，他就讲到，他一开始接触传统文化的人群，他觉得这些人不好相处。为什么会觉得不好相处？就发现因为大家都在学，又不是学三天、五天就变孔子，可是学的过程，理有顿悟，事还要渐渐去修正。可是理已经了解了以后，他不往自己内心去下功夫，先冒起来的心态是看别人的过，所以他傲慢就起来了。一跟人接触，反而人家觉得学传统文化的人给人家压力，还没有利益到传统文化，首先就已经给人反效果了，负面的影响。所以这个傲慢要调伏，但这个不高度警觉，很难不犯。

我记得有一个老人家，他把四十集"幸福人生讲座"的文稿，不知道看了多少遍，他那本书都翻得很多页都烂了，我一看那本书，很佩服他这么用功。结果那本书一打开，每一段道理讲完，他都在上面有批注：儿子要看；下一段，太太要看、弟弟要看。整本书看完，所有的人都应该看、应该学，就一个人不需要，他自己。他就变成带着经典的眼镜，看身边每一个人的不是，所以变得大家都不能接受他。圣贤教育教我们的是"正己而不求于人"，这是孔子在《论语》中的教诲，不贪求、不指责别人，"则无怨"。而假如跟亲人朋友之间相处，还是有一些不愉快呢？不只不能够指责要求，还要什么？"行有不得，反求诸己"就对了。我们学传统文化心态不能学反了，应该是"严以律己，宽以待人"。严以律己就是"忠"，反求诸己；宽以待人就是"恕"。这话当中都是忠恕之道。而且人都把精神看别人了，就没时间看自己了，"工于论人者"，都是评论别人，"察己必疏"，精神、气力就很少用在自己的身上。

再来，今天我们假如是一个领导者，或一个站在讲台上分享传统文化的传播者，甚至是在台下人与人之间，把传统文化介绍给别人，其实应该每一个人都会有这样的因缘跟角色。这个时候，讲给别人的时候，不能觉得自己高，自己是老师，应该讲的时候都是劝谁？劝自己。讲学的时候，态度都是劝自己。所有的人都是老师，我是学生，我汇报我的心得给他们听；或者是你要发表博士论文、硕士论文，他们是来听的、来评分的。这样我们就不会起傲慢心。不然人在讲台上或者是给人家分享，慢慢就觉得自己比人家高、比人家厉害，就不好了。俗话说"老王卖瓜，自卖自夸"。我也见过一些教育界的前辈，动不动说："哎呀，我都教了二十多年了，我教书的时候，你还不知道在哪里呢。"那这个傲慢心就容易增长。所以讲学是劝自己，就不容易傲慢。

而且我们从事教育工作，有一个很大的好处，比方我给六年级的孩子，我讲的这些经典的道理，我自己要先做到。比方说，我说"凡出言，信为先"，假如没过几天，我答应学生的事情做不到，那他就对我没信心了，他就不相信经典了。所以变成我们今天所讲的道理，自己要比学生先早做到，对我就有很大的鞭策力量，所以我就没有后路可以走了。因为已经讲了很多了，自己不做到，就不能给人家起信心，那我就给老祖宗抹黑了。所以破釜沉舟，没有后路可以走，往前走。

再来，就是只有自己是学生，所有的人、所有的事情都是老师，提醒我们，我在面对这个人，我还有没有情绪？我还有没有染着、贪求？是他提醒了我内在还有这些习气，我要赶紧把它放下，他们都是来成就我的老师，那人就不会傲慢了。

还有，常常"德比于上"就不会傲慢。德行都跟圣人比，就知羞耻，"则知耻"，不会傲慢。我们今天学一学，就跟张三李四比就傲慢了。人家劝我们，"我比他们好多了，你还嫌我？"比下，就不承认错还傲慢。但是"德比于上"，"学儒就要学孔子"，我的师长这个教诲非常受用，从今天开始一言一行、起心动念，以谁为标准？孔子，他是我们教育界最好的榜样，至圣先师。"学道就学老子，学佛就学释迦牟尼佛"，这是我们儒释道三教的圣人，就要跟这些三教的圣人比，人就常常察自己的不足了，怎么会傲慢？我们时时观照自己的心，来调伏这些习气，这个就是格物的功夫。

今天我们一起探讨，也是一起立志，做孩子一生的贵人。我们共同发这样的心，二人同心，其利可以断金，更何况我们现在有这么多的教育界同道，这个力量不得了。而且知识分子的精神要活起来。吕杰校长在2008年，元旦的时候，刚好在庐江有课程，很多企业界的商主上台去："我们一定要尽力弘扬中华文化！"结果吕杰校长上去很感叹，说："做事业、做生意的商人、企业家，都有这种民族的使命，我自己是教育界的校长，我觉得非常的惭愧，假如我还不能像他们这种心，那我们是给知识分子丢脸。"

　　而我们要"做孩子一生的贵人"，什么时候开始做？现在就开始。当下就做，如何做呢？从根本开始做，什么是根本？身教是根本，格物是根本，改习性是根本，从孝道做是根本，从德行下手是根本，"君子务本，本立而道生"，从回到当一个学生归零开始做起，从念着祖先圣贤的恩开始做起。那要做到什么程度，才是孩子一生的贵人？事实上，真心去做就是圆满的，而不是一定要做到什么程度，才是真正有做到。因为每一份真心，都会打动老师跟孩子的心。我记得我的校长，初中的校长，他非常爱学校，我周日到学校运动，看着他绕着校园捡垃圾。校长那一份心，我非常感佩，所以从此以后我们看到垃圾都主动去捡，也去爱我们自己的学校。所以当下真心的流露，就圆满了。

　　白方礼老先生，等于是我们义工的精神表率，而且他完全是为了下一代的教育。他蹬三轮车赚钱的路能绕赤道十八圈，赚了三十几万，全部捐给孩子，光是受到他帮助的大学生就有几百人。而我们冷静想一想，他的条件如何？他没有地位，他没有财富，他七十多岁看到孩子，自己故乡的孩子没办法读书，他就把一生五千元的积蓄全部捐出去了。他没有钱，他每一天赚几十块，积累起来，又捐出去。他比我们任何的人都穷，他的体力也不如我们大部分的人，可是他却倾其所有的为下一代、为民族做出贡献。多少人看到他都被他感动，连他这样的条件，都能做到如此的牺牲奉献，我们怎么可以袖手旁观？

　　国家提倡道德模范，这都符合整个孔子的教诲。"举善而教不能"，把这些善行统统都把它表扬出来，让大家看了感动去效法。像2011年杭州有一位女士，吴菊萍女士，刚好看到自己社区的一个孩子，从十楼掉下来，一个小女孩，她奋不顾身过去，用手把她接起来，她的手也断成好几节。她的手抱着一个孩子的雕像，就树在杭州人民的广场上，变成杭州人的精神模范。她在网络上发表"我们拒绝袖手旁观"。

　　白方礼老先生、吴女士他们看到社会的需要，他们觉得这是我应该尽的道义，拒绝袖手旁观。有这一份心，一定可以让身边的人感动。其实我从事教育工作就感受到，很多的老师，最怀念他的学生，是什么时候教的学生？第一年、第二年、第三年。奇怪了，第一年、第二年、第三年应该教学的能力跟经验最少，可是为什么最让他们怀念？因为他最用心。所以用心当下就是圆满，而不一定要给自己很高的标准，要做到什么程度才行。我们一切都从真实心去做，就对了。

　　那"做孩子一生的贵人"，这个"孩子"是我们的小孩，这个"孩子"是我们学校的学生，这个"孩子"是我们民族的下一代，我们学校做好了，再向各地推展宝贵的经验，那就利益了整个中国的孩子。再来，二十一世纪是中国人的世纪，中国人恢复了伦理道德，恢复了孝道，全世界就效法，也救了下一代的孩子。全天下的孩子的未来，跟中国的发展息息相关。"做孩子一生的贵人"，这个"孩子"也是指天下的孩子。

　　"一生的贵人"，人为什么会尊贵？因为他的存心，念念为学生一生的幸福着想，人因为存心而尊贵，人因为行为而尊贵，而不是因为他的地位而尊贵。他的地位再高，没有为人想，没有为人民谋福祉，反而让人家瞧不起。所以每一个地位的背后，都有着一群人对他的信任。那我们由于这份信任，信义，我们有一份道义，好好的为孩子的一生幸福来着想，有这一念心就是尊贵的人。而因为是为孩子的一生，所以考虑的都是他一生学业、事业、家业能够成就，应该有的人生态度，做人做事地态度。我们在小学、在初中就把这些影响他一生最重要地做人做事态度，深深扎在他的心中，他这一生就是幸福的人。

　　至于哪些思想观念会让人一生幸福，我们往后的课程再跟大家来讨论。比方，知恩报恩的态度就幸福，忘恩负义的态度就痛苦，就没福。比方，勤劳、节俭、持家、修身都是关键，但是假如懒惰、奢侈，这个人生就毁掉了。比方，知足就常乐，贪婪就痛苦。谦虚，谦就受益，傲慢、自满就招损，"满招损，谦受益"。其实这些态度，他纵使有高的学历、高的财富，假如他不明这些做人的道理，他终究还是一个痛苦的人。

今天这堂课就先跟大家交流到这里。好，谢谢大家！

第三讲 生命的意义

尊敬的诸位领导、诸位校长、诸位教育界的同道，大家早上好！

现在是暑假，想到当时在学校带班，非常渴望暑假地到来。整个身心状况都是撑撑撑，哇，终于放假了，松一口气，调整调整。看到诸位校长、教育界的同道，能放下休息的时间来到我们居美馨中心，一起深入传统文化这些教育的理念、智慧，这一点令我非常佩服。确确实实没有在教育界的第一线深入其中，很难了解教育者的辛劳，所谓"事非经过不知难"。我还没有从事教育工作以前，都觉得老师可以放寒暑假，这么轻松。在外面看、在旁边看，有时候看不准。因为我母亲也是小学老师，包括我的二叔是初中老师，二婶是小学老师，我姑姑也是小学老师，我姐姐是大学老师，我大堂弟夫妻是小学老师……先说到这里好了。所以我对教育这个行业看起来熟悉，但事实上没有进去，还是很难了解个中的酸甜苦辣。

我们昨天讲到，人不可傲慢。什么时候人会傲慢呢？看到一件事情，就马上下判断。这就变武断，武断就是傲慢。而这个武断很可能误会人，很可能不能理解别人的辛苦。甚至于批评，武断以后又批评，批评他人，还造成他人对他的误会、信心的丧失。

所以人假如不调伏这个傲慢，可能一天讲批评的话，就折了自己很多的福报。所以老祖先讲，"积口德，积口德"。人一天行善积德，这个嘴巴占的分量最多，时时肯定人、鼓励人、赞叹人，这一天积功累德不少。一天批评人、骂人、挖苦人、轻慢别人，那这一天也折福不少。所谓"祸从口出，病从口入"。孔子为什么他的教学四科当中，"德行"摆第一位，第二位就摆"言语"，第三位"政事"，做事能力的锻炼，最后是"文学"，这四科。所以武断要调伏，我们很容易看到一个影像，马上就判断人家是怎样怎样，没有客观去了解状况。甚至于自己武断判断以后，又没去求证，最后就造成了人与人之间不必要的隔阂。所以人要坦率、直率，不要武断之后还形成成见，又不懂得多沟通，就不好了。

可能也是祖先保佑，我虽然二十多年都没有想要走教育这条路，结果后来我在二十五六岁那个时候，到了台湾的台东，山清水秀的地方，去那里找寻人生的意义到底是什么？生命的意义到底是什么？有时候人真的要静下来的时候，才能够思考清楚。"静水照大千"，心很浮躁的时候，很多事情看不清楚，甚至连自己都不能了解得透。老子讲，"知人者智，自知者明"。

我曾经听了一个故事给我很大的启示。有一个樵夫，他数十年如一日为了生活，砍好柴，然后赶紧赶到市集上去卖，就这样走了无数的岁月。突然有一天，他走到一半不走了，就坐在树下。结果他另外的樵夫朋友，刚好走过来，说："老朋友，赶紧走了，不然市集都要休市了，就卖不了柴了。赶快走，赶快走。"他坐在树下回答道："你先走，你先走。我先等我的灵魂跟上，我再走。"

在都市化的时代，每一个人的生活步调，都非常非常的快。我们一睁开眼，快快快，刷牙；快快快，洗脸；快快快，吃饭；快快快，穿衣服、穿鞋；快快快，赶车；快快快，上课；快快快，下课；快快快，睡觉，不然快不行了。一天就是这么一直忙、一直忙、一直忙，到底方向对不对？有没有产生真正利益社会的价值？

曾经有一个朋友告诉我，他说他有一天睡觉突然醒过来，想到自己40岁了，背后流冷汗，好像人生都还摸不着方向，已经40岁了。大家有没有一种感觉，虽然我们可能是40岁了，可是回想起小学的光阴，记不记得？初中的光阴就好像很熟悉的前几天的事情。人生已经过了又二十多年。

为什么想到朋友这句话呢？因为今年我也40岁了。想起孔老夫子的标准，"四十而不惑"。我们自己人生还有没有迷惑？还有没有苦恼？还有没有挣扎呢？而我们又清楚韩愈先生讲："师者，所以传道、授业、解惑也"，解惑是我们为师者的天职，假如我们自己都不能不惑，都还有很多疑惑，又怎么去解别人的惑呢？就像昨天举到的那个例子，师范学院的老师对着学生的疑惑，他只能无奈的告诉他，同学，我跟你一样苦。孩子、学生最崇敬的就是父母跟老师。我常常跟家长沟通，今天孩子走在我们的身后，跟着我们，突然拍拍父亲："爸，爸，我们要往哪里走？"这个父亲回头看看孩子："你问我，我问谁？走一步算一步了。"其实当我们每天忙忙碌碌的时候，不也是走一步算一步吗？我们能不能深谋远虑，我们能不能高瞻远瞩呢？

所以对我自身来讲，走了二十几年的人生岁月，尤其大学22岁毕业之后，我走进商界，也是追名逐利。反而觉得内心越来越空虚，越来越不快乐，好像觉得这个方向不是很正确。当然很多人创企业是为社会谋福利，是为让更多的员工幸福，那他的目标方向是对的。假如做企业是追名逐利，那终究还是空虚。为什么？"生活的目的在增进人类全体之生活"，人生应该以服务为目的，而不是以追名逐利为目的。

我那时候，还没有明师指点，所以追了几年也觉得不快乐，空虚。刚好有个机缘，静下来反思。老天很垂爱，刚好我静下来的时候，当地有一个学校的女老师生产，请两个月的产假。刚好那一年的法律规定，要大学毕业才可以到小学代课。以前都是高中毕业就可以代课，镇上高中毕业的人很多，台湾小学老师的薪水不差，一下子，老师们的亲戚朋友就把这个名额包掉了，根本轮不到我。可是那年一调整，大学毕业才可以代课，整个乡镇找不到一个大学生。所以人生不要急，该是你的机会跑都跑不掉，不是你的机会强求不来。人生这一切都看透了，就不会患得患失。

真的那个机会一来，那个校长说可不可以拜托你来代两个月的课，教一年级。我一听很害怕，因为一年级身高才到我的腰部而已，我怕不小心把他们给捏伤了，没有教书的经验。结果他又不断的要求，因为真的找不到大学生。突然间想到父亲的教诲，"不要拒人于千里之外。"人家也怪难的，我就答应他了。

结果这么一答应，这个消息传回我家。我母亲就问我，你那个班几个人？我说七个。我妈在电话那一头说，想当年我的班六十几个人。我母亲恢复了四十年前的豪情，说："好，我赶到台东代一两天课给你看。"你看我多有福报，马上资历这么深的老母亲救兵来了，我就比较安心了。我母亲就来了，真的跑了三四百公里的路赶过来了。结果我妈就去上课，第一天上课回来，我们母子坐下来，我母亲叹了一口气："唉，我才退休多少年，怎么七个人比六十几个还难教。"所以大家就了解，现在的孩子，受到外在的污染，电视的这些影响，堕落的速度非常的快，所以虽然是七个孩子也不好带。同样的现在都市里面，有的班都四五十个人，五六十个人，那相当有挑战性。

我当时代的课，虽然确实是辛苦，但是给我生命一个最大的启发、最大的收获，就是我感觉当老师是世间最有意义的工作。任何其他的行业，再大的诱惑，我也终身要做这个工作。所以我非常感谢这七个孩子给我生命的启示。当时候我记得第二天我给他们上课，看到三个孩子蹲在地上，不知道在做什么。结果我就蹲下来看，他们发现有些蚂蚁死掉了，他们蹲下来看。结果我就赶紧把蚂蚁埋了。这个孩子讲："干嘛要埋？"我说："入土为安。"那孩子似懂非懂，点点头。隔天我又看他们蹲在那里，我说你们今天干什么？他说，埋蚂蚁，入土为安。所以就看到孩子的善心是非常容易启发，而且这个善心只要真的启发了，可能影响到他的一生的幸福，这样的工作，那是任何金钱买不到的。

　　所以我代完这两个月的课，回到我自己住的高雄，就去考师资班。台湾大学毕业之后，你要当老师，还要补一年的教育学分。那也很幸运，我也顺利考上了，就去从事小学的教育。我记得我自己当班主任，带六年级的班，六年级已经很多男孩的身高都比我还要高了，很多思想观念你要给他引导，没有耐性，很难的。

　　我给大家举一个例子，有个女孩子爬到窗户上擦窗户，爬得很高，它是两阶的。她踩上去之后，要拔第二阶的窗户，她手握着，看着我："老师，可不可以拔下来洗？"我说："不行。"我说完"不行"，不到两秒钟，她照样把它拔下来。然后，整个人就重力加速度，就这样"砰"，然后那个玻璃就碎在她的身上。你给她说不行，她照拔。哇，她一倒下来，所有的同学都惊慌了。学生可以惊慌，老师能不能惊慌？不行。我那个时候可能也是祖宗保佑，那时候很镇定，这些学生马上要冲过去，我说："全部给我住手！"因为碎玻璃，"赶紧去拿扫把来扫。"我自己把那个窗户木框把它移开，把学生拉出来，毫发无伤。然后赶紧把它扫好，整理好。

　　当时候很镇定，一点都没有其他念头。处理完之后，开始害怕。是吧？这学生假如刮伤了，流血了，我得还要去送她去缝。啊呀，你都已经叫她别拔了，她还是拔下来。后来我想到了，为什么她毫发无伤？因为我长期让他们念《弟子规》、《三字经》、《朱子治家格言》、《文昌帝君阴骘文》，这些圣贤的教诲，念这个，祖先圣贤都来护佑这个班级，所以可以逢凶化吉。

　　其实我们的祖先真的是非常的慈爱我们，我给大家举一个历史故事。大家决定都知道，"窦燕山，有义方。教五子，名俱扬"。窦燕山到三十岁的时候，没有丝毫的成就，而且还没有孩子，福非常薄。有一天作梦，他的祖父来了："孩子，你要赶快断恶修善、积功累德，不然你连寿命都快尽了。"他很可贵，听祖父的话。那天醒过来以后，就尽心尽力，毫无保留，这个很重要。你有所保留，那个心量小。无所保留，心量大，人的福报是随着心量成正比。他就真的做了。比方说捡到一袋的银子，他心里想（这就是处处为对方想），失主一定非常的紧张，他就一直在那里等他。等到失主回来，哇，找到这个金子，那眼泪都流下来。为什么？很可能那是救命用的，救家里人的命都有可能。然后邻里乡党有任何的需要，婚丧喜庆没有钱，他尽力去帮助。尤其还兴办义学，让整个家族的后代可以读圣贤书，还让贫穷的人家愿意读书的，都免费来读书。

而我们现在兴办义学，都是非常有社会责任的企业家在做。我们看到好像江浙一带非常多企业家，就出钱出力在当地建了一个教育中心，社会大众都可以来这里学习。像我们居美馨叶总夫妇，他们就是以企业家的身份办义学。像新疆郝铁龙董事长他也办学，他说到，他们当地的党校都到他们那里去培训。我说培训党校的这些干部，影响很多人民往后听闻传统文化的因缘。

而且我们感觉一个企业家像郝总，他是转"礼运大同篇"。"转"是什么意思？经典就变成我们的人生，就变成我们的处事待人接物。比方说"大道之行也，天下为公"，郝总心量很大，"选贤举能"，他帮党校培养人才，也是在帮国家培养人才，"讲信修睦"，社会大众随时都可以到他们那边报名去听课。他"人不独亲其亲，不独子其子"，他还在他们附近的小学，发动孝心奖，鼓励那些有孝心的孩子，"不独子其子"。"使老有所终，壮有所用，幼有所长，鳏寡孤独废疾者，皆有所养"。他们公司的员工有差不多三成都是先天残障，那他不就是"鳏寡孤独废疾者皆有所养"。一个先天残障的人，到了一个有仁爱心的老板底下，到他的公司去，不只安了他的心，还安了谁的心？安了他一家人的心啊！而且又很用心的照顾。而"爱人者人恒爱之，敬人者人恒敬之"，郝总说，那些先天残障的同仁，尽忠职守超过正常人。这都是可以给我们证明的真理。而且因为他真正是这种仁慈心，他的事业越做越好，订单太多了，做到半夜十二点都做不完。"道之所在，天下归之"，所以真的人依照传统文化做，家业事业一定会越来越好。

而窦燕山他开始办义学，造福了非常多的子孙，还有社会贫穷的人，也为国家培养了很多栋梁之才，他的命运起了很大的转变，他确实五福临门。五福，第一财富；第二健康；第三长寿；第四好善好德。不只自己好善好德，后代子孙也好善好德，他五个孩子都做了大官，很有成就，"教五子，名俱扬"。五福最重要的一福叫考终命，就是自自在在安详的离开，这叫第五福。

我曾经到香港去参加活动，在车上一位朋友，他是香港当地人。他说："我们香港人什么都快。"在香港马路人行道上走，走慢是不行的。那个人潮人山人海，你走得慢，后面帮你推着走了。真的什么都快。但是他说，"就是要死的时候很慢。"死不掉，在医院里面，喘了两个月三个月，有的喘了两年三年，还有喘十几年的。我告诉大家，一个人在医院喘十几年，那是福还是祸？那叫活受罪！

所以健康是真正的福报。人没有健康，有财富，也享受不了。我父亲在银行上班，到退休都是看到很多有钱的人，我父亲讲了，有些有钱人不注意身体健康，中年就一大堆病，跟他们一起吃饭，这个不能吃，那个不能吃，有糖尿病、高血压，一桌子菜很多都不能吃。结果大家都吃饱了，他就拿出一包东西，一打开来，一包药，什么颜色都有。他说，这个我能吃。所以你没有健康，那些好像看起来的福报都很难享用得了。所以健康是一生的财富。我们台湾讲，人有健康，人生就是彩色的；人没有健康，人生就是黑白电视，看不到光彩。

窦燕山五福都具足，他活到八十几岁，本来是短命，真是改造命运的好榜样。范仲淹先生，整个家族都以窦燕山为榜样，常常让子孙要效法窦燕山。窦燕山最后，八十多岁了，有一天，斋戒沐浴，把自己洗得干干净净，然后就对着所有的亲朋好友辞别，都讲好了，自己坐着就走了。这个历史当中都有记载。所以整部二十五史都是因果报应的记录，确实跟《易经》

一开头告诉我们的真相一样，"积善之家必有余庆，积不善之家必有余殃"。

在岳飞那个时代，跟着秦桧有一个大臣，跟秦桧配合害岳飞，结果岳飞被害死。这是我们中国历史当中最大的一个冤案。而这个大臣没多久，也死了，他的罪报太大了。而他的儿子罗愿心里想，父亲做这个事也是太错误，所以一直不敢进岳飞庙。岳飞死了之后，老百姓非常的怀念他，帮他立庙。罗愿他自己也有良知，他就很用心的去办政治，也做了一些事情，心里想，我都认真做了好事，总可以化掉一些罪业了吧。他才鼓起勇气进岳飞庙，结果一跪下去磕头，磕第一个头，磕下去就断气了。这个在二十五史里面，他父亲的罪报太重了，还是"积不善之家，必有余殃"。

所以其实我们跟后代子孙是一体不可分，我们跟祖宗也是不可分。全世界这么多民族，只剩中华民族的文化承传没有断，这个不是偶然的，因为我们任何一个人的祖上都是圣人。您只要族谱还留下来，绝对查得到。我前几天在昆明遇到一位苏老师，他是苏东坡先生二十八代孙，是苏武的七十二代孙，我说，"你们家一门忠烈。"汉朝的苏武，宋朝的苏大学士，全部都是忠臣。"你不可以丢脸，你也要为文化承传尽心尽力才对。"确实我们这个民族文化承传五千年是唯一的，但是它不是偶然，它是因为祖先的护佑。而我们今天也是往后后代子孙的祖先，我们也要有好的榜样，让他们承传，而不能做不好，反而是殃及子孙。我们绝对不愿意做这样的人。

窦燕山给我们的省思，您看，他的祖宗确实是爱护他，还在梦中帮助他。所以冥冥当中有多少我们的祖先在保佑。新疆有一位女士，这是五月份，我亲自见到她，她给我讲的故事。她说她们公司的老板学传统文化，拿了很多好的光碟跟书，到他们公司说，免费送给大家，她听了很高兴，免费的，一直搬，搬了一大箱回家。结果搬回家，不看，放在床下。还是有点贪小便宜的习气。放在床下，突然有一天，她3岁的女儿来告诉她（这个小女孩的爷爷已经去世了），她讲："妈，昨天我梦到爷爷，他交代我要告诉你赶快把床下那一箱书拿出来好好学习。"她妈妈吓一跳，怎么她去世的公公知道床下有一箱书？结果一拿出来，其中就有一本书叫《了凡四训》，改造命运的一本家训，是明朝时候袁了凡先生写的。而那一段时间，刚好她在打算要跟她先生离婚。马上她公公有灵，就提醒她。她一看完之后，自己很惭愧，就开始修正、改过。

所以我们的祖先真的很爱护我们。所以您假如发真心为往圣继绝学、为万世开太平，您现在就是尧舜禹汤、文武周公的独生子女，他们一定全心全意栽培你、冥冥当中护佑你，他的福报都会降在你的身上。我这么推理是有根据的。我请教大家，假如你有两三个孩子，你今天的家业会交给谁？铁定交给那个最孝顺、最有责任感的吧？你会不会交给那个骄奢淫逸的那个人？你一定交给那个最有责任心、最有孝心的人，他才能守得住家业。所以我们中华民族，这些古圣先贤、这些老祖先都有德，谁发这个心，"孝悌之至"，《孝经》讲的，"通于神明，光于四海，无所不通"。张厅长在海南省推展伦理道德教育入监狱系统，他所带的八个干部，他们九个人快速的升官，现在都在很重要的职位。一来是他们的努力，再来不都是祖先把福荫加在他们身上，让他们好好为国家民族做一番事业吗？

真的，人这一念心发起来，整个宇宙都收到了。有一批科学家，他们是近代物理学、量子力学家，他们发现人的心可以改变整个宇宙，这个都是最近前卫的科学在研究的内容。江本胜博士，他做的水试验。人对这个水讲感恩的话，结晶非常漂亮；人对水讲伤害的话，水结晶很丑陋。水是物质，人的意念会影响整个生活环境，改变整个生活环境。所以量子力学家做结论，以心控物，人的心可以影响整个物质世界。就像昨天跟大家举到《尚书》的例子，"作善降之百祥"，整个世界祥瑞非常的多，但"作不善降之百殃"，不都是心决定的。所以"内圣外王"，是我们传统文化的学问。"内圣"就是这一颗心善，不断契入圣贤的境界。对外这个"外王"，这个"王"是榜样，是可以带动齐家、治国、平天下。所以还是修心、修身是根本。

我自己决定要走老师这条路，之后都非常顺利，我自己也感觉祖宗在保佑。包含我自己在带班的时候，确实感觉到一个老师，这个班的安全每一天我们要负责。我们又希望孩子这些思想观念能够正确，利益他的一生，这个我们都要花很多的工夫。然后还有很多笔记本要改。所以真的是一个学期四五个月，都挺辛苦的。到寒暑假的时候，真的是喘一下气而已。一般没有教书的人都觉得，哇，老师真好，都有寒暑假，他们是不知道个中的滋味。所以我自己教书以后，去跟我母亲讲，妈，要跟你道歉，以前都觉得你很轻松，其实真的是很辛苦。（诸位校长、诸位老师、同道，你们确实够辛苦，还要上二十一天的课。所以假如你们真的很累了，就好好睡一下没有关系。因为依照投资报酬率来讲，人最想睡的时候睡，最有效果。可能睡五分钟十分钟，精神就回来。你假如硬撑，要睡不睡的，可能整节课都在半梦半醒之间，这样就更可惜。所以你想睡，就用力睡，没关系。但是要跟我们配合一下，睡的时候，只能前后点头，这样我们在台上会越讲越有灵感。不可以左右晃，因为左右晃我们在台上一看，边讲您边摇，我们就越讲越没底气。而且左右晃会撞到旁边的人，这样也不好。所以我们有这个默契就很好配合。人与人相处时时互相体谅，处处就有温暖，处处都觉得温馨了。）

我在祖宗的保佑之下，走进了小学教育的领域。也了解到要探索生命的意义，在我自己的这个岗位上，就可以很好的去发挥。"做孩子一生的贵人"，什么时候做？如何做？要做到什么程度？"孩子"指的不只是我们的小孩、我们的学生，还指我们民族的下一代，甚至是天下的后代。我们用这样的胸怀来一起探讨这堂课，来深入老祖宗的教诲。我们"做孩子一生的贵人"，等于是我们所拥有的这些智慧、教育的理念，都能扎下他一生最重要做人做事的德行、态度，那他一生就可以幸福了。

　　那我们要做孩子一生的贵人，首先要先做谁的贵人？自己啊。假如我们忙忙碌碌，越来越烦恼，自己的人生都改变不了，怎么可能去改变孩子的人生呢？所以我们第二个重点，我们自己也要思考清楚，生命的意义。

　　昨天跟大家谈到，人生的价值，《大学》第一句话就讲了，"大学之道，在明明德，在亲民，在止于至善"。那就是成就了自己，又成就了生命当中的有缘人。这个是意义。其实就跟我们这个"义"字，非常的相应。这个"义"字是会意字。《说文解字》说，"从我从羊"，"从我"就是指自己，"从羊"，这个羊意思是善、吉祥，善祥的意思。也就是说，人能够真正去尽道义的时候，他可以完善自己，他的人生一定是吉祥的。"天道无亲，常与善人"。而这个"从我"，我们就了解到，人这一生的灵性智慧怎么不断提升？就是不断去行善，不断去利益别人。所以这个"义"字，我们从词语来看，仁义、道义，再来呢？情义。我们中国字，还有中国的词、成语，都能让人开智慧的。大家还有想到什么？信义、忠义、节义。您看每一个词，有没有彰显这个"义"字，在我们人生当中怎么去落实，怎么去发挥？包含礼义，我们中华民族是礼义之邦。所以了解到这个"义"字，我们就能体会得到，人生尽这一份义，能产生很大的价值。

　　我们也知道人生短短数十年，终将过去，但我不能白白来世间一遭，所以真正去思考过生命意义的人，他会想到"人死留名、豹死留皮"，这个留名最重要的是留榜样在世间。有智慧的人留留得下来的，带带得走的。而没有智慧的人，他一生忙什么呢？留留不住的。然后努力积累什么呢？带不走的。刚刚跟大家讲到，香港人说什么都快，就是死比较慢。为什么那一口气断不了？太多东西割舍不掉，放不下，就在那里一直拖一直拖，其实终究还是带不走，"万般将不去"。

　　大家想一想，每一个人的一生最后好像都差不多，所以人的一生，假如您先很深刻的从人生的最终那一刻去观察起，再来经营你的人生，会不一样。我们复习一下，人生最后一刻是什么？我们以前看电视都一样吧? 一口气接不上来就走了。佛陀曾经问他的学生, 生命有多长? 第一个学生说几十年, 第二个学生说可能是短暂的几个小时。最后佛陀讲, 生命在呼吸之间。无常一来可能就隔世了。所以人看到最后一刻就是这样了, 什么都带不走, 那干嘛还花了绝大部分的精力, 去追逐那些带不走的东西? 身体都带不走, 身外之物还带得走吗? 所以大家冷静看, 好多人看不破这些事情, 要住大房子, 要开大车子, 然后还享乐纵欲。那些东西他都带不走, 还搞得自己身体不好。

有些父母、长者很想不开, 就想着要给孩子多留一些钱, 结果呢? 留得住吗? 告诉大家, 留成什么? 祸根。老祖宗留了一句格言告诉我们, "勿以嗜欲杀身, 勿以财货杀子孙"。一个人有了不好的习惯、嗜好, 每天都在摧残身体, 尤其是亏孝道。我们只要有这些不好的习惯, 父母每天提心吊胆。人尽孝是积福, 每天让父母操心是折自己的福。而且染上坏习惯不肯改, 叫不自爱。一个人不自爱怎么去爱别人? 所以这一点, 我们当父母、老师、校长的人, 自己人生这些习惯要非常的好, 成为孩子的榜样。我记得有一个学校, 初中要让学生不染头发。怎么严格、怎么抓都没用, 效果不彰。老师们都很疲惫, 在办公室开检讨会。大家这么一叹气, 坐下来, 突然有一个老师观察到, "我们的老师们染头发的也很多。" 那我们老师自己染, 叫孩子不染, 哪有可能, 他越不服气。所以身教是尽孝, 也是自爱。

"勿以财货杀子孙"。《三字经》提醒我们, "人遗子, 金满籯", 一般的人没有这些见地, 留很多钱财给孩子。"我教子, 唯一经"。范公的后代八九百年不衰, 他留给子孙的就是 "济贫活族之义", 救济整个家族, 救济多少个贫穷人, 这样的道义, "遗其子孙", 留给他的子孙。所以当时他在世的时候, 是一千亩义田; 到清朝的时候, 范公的后代是四千亩义田, 青出于蓝胜于蓝。所以他的后代的福报非常的大, 因为传承了他这个道义。

而林公也有一段非常重要的话, 他说 "子孙若如我", 子孙的素质跟我一样，都不错，"留钱做什么？"你留钱给他干嘛？"贤而多财"，他本来还是满贤德的，给他很多钱，"则损其志"。他说我爸爸赚的够了，我干嘛还去努力？把他的志气给折损了。"子孙不如我，留钱做什么？"子孙素质已经比我差了，还留钱给他干嘛？"愚而多财"，子孙素质比我差，你还给他很多钱财，"益增其过"，根本就是让他更骄奢淫逸。那不就是以财货杀子孙？

现在这样的例子比比皆是。我们在报纸上看到好多大企业家，去世了，马上登场的是整个家族争财产。甚至于争了好多年，他的棺木都还没有入土。他赚了那么多钱，最后呢？死无葬身之地，所以人算不如天算。这个是去世以后是祸根。我给大家举一个例子，是还没有去世就是祸根。

在台湾台南，有一个企业界的人，他也很忠诚，在一个企业待了一辈子，积了二十亿台币的财产。二十亿不算少，而他建房子，花了多少？一亿。我当时候听到，第一个念头：这个做法就是败相已露。你很有钱，很炫耀，很挥霍，你的下一代上行下效，你铁定败的。历史当中没有说哪一个父母很奢侈，最后下一代兴旺，没见过。所以一个家要三四代不衰，曾国藩先生说一定要坚守勤俭；要五六代不衰，一定要谨慎朴实；要八代十代以上不衰，一定要孝悌。他看了太多的人家，总结出来的经验。

你花一亿建房子，首先你的后代会觉得：我老子有钱。那他就开始乱花钱。第二，盖一亿的房子，不就是告诉小偷们，有空到我家坐坐。哪有智慧？而且老祖宗又留了一句很重要的话，"禄尽人亡"。一个人他这一生的福报、福禄有多少，是他修来的，他的福报花完了，他这一生也结束了。但这句话我们延伸开来想，假如一个人很节俭呢？他本来只有六十岁寿命，可是他还没把福报花完，他可能活到八十岁，延寿二十年。所以"福生于清俭"，清廉节俭。

我的奶奶四十多岁身体就不好，但是她特别节俭，走到哪里，电灯关到哪里，而且一张卫生纸用两三次。我们看了也都觉得，哎呀，怎么省成这个样子。但是很有味道，节俭是美德，我们这些子孙都受影响，后来也都有养成节俭的习惯。而一个人假如很奢侈，他本来可以活八十岁，但是到五十岁的时候，他已经把福报全花完了。大家看到现在青少年花钱凶不凶？所以五十岁就花完了，他三十岁寿命折掉，五十岁就走了。所以人不能挥霍财富，财富取之社会，用之社会。整个社会大众的种种因缘配合，才有我们财富的积累。有这份体悟应该要回报社会，而不是这样乱挥霍。台湾有一个人知名度也很高，怎么花钱？用纯黄金做马桶。我们当时小，印象深刻。结果这个人这么花钱，没多久身体就不好了，最后就死了。这个也是一个禄尽人亡的例子。

而我们今天留钱财，最后是杀子孙，留下祸根。刚刚讲到那位用一亿建房子的男士，最后孩子养成奢侈的坏习惯，还赌博。他中风，管不了了。不到一年的时间，二十亿全部败光。这是他还没走以前，就变成祸根。请问大家，他们家的悲剧结束了没有？才怎么样？刚刚开始。因为孩子已经大了，养成很多坏习惯，要改谈何容易？除非他们遇到伦理道德的培训课程，是不是？所以，把这些重要的伦理道德教育送到家家户户，可能就改变了他们家庭的命运。

那刚刚这个是没有智慧的人经营的人生，有智慧的人就像范公、林公，留留得下来的阴德庇荫子孙，留最好的榜样让子孙效法。不只在家庭如是，在我们的单位，我们的学校老师，时时都想着，当时我们的陈校长、王校长，他在位的时候，给我们那些叮咛教诲，留下来的校风，影响深远，经过了几十年都还影响着这个学校。那您确实是留留得下来的。而带带得走的，什么带得走？灵性的提升、智慧的提升，还有你这一生所攒的一切善行，都带得走。不是不报，时候未到。哪有哪一颗种子种下去，会白种的？

好，那我们有了这样的认知，我们要发挥生命的意义，就在我们当下的这个身份。在《群书治要360》中有这么一句经句："位也者，立德之机也；势也者，行义之杼也。圣人蹈机握杼，织成天地之化，使万物顺焉，人伦正焉"。

经句一开始"位也者"，职位，我们现在的一个职位，是建立仁德的织机，就是纺织机。"势也者"，势就是我们的权力，我们在这个位置当中，我们行使的职权。"势也者，行义之杼也"，施行道义的梭子。整个纺织机要跟梭子配合起来，所以有地位，又有权力。这一点，我曾经听一个新加坡的退休校长，他七十几岁了，他在新加坡教育界非常有知名度、影响力。而他退休以后，才认知到《弟子规》的重要。可是他已经退休了，所以他非常感叹，假如我是在位的时候，我可以影响整个新加坡的教育界。但是因为他已经退休了，那整个影响就大大不如他在位的时候。所以他那种遗憾，也让很多在位的校长很有触动。所以我们不能等，失去了这个时节因缘，才来后悔就很遗憾。"圣人蹈机握杼"，这个是用比喻，圣人脚踏纺织机，手握梭子，织成天地之化，"代天行化"，代天行仁义。

孔子、孟子，他们是讲道德、说仁义，让人明白做人的道理，这样能够让"万物顺焉"。现在全世界物种的灭绝，一天不知道有多少，请问大家知道原因是什么吗？是人类破坏大自然造成的。这个世界，假如有一种物种灭绝了，其他的物种会开七天七夜的嘉年华会庆祝，请问大家，哪一种物种？我们很有自知之明。大家有没有感觉，人活颠倒了？万物之灵，居然活成万物的杀手。这个太糟蹋老祖先对我们人的定位："三才者，天地人"。人应该效法天地无私化育万物的胸怀，这叫人格。现在变成杀手了。所以只要人懂仁义，有爱心，"亲亲而仁民，仁民而爱物"，确实是"万物顺焉，人伦正焉"。从这一句我们也了解到，传统文化的教育首重什么？伦理道德教育，人不懂伦理就不会做人。

在广东有一个学校，它的教务主任刚好在2004年7月份到了深圳，上了五天的传统文化课程。这位教务主任上完课，来跟我们谈，说他五天记的笔记超过他四年师范学院记的笔记。当时候我听，内心非常的痛。为什么？这位教务主任，非常爱教育、有教育的使命。不然他都已经到教务主任了，为什么学习如此认真？但为什么他在读师范学院那四年，没有把他这样的使命跟积极性调动起来呢？因为我们没有把传统文化这些教育的智慧理念先教给他们，反而有很多是一些现代的教育理论，而那些教育理论是不是正确，还有待商榷。

我跟大家举个例子。我们以前学理论的时候，那个理论是拿狗做实验，拿猫做实验，拿老鼠做实验，最后的结果，拿来教谁？教人。那请问要把人教成什么？动物，狗？告诉大家教成狗不错了。为什么？因为拿狗猫的实验，是把目标定在哪？狗跟猫。假如一不小心变成什么？猫狗不如了。大家有没有看到现在伤害父母、爷爷奶奶的有多少？那不就是我们教出来的吗？好人是教出来的，坏人也是教出来的。教错了，很严重。我们今天把目标定在圣人，他再不小心是贤人；把目标定在贤人，他再不小心是个君子吧？把目标定在君子，他再不好也是个善人吧？现在把目标定在狗、猫，接下来呢？就很惨了。

所以我们最大的灾难在哪？丧失民族自信心。明明五千年来代代出圣贤的方法，五千年的理论，五千年的理念，五千年的经验、方法、效果，我们不用，外国的月亮比较圆，所以这些理论拿来教。现在不是中国下一代的问题，是全世界下一代的教育问题。连美国的教育部长都自己承认，这些教育是失败的。英国的暴动，谁暴动？学生，那都不是没有学历的学生，对国家进行暴动。美国的犯罪率在全世界都是排在相当高的位置，他下一代教成这样，为什么我们还跟他们学教育？这不还是信心的问题。

其实我假如没有遇到老祖宗的经典，我也很没有信心。当时我记得常常问同学，你觉得我这个人怎么样？朋友说你要听真的还是假的？听真话，心脏还得不错才行。还有同学做心理测验，比方说你得四十分，他说你的个性很像无尾熊型；你得五十分，他说很像老虎；你得六十分，他说你的个性很像孔雀型的。这种心理测验我都做过。做完之后，很高兴的告诉别人，我很像无尾熊。我现在觉得当时候真是对不起祖宗。祖宗在天之灵说我的子孙怎么活得像畜生，还高兴半天？是不是？我们像无尾熊是像畜生，还高兴半天。冤枉啊！

所以中国人的心理测验应该是怎么做的？做出来了告诉你：你有大舜的孝心，你有尧帝的仁慈，你有唐太宗的恢宏大度，你有范仲淹的"先天下之忧而忧，后天下之乐而乐"。请问大家这个心理测验做下来，这个人有没有深深吸一口气："原来我的身上有这么多圣人的优点，我要好好成就自己，不可以糟蹋自己，不可以对不起自己。"所以这个信心很重要。

而这位教务主任，他真的非常用心学习。回去之后，他马上找了三个同仁，跟他志同道合，四个人开始每个礼拜学习传统文化。又安排三个班主任，都是男的班主任，在十月份到了上海，参加五天的课程。结果他们四个人开始做起。没多久，这三个班的变化很明显，他们的校长是一位女校长，在经过的时候，就观察到了。就开始了解，原来他们都是推行传统文化，推行《弟子规》。结果这个校长就对着全校的同仁讲到，"我们的孩子，英文可以慢一点学，但是孝道、做人要赶紧学。"她就开始在全校推展。

有一天她的丈夫看到报纸上有专家批评，说《弟子规》有愚孝。其实专家有这么高的身份，讲话更要小心。到底看过没有，深入没有？批评，让人家丧失信心，造成的后果，讲这句话的人都要负责任。我们深入过的人，《弟子规》哪有愚孝？"亲有过，谏使更"，劝谏父母，"怡吾色，柔吾声"。那他的丈夫看到这篇文章，就拿去给他太太看："有人批评，你现在还全校做，你要小心哦，不要犯了路线错误。"他的太太很有修养，这个女校长，她接着说："他有他的看法，我有我的责任。"她也不批评这个教授，她说："他有他的看法，我有我的责任。我们学校附近那个初中，每一次放完长假之后，就有很多学生去堕胎。我不想我的学生以后走的是这样的人生,所以我现在要赶紧把他们德行的根要扎稳。"她讲完,她的先生看着她说:"我觉得你很适合做领导人。"女中豪杰呀。

讲到这里,我就想到有一个大学的老师跟我说,他有一个学生,体育系的一个女孩子,进去的时候非常的壮,可是大学四年毕业出来的时候,瘦骨如柴。因为这个老师说,就他知道的,不知道的不算,堕过四次胎。孩子不懂啊!孩子没念教她这些道理的小学,孩子大学四年,就把她的身体彻底搞垮了,就把她的福报彻底给折损掉。假如她的幼儿园、小学教了,甚至于假如大学开学,他们学校能够有一个礼拜,全部是伦理道德、中华文化的教育给这些大学生,我相信他们四年的岁月完全不一样。

大同大学从2009年,一直推展让所有的大一学生,全部学传统文化,到现在已经是第五个年头了。相当不容易!这个叫"慎于始"。在每一个重要的因缘开始的时候,把正确的思想观念给他们,他们这四年就没有虚度。我当时没有遇到这样的学生处处长,没有遇到这样好的机会。我当时进学校,学长告诉我,university(大学一词的英文),学长说university的意思就是"由你玩四年"。我被误导了,我人生的黄金岁月就这样毁掉了。所以人总在遇缘不同。能遇到像大家这么好的校长老师,那都是学生的造化。

那位女校长给我很大的启示。包含我自己自身在第一线,我所看到的现象不是一代不如一代,而是一年不如一年。而有一个大学老师,前几天跟我打电话的时候,他说现在已经不是一年不如一年,是一天不如一天!只要正确的观念,学生没有免疫力,诱惑太多了,快速堕落。所以我在台湾,领的是公家的俸禄,纳税人的血汗钱,我的职责就是为整个社会培养好的下一代。可是摆在我面前的是一年不如一年,一天不如一天的现象。我得找到问题的根本,不然我失职了。后来我了解到了,缺了德行的教育,伦理道德的教育。这么样体会到了,细细想想,不是学生缺德行教育,我自己也缺德啊,我自己学习传统文化也很浅啊,也要好好的厚积,好好的深入。

所以当时明白德最重要，德是本，自己又没有这些基础，所以就先辞掉工作，去跟我师长学习。后来刚好有因缘，2003年到了海口孝廉跟当地一些家长做传统文化课程的分享。所以这些都是摆在我们面前的情况，我们见义不为，就无勇也。我们要见义勇为，不然我们就白受孔老夫子的教诲了。这样我们也才对得起国家纳税人对我们的信任，包含所有这些家长们对我们的信任。

我在前几年到了马来西亚去，遇到一位长者，叫沈慕羽老先生。大家看老人家的名字，就知道他的父亲对他的期许。仰慕关羽，关羽是义薄云天。他确实做到了，因为曾经，马来西亚政府希望把华文给去掉，印尼华文去掉了三十多年，华人没办法学。而当时马来西亚的政府也是这么做，几百万的华人起来保卫自己的中华文化承传。其中沈老就是代表，他几次被关进监狱。结果那个监狱的马来官员，硬的用了，就用软的，要让他服从，甚至还要告诉他，你服从了，封你什么爵位，用名利在说服他。结果他就对那个马来的官员讲，假如今天是我华人要灭你的马来文，我相信你也会站出来的！那个官员听了很感动，从那一天开始把沈老奉为上宾。所以有义气的人到了监狱去，还可以做上宾。这个也是祖宗护佑着他。

我们很有幸，能够去亲近老人家，我记得第一次见老人家，已经95岁了。老人做了七十年校长，这个破世界纪录，他热爱教育。第一次见面，老人家95岁，亲自弹风琴，带我们唱歌，唱抗日爱国歌曲。所以这些长者的风范，会让你一生难忘。他又勉励我们这些年轻人，他说，"教书是最没有钱途的行业"，老人家很幽默，说是不能赚很多钱的行业，"但是却是最重要的行业。因为它传道授业解惑，它承传文化，这个对整个民族是最重要的事情。"

其实这段话，在我们现代社会体会就非常深刻。有一个香港的华人写了一篇文章，说中华民族是拥有全世界最悠久文化、智慧的民族，可是在短短几十年，却变成最短视的民族。短视到为了几百块钱，可以杀害自己的父母至亲。这确实是我们现在民族所呈现的现象，原因在哪？文化断层，没有承传下来。所以这些乱象，在一两百年前闻所未闻的现象，却发生在我们现在的社会。所以文化的价值、文化的重要性，在我们这几代人身上就看得非常的清楚。能真正扭转这个乾坤，还得靠我们所有人承担起这个历史的使命。

"建国君民，教学为先"，我们下一节课，就人类现在从身心到整个社会、家庭、世界的苦难，根源、问题出在哪里，医生医人家的生命，老师医人家的慧命，我们得把社会的病根找到，才能够对症下药。而下药也需要长期的教化，所以"教学为先"，才能产生效果。十年树木，百年树人，教育可不是吃特效药，那会有副作用的。好，我们下一节课，就整个人类的苦难根源，以至于我们在这个时代怎么"建国君民，教学为先"，就这两个重点，再跟大家做分享。谢谢大家！

第四讲 人类的苦难

尊敬的诸位校长，诸位教育界的同道，大家早上好！

我们刚刚谈到医生救死扶伤，救人家的生命，老师呢？启发人的智慧，启发人的善良，救人家的慧命。有一个故事，是在我从教之前，我的师长教诲我的，让我的印象非常的深刻。有一个医生，草菅人命，堕到十八层地狱。结果这个医生堕到十八层地狱他还不认错、很生气，说，"我又不是故意的，干嘛给我判那么重？"这个医生没有学过《弟子规》，所以错了不认错。学《弟子规》很重要，"过能改，归于无；倘掩饰，增一辜"，这样罪业不能够消除。他生气了就开始在那里跺脚，跺得很重。突然间听到底下有人说话，说，"老兄，你别跺啦，灰尘都落到我的身上了。"这个医生吓了一大跳，十八层地狱底下还有吗？他非常惊讶，对着底下的人说，"我当医生草菅人命堕十八层地狱，你堕十九层地狱在我底下，你到底是干哪一行的？"底下传来声音说，"我是当老师的。"

虽然是一个笑话，却是值得人去思考。因为一个老师思想正确了，开人的智慧。而这个学生，往后为人父为人母，甚至为国家之领导，甚至又是从事教育工作，一个思想的正确，影响了他的人生、影响了他的家庭、影响了他的下一代、影响了他生命当中有缘的人。所以一个老师教出了一个圣贤，这个功德太大了。请问范仲淹的老师功德有多大？用电脑都不见得好算出来。假如老师没有把正确的人生观教给学生，反而教错误的，那断人慧命，误人子弟，不只影响了这个学生，学生他也会为人父母，那他的孩子都要受害。包含他假如以后做了领导者，他唯利是图，那可能鱼肉很多的人民。那这些责任，除了他个人要背，他的老师也要背。这个不是我说的，《三字经》上讲的，"养不教，父之过；教不严，师之惰"。在这个时代讲话要点到为止，你点得太白太直接了，人家说"你给我记住"。我们这一生不想跟任何人结怨。

我自己当小学老师，当时我这些学生都是十一二岁。过了几年之后，我看报纸非常小心，要看一下有没有我教的学生。假如是好事，哦，还好；假如做错事的是我的学生，哇，那麻烦，阎罗王那边就记我一笔了，没有好好教学生。但是假如我教了，那责任就不在我了。所以老师这份天职，所谓启发人智慧的生命，这个是影响一个人、影响一个家庭、家族、影响社会长长久久的价值。

那既然老师是启发人的慧命，到底现在的人他思想观念偏颇在哪里？因为思想决定行为，行为决定习惯，习惯形成性格，性格决定了命运。一个人的思想决定了他自己的命运，父母的思想决定了孩子的命运，老师校长的思想很可能影响学生的命运，一个企业家的思想可能决定了他这个团队的命运，一个国家领导人的思想影响国家的命运，现代中国人的思想将影响天下的命运。因为上世纪七十年代汤恩比教授有讲到，解决二十一世纪的社会问题，唯有孔孟学说跟大乘佛法。代表现在救这个世间唯一的方法，就是中华传统文化了。你们听完这句话生命有没有起化学变化？有没有人听了这句话晚上睡不着觉？激动得，终于明白了：啊！我这一生来投胎为什么而来，我终于知道了，我就是为这件事情而来的，为民族、为天下而来。那您这一念感悟就是孔子讲的"五十而知天命"，知道自己这一生的使命在哪里。

而大家想一想，你自己正确的思想，在引导你的孩子跟学生的时候，有时候孩子还不理解你，还会跟你发脾气。所以当父母的人都要练"人不知而不愠，不亦君子乎"。父母要不要当君子？你一心为孩子好，孩子还误会你，甚至还朝你发脾气。这个时候母亲像大地一样的包容，不跟孩子计较。那个大地您看，这么多动物大小便都在它的身上，它不只没有生气还把大小便转成肥料，还可以滋养万物。有没有发现我们成长过程中常常乱发脾气，母亲很有修养，都包容了，事后我们自己冷静下来，觉得自己很惭愧，还去跟母亲道歉。那母亲这种涵养也在启发我们。所以我们恶意向父母，父母还用像春风一样的温暖吹拂着我们。

所以你思想正确，可是你不一定被孩子理解，这一点我体会很深刻。其实父母跟子女是连心的，我跟我的父亲也是连心的。记得我姐姐考大学没考上，我的父亲就安排让我姐姐去补习。当时我父亲这个安排，我虽然没有听父亲亲口讲原因，但是我完全明白他的心。因为父亲看的是什么？看的是姐姐一生，姐姐的未来。所以很担心姐姐假如这次没考上去念专科，以后没有读大学，后面的妹妹跟弟弟都读大学，到时候她会自卑。所以父母在考虑事情，是考虑得很远的。但是，孩子能不能领情？不见得可以。

后来我姐姐去补习了，有一天眼睛不舒服，打电话给我父亲。我父亲说，那我明天请假带你去看医生。电话一放下，还是不安，马上请假就赶到补习班要找我姐姐，带她去看医生。您看父亲那种疼女儿的心。到了补习班，发现我姐姐那天翘课，没有去上课。大家体会一下，一个父亲这么焦急，马上赶过去要带女儿去看医生，结果女儿翘课，没上课。父亲辛辛苦苦徼了补习费，女儿居然没去上课。结果当天回到家，我父亲对姐姐非常柔和的问她，"你今天去哪里了？"当时候我也很佩服我爸爸，还能这么柔和问我姐。结果我姐恼羞成怒，马上发脾气，"都是你逼我去补习的！不然我就不要补了！"劈里啪啦讲了一堆气话。一个父亲为她的一生在着想，得到的却是女儿这么不理解，还给他发脾气。当下我跟我的二姐互相看一看，哎呀，姐这样太过分了，这样爸怎么受得了。我们两个互相看一看，暴风雨会不会来了?

结果突然我姐姐发完脾气上房间去,我父亲就把我二姐跟我叫到房里去。接着我爸就讲,"爸爸有哪些做法做得不妥的,现在你们两个可以提出来。"那个当下,其实我们家三个孩子从小就觉得给父母生到是我们人生最大的福分,我们虽然家里不富有,都是公务员的子弟,但是很温暖,我们父母非常爱护我们。像我父亲,虽然收入不多,但是买了一台人家已经开了十年的二手车。感受到什么? 竭尽全力的爱护我们,希望给我们留下美好的回忆。那台车买了之后我们常常出游,虽然后座是斜的,三个孩子挤在那也很温暖。还有一次到了台南关子岭,因为旧车,那个山坡太高了,开到一半往后退,我们全家下来推车。你看这些回忆多甜美。虽然它不是奔驰的,也不是宝马的,但是它却是父亲全然的爱。所以那时候我们内心里面都觉得自己是最幸福的。

姐姐犯这样的错,当下父亲不只没有责怪姐姐,反而还问我们是不是还有哪一些做得不妥的,让我跟我二姐提出来。我们两个互相看一看,内心非常的感动。父亲有一个态度就影响我们,"行有不得,反求诸己"这个态度。女儿错到这个程度了还在反省自己。那这个是一个当父亲的人,你的思想正确了,有时候你还不被孩子理解。

同样的,一个领导念念为底下的人着想,就像诸位校长,或者企业界的领导,他们真的也考虑到,让这些老师们,他们往后的教育事业走得更有价值、走得更好、更顺,这些企业界的也希望他底下的员工能够有真正幸福的人生。但是有可能你们回去安排一些课程,底下的老师不理解你。有没有可能? 所以你们这个时候就要想起,我们在居美馨就打预防针了。这个时候你就要念一句话,"人不知而不愠,不亦君子乎?"孔子的话很好用的,你假如"山重水复疑无路",你只要把孔子的话提起来,你就"柳暗花明又一村"。

我们南京菲尼克斯总裁,李慕松总裁,他已经退休了。我记得有一年他安排他的员工到汤池学习，他非常仁慈，他考虑到那天是礼拜天，他的司机员工也有家庭，所以他不愿意让员工礼拜天还得要加班，所以总裁亲自开车把同仁载到庐江上课。我们听了都很感动。可是他的员工在车上想：这个总裁一定带我们去洗脑，一定是上完课以后什么都听他的，都为他，一定有目的的。为什么我们知道他员工这么想？是他的员工上了几天课自己上去分享的时候忏悔的，他上了几天课终于知道夫妻怎么相处，他人生问题出在哪，他很感谢总裁，但是当时载他来的时候还怀疑。所以确实领导者有一些决定不被理解是正常的，但是我们也要坚持去做。实在讲，我们现在国家领导人大力弘扬中华文化，有多少人不理解他？很多。所以我们要跟国家领导人心心相印、上下一心，来为国家民族的未来尽心尽力，去尽我们的道义才对。

我们反思到现代人的思想偏颇掉，产生了种种的灾祸。灾祸从自身来看，身有癌症、高血压、心血管疾病，包含骨质疏松症，还有免疫系统的疾病，红斑性狼疮这些免疫系统的疾病越来越多，而且生病的年龄一直在往下降。我们曾经听过18岁的孩子中风去世了，这些现象越来越严重。身体出问题了，心理呢？也出问题了。现在全世界每四十秒就有一个人自杀；忧郁症、躁郁症，这些心理疾病的人不在少数。

那这是一个人身心的问题，延伸到家庭，五伦当中的三伦都出问题。夫妻，离婚率非常的高；父子，现在懂得孝养父母的人越来越少。当然很可贵，国家捍卫孝道，立了《老年人权益保护法》。这个在很多国家没有立这种法，因为在他们的民族当中，还缺乏孝道的观念、孝道的教育。而事实上要救这个世界，唯有孝道才救得了，因为老祖宗说"百善孝为先"。连根本、连最重要最先的都没有了，后面怎么谈？我们待会会分析，整个苦难根源在没有教孝道。家庭：夫妻离婚率越来越高；父子冲突；兄弟告上法庭的越来越多了。这个在古代会让人家看笑话的，可是现代人都不懂了。

明朝有一个大忠臣叫杨椒山先生,他是被严嵩陷害,严嵩是个大奸臣。他在要被杀头前还在监狱非常的平静,视死如归,我已经尽了我的忠诚,问心无愧了。临死的前一天写了一篇家书,这个家书在《五种遗规》当中有,说到:假如我两个儿子其中有一个去告他另外一个兄弟,告到县太爷那里。县太爷你假如拿到我这篇家书的话,请你要处罚告官府的那个人,你要重重的处罚我这个孩子。他深明大义,哪有兄弟之情还上法庭的,这个家不就败了吗?

《朱子治家格言》说到,"居家戒争讼",家庭家人之间戒什么?打官司。"讼则终凶",只要打官司,这个家道绝对是凶象败象。我请教大家,你们认识的任何一个亲朋好友,兄弟至亲打官司,然后这个家兴旺的,请举手?那你们有没有观察到?明明这么做没有一个家能兴旺,可是现在为什么这么多家在打官司?没人提醒,没人把这个道理告诉他,都闹得冲突不断,然后还赔了一大堆的律师费。最后呢?上行下效,下一代更惨。所以古人说兄弟之情,要留与儿孙做好样子看,不能身为长辈给孩子不好的榜样。但是人不懂。在马来西亚的槟城,是马来西亚北方一个岛,有一个很大的企业家,他就跟兄弟在打官司,打了好长一段时间。结果学了《弟子规》,不打了。他终于明白,谁最痛苦?他母亲最痛苦,他孝道就亏了。结果他很快的反省不打了,现在事业反而越做越好。

家庭当中还有很重要的养老问题,我们中华民族最重要的德目之一就是敬老、爱老、尊老。从夏商周这个传统就一直传了这么多年,几千年,但是现在这一点做得不好。我们要了解,老人对家庭、对社会奉献了一生,不尊重老人叫忘恩负义。没有老人,哪有子孙?没有老人的努力,哪有现代的成就?再来,老人有非常丰富的人生智慧跟经验,所以尊重老人的人,就能承传这些宝贵的智慧跟经验。而且人老他是修来的福报,他能修得长寿就值得我们尊重。

所以人的福田大致分三种,这个都可以教给我们的孩子。恩田、敬田、悲田。我们感恩老人奉献一生，念他的恩；我们尊重老人，再承传他的智慧经验。一个人交的朋友都比他大很多岁甚至大一倍两倍，这样的人一定比同年龄的人成熟，大家可以仔细去观察看看。所以恭敬心得大福报，傲慢、轻慢老人折福非常大。

在唐朝，有一个读书人叫杨大年，他20岁就考上状元。20岁考上状元，那他的福报跟聪明不一般。但是他有个傲慢的习气。孔子对傲慢高度的提醒，夫子讲，"如有周公之才之美"，他有周公的才华，有周公的办事能力，这个比喻已经到极点了。因为孔老夫子一生最佩服周公这位圣人，制礼作乐，开创周朝八百多年的国祚，所以这个比喻已经是到了极处了。但是"使骄且吝"，他假如骄傲傲慢，又吝啬不愿意把经验给别人，"其余不足观也已"，那这个人他的才能已经局限了，上不去了。而且你真正用这样的人，他一傲慢会失人和，走到哪会给人家添乱，这样的人用不得，那些才华也不足为道了。

所以"百事之成"，任何事成就，"必在敬之"，恭敬对人，恭敬对这件事。"其败也"，这个事为什么失败了？"必在慢之"，傲慢起来。大家冷静去看，所有的大企业为什么会很快的倒掉？就是因为那个一把手，有了一些成就了，觉得自己不可一世，什么都懂，什么都会，然后又做错决策，跨行投资，一下就垮下来。所以人不能因为有所成就了就傲慢。所以老祖宗又提醒，"小时了了，大未必佳"，"少年得志大不幸"。太年轻有点小成就，自视甚高，可能就要栽很大的根头。

所以这个傲慢的提醒，我们可以讲这些故事给孩子听。这位杨大年20岁，状元是全国第一名。后来进了国家的学院，跟这些老人长者在一起，常常挖苦别人，取笑别人。这些大臣真的是很无奈，就对他讲："年轻人，有一天你也会老。"这句话告诉我们，种如是因，得如是果。今天我们尊重老人，我们老了就受人尊重；今天我们不敬老人，我们老了也不可能有人尊重我们。如是因，如是果，所以提醒他，你也会老，他没有去改。所以不到五十岁，好像四十几岁就死掉了。这么大福报的人四十几岁就死了，等于是他的不敬，把他的福报都给折完了。

相反的，另外有一个人叫王彬，从小体弱多病，非常羡慕人家健康长寿，只要有老人从他们家门经过，他就非常的欢喜。这些老人家这么长寿都是有福报、有涵养的人，都请他们进屋子喝茶，或者就给他们鞠躬敬礼。后来他活到93岁。从小就是短命相，体弱多病，但是因为恭敬修了很厚的福，活到93岁。这是敬田。所以我们尊老、爱老，又是恩田又是敬田。

再来，处处替老人着想，"冬则温，夏则凊"，体恤老人、奉养老人。人老了有点像小孩一样，对他的生活要体恤。比方说吃东西，那你就不要催老人吃东西。所以陪老人吃饭你们不要吃太快，你们都吃完了，他觉得自己很慢就很有压力，要体恤备至。第一，陪老人吃饭，慢、缓。再来不能给老人吃凉的东西，对肠胃不好，要暖。还有不要给老人吃太硬的东西，软。"缓、暖、软"。这么体恤老人，这个也是爱心。所以爱护老人，这三个福田都具足了。而现在这个养老的问题在我们中国也是很受到重视，太多老人辛苦了一生，却被子女遗弃了。

再来育幼也是一个问题，"不孝有三，无后为大"。一个家庭里面重要的孝养老人，还有就是教育好下一代，家庭社会有人才。但现在育幼，青少年犯罪率也在上升，这些都是现象。这是家庭问题。

社会，黑心食品出现了，堕胎现象出现了，还有诈欺、失业率、犯罪率都跟着上来。这些都跟人心有关系。全世界堕胎的人数有登记的一年就有五千万，这比任何一次世界大战都要惨烈，而且是杀自己的亲生骨肉。

我们延伸到世界的问题，现在的水灾、风灾、地震、山崩地陷，有没有发现现在突然之间有个大坑洞，全部就陷下去了。这些频率越来越高。

这些是人类从身心到整个世界所出现的乱象，这些就是人类目前的苦难。那苦难的根源在哪里？我们得把病根找到，才能对症下药。其实从现象来看，好像很复杂，但是从根本来看，其实就老祖宗几句话，就已经解决了。这么多的现象，根源出在哪里?《孟子》讲的，上下交征利，而国危矣，而家危矣。《孟子》又说，"饱食暖衣"，一个人吃得饱、穿得暖，"逸居而无教"，没有正确的人生目标，没有对父母家庭的责任心，游手好闲，现在很多大学生毕业了不找工作，玩电脑，"逸居而无教"，没有教他做人，"则近于禽兽"。故"圣人有忧之"，教以五伦的道义。所以现在没有教道义了，反而这么多物质的享受，"则近于禽兽"。禽兽是什么? 欲望很重。欲似什么? 深渊。您看《孟子》这几段话，把根源都找到了: 利欲。

刚刚所有的问题，根源离不开这两个字，人心因为有利欲才有这些乱象。我们来分析看看，人的文明病从哪里来的? 病从口入。而今天食物当中有这么多的农药化肥、荷尔蒙、抗生素，还加了很多化学药剂。这些商人为了什么? 利，赚昧良心的钱。所以现在吃东西，有时候不谨慎真的会伤身。包含现在的转基因食品，都是为了利。但是有可能会影响人类下一代的生存，因为这些转基因违反自然。现在有一个现象，不孕症的人越来越多。所以这个关联性值得人类高度重视，要道法自然，乱改变就为了谋自己的利，很可能会造成严重的后果。

所以孔子又说，"始作俑者，其无后乎"。俑是做假人，做假人做得太像了。孔子就讲到，因为做得太像了，很可能造成以后的人拿真人去陪葬。所以这个流弊、副作用，他得要承担这个后果。把假人做得太像了，有可能会断子绝孙，"其无后乎"。所以今天做的这些事情，假如会危害到人类的未来，这个后果责任都要背负很大。大家冷静再去看，假如今天开的比方说是电动玩具店，又不守法，让很多未成年少年少女一直在那里迷惘，甚至于还有的人死在电动玩具店，三天四天就这样累死了。这种钱不能赚，你把这些青少年搞得神经颠倒的，我们跟子孙怎么会健康呢? "君子爱财，取之有道"，做伤害人生命的事业赚钱，自己跟家里的人铁定会有人出状况。这个都从我们周遭，您冷静去观察。出乎尔者会怎么样? 反乎尔者。都是去杀害、危害别人，最后这个恶果还是会回到自己的身上来。

人类一直在喷农药，要杀死这么多昆虫，请问大家哪一种动物吃的农药最多？台湾好多年前统计，每人一年平均喝2.7公斤的农药。你们想象一下现在在我面前有一罐2.7公斤的农药，我把它拿起来，来，干杯，我必死无疑，所以现在都是慢性服毒。为什么会有这么多的病？原因不就在这里。有没有离开利欲？没有。

心理呢？我们昨天讲到，小时候每天笑一百八十次，长大了平均只笑七次。为什么？他们把人生的目标定在享乐、纵欲，结果就贪求，越多的追求最后苦在哪？三个字，"求不得"苦。大家都觉得要去满足自己的欲望，却不知道老祖宗告诉我们，欲似深渊，没有底。你看赌博的人都说哪一句话？最后一次了。你看女人买名贵的衣服，也说最后一次了。

而大家要了解，这些放纵欲望的人，很可能是把他的享乐建筑在亲人的痛苦上。现在多少年轻人不懂事，农民子弟去读了大学，哇，情人节带自己的女朋友去吃饭，几百块钱，那都是父母的血汗。我有一个长者，他还没有结婚以前谈对象，他就说，看那个女朋友都吃一点点，挺好养的，就娶回家了。结果娶回家之后"开悟"了，饭很便宜，衣服很贵。没事陪太太去百货公司，当太太站在名牌衣服前面流连忘返，真好真好！他的心脏加快，咚咚咚咚，太太走吧走吧。不然太太一说买了，一刷，一半的薪水就去掉了。那我们当太太的这个快乐不就建筑在丈夫的痛苦之上吗？这是不对的。

那我们继续再思考，请问大家，买一件衣服快乐多久？这个值得考虑吧，花那么多钱到底有没有得到快乐。依照我的民意调查，比方很在乎穿新衣服给人家看，她买了衣服以后，赶紧隔天穿到办公室去，然后开始走model（模特）的步伐，要给人家看。走了老半天没有人注意她，她非常的生气，终于忍不住跑到一位同仁的面前：你看我今天有什么不一样吗？这个同仁缺条筋，有吗？有吗？还看不出来。所以她不只没有快乐，还气得半死。因为你的快乐建筑在别人的眼光上，随时会从快乐变成痛苦。而一般穿了一次要炫耀给人家穿的，不敢穿第二次。怕人家说，上一次穿过了，这个退流行了，笑死人。这些人太浮躁，不够冷静。为什么？笑死，是他死，又不是我们死，有什么关系？

所以为了一个虚荣心，把自己给整死。告诉大家，不只把自己整死，把全家人都搞得鸡飞狗跳。比方孩子的成绩到处比，"每天你多丢我的脸，气死我了。"孩子读得面黄肌瘦，为什么？母亲的欲、利，压在孩子的身上，攀比。尤其当老师的人，特别喜欢拿孩子攀比。

我自己感同身受，因为我小学四年级，我母亲就调到我们学校。所以四、五、六年级，我母亲常常跟这些同事在一起，同事们很会比成绩。我小学的成绩，三四年级都是十几名、二十几名，中等，甚至有时还考到后面去。可是我母亲从来没有拿我跟人家攀比，所以我感觉我母亲不追求这些虚荣。但是他们却把一个更重要的读书的好习惯演给我们看，身教。我们每天吃完饭不看电视的，休息一会儿，父母就开始看书，所以我就长期慢慢养成读书的习惯。

而我的姐姐每一次都是全校第一名，小学是这样，初中也是这样。所以每一次考试完之后，我最怕的时刻就是颁奖。"六年级第一名"，就念我姐姐的名字，然后我赶快头低下来。然后我同学，"你姐，你姐。"所以要了解，哥哥姐姐成绩很好，当这样的弟弟也不容易。所以这个都要设身处地。但我的爸爸妈妈都没有拿我跟姐姐比，因为每个人的素质不一样，每个人开窍的时间不同，要相信"人之初，性本善"。

我记得我念高中的时候，我小学自然科老师到我们学校去，我好高兴接待老师。我的自然老师跟我的班主任两个人都到我们学校，我们师生三个人坐在一起。他们两位老师都教过我姐姐也教过我，结果我们这个自然科老师说，"礼旭，是属于（用闽南话讲）大只鸡慢啼。"因为大的鸡它吸一口气要比普通的鸡多一两秒，它都要多吸气，它才能"咕咕咕"，才可以叫，翻作成语叫"大器晚成"。当时候我念高中，老师这句话真的太鼓励我了，我觉得不能让老师失望，后来慢慢就懂得自立自强。

所以不要去虚荣，不要去压孩子，要自始至终信任他。我的父亲也是这样，每一次我考试不好，自己也有良心，在楼梯口等着爸爸。爸爸还没走上来，"爸，我考得不好。"我父亲每一次都是笑着，"加油加油。"但是也是父母都有读书习惯，慢慢的有这个环境，孩子慢慢就提升上来。所以有一个校长就说到，你把一个蛋放在咸水里面，请问会变成什么？当然的嘛。你把它放在甜水里面变成什么？急什么嘛。现在教育变成什么？揠苗助长，急功近利，最后压到厌学不读书，反效果，适得其反。所以不能急，不能求快，《孟子》留的这句话很重要，不要揠苗助长。

而我们看到心理这些病，确确实实还是自身欲望不能满足，最后痛苦。甚至很多人自杀是他在满足欲望过程当中铤而走险，最后没有办法收拾。有些好名利的人，一直把这个虚荣压到身边的人喘不过气来，也有可能出现心理疾病，甚至自杀。我们中国有一个顶尖的科学家，就因为他的太太好虚荣，常常拿他跟其他教授比。"人家的房子现在是多少平米啦，人家的收入是多少了"，最后先生想不开，自杀了。还是利欲。

再看，离婚率为什么这么高？要不为了利，见利忘义；要不欲望控制不住，就整个家庭破碎掉。父子，为什么不孝顺父母 遗弃老人？自私自利，只满足自己的欲望，忘了自己应该尽的孝道。包含兄弟，也是利欲才会产生冲突。小孩的教育为什么会被忽略掉？父母都去赚钱了嘛。所以现在留守儿童好像有五六千万，我们听了都心痛。

有一个故事给我们很重要的省思，在湖南株洲，有一对夫妻都是大学毕业，有稳定的工作，但是看到别人赚很多钱，开工厂做生意，他们忍不住，就辞掉稳定的工作，做生意开工厂。接着确实赚了一些钱，但忽略了儿子的教育。后来儿子成长过程当中，常常都是钥匙儿童，父母都不在家，挂着一个钥匙，自己推开门，空空荡荡的。跑哪里去了？跑到这些斗闹场，跑到游戏机那里去了。后来慢慢成年二十多岁，染上赌球，结果把家里的房契、工厂的房契全部拿去借债，全部败光。他的父母六十岁左右的人，几十年的付出一夕之间化为乌有，然后儿子还跑到广东去避债。这对夫妻最后不能接受这样的结局，两个人在去年的中秋节到了祖坟前喝农药自杀。这就发生在前不久的事情。

这件事情讲给所有的家长听，我想会让他们反思，最起码有三个最重要的反思。第一，一定要下海赚钱就赚得比较多吗？大家要了解，你做哪一个行业那是缘分，真正的原因是你有没有布施、有没有积功累德。该是你的福报，跑都跑不掉，你何必一定要赶紧去把一堆钱抢过来呢？你命里本来就有这个福报，谁都拿不走。人为什么心不安？对于一个人一生的福报财富他不懂。一看到别人致富了，心就动了，就要去跟人家竞争。命里有时终须有，别急；命里无时莫强求，可以好好再修。就像了凡先生本来命中无子，他断恶修善，后来有子嗣了。他本来连举人都考不上，最后考上进士，还当了一个大县的县长。本来命里只活到53岁，但最后活到74岁，延寿21年。命是可以改的。而那对湖南的夫妇为了赚钱，不明白财富的真因是靠自己布施修福，他们辞掉了稳定的工作。这是第一点，人对于财富不懂，心不安。

中国的财神叫陶朱公，春秋时候辅佐越王勾践复国。后来复国以后，他就离开勾践，带着太太西施到一个地方做生意。没多久致富了，又把所有的财产布施掉给那些贫穷的人，又从小生意做起。又没多久，又发大财，又布施掉。历史当中记载，三聚财，三散财。所以他是明白财富的真因就是布施。你在哪一行工作那是缘分，有因有缘最后就结财富的结果。太多的人不明这些理，心不安。理得，心才会安。

而第二个重点是，不要因为赚钱而忽略了人生最重要的事情。至要莫若教子，你把最重要的事忘掉了，亏了做人的本分，怎么会有福报呢？在《易经》当中告诉我们，"利者，义之和也"。我们一看到"利"，到底是要蝇头小利，还是长长久久的利益？长久，不能短视近利，最后刀头舐蜜舌头都断了。所以《易经》对于真正的利，一定跟什么相应？义，而且是和，要把整个做人的义务、本分，都能够好好的去经营好，才能"义之和"。这个和就是安排得非常的适宜。今天为了赚钱不孝父母，不教孩子，已经没有尽义了，没有安排好自己的人生，已经失衡了，最后一定出问题。这是第二个的重点，他忽略了下一代的教育，最后所有的财产都败光了。就像刚刚跟大家举的二十亿的钱，就因为他中风不到一年，两个儿子跟孙子把它全部都败光。

第三个重点，纵使所有的财产都没有了，难道一定要用自杀来解决吗？应该要百折不挠，应该要勇于面对，而不是用这种方法。自杀是大不孝的行为，不是让白发人送黑发人了吗？

台湾有个企业家也是一时不小心，看到别人经营其他行业赚钱，他就跨行投资，一下子亏了三十亿。身边的亲戚朋友劝他，你赶紧跑到国外去就不用付钱了。他说，我宁可做一个最穷而守信的人，我也不这么干。他虽然做错了，但他很可贵，他守住"信义为立业之本"。后来过了一段时间，大陆有机会出现，他没钱，但是因为他守信义，亲朋好友都愿意借他钱。所以他说到，他到大陆发展的门票多少钱买的？三十亿买的，那个门票给他记取教训，他还是回到他的老本行，现在在大陆的发展是在台湾的几十倍成功。所以曾经到一无所有，但是他有志气。他宁为成功找方法，不气馁，又东山再起，还是很有成就。所以这个故事让我们省思到对育幼的重要。

再来继续讲社会问题，堕胎，欲；医院拼命做堕胎手术，为了利。包含黑心食品，不也是为了利，赚昧着良心的钱。还有诈欺，都是想要什么？赚到自己的钱。或者是很多年轻人太享乐纵欲，钱花不够，动歪脑筋。有没有很多年轻人乱花钱，最后把脑筋都动到父母的退休金上面？这个都是跟利欲分不开。再来，人心都是利欲，作不善当然降之百殃。

那我们分析完了，请问你有把握你的学生不会得癌症的请举手？你有把握你的学生不会得精神病的请举手？你有把握你的学生不会离婚的请举手？你有把握你的学生会孝养他的父母请举手？这些问题非常重要。我们今天当老师的人常常在讲，我的学生几个博士、几个硕士。请问，他们有没有离婚？他们有没有孝养父母？这些难道会比学历不重要吗？这些更重要。那个学历事实上跟他的成功不一定有直接的关系，甚至于因为那个硕士、那个博士产生光环，觉得自己比人家高，还变成傲慢的本钱。而刚刚这些只要有一条犯了，他的人生就很难幸福。有把握自己的学生不会堕胎的，还有男孩子不会去伤害女孩子的，请举手？那这些问题问完了，只要我们给予孩子的思想观念的引导是利跟欲，他的人生不可能不出现这些问题。但只要从思想当中转过来，孩子就能化解这些灾祸了。

而我们冷静来看，我们很有可能也是这样子在引导孩子，只要我们没有很清楚的深入中华传统文化的经典。现在国外很多的幼儿园，就教孩子竞争，竞争不就是自私自利嘛，这是都摆明了。我们传统文化见微知著，今天一个人以自我为中心，他的发展就是（自我讲得太好听了，讲得更露骨一点叫自私自利），再提升变竞争，我们现在连幼儿园都在教竞争。这个跟经典一对照，孔子有没有教我们竞争？现在一争，多少乱象都出来了。"君子无所争"，该是你的就是你的，有什么好去争夺的？"必也射乎"，没有竞争的，射箭的时候比个高下，最后呢？"承让承让"，请人家喝杯酒。不增长自己这种争的人生态度。他一有争，最后会跟谁争？跟父母、跟兄弟争啊。有一本书说到要把孩子教成狼还是教成羊。诸位校长、诸位教育界同道，教成狼还是羊？教成人啊，所以您看这些话当中都觉得人实在丧失自信心。人不好好当，要去当狼还是羊。要当人、要当万物之灵才对。竞争再提升变斗争，斗争再提升变战争，现在全世界每一天发生的战争就不少。战争再上去呢？现在核子弹可以把地球炸毁不知道多少次，这个仗不能打，那就变末日了。

而且大家要了解，现在有恐怖分子。恐怖分子不是国际间的恐怖分子，今天不会教孩子，恐怖分子到哪里？到你们家里去。有没有道理？把你的财产全部败光。这个是自私自利这一条路，这个是死路。可是现在全世界多少人往这里走？欲，欲望，因为觉得人生快乐就是享乐，大错特错。《大学》讲道义人生，"大学之道在明明德，在亲民，在止于至善"，这个才是人生的意义，怎么是享乐呢？

可是不要说别人，我自己大学毕业的时候对人生的追求也是这样，没人教。赶快住大房子、开大车子就是享受人生，其实越享受越空虚。从小是天堂，小孩要什么就给他什么，这个叫溺爱。大家冷静去看，现在的孩子真的是太溺爱了。老人生日没人想到，小孩生日摆在第一位，有没有？生日庆祝叫什么？祝寿。老人七八十岁叫祝寿，孩子三五岁、七八岁祝什么寿？你不是折他的寿吗，怎么是祝寿？要对家庭社会有贡献，那个祝寿是感恩。小孩对家庭都还没有贡献，对社会没贡献，你就给他庆祝，甚至还找一大堆同学来，那不是把他的福都折掉了吗？所以现在很颠倒。请问大家出门去哪里玩，问老人还是问小孩？问小孩。去哪里？儿童乐园，结果那儿童乐园玩的都是跳来跳去的。从很高跳下来，啊……吓到半死。

我有一年带班毕业旅行，我在黑板当中一直讲大自然有多美，去那里参观，增长你的文化，增长你见识。讲了老半天最后说，好，你们要去哪里？儿童乐园。我拉都拉不动，没办法，还是去了那个儿童乐园。结果那个儿童乐园我看他们在那里尖叫嘶吼，我实在有点不懂，这样会快乐吗？后来没办法，得自己去感受感受，比较能够了解状况。我就选了那个一个圈好像是坐三个人还是两个人，然后就这样上下左右颠来倒去。我就真的去坐，坐完下来，东西南北都不知道在哪。第一个感觉就想吐。我说人是活到什么分上，苦中作乐！那些这么刺激的活动对身体没有好处的，但是就是要这么刺激，好像烦恼暂时忘了，今朝有酒今朝醉，其实最后身体搞垮了，该面对的还得面对。所以应该不要喝酒，读《弟子规》就对了。明理了，理得才能心安，不然心怎么安？不明理每天还做错事，还搞了一大堆的不好的结果来烦恼自己。所以人生第一重要的是赶快学习，赶快开智慧，"好学近乎智"。

而我们今天自己价值观错了，也觉得享乐是人生的追求。小孩子从小像天堂一样，现在孩子吃那些很贵的东西，吃不到一半就扔掉，好糟蹋。我们到大学去看得触目惊心，大学里面一半的饭菜都倒掉，那个都折福。甚至于大学生的心态是什么？吃不完有面子，代表我们家有钱，这多么偏颇！

现在我们很感恩我们习主席带头节俭、廉洁，这个真的，我当时听到之后就想到《诗经》一句话，"君子如祉"，君子就像人民的福祉，人民最大的依靠。"乱庶遄已"，社会的动乱，"庶"是大概，"遄"是很快的能转变。因为上行下效，现在有光盘运动不浪费食物，大家就开始守廉洁，不要这么奢侈。我们习主席这么一带动，请问大家，我们中国一天省了多少钱？不得了。再来慢慢养成习惯，那是整个民族的福报。所以君子确实是人民的福祉。

而这个君子不只是国家主席，还有谁？一校的校长，一班的老师、班主任。你的思想观念对了，很多孩子变乖了，他们家里的劫难就化掉了。所以你把一个浪子给劝回头，他们父母、他们长辈每天烧香要保佑这个好老师，改变了我们一家的命运。

那因为小时候放纵他，他很会花钱，养成习惯，老祖宗提醒我们，"由俭入奢易，由奢反俭难"，拉不回来了。还没赚钱就很会花钱，变成什么？负债很多。到了工作职场，因为自己要享乐又银行贷款，他只要没工作，这些东西就要收回去了。所以每一个人变成他的竞争对手，不能让我没工作。看每一个人变成对立，战场，所以勾心斗角，累死人。

而这个现象大家冷静看，现在的大学生，请问一个人平均有几张信用卡？好几张吧？我觉得这个时代很颠倒，一个人都还没有赚钱却很会花钱，他有什么信用？有没有道理？一个不会赚钱的人很会花钱已经违背道理了，还有什么信用卡？真正有信用的人是什么人？量入为出，这样的人才值得信任。所以生意人，真的要好好想一想。用这个信用卡把学生的欲望一直调出来，最后把他老家父母的血汗钱统统都吞掉了。很多大学生很会花钱，叫啃老族，白白啃父母的血汗钱。还有白领一族，白白领父母的薪水。还有一种叫月光女神，每个月都花光光。她太会花钱了，最后回去，爸，没钱了。女孩子学会计用在哪里？用在那个月怎么计算，花最后刚好花完，都没有储蓄的观念。有时候算得很准还是忍不住欲望，最后好几天都吃泡面。没有钱，最后撑不下去跟老爸要钱，"爸，我没钱了。"他爸爸很生气，"我跟你讲多少次了，你就是不听！要多少？"这个就是早知今日，何必当初。教育要趁早，不然养成习惯，叫天天不灵，叫地地不应。

他是这样的欲望的追求，最后工作像战场，没有真正的快乐。你在大都市里面曾经看过人家晚上出来，拿着一把扇子，盛着老酒，吃着花生米赏月，你在大都市里看过这个景象没有？你看这种日子多惬意。现在的人都不会过日子了，每天赶赶赶、忙忙忙，累得半死，战场。

老了呢？孩子都没教好，不孝顺你，都在养老院坐吃等死。这多少所谓的文明社会、所谓的开发国家就是这样。文明国家应该是越懂得做人，现在把文明跟什么划等号？物质的享受。其实都不是很正确，偏掉了。越文明的国家越不照顾老人，这谈什么文明？越文明的国家都花谁的钱？花后代子孙的钱。大家去了解民主国家发行的公债，都花到第二代第三代子孙了，那哪文明？所以没有照顾孩子，孩子根本不懂得报恩，晚年在养老院坐吃等死。那个感觉不好受，两三百人住在一起，突然两百号走了、三百号走了、一百五十二号走了，住在那里挺紧张的，哪一天轮到我？

其实坦白讲，人都一样，外国人看到孝顺的儿子，他也会很羡慕。有一个老太太外国的，她死前立了遗嘱，要把她的骨灰倒在他们家对面的商场楼顶，当然老板一定不肯。可是为什么？因为她有四个孩子，常常到商场买东西，就是不愿意到对面去看看他的母亲。所以你看那老人多挣扎，看到四个孩子常常来，就是不愿意进来那种煎熬。所以死前多么的遗憾，要把骨灰倒在那个商场的楼顶上，孩子会去那里，真是凄凉。所以这个路不能走，利欲是错的，欲是走这个路线，利是走这个路线。

我们按照老祖宗的教诲，转一个人生的思想观念，人生的追求，不追求利欲，追求道义，追求勤俭的人生。道义首先从哪里？孝道，父母是对我们恩德最大的。有了孝心，孔子在《论语》当中告诉我们，"孝弟也者，其为仁之本与！"一个人只要孝悌的心起来了，悌也从孝道来的，"兄道友，弟道恭，兄弟睦，孝在中"。真的，这个孝开了，百善皆开。我们之后来分析给大家看，孝是教育的大根大本。孔子在《孝经》中说，"夫孝，德之本也，教之所由生也"。教育一定要从这里开始，所以不教孝道谈不上教育。什么是育？《说文解字》告诉我们，"养子使作善也"，要把这个孩子培养成善人，而百善孝为先。没教孝道，根本就不叫教育，谈不上。让他很会考试的话，只是知识传递给他而已，不是教他做人，谈不上是教育。

那孝心开了就有仁爱心，懂得互助互爱，"人不独亲其亲，不独子其子"，最后实现了我们老祖先讲的大同世界。其实互助互爱离我们并不遥远。我记得小的时候，台湾整个家庭传统文化的氛围还很浓，到我们这一代退得比较厉害。当时人情味很浓，有一个邻居阿姨要出去买东西，一定会说："你们家需不需要一起帮忙？"拿钱给她，"哎呀，不用啦，回来再说啦。"互相之间非常客气，都会想到对方。哪一家煮好吃的，旁边都有得吃。哪一家办喜事了，整条街的人都去帮忙，记不记得？离我们不远。我记得我小时候还做过花童。所以你看我们那个时候，就感觉到整条街的就像一个大家庭一样，互相帮忙。甚至丧事，隔壁家老人走了，我们还陪着去送。所以互助互爱，大同，那不就是一个道义的人生，从孝做起。快乐的人生，充实的人生。跟利就是刚好转过来，从利转成义，从欲望、从放纵欲望转成勤俭。

而我们整个传统的教育，首先教孩子懂得培福，不要放纵欲望。小的时候还懂得礼让，孔融让梨。有好东西，让给父母，让给长辈。而且因为他从小生长在大家族里面，两三百人住在一起，这个孩子从小，父母给他的引导，比方说妈妈，"你要为父亲想哦，要为兄弟姐妹想，要为整个家族想。"孩子从小就不自私。人能处处为人想，他这个心就有福报。因为他从小就对家庭有责任心，就有使命感，光宗耀祖，成了他一生源源不绝的动力，孝顺父母也成为他一生源源不绝的动力。大家冷静去看，我父亲那一辈有孝心，读书不用父母操心，做事业不用父母操心。我在我爷爷奶奶的脸上没有看到，从没见过他为我父亲操过一次心。组织家庭，夫妻和乐，教育孩子，也不让爷爷奶奶操心。这个是义，这是从小就懂得为父母想。

再来，他有这样的存心，他读书就是在提升自己的能力，学问为济世之本，我一定要有能力、要有智慧学问，我才帮得上这个社会。他不管在哪一个行业，他懂得造福。老年了，他积了这么厚的福，老年享福，含饴弄孙。不只自己的子孙，整个家族的人都对他很恭敬，那他就享天伦之乐，享福。福报要留在晚年享，要留在临终的时候享，有福报的人无疾而终，跟人家再见了，一下就走了，都不会痛苦。

而事实上人假如是以这样的人生路线来走，他越老越有智慧，越老身边的人越把他看作宝。我的师长今年87岁了，他走到哪里多少学生要亲近他，向他请教。甚至于一些国家的领导者，都向他请教这些治国的智慧学问。所以人从小有责任心，他的能力、他的智慧都会不断的积累提升，越老越有价值。所以真的这样的人生很快乐。

我有一位长辈，他姓卢，他的父亲给他取的名字，叫卢明新，取得多好。在明明德、在新民，那这两个字不就把《大学》里面最重要人生的价值都点出来了？他非常有智慧，29岁就当专业总经理，哪个企业有问题他去帮人家处理两三年，把这个企业从倒闭整个救活回来，非常有能力智慧。他上了四五十岁，跟他工作的人都非常佩服他的德行、智慧，都要跟他学，最后他身边一堆年轻人。他的孩子要亲近自己的父亲，还要排时间表才可以。他儿子说,爸你明天有没有空? 对不起,这个礼拜全满。你要跟我谈话,要下下个礼拜再排才有时间。你看那父亲有智慧,儿子抓着他不放,还得排时间,你看这样的晚年多有价值。甚至于过父亲节的时候,一堆人来,最后他儿子很吃醋,他是我爸爸。

好,我相信大家都是胸怀天下,把我们中华民族的儿女都当作自己的孩子一样,来尽心尽力教导。我们相信我们自己对于这些根本的思想观念错误在哪很清楚,我们自己转过来了,我们所带领的老师、学生们一定都是往这个道义、勤俭的人生来走。

这堂课先跟大家交流到这里,好,谢谢大家!

第五讲　建国君民，教学为先（一）

尊敬的诸位领导、诸位校长、诸位教育界的同道，大家早安！

上一堂课我们谈到，人类种种从身心到家庭、社会以及世界的这些冲突、苦难，根源就是他们的思想观念错误了。他们觉得人生的追求应该是利欲，但是上下交征利，而国危矣，而家危矣。而且，欲是深渊，应该转利欲之存心为道义、为勤俭的态度，所以痛苦与幸福很可能是在一念之间。

而这一念正确的思想观念，必然要透过教育。所以大家冷静思考，现在从身心到家庭、社会问题，您用经济的方法不一定能解决，您用政治的方法，用外交，用种种这些科学的方法，都不一定能解决，而且决定不能根本解决这些问题。比方说用法律，请问大家，朋友之间、亲人之间上法院控告，您听过哪一个亲戚朋友打完官司以后，非常欢喜的说："哇，太好了，这个案子判得太公平了！"你们有没有听过这样的话？真正是没办法了，上法院，最后彼此内心都还是有怨。"和大怨，必有余怨"，这是老子给我们的教诲。而且老子又说，"法令滋彰"，哪一个地方法律特别严格，"盗贼多有"。你从症状去解决问题，很难解决根本问题，解决一时，但慢慢的也很难改善社会风气。美国的法律，我相信在世界当中是数一数二的严密，但是美国的犯罪率却很高。因为你用法律去管人，上有政策，下有对策，他的聪明都用在这些错误的地方。

没有经典的指导，我们冷静想想，这个时代的人类，花了多少时间在研究制度、在研究法律？都觉得这些方法能够解决问题，耗了我们不知多少人力、物力、财力。现在感觉，比方说一些政治的制度，费了很多的精神，但事实上制度是其次，根本是人的德行。制度再好，人无德，不是出了一大堆政客吗？玩弄这些政治制度。你人好，制度一般，还是可以把国家治理好。就像我们的圣王，他们穿、住都不好，就为了给人民谋福祉。所以什么是民主？念念把老百姓的幸福摆在第一位，这个才是民主最重要的精神。我们得掌握这个精神才对。

孔子在《论语》"为政第二"就讲到，"导之以政，齐之以刑"，用政治手段、你用刑罚来管理人民，"民免而无耻"，他只是免于被处罚，但是他内心没有羞耻心。所以假如是用这样的方法教育下一代，那父母在跟不在不一样，老师在跟不在不一样，领导在跟不在不一样，那我们教出来的都是里外不一的孩子，我们这个民族怎么会有前途？所以要"导之以德"，用道德来引导，建立他的人生观，"齐之以礼"，用礼教去熏陶他，潜移默化，"有耻且格"，他有羞耻心，而且这个"格"等于是他的心非常的真诚、正直，只要发觉自己有过失，马上要把它改正。而且这样的存心一定得到上天的护佑，可以感通上天，因为人属于天地人三才。

我的师长讲了一句话，让我印象非常深刻，他点出了这个世界的问题，说到：东方不重视伦理道德教育，西方不重视宗教教育，没有教化了，人都不懂道理，才造成现在种种的乱象。东方强调仁爱，西方因为他们是政教合一，受宗教的影响比较大，所以他们也是强调博爱，都是善良的心，所以东西方忽略了这个根本的圣贤教育，才形成今天的问题。就像昨天跟大家提到的，都往利欲去走，所以现在从父母、从领导者、从老师要导正整个思想观念。

之前跟大家讲过，那个嘲笑别人没有父亲的孩子，后来自己的父亲被小偷杀了。可是那个孩子小时候，都是欢欢喜喜承担班上的服务工作。从这些现象，我们都看得出来"人之初，性本善"。科学家还做实验，对还在学走路、还走不稳的儿童，就让大人在他前面故意把东西掉下去，被他看到，孩子摇摇晃晃的把东西捡起来，然后又走去要还给这个大人。这个都是证明"性本善"。孩子的仁爱心确实本有。有一个3岁的孩子，我们都见过，有一天，有人送她爷爷一条鱼，拿了个盆子装，鱼太大，尾巴露在外面，结果就把这个鱼尾巴给切掉了，而且应该还是活的。所以那个小女孩看到以后，就一直流眼泪，然后一直说："它痛，它痛。"所以老祖先说"万物一体谓之仁"，小孩天性还在，她看到那个动物，她感觉得到它痛。

大家有没有曾经见过，两个小朋友在玩，跑跑跑，突然前面那个孩子不小心，"砰"，跌得很重，摔下去的声音很响。然后后面那个人哭起来了，前面那个跌下去的还没哭，为什么？还没回过神来，发生什么事还不知道，可是后面那个人先哭了，为什么？他感同身受，他很痛，他就流泪。结果他的妈妈走过来，"又不是你跌倒，哭什么哭，是他痛又不是你痛"，把他的天性折煞了。有一个父亲就说到，他的孩子两三岁的时候，看电视，看到一些杀戮的镜头，手捂起来，"妈，好恐怖，他们好可怜"，流眼泪，一个小男孩。结果当他读小学的时候，他的父亲有一天，看到他在看杀戮的场面，边看边喊，"杀，杀，杀！"同一个孩子为什么会有这么大的差别？

所以我们老祖宗的教育，第一个目标就是让一个人跟父母的天性，这个父子有亲的天性终身保持；再由这个父子有亲的亲爱的天性，延伸到爱兄弟、爱家人、爱邻里乡党，爱一切的人，最后"凡是人，皆须爱"，凡是物，也皆须爱。因为"亲亲而仁民"，亲爱自己的父母，自自然然孝心启发，去爱一切人，接着"仁民而爱物"，再去爱一切的生命。而一个人跟父母这种亲爱终身保持，他是人世间最幸福的人。我们看一个小孩，两三岁看到父母的时候，非常高兴，"妈"，远远的叫得很大声，然后走过去，抱着母亲，您看那孩子的笑容，他等于是全世界最幸福的人，是吧？你们有没有回想到自己的孩子那种情景，请问他笑这么开心花了多少钱？一毛钱都不花吧？这样的快乐假如终身保持，那是真乐。

曾子终身保持, 跟父母是连心的。所以他的朋友去找他, 走了很远的路, 他的母亲很厚道, 不愿意让他的朋友等, 可是曾子又上山去了, 母亲情急之下咬了一下手指, 马上曾子的心就痛了, 赶紧赶回来看家里有没有什么事。这是我们的天性。我曾经看到一个男孩, 给他父亲行三跪九叩, 这个孩子5岁, 结果看他跪下去磕头, 一直流眼泪, 我们事后问他, 你哭什么?他说我看到我爸爸哭了, 小孩子的话很直接, 他一看到父亲哭了, 他的心跟父亲相应, 马上一起泪水流下来, 所以这是孩子对父母的天性。

父母对孩子也是天性。我记得我姐姐在我们家坐月子, 小孩每一次哭, 我姐姐都是第一时间发现, 我跟我母亲还搞不清楚状况, 怎么了?我姐已经进房间去了, 我们连声音都还没搞清楚, 她已经去了。更明显的在哪里?小孩子学讲话, 一岁多学讲话, 他跟我讲老半天, 我一句话都听不懂, 他妈妈每一句都听得很明白, 而且还帮他做翻译工作, 你看每一个母亲是不是都做过翻译员?那请问大家, 那个是言语在沟通还是心在沟通?言语在沟通, 应该大家都听得懂, 我们普通话也不差, 所以都是心连心。我看《天下父母》有一集采访翟导演, 我真的明白他是天下最幸福的人。因为人家问他, 你觉得你人生什么是幸福, 他说当我推开门(他六十多岁了), 我能喊一声娘, 就是我最幸福的。您看这六十几岁人讲的话, 跟两岁孩子一不一样?"我只要抱着妈妈就是最幸福的", 他根本不会去贪求什么东西。

所以我们老祖宗通达人性, 他清楚天性终身保持是最快乐的, 然后再延伸这份爱心。假如我们今天教导孩子, 让他跟父母越来越不亲, 越来越隔阂甚至忤逆, 那这个教育就反教育了。所以, 父母也好, 领导者也好, 对于教育的目的, 要非常的清楚。

而且纵使我们今天是教育工作者, 其实我们不一定真得懂教育, 甚至于我们所接触的理论, 还有一些是错误的, 就像前几天跟大家举到的, 拿狗做实验、拿猫做实验。所有的教育理论没有跟孔老夫子的经典, 中华文化的经典去对照，都不能保证是不是是正确的。所以我们学圣贤教育要有一个非常重要的态度："依法不依人"。要依经典，不是谁说的你很喜欢听，那就认同他，这是情感用事，要依经典，要依真理才对。

我们在这里一起共同学习中华传统文化的同时，在另外一个地方，聚集了两万个企业家，每个人的门票是多少？两万块钱。学什么？追利，追欲望。花两万块钱，学错误的思想观念，就在我们同时。所以我们搞教育的有使命，我们的同胞有多少人现在在被误导。所以人很可怜，这个时代听骗不听劝，认假不认真。错误的思想，他还拿大把大把的钱去听他讲；不收他的钱，老祖宗的教诲免费给我们，我们还把它扔到垃圾筒里面去。所以最有福的人，福在受谏。能接受谁的劝谏？首先一个人从小的时候，能听父母的话，这个人有福报；到学校去恭敬的听老师的教诲，有福报；到社会去能听领导的经验教诲，这个人少走很多弯路；尤其身为中华的儿女能接受老祖宗的教诲，这个人的人生他是站在五千年的智慧之上经营人生，他的格局、视野绝对跟一般人不一样。所以我们从事教育者，张发厅长有一句名言：教育者首先受教育。我们得是一个好学生，圣贤的好学生，我们才有可能是一个好的老师，这个是根本的基础。

而刚刚跟大家讲到的，那个听父亲的话，不再为班级服务的小学生。我们要了解，小学一年级，尊重父母，尊重老师，父母老师的话，他一听可能就装进去了，他还不会分辨对不对。我们今天二十几岁、三十几岁，又学了经典，比较有判断力，可能亲朋好友讲的话，我们还能够区分，小孩子不懂。结果从那一天开始，他就自我、自私、计较，不愿意再主动付出了。一个人不愿意付出了，慢慢变什么？计较，慢慢变刻薄。这个心性就这样偏、偏，越偏越大。后来嘲笑别人没父亲，结果过了两年他父亲也遭遇不幸。

我们冷静想一想，他的父亲虽然是教育工作者，但是他却不知道什么才是正确的人生态度，他还是教给他的孩子自私自利，最后孩子变刻薄，他的家庭命运就这样毁掉了。假如是教孩子道义，这个家的命运，他们家每个人的命运完全不一样。所以真的是感觉现在这个时代把传统文化送到家家户户去,刻不容缓,甚至比救火还要着急。

曾经有一个朋友走过来,非常伤心的告诉我,他说他有一个朋友主动跟他要《弟子规》、要传统文化的光碟,刚好他那个礼拜比较忙,他说"好好好",虽然答应了,但还是没有马上给他,结果当他想起来已经隔了很多天,他那个朋友自杀去世了。他可能就已经快要溺死了,就要找一块浮木,结果没有送过去,就这样时节因缘就过去了。

包含我们之前讲过刘余莉教授,她讲课讲到东汉宋弘,回答光武帝说"贫贱之知不可忘,糟糠之妻不下堂",原配跟着自己荜路蓝缕,胼手胝足,怎么可以忘了这份同甘共苦的情感?所以决定不能背叛自己的妻子。这一句话讲完,皇帝很感动,满朝文武都感动。那个时代我想没有人敢对不起自己的妻子,不然会被当时所有的人唾骂。一个人确实可以带动一方的风气。

在江苏有一个官员,在他要到任这个单位之前,这个单位的离婚率非常的高,可是他到任以后,常常给同仁讲五伦关系,尤其讲夫妇相处,他的太太又常常煮一些很好吃的东西拿到单位去,同仁看到他们夫妻鹣鲽情深,也受感染,所以他去了以后,就再也没有一对夫妻离婚。所以领导者的带动非常重要。我想可能原来也有一些要离婚,看到这样榜样,慢慢感动、反省,所以我感觉这个领导者积了很厚的阴德,本来要离婚的夫妻不离婚,他们家老人跟祖先都感谢他。

刘教授讲完这个故事,那一堂课下来,就有官员走过来给她鞠躬。"谢谢你,我本来已经要对不起我的太太,听完之后觉得自己太惭愧了,太错了",赶快回头。所以现在把传统文化送到家家户户,比救火还急。刚刚那个学校行政人员误导孩子的例子,您看他们家就发生这么大不幸的事,根源就在他教育错误,最后家里没有福报。

而昨天我们也讲勤俭。"勤俭为持家之本",我们教育下一代,他往后面对婚姻，怎么找对象，一定要以孝为标准，有孝心的人才有爱心。你看现在年轻人找对象，看什么？长得好不好看，那就没智慧了，重色轻德；或者家里有没有钱。那个都是在枝末，"德者，本也；财者，末也"。娶一个好的太太，可以旺三代，是吧？娶一个不好的太太，一败就涂地了，就起不来了。所以，这些判断非常重要，尤其女人要持家，一定要勤俭。

刚好，我前不久到了联合国教科文组织参加会议，那次机会也给大众介绍我们中华文化，还有《群书治要》，唐太宗编的一本治国宝典，他那个"治要"，是治国最精要的智慧，所以叫"治要"。而且他收录的是什么？有关修身、齐家、治国、平天下的教诲。五十万字，非常精辟。

刚好参加完活动，隔天我们有机会去逛百货公司，我去开开眼界，听说逛百货公司可以练自己的定力，这么多诱惑之下，如如不动。结果我进到一楼，发现了一件事情，一楼全部都是女人的东西，我索性一进门，看看这个手提包多少钱，换成人民币差不多七八万块钱，差点没有昏倒。那个包包七八万块，都可以买台车子了。然后，我觉得也是上天的安排，让我长见识，突然走没几步，看到一个女人在弄头发，而且梳得好高，在那吹，还有设计师在帮她弄。我评估了一下，她做这个头发挺花钱，想当年我到海口去，剪个头发三块钱而已，您看她做个头发要多少钱？再来，她做这个头发要好几个小时，而且不是今天做了好几个小时，回去以后，每天弄头发、洗头发还要花多少时间？大家现在开始算要花多少钱，算要花多少时间，从头发慢慢移下来，这个眉毛要修，眉毛还要画；再下来，睫毛还要夹，还要修；再来，眼睛还要眼霜擦，脸还要面霜擦；然后这个口红还要不少支；然后再来，嘴巴还要滋润；耳朵还要挂耳环，脖子还要挂项链。我这么一算下来，女人脖子以上就不得了了，还要化妆，不知道要花多少钱，花多少时间？我请问大家，还有多少钱跟多少时间来照顾这个家呢？所以，逛百货公司会"开悟"，就知道勤俭真的是持家之本。

尤其现在很多不好的社会风气，听说女人还要"白富美"，要擦得白白的，要有钱，还要很妖艳，那个化妆品真的化得很厉害，化好几层，不小心你往脑袋一拍就掉下来，化得真厚！贵州有一个很有钱的女子，她丈夫很有钱，她说她交的那些朋友全部都是白富美那个阶级的，攀比来攀比去，最后内心非常空虚，后来她学传统文化，开始有警觉性，追求精神的充实。但是已经有流弊出现了，她的女儿很小，四五岁而已，已经非常清楚化妆的程序，哪一个步骤她完全了若指掌，可以自己化。

我们古人有一个精神非常可贵，念念为天下着想，所谓"不论现行，而论流弊；不论一时，而论久远；不论一身，而论天下"。经典里面又说，"一言兴邦，一言丧邦"，我们一举一动、一言一行，都要为天下负责，天下兴亡匹夫有责。确实是如此，比方我就曾经真的听到旁边的人讲，"做什么都没关系，能赚钱就好了。"这个话要负责任，败坏社会风气。"君子爱财，取之有道"，怎么是这样子说话？他这个说话很多人听了以后没判断，都照他这个说法就完蛋了。

包含我们昨天一直在分析，要从利转成义，社会问题就解决了。可是这个社会，本来是很有人情味、很重情义的，什么时候变成现在唯利是图？什么时候变的？谁让它变的？这个值得思考。我观察到，很可能是我们社会当中每一个人所想、所说错误造成的。我就想起我小的时候，听到很多长辈们，他们常常都谈，"哎呀，某某儿子一个月收入几万，收入多少钱。""哇，他儿子去考医学院出来以后，一个月赚十几万。"请问讲这个话的人有没有在败坏社会风气？当医生最重要的是什么？对呀，偏了。"哎呀，他孩子考上老师，那个收入不错，金饭碗"，那当老师是去赚钱？当老师是去为民族培养人才的！统统都把利摆在第一位。甚至我考上老师的时候，就有长者说："不错，一个月收入不少。"我对这个长辈笑一笑。我说，"长者您应该提醒我：你要为国家社会培养人才，你看人家的父母，这个孩子都是他心肝宝贝，信任交给你，你要好好教他，你要对得起家长，对得起社会。"我那个长者说："对对，你讲得有道理。"所以，每一句话不论一身，要论天下。

包含以前的女子很清楚，自己端庄给孩子、给社会好样子。现在女子不端庄，穿得非常暴露，这个对社会风气非常的负面。你说一个女子穿得很暴露到办公室去，这些男同事还能办公吗？是不是？他假如是正人君子，他连头放哪都不好放，为什么？转一下，看到这个，哎，这里又是这样。头都不知道往哪里摆。所以这个时代当正人君子都非常困难。《群书治要》告诉我们，"慢藏诲盗，冶容诲淫"。"慢藏"的意思就是你钱财露白，或者是你炫富，人就会起盗心；打扮太过妖艳，就让人起淫念的心，这个对社会风气都不好。所以反而勤俭、简朴，就给这个家、给这个社会带好样子。我的母亲守礼，她不化浓妆，她都是淡妆，所以我两个姐姐也都不会化这些浓妆。反而越纯朴的人不容易老，都化得很厚的人，请你不要到她家里去，因为她卸完妆之后会判若二人。我现在这个年龄，跟我姐姐走在一起，人家一看到，"哎呀，你妹妹。"因为我姐姐现在把一个行李包背起来，还像个大学生，都四十多岁的人。

我们从勤俭来建立一个人修身的态度，还有治理这个家、持家的态度，再带动好的社会风气。而勤劳能产生多大的益处？第一，身体好，主动劳动付出的人身体好。我自己非常明显的感悟，我的父亲是长子，从小帮忙种田，常常还要施肥，都扛粪便。我父亲的体格非常强壮，大家绝对很难想象，我跟我父亲体格不大一样。我父亲强壮，为什么？因为他勤劳，他劳动，他帮父母扛责任。我为什么瘦？因为3岁就搬到高雄市，连田都没下过，连锄头都没有拿过，养尊处优，体质就没有那么强壮。

所以现在的孩子麻烦，连田地都没看过的都有。我们曾经带一团深圳的孩子到乡下去，他们站在水田的旁边，小孩子在那里谈话："哎哟，下去会不会死？"另外那个同学："你放心，它底下有水泥地，不会死。"然后那一天，给他们插秧插了一个上午，回去都快瘫了。那一天吃饭吃得特别香。吃完饭，老师言教，机会教育点："你今天插了一个上午，这一碗饭就吃光了。"他一想,忙了这么一上午才这一碗饭,请问他以后会不会糟蹋粮食?他以后看到农民会不会肃然起敬?会。这个叫体验的教育。不然孩子都没有去体验,写文章,我曾经还看过,真的,"我回外婆家,外公从树上拿下来西瓜给我吃",西瓜怎么是长在树上?

所以勤劳,身体好。再来,责任心。"黎明即起,洒扫庭除,要内外整洁;即昏便息,关锁门户,必亲自检点"。常常勤劳帮忙的孩子一定有责任感。接着,习劳知感恩。其实很多道理,我们真正体会明白了,没有人不肯做的。只是理还不明白,下不了这个决心。而一个人能知感恩,他自自然然设身处地,他走到单位去,他对其他部门的同仁,都非常的尊重感谢,他不会因为自己这个部门重要就瞧不起另外部门。因为他知道一个团体多少人在付出,一个家庭多少人在付出,所以他会设身处地体谅别人、感谢别人。

再来,他的人际关系一定会好。走到哪都是主动付出,谁不欢喜跟他一起生活,一起配合工作呢?从自身身心的影响,延伸到他的团体的生活。再来,他的能力提升一定比较大。主动付出的人,肯吃亏的人,一来量大福大,有福气,能力也提升。懂得教育的父母亲在孩子第一份工作,就交代他,要不怕苦,主动去付出、主动去帮忙。这个慎于始很重要。

我们青岛刘芳总裁,她出嫁那一天,她父亲给她讲了三句话。第一,"该干活了。"因为在家里很受疼爱,但是现在出去嫁为人妇了。所以我们古代的婚礼里面有一个仪式很重要,女子坐在花轿上,要拿一把小扇子,从窗户扔出去。诸位女同胞,你们扔过扇子没有?没有?回去补扔一下。因为这个动作代表的内涵很重要,代表本来是千金小姐,现在嫁为人妇,为人妻、为人媳,又为人母,这把扇子就代表本来在家里是大小姐的生活,扇扇子,扔出去了,就要放下大小姐的生活,更重要的放下大小姐的脾气,不能带过去,不然搞得人家天翻地覆是不行的。所以这个扔出去,代表这个意思。

刘总裁的父亲也不简单。大家要了解,任何一个缘分,你给他最重要的引导，在一开始最有效果，叫慎于始。你等到出状况了，才叮咛他，不容易了。他们夫妻都吵得翻天了，你才开始给他引导这个，来不及了。因为他已经全部都看着对方的缺点。所以有太多人生的关键因缘，懂教育的人都抓得特别准。首先第一个，胎教。假如从胎里，一知道怀孕就开始教，慎于始，这个孩子真很乖，我们已经看过好多个了。再来，孩子去上学的第一天，不管他是幼儿园、小学，甚至于大学，要去的时候，父母要引导、教导他。再来，去工作的第一天，出嫁的那一天，或者是要娶妻的那一天。我们老祖先通达教育，所以婚礼非常隆重，新婚夫妇在整个婚礼过程当中，所升起的心态就是责任、就是道义，影响他的一辈子。所以古人有高度的教育智慧。

举一个例子，夫妻一入门，进了自己的家，喝交杯酒，你们喝过吗？没喝过的回去再补喝一下。那个交杯酒的酒杯是葫芦瓜做的，葫芦瓜是苦的，而且是一个葫芦瓜劈成两半，然后去盛甜酒。代表这一杯喝下去，从此同甘共苦。而且是同一个葫芦瓜劈成两半，合起来刚好是完整的一体，所以就不分彼此。您看喝那一杯，对人的那种教育的一种提醒，对他心理的一种建设多么有帮助。

刘芳总裁的父亲跟她交代第一个，是干活。第二个，"不要给人家添麻烦。"很厚道。去了要懂得忍，不要常常跟人家发脾气，搞得人家家里很不愉快。第三，"不要丢脸。""德有伤，贻亲羞"。你看虽然只有三句话，在很多境界当中，这三句教诲一想起来，念头就转过去了。其实情绪、脾气是假的，哪是真的？你们觉得一个人的脾气是真的吗？你们有没有发过脾气？有。来，把脾气拿来我看看。你拿不出来就是假的，瞬间就变化的东西怎么会是真的？不要认假为真。真的是什么？本有的本善、明德，随时都在。只要放下了这些坏的习性，真就显出来了。我们无量智慧德能就可以在这一生受用，然后去利益别人。

大家刚刚听的是刘总她父亲给她的交代，其实这三句话，再延伸开来，儿子要去工作了，可不可以提这三点？"该干活了，主动去干，不要怕吃亏。第二，不要给人家制造麻烦，要懂事，要以大局为重。不要给你父亲丢脸。"让他有羞耻心。

勤劳的好处不只这些，大家举一反三，我就不举了。懒惰呢？整个反过来。非常严重，所以老祖宗说，"百种弊病，皆从懒生"。一个人一懒惰之后，这些不好的习性全部出来了。为什么把勤俭放在这么重要的教育德目，是有道理的。可是现在的父母都不懂。我还听说，有高中生，早上起床，父母叫起床的。把他抻起来，端水来给他刷牙洗脸，又把早餐端到床前给他吃，然后让他穿好衣服，再出去。孩子只要做一件事，好好读书，好好考试，其他的统统父母包了。我去读大学的时候，还遇过同学没洗过衣服。他自己想象的，把那个洗衣粉倒三分之一倒下去，拿着那个衣服这样抖几下，然后他就走了。隔天来，全部都是泡泡。大学还没洗过衣服，真是太夸张了。

一懒惰，身体不好；一懒惰，他不负责任。所以这样的孩子纵使大学毕业，不找工作，你得帮他找。你担心一辈子都没用。你叫他去结婚，结完婚孩子谁养？"妈，给你。"这种事现在超过一半，不是少数。懒惰了，他不知道感恩，把所有人的付出视为理所当然，然后不会设身处地，净会挑毛病。大家有没有发现现在年轻人很会挑毛病？挑一挑，你问他，你有没有好的意见？没有。很会挑毛病，不会有一些建设性的思考。人际关系不好；能力也差；心量小，没有福报，而且又懒惰，都给人家伺候，福报就消光了。好，这是勤。

再来俭，我们一看到俭字，就想到"俭以养廉"。一个人节俭，他物质的生活非常简单，他根本就不会去贪财，他就是个廉洁的人。而且"俭近仁"，为什么接近仁德？因为节俭的人把钱省下来之后，他去帮助非常困难的人，所以他的仁慈心就不断增长。再来，节俭可以福后，叫量入为出，又懂得储蓄。他可以应对紧急的状况，福后。大家有没有发现，整个功利社会强调消费，都不懂得俭，都不懂得储蓄，最后一个变化，一个所谓金融风暴，兵败如山倒。很多有储蓄的公司，像稻盛和夫，这是日本经营之神，在日本好像有四个人被封这样的封号，其中三个都已经过世了，他是唯一一个还在的，八十多岁了。他说他们公司遇到金融风暴，几十年都没有问题，还是可以正常运作，就是走我们传统的储蓄，量入为出，而不是一直消费、一直投资，最后出现状况就倒闭。

俭跟仁义礼智都是相应。节俭去帮助人是仁。节俭的人不贪求就是义，不是自己的东西不可以拿，义。礼，把这个节俭变成自己的家规；然后，不糟蹋食物，不糟蹋物品，这个就是恭敬一切物，"毋不敬"，这就是礼。所以一个人很奢侈，也是无礼，他对整个大自然的资源太无礼。有一个说法，假如我们中国人的生活方式跟美国人一样，那三个地球、四个地球都不够。所以我们中国人要走回勤俭，才能够让地球母亲恢复正常，不能再走美国那种生活方式了。但是我以前还不懂的时候，好莱坞电影也看很多，都被误导到那个方向去了。节俭了，然后让节俭变成你的家道传下去，这是有智慧的人。那当然要循中庸之道，一个人不能节俭了变吝啬，他就不仁；节俭以后越来越贪心，他就不义；节俭到都不买好吃的给他爸爸妈妈吃了，无礼，对父母太无礼；节俭到留了一堆钱要给子孙，没智慧。所以古人强调这个中道，非常微妙。

这一些都要透过教学才能够明白，不然现在整个社会的风气确实会让人似是而非。好，我们重新找回我们东方、我们中国的教育智慧，唯有教育才能根本解决种种的问题。所以在《礼记·学记》就有一句话讲到："建国君民，教学为先"。我们昨天讲到第三个大点，是人类的苦难，我们把原因找到，思想错了，被利欲熏心了。转变他的思想，靠教育。所以我们今天第四个重点："建国君民，教学为先"。

在《礼记·学记》当中有讲到，一个人处事很严谨、谨慎，常常喜欢读圣贤书，他还会小有名声，但是还不能感动众人；他能够礼贤下士，常常去亲近有道德的人，体恤远方的人民，"就贤体远"，这样让人听了会很感动，这个人很有爱心，"足以动众"，感动众人，"未足以化民"，不能够把整个地区的社会风气扭转过来。所以，"君子如欲化民成俗，其必由学乎！"要改善整个社会风俗，必然要从教学下手才行。

而我们看到这一句，君子"化民成俗"，那这句话，我们从家庭延伸到整个国家、天下，这句话都适用。君子要教化人民成为风俗，从家庭来看，谁是君子？父母。谁是民？子女。俗是家风的形成。延伸到班级，君子是谁？班主任老师。民，学生。成俗，班风的形成。而且形成风气之后，潜移默化的影响。大家在我们居美馨这个大家庭好几天了，有没有觉得自己吃饭的状态不大一样？走路的状态不大一样？这就是一个环境的影响。这一生吃的这几顿饭都先念感恩词，感觉那个饭吃起来味道一不一样？不一样。你念完感恩词，那个饭的结晶特别美丽，吃下去特别营养。这个都可以做实验。

再来，君子是校长，民是谁？老师跟学生，校长是大家长。俗，校风的成就。就像前几天跟大家举例，整个松花江中学对孔子礼敬，对学校老师礼敬，学生们就做得非常自然。这个也归功我们王琦老师，他担任班主任的时候，这个班风再慢慢推开来，影响到整个校风。这是学校。我们假如延伸到社会的企业团体，那企业主就是君子，民就是他的员工、下属，俗是他的整个企业文化就出来了。而且，这个俗就是我们所谓的境教，环境每一天给他熏陶，潜移默化的影响，境教。再加上君子的身教，以身作则。所以君子都是以身作则。因为教育的"教"字，就有表这个精神。

我们看这个"教"字，左边两个叉，下面一个小孩，老祖宗把宇宙天地之间的真理融进字里面。所以汉字含有高度的智慧，全世界的文字除此一家，别无分号，要把汉字承传下去。第一个叉是父母、长辈、老师画的，小孩子模仿力很强，跟着画，上行下效，身教。右边是手拿着一支树枝，耳提面命，不厌其烦的耐性。

其实身为教育工作者，我们今天面对孩子的问题，只要我们不反省自己，一定是意气用事。怎么反省？不复杂，就从这两点反省就可以了。我们现在指责孩子，那我有以身作则吗？我有先教了他吗？这一反省就知道自己怎么去提升，怎么去转变这样的情况，一定可以改善，只要自己调整，这是身教。再来，我真的以身作则了，但还要有耐性。讲一次、讲二次不听，每个孩子的根性不一样，大家有没有遇过一个孩子，讲一次马上改过来的？你们有没有遇过这样的小孩，有的话要通知我，他可能是颜回转世，不贰过。所以一般没有颜回这种根性不可能，都要很有耐性，一直提醒。但是假如没有耐性，一下子火就上来了。一发脾气，孩子记不得你给他讲什么道理，他只会记得老师很凶，脾气很大。那就没有效果了。你真的身教也有了，你也很有耐性了，你就放下那一份牵挂，"岂能尽如人意，但求无愧我心"，儿孙自有儿孙福，孩子如此，学生亦如此，就问自己有没有尽心尽力就对了。

言教、身教、境教，言教就是抓住机会教育点，来引导孩子。大家要了解，尤其现在小朋友比较早熟，很会想东想西的，这个时候你常常给他讲道理，他还嫌烦。但是他假如发现一件事情，你就这一件事情把道理给他讲清楚，他印象深刻。比方说两个人冲突了，你马上跟他讲根源出在哪，他一想，原来根源都是自己先动气了，先发脾气，而不是别人错，他就印象很深刻。"因事相争，焉知非我之不是？须平心暗想"。而且老祖宗还留了一个成语跟我们讲，"一个巴掌拍不响"。人跟人会吵架，会冲突，叫半斤八两。以前的父母很懂这个道理，只要孩子跟人家冲突了，都不用问，先打。你跟人家吵架已经动气了，就是无理了，你还有什么理可以讲？真正有修养，你就不会跟人家冲突。好，这个是企业团体。

再来，一个国家的国主是君子。民，全国人民。形成的是一个国家的风气，国风。我们看《诗经》里面有十五国风，那些诗歌都是记载当时的社会风气的。所以这句"君子如欲化民成俗"，义理从家庭这个小单位延伸到天下，理都是相通的。家、班级、学校，到企业、团体，到一个国家，最后，天下的话，君子应该是什么？圣王。我们看在春秋时代，周文王其实他的国土很小，但是几百诸侯统统依附他，因为他有德行。汤王只有七十里，最后天下都归心，他王天下。文王只有百里，但是他王天下。所以，影响天下是圣王，人民是天下的人民，风俗是什么？社会的潮流，就被他带动起来。所以我们可以预知不久的将来，习主席所做的事情，会成为全世界效法的榜样，那这个就由我们中国带动世界。所以老祖先经典里面都想着天下天下，有道理！为什么？天下现在变什么？地球村。我们不给别人好的影响，就被人家坏的影响了，所以得要赶紧把古圣先贤教诲复兴起来。

所以"教学为先"，学就是什么？是觉，是觉悟的意思。我们得先明理、觉悟，我们才能去教人。所以教学，"教育"，刚刚这个"教"字我们已经体会过。"育"字，"养子始作善也"，这是《说文解字》对于"育"的解释。（在这里要先给后面的校长、教育界的同道道歉，因为要上台以前，我们郭学长有提醒我，要把字写大一点，你看我这个惯性没有转过来，突然在写这一句的时候，才想到这句话。所以很抱歉。自己觉得自己要改一个习惯都不容易，就会宽以待人，不会太严格去要求别人。所以自己当老师，但是做圣贤的弟子还不合格，要常常自我教育，自我提醒才好。）而这句"养子始作善也"，关键字在哪里？不是"养"，是什么？"善"。让他成为一个明理、善良的人。所以我们老祖先教育最重要的是伦理、道德、因果教育。伦理道德教育，伦理，五伦；道德，八德，学了以后，人有羞耻心，耻于作恶，他不愿意违背这些道德标准；学习恶有恶报、善有善报的因果教育，他不敢作恶。

像伦理道德当中，孝为首，所以古人说行孝要及时，而一个人不孝，古代讲天打雷劈。过去在龙游这个地方，有一个徐姓人家，两个兄弟，母亲轮流被奉养。大哥比较穷，本来要吃五天，有一次第二天第三天断粮了，不得已，就请他的母亲先到弟弟那边，他之后再补回来。结果去到弟弟那里，弟弟一看是母亲，不开门。"时间还没到，不能让你进来。"

有时候，我听现在奉养父母都是这边住一下，那边住一下，那边住一下。假如父母欢喜，那就好。但我感觉假如我来住，不好。常常这边一下，那边一下，枕头还要习惯一两天，睡得也不安稳，是吧？常常还舟车劳顿，我这把骨头都有点受不了。这种做法在我父亲那个时代，做长子的人不肯的。"我是长子，我有责任。"所以我的爷爷奶奶就是陪伴我们几十年，还照顾我们长大。当大哥的人都很有那种责任的。当然父母欢喜就好，假如这样反而他生活不便，还是住在老大那里好。兄弟姐妹需要看，回来看。

再回来那个故事，结果母亲要进去，他不给进去，母亲很伤心，但肚子实在太饿了，又闻到饭煮熟的香味，"不然这顿你让我吃完，我再走。"他弟弟还是不开门，他母亲非常伤心，母亲在说的时候，这个儿子还交代他的太太，"你赶快把饭端到房间，用棉被盖起来。"有时候我们看这个故事都觉得，他们怎么这么狠心。结果这个母亲就非常伤心，离开了，走了没有多久，突然上天雷声大作，就劈进那个小儿子的家里面去，把夫妻劈死了。邻居一看，那个家都烧起来了，赶紧过来帮忙，一看，一个在房间里面，一个在厅堂，都死了。而且翻开那个棉被，那个饭还热腾腾的。

结果我们有一位王老师，他就讲这个故事给学生听，当场有一个学生发抖，就问他说："你怎么了？"他说："我有一个同学，15岁走了，非常不孝，常常忤逆他的父母。有一次下雨的时候，他离我差不多一百五十公尺，我就亲眼看到他被雷给劈死。"所以他听了以后很震撼，因为他是亲眼看到，自己同学不孝被雷给劈死。所以这一个故事又是伦理道德，同时告诉我们什么？因果，不能做不孝的人。

所以人生不能等的两件事，就是行孝，还有一件事，行善不能等。今天一个人自身跟家人，假如遇到了劫难，请问你拿多少钱可以解决？再多的钱都解决不了，我们都见过财产几十亿、几百亿，太太得了癌症，他可以盖一家癌症医院，他也救不了他的太太。所以人生有两本帐本，一本是存人民币的存折，一本是存你积德行善的存折，你这一本积德行善的存折积得够了，再大的灾难来，可以逢凶化吉。这个我们都见过，2000年"九·一一事件"，我的校长他的一个同学，很有修养，几十年上班从来没有迟到过，刚好"九·一一"那天睡过头。哪有那么巧的事情？几十年来从来没有这样，就那一天。结果他刚好在那一栋大楼上班，等他从地铁走出来，就看到那两栋楼垮掉。这几十年平常的时间，他已经在里面。所以古人说行善不能等，非常有道理。

明朝有一个商人，叫王志仁，他三十几岁没有子嗣，等于是没有那个福报，然后印堂开始发黑，有一个很会看面相的相士就告诉他，你这一关过不了，赶紧准备后事。他因为做生意，安徽人，他就去苏州赶紧把一些帐款都收回来，留给自己的家人。就在收善款的过程，到了一个地方，刚好发现一个女子带着一个小孩跳水自杀，他马上高喊，"哪一个船夫把她们救起来，给十两"，船夫就赶快救起来。就问这个女子，"你干嘛想不开？"她说，"我们家养了一只猪，好不容易养大了，我先生不在，刚好有人来买，我把它卖掉了，收了一些钱，后来发现是假银子，我先生脾气大，回来铁定把我活活打死，我实在不想活了，就跳水自杀，还把孩子带着。"所以他一救，把两条命救起来了。

当天这个女子的丈夫回来了，女子就把这个事告诉他，结果她这个丈夫说，天底下没有这样的人，怎么可能这么善心？他不大相信，结果就叫他的太太去找这个人，后来找到了，找到他住的客栈。就敲门，已经晚上了，太太就敲门，"这位相公。"结果王志仁，他还是很有涵养，他说："这位女子，现在是晚上，我们孤男寡女，我不可以帮你开门，不然到时候人家传出去，你的名节就毁掉了。我不能给你开门，你赶快回去吧。"他的丈夫在旁边听了很感动，"你放心，我跟着我妻子来，你就开门吧。"结果这个门一开，突然间，因为当时在下雨，那个客栈比较老旧，整堵墙倒下来，把他的床整个压碎了。所以假如没有这一对夫妻来敲门，他的命刚好就在那个时候。可是因为他救了两条命，然后又这么有修养、涵养，转变了他的命运。结果他回去之后，那个相士说，你现在印堂发亮，积了很厚的阴德。后来他连生十个儿子，本来命中三十几岁，结果活到96岁。所以行善不能等，我们感受到这些故事、这些道理，能够从小就让孩子建立起来，我想对他一生会非常的受用。

好，那我们讲到伦理道德，很重要的：五伦、八德。在《礼记》当中有讲到，"有夫妇而后有父子，有父子而后有兄弟"，再延伸，因为这三个伦常在家庭当中，延伸开来就是整个社会，有君臣，有朋友，人只要明白这五伦关系，和睦相处。天时不如地利，地利不如人和，他人伦关系处好了，他的人生应该是和谐幸福的。而我们中国人讲伦理，不只是家庭的这三个伦理，它一延伸到整个社会都是伦理。他到学校去，老师叫师父，同学叫师兄弟；他到各行各业，比方说他学习剪头发，教他的人也是师父，跟他一起学的，也是师兄弟，都是伦理关系，互相爱敬。这个父子一延伸到社会的团体里面，君父，一个国君，也像父亲一样恭敬他。忠臣出于孝子之门，"移孝作忠"。所以一个人不孝父母，他不可能是忠臣；一个人不友爱兄弟，他不可能是真诚交心的朋友，一定还是有目的的朋友而已。

从这个五伦关系，请问大家最核心的是什么？夫妇。"夫妇有义，而后父子有亲"，而后才能兄友弟恭。夫妻之间吵吵闹闹，父子会亲吗？兄弟会友爱吗？每一个人都想赶紧逃出这个家。所以父子之间，下一代人格要健康，最核心的就是夫妇的和谐，是整个五伦关系的核心所在，为什么我们老祖先这么重视婚姻、婚礼，就是这个道理。家庭是社会的细胞，家庭不好，社会决定乱。所以"子不教，人心坏了"，夫妇就没有做好榜样，子女怎么教得好？"家不齐，社会乱了"。所以，走上婚姻，那是要为家庭、为社会负责任。

那请问大家现在我们的孩子都还小，夫妇这个人伦大道，应该给谁讲？给自己，还有？给学生家长。有机会跟家长做沟通的时候，就可以举一些例子。确实我们很多同学，都是在很多的夜里，父亲打母亲，或者吵架了，都是躲在棉被里哭，这样人格怎么健康？其实每个晚上也不知道哭到什么时候，累了，才睡着。然后早上起来，还战战兢兢观察父母的眼神，暴风雨到底过去了没有，这个对他的身心、人格，对他的学习都有影响。

我从小到大，统统没有这些压力，因为我父母从来没有吵过架，我母亲从来没有讲过一句气话、伤害人的话，我母亲最多就是不讲话。所以我吵吵闹闹的时候，我母亲就是不理我，她不会骂人。所以我以前耍赖、要东西，在地上打滚，她都如如不动，继续看她的书。最后我"开悟"了，打滚挺累的，而且地上又凉，之后知道这样做没用，我又不是吃饱撑着，喜欢打滚，以后就不用了。就顺着父母的原理原则，去跟父母互动。

所以小孩的这种是非善恶看谁的标准？我们小的时候到人家家里，长辈拿东西，来来，请吃，"嗯"，才敢吃。来，请吃，一看，"嗯哼"。对呀，父母就是标准。所以其实好人要做到底，真正要把孩子教好，要亲师合作，所以跟父母沟通教育的理念，比教育小孩还重要！而跟家长沟通，我们也不是说要指责他们，因为人都没学过，你就可以把夫妇怎么相处告诉他。好，夫妇关系这一谈要谈很久，以后有专题汇报再来讲，只是让大家知道这个五伦重要，明天我们从八德来谈，这是教学的核心，五伦八德。明天我们再谈谈我们共同的天职，"振兴师道"。中华民族最重要的两股力量，孝道跟师道，现在师道衰了，我们有责任把它振兴起来。我们要振兴师道从哪里下手？自我的教育，自我的提升。人因为做出来的事情，才赢得别人的尊重，尊重不是要来的。然后我们再谈一个主题，我们如何做好老师，最好的榜样是谁？孔老夫子。孔老夫子怎么做学生的、孔老夫子怎么做老师的。

我们明天再跟大家交流一下，好，谢谢大家！

第六讲 建国君民，教学为先（二）

尊敬的王局长、诸位领导、诸位校长、诸位教育界的同道，大家上午好!

回想九年前，2004年，也是7月份。当时，我们在海口办了"第一届幸福人生讲座"，为期五天，7月13到7月17号。当时，我们海口市教育局局长亲自来参与课程。那节课结束，我亲自送局长，当他的车子缓缓离开，我实在很激动、很感动，局长能亲自来关心传统教育，我一时激动就哭起来，就蹲下来哭了。男人哭，不大习惯被人家看到，就蹲下来。结果我们同事还以为发生了什么事，都很紧张，我说没事，我是太感动了。因为在《德育课本》当中常常看到很多爱民如子的官员，有时候我们读着读着都泪流满面，可是非常喜悦，这种神交古人的感悟特别痛快，也以他们为榜样。而当看到海口市教育局局长亲自来听，感觉这些官员身上都有圣贤的风范，特别感佩。

这次又有幸见到我们王宝寨局长，他确实是我们教育界的榜样，确实是不辞劳苦在推展圣贤的教诲。尤其刚刚吃饱饭，看到我们望都三位干部走过来看到自己的领导，彼此的那种亲切，可以感受到他们是上下一心。所谓二人同心，其利可以断金。《中庸》又讲："国家将兴，必有祯祥"。我们国家民族将兴，必从知识分子、必从教育界承担起历史使命开始。而我们教育界的历史使命又从我们望都，我们王局长带头，又这么多干部，确实是竭尽全力的支持配合，一定可以在教育界做出一个非常好的表率，榜样的力量是无穷的。而且还有一个非常重要的做事原则，就是要集中人力、物力、财力，把一个成熟的因缘，把它做成功。因为人力、物力、财力假如分散了，很可能到处都有机会，最后到处都做不成。我们这一次，有幸还可以听我们王局长，他们在望都推展的这些实际的经验。而诸位校长、诸位教育界的同道，你们很多人教育的爱心，教育的经验、智慧、能力都很高，我想我们这个班可谓是卧虎藏龙，所以也祈请诸位有经验的校长跟老师，我们不分彼此，都到望都来奉献我们一份力量。

跟大家谈到第四个重点，我们讲到"建国君民，教学为先"。我们要树立家风、班风、校风，以至于我们整个国家的国风，以至于中国人要带领世界潮流，一定要从教学下手。而这个"教"字，"上所施，下所效"才叫"教"。父母也好，老师也好，长者也好，他首先要有正确的教育的理念、观念，他才有可能引导正确。

我们冷静的来看，几千年来教育的目标是什么？教育建立在什么基础之上？教育的内容是哪些重点？教育所要掌握的精神又是什么？首先，教育的目标。教学者是"得天下英才而教之"，代表教学者是为国家培养人才，是为家庭培养人才。而我们冷静观察一个现象，值得我们省思，每一年有这么多大学以上毕业的学生，可是企业界却说找不到人才。学校不断的培养学生交给社会，可是社会这些企业团体却觉得没有人才，那代表我们所培养的学生似乎跟社会需要的人才不是很相应。社会需要什么人才？当然需要懂得做人、做事的栋梁之才。请问大家，你们有没有遇过哪一个企业界的说：我要的人才就是学历很高的人才；我要的人才就是很会考试的人才。您有遇过这样的企业团体的负责人的请举手？所以我们是为孩子一生往后的家业、事业来努力，把影响他一生家业、事业最重要的做人做事的德行、态度教给他，就给他一生幸福了。所以从古代讲，几千年来都没有变。"为天下得人"，这是教育者的使命感。你"为天下得人"

了，你教出一个范仲淹，利益了千千万万的人民。所以教育的目标："为天下得人"，得人才，培养出人来。

从学生个人来讲，是"教也者，长善而救其失者也"，这是我们《礼记·学记》的一句很重要的经句，可谓教育的核心点，增长他的善心。学生的恭敬心有没有不断增长？他的孝心有没有不断增长？他助人的心有没有不断增长？"救失"，他的坏习惯，他懒惰有没有改善？他傲慢有没有改善？他的贪心有没有改善？两个最重要的核心点："长善"、"救失"。这是对教学者来说。因为老师也好、父母也好，假如没有抓到教育这个核心点，很可能耗了一辈子、耗了十多年的时间，培养不出人才出来。

诸位教育界的同道冷静观察一个现象，成绩第一名、第二名的孩子，毕业之后可能在路上遇到我们，远远看到我们，就从小路走掉了。反而是那个被我们骂得最凶的，甚至还被我打过的，可是我是为他好，一百五十公尺左右，他手就举起来了："老师好！"有没有？你说哪个孩子的心善？告诉大家，现在这社会当中有出息的，绝大部分都不是成绩第一名、第二名的。成绩普通、中等，但是尊重老师，然后友爱同学，人际关系特别好的，以后有出息。成绩一、二名的，最多干什么？做一个专业技术人才，他很难成为一个领导者。也有，但不多。所以这些现象让我们冷静去思考，我们当老师、父母的，有没有时时能体恤到孩子内心的状态？他得善在下降，还是在提升？

我常常问社会大众，我说现在的人是小时候的德行好，还是成人的时候德行好？我们花了十几年培养人，最后他的德行越来越差，那不是值得我们思考？再问一个更细的问题，请问：学生是大一的时候德行好，还是大四的时候德行好？大学是神圣的殿堂，怎么变成堕落的地方？所以当我们不知道是"长善救失"的时候，事实上我们以为在利益孩子，很可能是在摧残孩子的悟性。

大家冷静去看看，小学生的眼睛非常亮，你给他讲什么故事，他感动得流眼泪。结果去大学,你讲这些同样可以感动人的故事,他听不进去。我们就曾经观察到,一些比较调皮的孩子,但是很有感情。你给他讲孝道的故事,他流眼泪,然后一下课了跑过来,"老师这些故事真感人,真好听,你多给我们讲。"结果那个第一名、第二名的,你讲这个故事讲到一半,他说:"老师,你讲这个考试又不会考,不要讲了啦。"他的感受能力一直在下降。为什么?大家要了解一个重点,人为什么越来越麻木?因为他生命的动力就是"利"跟"欲",他就慢慢麻木了。都用利欲来刺激他,而且那个刺激的强度要越来越高。

读书什么时候乐?边读边乐。现在的孩子读书,好像一直给他压压压,压到最后,考完试了,他好像就一定要去发泄一下,去跳舞、去玩乐,这样的现象其实对孩子的健康成长并不好。甚至于大家冷静看一下,高考最后一科考完,会有什么事情发生?书从三楼、从四楼就扔下来。真正有教育敏感度的人,看到的不是书掉下来,是看到什么?看到孩子学习的心提不起来了。事实上,大学以至于他往后步入社会,都是他学习的黄金岁月。这段时间他不好好学习,他有什么智慧、他有什么学问,能够去经营他的人生?最关键的学习时光,却已经是提不起他学习的心,这样父母、老师以后会有操不完的心。

所以看到这个"长善救失",给我们很多的省思。什么时候"长善"?什么时候"救失"?比方考试,考了试以后发考卷,就是最重要的"长善"跟"救失"的时候。假如这个时候老师不懂得"长善救失",很可能在这种考试的氛围之下,学生的心都生病了。请问大家,成绩好的学生病得重还是成绩不好的?很难讲。每次暑假前夕,都有很多大学生跳楼自杀。这样的现象没有减少,因为我们没找到根本原因。根本原因是他的心已经偏颇很久了,没有人发现。

我上一次在新加坡坐车的时候,一位女士她就跟我讲,她说我的一位邻居,晚辈,19岁自杀了。他的父母说,他的孩子"突然自杀"了。我就跟这位女士讲，这一句话不合逻辑。一个十几岁的孩子，昨天还觉得人生很美好，然后突然明天觉得不想活了，有没有可能？可是大家有没有看到他的父母用什么词？"突然自杀"了。

我们现在世间的人，几个人很清楚问题出在哪里？有没有冷静去思考？甚至于一出现问题，第一个反应是先怪别人，先推卸责任到别人或者是环境上面，因为我们缺乏传统文化"反求诸己"的人生态度。而更让我们吃惊的是什么？父母跟子女本来是连心，怎么现在孩子都已经走上绝路了，父母完全没有感觉，说"突然自杀"了。

2011年，有一个最美的女孩，孟佩杰同学，她在山西临汾读师范学院。她的养母在她8岁的时候终身瘫痪，8岁的女孩，她的母亲是她的两倍重，养母，她的两倍重。她每天帮她翻身，帮她运动，就这样十几年，我们很难想象她的日子怎么过的。而她的养母不想连累她，积累了很多的止痛剂，打算一次吃下去自杀。她马上感觉到，跪着哭，"母亲，只要你活着就是我的心劲儿，有妈的孩子就有家。"她妈妈很感动。后来她真的很孝顺，上了大学还带着她母亲去大学附近租房子，感动当地的医院帮她母亲治疗，现在她母亲都可以坐轮椅了。

所以父母跟子女连心，为什么我们在整个社会现象当中，变成父母跟子女之间已经完全不知道对方的心了？那到底父母在乎什么？他考试几分？他的钢琴学到哪儿了？有没有给我丢脸？当我们所在乎的都是这些名利的东西，当然慢慢内心就会麻木了。今天，多少孩子的病都是出在考试考完之后，他的心偏掉了，没有人知道。其实，我为什么知道？因为我也是这么过来的。所以我们当长辈、从事教育的人，我们后来的孩子别再走我们的弯路、冤枉路了。

诸位同道，你们的人生快乐吗？有一个女士二三十岁了，她母亲尤其每一次吃完喜宴回来，就跟她讲："赶快嫁人！我去吃喜宴，每个人说，哎，你女儿怎么还没嫁？"到处问她。"我这个脸都不知道丢到哪里去了，你赶快给我嫁！"结果她女儿给她讲，"妈，你又不幸福，干嘛叫我嫁？"她妈妈愣住了，想了一下，"对哦，我常常跟我丈夫吵，干嘛叫她嫁？"过了一分钟，"反正你就是嫁就对了！"请问大家，我们的理智持续多久？因为我们太浮躁了，不知道人生到底在追求什么？

其实这个故事让我们冷静思考，就好比今天你走在路上，掉到坑里面去了，幸好祖上有德，没有骨折，还爬得出来。请问你从这个洞爬出来，下一个动作你会做什么？对嘛，"己所不欲，勿施于人"。但是那个洞太大了，要一下子填起来不行，先在前面五十公尺立个牌子，"前方有坑洞"，是不是？再慢慢把它填起来。因为这个洞太久了，两三代人忽略了，所以要补起来，还要两三代人锲而不舍，拿接力棒。

可是现在是什么？是掉下去以后，爬起来，然后躲到旁边的草丛里，"只有我掉下去，太不公平。"下一个人掉下去，"啊，太好了，不是只有我一个人掉下去。"幸灾乐祸。现在真的有这个倾向。比方说人家失恋了，在那里流眼泪，然后你说，"啊，安慰一点了，不是只有我失恋，他也失恋了。"所以应该是时时想，自己的痛苦不愿意别人再受了。你一直在推你女儿赶快嫁，你又不知道那里是幸福还是坑洞，怎么拼命要推呢？所以人生常常天平要拿出来，女儿的一生幸福比较重要，还是面子比较重要？幸福？标准答案。标准答案只会在考试卷上面出现，不会在人生实际情况出现。

那请问大家，天平又拿出来，孩子一生健康的人格、人生的幸福重要，还是他眼前的分数重要？标准答案又出现了。但是我告诉大家，有中华文化就有方法，他同时可以人格健康，而且成绩会越来越好，而且是一辈子都好，因为他从根本解决问题。可是我们现在逼呀逼呀，他的成绩是什么？是一次好、两次好，小学好，或者初中好，或者高中好，总有一天他会不好。大家相不相信？为什么？因为他没有用功读书的根本动力。其实这些问题并不难思考，只是没人提醒，所以教育界的人一定要提醒父母，一定要从"长善救失"开始。

我父亲那一代的人，读书、工作、组织家庭、夫妻相处、教育子女，从来没让我爷爷奶奶操过一点心。我在我爷爷奶奶的脸上，从来没看过他们为我父亲皱过眉头，这离我们上一代而已。为什么？因为他们从小就懂得孝道，那是我们中华文化还有承传。五个兄弟姐妹，我父亲那一辈，我父亲71岁了，他们几个大学生，还有一个博士。我们家很穷，小时候都被人家瞧不起。所以这些兄弟姐妹很有志气，我有一个叔叔是博士，读书下课了，还跑去种田，帮忙，并不是拥有比人家多的时间读书，可是很珍惜每一刻，不敢浪费。然后边在那里插秧边提醒自己，以后好好读书，赶快有成就，父母就可以休息了，不要辛苦了。所以我爷爷好像是五十岁左右就退休了，因为他的孩子们孝顺。父亲和兄弟姐妹读书读得比较晚，我爷爷要去睡觉了，下令：全部去睡觉。孝顺，父亲一发号施令，全部躺下去了。然后我爷爷就去睡觉。我爷爷一睡着，他们听到声音了，全部再爬起来读书。

你看以前那兄弟情感很好，没钱，一支雪糕五个人一起吃，好不好吃？好吃。现在一个人吃三支还不好吃，有没有？还："不要了，丢掉。"所以我们都走入一个误区了，好像有钱才会幸福；事实上有爱才会幸福，有天伦才会幸福，而不是有钱才会幸福。你看现在兄弟姐妹一想起五个人吃一支冰棒，那大家不是都笑开怀。那种兄弟之情，溢于言表。

所以读书不用人家操心，我父亲上大学都是吃牛肉汤面，从来没吃过牛肉面，因为牛肉汤面就是一块牛肉都没有，只有汤头而已。不忍心吃啊。父亲一个学期所有的钱拿到手上，就这么一点点，省吃俭用。所以后来经济好了，掉在地上的饭粒，父亲还是把它捡起来，那都是从小养成节俭的态度。

所以学习的根本动力就是责任心，就是孝心。请问我们的孩子增长这个善了吗？因为他有这种责任，事业跟家庭他决定不愿意让父母操心，都在哪里？《弟子规》，"亲所好，力为具"，"身有伤，贻亲忧；德有伤，贻亲差"。他夫妻吵吵闹闹,父母要担心多久?包含"居有常,业无变"。现在的年轻人动不动就换工作,父母的心非常的担忧。

我们前天听王希海老师分享,您看那孝子的心多么的细腻!孝子心中只有父母,他时时能感觉到他父亲的需要,真的是同体。父亲舒服了,他也舒服了;父亲难受了,他马上能知道,甚至连作梦都可以感应到。父亲烧了好几天找不出病因,你看他念念在想,感通了,作梦梦到爬梯子掉下来了,就想掉下来一定这个脚出问题,马上就去细细查看父亲的脚,果然在脚上找到了一个发炎的包包。所以《孝经》讲的是真的不是假的,"孝悌之至,通于神明,光于四海"。《孝经》又说,"爱亲者,不敢恶于人",真正爱父母的人不会对别人傲慢。为什么?因为孝心一开,人的仁爱之心就开了。仁爱之心是我们本有的明德,是被自私自利障住了,现在他念念只有父母,他没有自私自利了,他的仁爱心一出来,大家有没有看到,视天下的父母为自己的父母,他谈到多少老人痛哭流涕,他拿真正子女的心在看待这些老人。包含老人的一个动作、一个表情,他马上懂得他们的意思,这是人本有的仁慈心。在医院看一个老人脚稍微缩起来了,谁都不懂,他马上懂。老人不好意思,没帮他穿好裤子,老人也要尊严。所以我们的孩子孝心开了,都能像王希海老师这样的存心,我们这个国家、民族、每一个家庭,那都是幸福的未来。

我们再拉回来,冷静想一想,我们现在孩子学习的动力是什么?大家不要小看《弟子规》,学习的根本动力《弟子规》教了:"孝";再来,"凡是人,皆须爱",我要有更好的学问跟能力,我才好去爱护我们中国的人民,他会努力,这也是他的动力呀;他"亲仁",他亲近老师,"我怎么报老师的恩?我要好好学习,不能让老师失望",又是他的动力。

读书习惯,"余力学文"都有教,"不力行,但学文,长浮华",我们现在孩子学历越高,很可能越傲慢,那这句话就可以调伏他的傲慢,从小让他懂得"知行合一"。"读书法,有三到,心眼口,信皆要",学习要专注的态度，现在孩子二十分钟都静不下来，太浮躁了，不专注，心散乱，都要教。"方读此，勿慕彼"，要专注，不要心猿意马。而且学东西，一步一步好好下功夫学，不要今天翻翻这个，明天翻翻那个，"此未终，彼勿起"。

再来学习的方法，"宽为限，紧用功"，他就懂得读书要计划，做任何事要计划。包含班级里面办一个活动，让同学们分工去负责。其实一个班级里面，不就锻炼他如何当下属，如何服从，慢慢到如何做领导，如何规划事情，全部在一个班级里面可以锻炼。所以老师会不会教做人做事，差别非常大。懂的，这个孩子训练得非常懂事、会做事；不懂的，几年的岁月就这样过去了。所以老师为什么不断的提升自己？因为他体会到，我早一天有智慧，早一天有能力，我的学生早一天得利益。这个时候，每一个教育界的人都会不断的精进提升自己，他希望他的学生早一天得利益，对得起这份信任，对得起这个因缘。所以"宽为限，紧用功，工夫到，滞塞通"。

"心有疑，随札记，就人问，求确义"，现在的孩子几个人形成这个态度？一有不了解，好学、好问，马上去请教。一个学生只要好学好问，绝对有出息。

再来，学习的环境要清净，"房室清，墙壁净，几案洁，笔砚正"，"墨磨偏，心不端；字不敬，心先病"。一个人的环境杂乱，他的心很难定下来，而且他决定是考试的机器而已，他没有长善。一个人真正把课本的东西领纳在心上，他一定会恭敬人、恭敬事情、恭敬一切物品，他不会把房间搞得这么乱。圣贤教育不就是教我们真诚恭敬吗？那他有真诚恭敬心，怎么会房间是这样呢？而且你看，他做每一个动作都是定的。"墨磨偏，心不端，字不敬，心先病"，写字，写字也是"长善"，现在孩子的字都很乱，而且都斜一边。我现在看学生很厉害，不是这样笔握正写字，都是这样斜斜写，而且那个纸还是歪一边的。我很佩服他们的笔怎么这么厉害，歪着写可以写正。所以要练毛笔字，要方方正正。"道也者，不可须臾离也"，每一个动作都在修养自己，包含写字也是一样。他写得歪，心先病；

他写得急，心先病。

后面还讲，"非圣书，屏勿视，蔽聪明，坏心志"，他懂得自我保护，保护自己的清净的心、善良的心，这一点太重要了！现在的孩子看多少染污的东西，他的整个思想统统被这些东西障碍，邪念一大堆，心定不下来，没办法读书。在彭鑫博士的演讲当中就有提到，一个都是名列前茅的孩子，因为看了色情的书，最后就摧残身体。本来是足球队的骨干，最后瘦骨如柴。二十五岁左右去找彭医师的时候，看起来像个老头子，因为他的整个肾脏功能完全就快毁掉了。所以教《弟子规》有可能救了孩子的一生。

孔子提醒我们："君子有三戒：少之时血气未定，戒之在色"，我们的民族假如再不醒觉，很可能被这个"色"字毁掉很多孩子的未来。孩子为什么会"玩物丧志，玩人丧德"？因为他从小责任、孝心没有起来，他没有正气，他没有人生的目标。他活一天过一天，所以"学贵立志"很重要。

我们这个民族，每一个人生出来都知道要光宗耀祖、光耀门楣。之前讲过我那天遇到一位苏老师，他是苏东坡大学士第二十八代孙，是苏武的第七十二代孙。一个人读到自己的家谱是这样，他不做忠臣，丢祖先的脸，是吧？人要寻根，要继承祖宗的德行。所以有一天，我看着《德育课本》，是蔡振绅先生编的，民国初年编的。他一开头就把我们蔡氏的先祖蔡仲给我们的教诲列在那里，我看了非常感动，然后就提到我们是周文王的后代。看完那一篇教诲，我觉得我走路也不一样了，不是走路有风，是觉得：连走路都不可以丢祖先的脸。周文王是"视民如伤"，仁爱心，那我们又从事教育工作，就要以这样的心来对待孩子，这个心是非常柔软的。

到2011年道德模范评选，有一个湖南的女士，叫许月华，从小父母双亡。在她12岁的时候，因为在火车边捡煤渣（生活很困苦），不小心被火车碾过，双脚截断，18岁送到了福利院。她的人生已经悲惨到极处了，结果她给领导说，她要照顾小孩。那个领导很吃惊，"你自己都照顾不了你自己，你还照顾谁？"结果她就这样，怎么走路？拿两个木凳，就这样练习用双臂走路。她走了三四十年，那个木凳都是很粗的木头做的，几十个木凳被她走断了。三十七年的时间照顾了一百三十八个孩子，是一百三十八个孩子的妈。后来单位要把她升为正式的公务员，她都拒绝，她没拿福利院一分工资，因为她说，"我被送到福利院，我就有家了，我感谢这个家，他们都是我的孩子"，所以她一分工资都不肯拿。

她讲到一点，她说送到福利院的孩子很多先天残障的，甚至颜面都比较不正常，有时候还常常控制不住会流口水。她在喂孩子吃饭，孩子的口水不经意流在她的手上，甚至抱的时候会流在她的脸上。她说当下我绝对不会去擦那个口水，因为孩子的心比较脆弱，他们先天有问题，又被家里人遗弃了，所以我都是能时时体恤他们的内心，跟他们非常亲。当时我都感觉，我们每一个教育界的人都要效法她，她那个心的柔软可以时时体恤到孩子。

所以我们为孩子的一生着想，我们就了解孩子现在要长什么善，要救什么失。现在孩子受到很多媒体、书籍染污的情况非常严重。所以彭鑫医师，从中医师的专业去谈健康，去防止色欲的光碟片，我们要有机会，放给孩子看。他懂了，他就不会误入歧途。

最后，"勿自暴，勿自弃，圣与贤，可驯致"，教导孩子要不断的砥励自己，要不断的给自己力量，不要气馁。而且还要学习《中庸》的精神，"人一能之，己百之"，人家一次会，没有关系，我们一百次，我们也会。"人十能之，己千之"，人家十次会，没有关系，我们做一千次。真有这样的决心、毅力，"果能此道矣，虽愚必明"，本来愚昧也会变得有智慧，"虽柔必强"，本来柔弱也会变得自立自强。

刚刚我们提到，孩子现在学习的动力在哪里？我们观察到，好像都是父母说："你考一百分，给你多少钱。"不知道我们现在全国各地的行情怎么样,可能在这里可以了解到十几个省的行情。假如是有教育敏感度,你就认知到什么?孩子是为了钱考试,还是为了责任感考试?那不就麻烦了。为什么麻烦?小学的时候考一科一百分,要五十块;上初中,他绑个白布条,"加薪",五十块不干了,要七十或八十,还要谈价钱。那初中要的又更多了,高中呢?那不是越要越多?有的大学考试先谈条件,"你要我考得好,你要答应我,考完试让我到德国去游学一个月。"那根本动力都是功利。

大家冷静,不是把他送进大学就完了,就成功了。送进大学,十几年的功夫你都用功利在推他,十几年之后他一进大学,请问有没有比钱更吸引他的?什么东西?女色、赌博、电动游戏。现在大学的附近,一大堆的旅馆,那代表什么?大学生堕落了,大学生在折自己人生的福报。而且还不是折小福,现在未成年堕胎、没有结婚堕胎的比例超过一半,这都是我们现阶段学生往后要面对的情况。所以你不从根本的孝心跟责任心上找,你不管推到哪里,终究会有问题产生。你推进大学了,他禁不起其他更吸引他的诱惑,就完了。你说,那他大学还是毕业,拿到毕业证了。又如何呢?多少大学生毕业以后,在家里关起来玩电脑,不愿意找工作,因为他没有责任心。那我们父母老师不就白忙一场?所以要抓根本。没有责任心的孩子工作不负责任,要操心;成立家庭了又不养孩子,统统都给老人去辛苦了。所以不"长善救失",不行。

我们刚刚跟大家说到,人生常常要把天平拿出来,自己夫妻不幸福,不要急着让女儿嫁。要怎么样?先让女儿学《弟子规》,学中华文化,她才懂得夫妻相处之道,是不是?对啊,现在有父母说,我女儿脾气太大了,赶快把她嫁出去。这样是很没有职业道德的。父母是很神圣的职业,他是要为天下培养好的人。所以,父母、老师要想着如何夫妻和乐,给后代一个好榜样。

再来,我们刚刚问自己,我们的人生快乐吗?那我们人生如何能变得快乐，不要让我们的孩子走我们的冤枉路。我就感觉，我在整个求学过程当中，这个心偏掉了。比方说，同学成绩考得很差，我一看他的分数，挺高兴的，这叫幸灾乐祸。这样还不够，要拿着自己的考卷，走到他的面前，然后晃两下，"哎呀，我也没怎么读书，不小心就考得比你还高。"这叫落井下石，造孽。看同学考得比我好，心里想，有什么了不起，运气好而已。虽然心里这么想，还要装一下，"啊呀恭喜，考得不错。"这叫虚伪，心口不一。人一虚伪，处处都在折自己的福，福田靠心耕，跟真心相违背就在折福。所以大家看我长那么瘦，不是偶然的，这个是前二三十年种下来的恶因，结的恶果。所以我现在要很努力的积德行善，说不定再过十年，我也会白白胖胖。我们从这些自己人生的体会，这些心境偏颇以后，折磨自己。不好的心态一起来，伤自己的身心，又折自己的福，对别人又没利益。

一个人的成长，是需要父母陪伴的，是需要老师陪伴的，是需要父母、老师常常掌握非常重要的机会教育点。发考卷的时候就是非常好的机会教育点。今天，面对考得好的孩子，他的心在"考好"这件事情上应该往哪里引导？首先，感恩心。父母的养育，这么多科任老师的教导，还有很多同学热心的帮助你，所以你要常怀感恩的心。他每一次成绩好，就想着谁帮助了我，他也懂得谦虚，"都是某某人的功劳，不是我的功劳。"我们上一次去斯里兰卡，那个总统，人家要拿他的照片做胸章，他说你们可不可以拿我父母照片做胸章？他就念着，有父母才有他，他不敢居功。

我们古人懂，在《中庸》里面讲，"父为士，子为大夫"，父亲是一般的读书人，孩子是中央级的干部，父亲死的时候用读书人的礼来葬他，但是以后每一年都用大夫的礼祭祀他的父亲。为什么？告诉天下的人，这位离去的人为世间留下来一位栋梁之才，每一年祭祀都不忘他的恩德。所以我们中华民族的特色，其中就是"知恩报恩，饮水思源"。那孩子考试的时候就可以这样教育，提起他的仁爱心。同学不会的，他主动去帮助。当然老师要以身作则，老师也非常主动去帮助别人。诸位校长老师，我们的一言一行，孩子看在眼里。我自己没有发现，每次带着班级，我们看到同事，鞠躬，很热情的跟他们问好。半年过去了，才发现，人家都说，"你班上的学生挺有礼貌的。"原来我们在那鞠躬，慢慢孩子看在眼里，也都对这些老师很恭敬。然后我们这几个老师感情越来越好，我们这几个班的感情也越来越好。所以老师的影响很大。那老师假如主动的去帮助这些成绩比较差的孩子，老师就把仁爱演出来，小孩子心地清净，特别能感受，他马上能感觉老师的爱心，就带动了成绩好的孩子去帮助成绩不好的孩子。

我记得我们一位老师，他就说，他的老师非常有爱心，放假了还把成绩不好的孩子叫到家里辅导，还在家里吃饭。他是成绩好的，他去凑热闹，因为喜欢亲近老师。一个老师的爱心，唤醒多少孩子的爱心。相反的，一个老师假如分别心、大小眼，成绩好的就特别疼爱，成绩不好的把他放后面去放弃，全班的学生统统都心态偏颇。这麻烦了，误人子弟。成绩好的人越来越傲慢，成绩不好的人自卑，甚至什么？恨老师。恨老师之后变什么？反社会情绪。

一个人最尊重的是父母跟老师，当父母跟老师做出伤害他的事情，他是最痛苦的，最后他的心就扭曲掉了，才会有反社会行为。一个人爱父母又尊重老师，决定不可能成为反社会行为的人。我们只看到这些孩子在那里发泄，一把火把几台摩托车烧掉了，觉得他很可恶，可是这是本来天真的孩子，为什么变成这样？不值得我们家庭教育、学校教育、社会教育来反省吗？所以，老师带动仁爱心。

你看，老师又告诉孩子："诸位孩子，天地间有一个真理非常可贵，就是'财布施得财富'。历史当中有一个人叫陶朱公，他是财神，这个故事讲过了吧？"讲过了，当底下的学生没有反应，你不要难过，因为科学家说，要讲二十一遍才记得住。所以大家没反应只是提醒我们，还没有二十一次而已。其实难不难过不在外面的问题，是我们的心态有没有调整。所以不是风动，也不是幡动，是我们自己的心动了，才是根本的问题。有修养的人面对极恶劣之人，他还是能包容；没有修养的人，处处都看人家不顺眼。所以不是外面的问题，是自己心的问题。包含成绩好的，你要让他用平常心去面对考试，不然得失心会很严重。

刚刚讲到，我们老师告诉他，"财布施得财富"，还举历史故事。"法布施得聪明智慧"，法是什么？你会做的题目、你的好的经验、你学到的经句，尽心尽力去帮助别人，你的智慧会越来越高。但是坦白讲，每一个老师讲这个道理的时候，学生听的效果不一定一样。为什么？跟老师做到的程度有关。你做到百分之百，你讲出来，学生非常能感觉得到；我们边讲心里还怀疑，那个力道就差一点。

像我在补习班，我大学毕业以后，因为要考教师资格证，还要念一年的书，那考试也不好考，一百个人差不多考七八个人而已，还是很挑战的，但是我不怕。为什么？因为一年考不到，两年；两年考不到，三年；三年考不到，四年。反正我是不回头了，这个教育的事业我走到底了，所以我不怕，总有一天会让我考上。再来，绝大部分的人都有男女朋友，我没有，我专心，这就是我的优势。再来还有一点他们不懂，我有老祖宗保佑。因为我是要从事教育工作，要弘扬中华文化，所以祖先会保佑，我很顺利，四个多月就考上了。所以真的，老子讲，"天道无亲，常与善人"。因为我们才一点点善，老祖先的回应就非常非常的明显，所以也是给我们鼓励，怕我们这一点点的善心给灭掉了。

再来，无畏布施得健康长寿。你去爱护生命，"仁者寿"，你就会长寿。因为你每一个爱护人、爱护生命的念头，首先你的身心都在太和之气中。还可以跟他们讲，"生命的答案水知道"，你一个善的念头，你身体里面百分之七十的水都结晶得非常漂亮，哪有你不健康的道理？

当我们没有抓住这个教育点，成绩好的孩子会出现傲慢，不懂得谦

117

卑；傲慢以后，会幸灾乐祸；再来，得失心会越来越重。重到什么程度？我曾经听过一位硕士生，现在是在大学教书，他说他从小学到大学毕业都是第一名。后来读研究所，那是各方英雄汇集，他的成绩一下跌到中间。他说他考完试，走在走廊上太郁闷了，都有想往下跳的冲动。这是我亲自遇到的一位大学老师讲的。但是他每一次有这个冲动，就想到他妈跟他奶奶。什么救了他？孝。多少人就是因为有这个孝，他不会寻短见，他不会贪赃枉法。

广东湛江走私案非常严重，其中有一位官员，他也是多次的挣扎，真的快控制不住了，最后有一个念头制止他。因为他的父亲是小学老师，特别重视名节。假如他真的贪污了，这件事情东窗事发，他的父亲会生不如死，就是他亲手杀了他父亲，最后他不敢。他本来还打算盘，反正我进去蹲几年，我孩子的大学学费都有了。坦白讲，这个算盘打得对不对？不对。第一，公务员领的都是十几亿人的纳税钱、血汗钱，都是民脂民膏。这么一贪，这是造大罪业，"积不善之家，必有余殃"，会殃及子孙，所以这个算盘打的是错的。横财必感横祸，这在经典里面都有讲到。所以孝让他逃过了一个大劫。当时他就说，我现在中秋节、春节，都可以跟我的父母和和乐乐，兄弟姐妹一起团圆，都亏了这个孝道才有今天，不然他就已经在监狱里面了。

所以这位大学老师他给我们一个启示，成绩很好的孩子很可能心理不健康，就是这个得失，所以要让他转成平常心。考试是让我们去反思自己的学习状态，调整种种态度。你调整了这些态度，陪你一辈子，你的学业会越来越好，你以后做事，事业也会越来越好。

再来，成绩好了还有一个严重的问题，会嫉妒别人。因为他希望自己好，别人比他好，他就不高兴。一个人有嫉妒心，一生他再有钱、再有地位，也不是幸福的人。所以这个时候，要让他转嫉妒的心成为见贤思齐的心，"见人善，即思齐"，这样的人生是天壤之别。见贤思齐者，每一天"德日进，过日少"，因为他随时在吸收别人的优点；但是嫉妒的人时时在跟人对立，在算计别人，这个人迟早是没有福报的人。所以当时我读到《朱子治家格言》讲，"人有喜庆，不可生嫉妒心"，人家考得好，要恭喜人家，要效法人家的优点；"人有祸患，不可生喜幸心"，人家考得不好，你要安慰他，你还在那里高兴，"哎呀，太好了，他考得比我差。"

那考不好的，我们如何让他的心态正确？这就是长善救失，让他懂得自我反省，自我检讨。我是粗心了？还是临时抱佛脚了呢？粗心就是不专注，《弟子规》上"心眼口，信皆要"没有做到。我是不是临时抱佛脚？因为没有"宽为限，紧用功，工夫到，滞塞通"。我是不是上课不够专心？我是不是没有主动请教老师？"心有疑，随札记"。那这一次考试就让他反思了这些问题所在，然后把它改正。这几个问题一改正，伴随着他一生这个态度，不得了啊！

所以一个人怎么改变命运？从小就教孩子，"你是可以改变命运的。"举一个例子给他听，了凡先生，延寿二十一年，没有孩子变有孩子，没有福报、没有功名，最后成为一个很大县的县长，这都可以给他们信心。改掉坏习惯，"改习为立命之基"。

我们感觉云谷禅师是引导了凡先生改造命运的高人，而且云谷禅师在讲话的过程，那具备了教育者高度的智慧跟方法。您看他跟了凡先生娓娓道来，就像《礼记》里面讲的，"道而弗牵"，引导他，让他很自然的，引他入胜，引人入胜；"强而弗抑"，"强"就是鼓励他，不要打压他，一直在鼓励他，"血肉之身，尚然有数；义理之身，岂不能格天？"在鼓励他，"你一定做得到的！"再来，"开而弗达"，"开"是什么？启发他，让他去思考，不要把他的悟门给堵塞。假如我们都是填鸭，一直压压压，到时候这个孩子不会思考、不会感悟。您看云谷禅师怎么启发他？了凡先生说我命中没有儿子，我命中考不上举人，考不上功名。云谷禅师问他，那你自己想一想，你觉得你应该考上功名吗？应该有儿子吗？这么一反问，就启发他反省。"余追省良久"，我想了很久，自己说，不应该。然后马上讲出来，我为什么考不上功名。考上功名的人都是有福报的人，我先天福薄，又不懂得积功累德；然后脾气又大，又常骂人。他自己讲出来了。这不就是"开而弗达"，启发他，让他自己反省。那整个反省，袁了凡先生完全清楚自己的问题，他就开始改过，他的命就转了。所以这个对话也值得我们教育界的人去感受，他真的是一个非常好的老师。

学生自我反省、自我检讨，又形成一个态度，"宁为成功找方法"。我下次怎么考得更好，你陪着孩子思考，整班一起反思。然后，提升他的志气：没关系，"人一能之，己百之；人十能之，己千之"。然后又提醒他，你可以主动请教老师，你可以观察成绩好的同学，人家是怎么听课的，人家是怎么样用功的，他这个"见贤思齐"就学到了。这个是当学生考不好，你懂得引导他。当学生考不好而没有引导，这时候会出现什么？他会自我沮丧，自我放弃，得过且过；对他人，变成嫉妒别人，就不好了。所以我们看，从他一生去看，要长善、长孝心跟责任心；从一次考试也要长善救失；从每一件事，学生打架了，你也要长善救失；学生有好的表现了，要长善救失。为什么？"相观而善"，"道人善，即是善，人知之，愈思勉"。老师是学生的榜样，班级里面表现好的学生，也是全班的好榜样，那个见贤思齐的态度就变成你整个班的班风了。

从一开始，我们谈到教学，教师对于教学，他的目标是"为天下得人"、"长善救失"，这是他的目标，决定不是只是为了薪水而已，所以老师才值得人家尊重。假如不为这些而为了薪水，那跟一般商人有什么两样？甚至于坦白讲，现在的商人，都比我们有教育使命的大有人在。我最近听到一句话说，学校变企业了，企业变学校了。为什么学校变企业？现在很多研究所的学生，叫他的教授叫"老板"，那不变企业了？但现在很多企业，他们很有社会责任，他们把自己的工厂拿出来，办伦理道德教育。那不是企业变学校？所以，现在这么多的企业家被尊重，也不是偶然的。那我们从事教育不被人家尊重，我们也不能去骂别人，我们要自重、自爱，我们要承传几千年的知识分子的精神，还有师道的精神。

学习者，他也要"长善救失"。学生的目标，我们第一个谈目标，他也是要成就自己的德行，也要"长善救失"，而且"读书志在圣贤"，他不断提升自己，目标要成为圣贤人。现在读书志在什么？（答：赚钱。）那这个偏了。他从要去为家庭社会尽道义，变成利欲了，那他走的就是会遇到很多身心、家庭种种问题的人生路。为什么我们一开始要跟大家分析，所有问题的根源就是人的价值观往利欲走，最后就是这个结果。

而且学生的目标是要开智慧，《大学》里面讲，"知止而后有定，定而后能静，静而后能安，安而后能虑，虑而后能得"。所以学习传统文化是越来越有智慧。止，止于我要做圣贤，"止于至善"，这是人生的目标。止住了，方向很确定，你不会心猿意马，你走的每一步都往这个方向。所以你立定了志向，很清楚，心不会妄动，就静下来了。假如追求物欲的人，今天要这个，明天要那个，静不下来。静下来之后，面对一切的顺境、逆境，他都觉得是来提升自己、磨炼自己的，他能安住在一切的考验。他遇到逆境了，他会想到什么？"天将降大任于斯人也"，老天爷太看得起我了，他会越挫越勇。他有这样的态度，所以他不会被环境影响，顺逆皆安住，安祥。人一安定下来，"因戒得定"，刚刚我们讲的，"君子有三戒"，就是一些做人的规矩，他有规矩了，"无规矩不成方圆"，一有规矩，他的心是定的，他知道随时应该怎么做人做事。因戒就得定，他不会被财色名食所诱惑，他"富贵不能淫，贫贱不能移，威武不能屈"。人定到一定的程度，最后他本有的明德恢复了，就开智慧。

我们中国有一个名人，六祖惠能大师，他最后开悟了，他一开口就是经典，这些都是例子。包含民国初年，王善人老先生，东北人应该很熟悉他，他弘扬中华文化，尤其是女德。他老人家不识字，但是他孝悌做到极处，他守规矩，时时念念就只有父母兄弟，定，不会被外在的物欲所诱惑，最后他无私无我，就为了要去救一个好人，智慧现前，就开始讲《大学》、《中庸》了。你看我们现在的孩子一点定性都没有，处理事情都是意气用事，没有智慧。所以学习的目标是要开智慧。那话又说回来了，我们校长、老师们自己学了以后，智慧越来越高，身边的同事跟学生就羡慕，自自然然就跟上来学。

再来，我们第二个教学的基础，是教他学做人，教他人伦，教他天伦。而在人伦关系当中，依八德去处事待人接物。所以"人无伦外之人"，每一个人不可能离开这五伦关系，父子、夫妇、兄弟、君臣、朋友。他把这五种关系和谐相处了，他是幸福的，他一定是有作为的人。但现在没有这个教做人的基础的话，很可能会在这个功利社会变成基础是什么？功利。所以教出来的人都很功利，都首先想自己。大家假如去调查，每一个从大学毕业出来的学生，请问他先想的是什么事情？他会不会想，太好了，我22岁了，终于让我有机会回报国家、回报父母了。教人伦为基础的是这样。现在都怎么想？赶快赚到一百万，我要好好痛痛快快的享受人生。那就变成功利了。所以这个都是我们要很清楚，教育的基础要建立在哪儿，教育的目标。

教育的内容：伦理、道德、因果教育。这个八德，今天时间不够了。诸位校长、诸位教育界的同道，我后面还有"振兴师道"、"自我教育的重要性"，还有"教师的好榜样——至圣先师孔子"，这三个主题，我今天回马来西亚，我会在那边就这三个主题跟大家做分享交流，把它录像下来，再传到我们居美馨，到时候提供给大家做参考。因为《弟子规》说，"凡出言，信为先"。我已经说要讲这个主题了，到时候都还没有讲，就很对不起大家。

那我们刚刚谈的第三个重点，教育的内容，就是这些重点。伦理、道德，让人耻于作恶；因果教育，种善因得善果，种恶因得恶报，让人不敢作恶，尤其行孝、行善不能等。那这个是正确的教育内容，我们本末要抓准，不能做人没有教，变成教知识而已，那这个就本末倒置。"德才兼备"，有德了，他所学的才能、知识为他的德所用。你只是会知识、有才华，没有德，很可能在家不孝父母，在单位反而会忤逆领导人。所以我们成语说"德才兼备"，没有说"才德兼备"的。

其实大家都做过领导人，我想我们讲一句领导方面的一个体会，可能大家都有感受，"良好的个性胜过卓越的才华"。你们自己在带这么多的干部，有没有遇过才能确实很高、脾气很大、很傲慢、跟人家很难配合，每一次都还得校长去跟他沟通老半天，虽有才华，弄得大家一个头两个大。良好的个性，他对人都有恭敬，会替人设想，哪怕能力还不算很高，他肯学，他慢慢会提升起来。可是一个人有才华，傲慢了，他要改掉傲慢比要他命还难，除非他真正明理，但明理有过程。

这个是内容。再来，精神，教育的精神，第四个重点。教育的精神，"因材施教"，"行行出状元"，而不是只有一个窄门，只有考试才是出路。首先我们老师要清楚，怎么"因材施教"、"行行出状元"，变成什么？考试机器。考试机器毕业了，变什么？工作机器，不会生活，不会夫妻相处。现在社会是"高学历高离婚率"。我曾经看过那个报纸是这样写的。他一聊他的专业研究，一讲讲不完，可是不会跟另一半沟通，不会跟别人沟通，那他的人生还是会很痛苦。所以考试机器，他的悟性会被堵住。但是你假如是从德行去教他，他的悟性会越来越高，而且他以后的才能越高，他越能服务好他人。我看2011年道德模范，有一位孔子的后代，他那个创造发明都是破纪录的，他很聪明，专业能力用得很好。更重要是什么？他有服务人的德行。现在人去设计杀人游戏，有没有创造能力？有，可是他贻害了多少孩子？他不懂得这个东西是害人。

再来，教育的精神还有一个非常重要，"有教无类"。面对每个孩子，都相信他们有本善，不差别待遇，一差别待遇，所有的孩子都生病了。而且教育是成就人，教育绝不是放弃人。但是我们教育工作者假如不能坚持

"有教无类"，可能整个社会风气我们也染上了，变成放弃人了。考不好成绩的孩子就放弃他，那像我的话就被放弃了，你们要可怜可怜我。我以前成绩也不怎么样，所以我是属于"大只鸡慢啼"。

孩子都有明德，都会开窍，早晚不同，所以我们有这个信心。而相信学生要建立在哪一个基础上？"欲爱人者先自爱"，欲信任人者要什么？你要首先信任你自己，你每天跟自己相处，你都不信任自己，你还信任谁？随时你的信任都会变化。请问诸位校长、老师，你们有没有信心？有。现在有信心还是随时有信心？随时。请受我一拜。以前我是很没信心的人，所以我才会去问别人：你觉得我这个人怎么样？没信心才会问这个。其实对一个人身心最大的伤害，就是没信心。往往再难的事，只要你有信心，"天下无难事，只怕有心人"，"精诚所至，金石为开"。但是只要没信心，再简单的事都会兵败如山倒。所以人只要起个念头，"我不行，我不能，我这个人就是这样"，真的就一直退，兵败如山倒。

要建立信心，而这个信心绝定不能建立在随时变化的基础上。比方说，我的信心是建立在别人对我的看法，那他的信心会不会没了？今天这个人说他好，明天那个人说他不好，他不就像消了气的皮球了吗？所以信心不应该建立在这里。甚至于同一个人，今天说你好，明天会不会说你不好？那你不就没信心了吗？信心不是建立在别人对我们的看法上，信心也不是建立在外在的条件上。比方说，像我有一阵子很没信心，因为我在初中的时候才一百五十几公分，跟我们班女同学一比，她们都比我高，每一次都把我压下去，我就没信心了。所以信心绝对不是建立在外在的物质跟条件上，不然也随时没信心了。比方说，你说，哎呀，你看我乌黑的头发多漂亮，结果明年两根白头发，你就哭三天，你就没信心了。

所以信心建立在哪儿？真理，宇宙人生的真相上。每一个人都有本善，都有明德，你的信心就不会动摇。其实我在明白这个真相以后，我从来没有否定自己过，我不跟自己打仗了。所以只想着什么？我怎么样去提升自己，我就不再怀疑自己了。因为有这个信心，我才敢跟大家分享传统文化，不然我高中的时候国文全班倒数第二名，四十四分。诸位校长，诸位教育界的同仁，你们没有一个人考过这种成绩吧？我大学联考中文不及格。但是因为知道老祖先决定不会骗人，所以我不会再否定自己，然后看怎么样想办法。所以我师长教我"至诚感通"，你用诚心去读经，你用诚心去分享，如有神助，不要害怕。我知道经典不骗人，师长不骗人，就有信心，就有勇气，慢慢的潜力就发挥出来了。

今天这节课就分享到这里。最后，也祝福诸位校长、诸位教育界的同仁，身体健康，很重要。身体健康是革命的本钱，我们中华文化的复兴要靠大家。所以第一个，身体要健康，尤其校长，自己带头身体健康，然后关怀好同仁的健康。第二，也祝大家家庭和乐，家道都能承传两千五百年不衰，因为你们有孔子做最好的榜样。好，谢谢大家！

第七讲 师道尊严(一):教师的重要性

尊敬的诸位长辈、诸位教育界的同道、诸位学长,大家上午好!

好久不见,刚好七月初回到祖国大陆一趟。很巧,刚好我们大陆教育部底下有个教育课题,跟我们南京居美馨合办,做暑期校长的培训。有一百多个校长跟幼儿园的园长参与了四天的课程,让自己确实颇多感触,觉得人生的因缘都是自己的心感召,尤其,假如我们这念心是想要利益他人,确实会很感应。所谓"人有善愿,天必从之",老子也说,"天道无亲,常与善人"。而且在这个大时代,我们有一点善心,就得到圣贤祖宗很大的护佑,不只护佑我们,甚至于连我们的家人都得到很好的护佑。这是这么多年来,在我们自己同仁他的身上以及家庭可以感受得到的。

海口算我开始分享传统文化的第一站。在海口待了一年,后来到北京又待了一年,到庐江待了三年,到马来西亚待了五年。那一年也很感激当地老百姓的支持、信任,让自己还有我们的同仁有很好的学习机会得以成长,所以这一方百姓对我们都很有恩德。

后来,我有机会在台湾到监狱去分享传统文化课程,给我很大的震撼。到女子监狱去,当时这些同学们(在台湾称服刑人称同学),这些同学们给我心灵很大的震撼在哪?她们听课两个小时目不转睛,没有一个人分心。为什么对我震撼很大?因为我是小学老师。假如她们的小学老师,有把老祖宗的伦理道德教给她们,她们今天会不会在这里?是啊,那我们有失职之处啊。当然我也勉励她们，我说你们今天两个小时目不转睛，你们以后都用这样的态度学习，你们不成圣贤都难，"勿自暴，勿自弃；圣与贤，可驯致"。

所以自己对于监狱里面的这些同学，我就觉得非常疼惜，在她们身上看到了"人之初，性本善"。但是又想起了师长说的，"人生总在遇缘不同"。所以这个世间只有可怜的人，没有可恶的人。为什么？从一个人不好的行为，我们不要执着在他这个当前的行为，我们往前看，他都是失了教育，失了家庭教育、失了学校教育，失了父母对他的爱，失了老师、失了社会对他的爱，他才会变成这样，所以他是可怜的人；从他的未来去看，他继续这样造作罪业，他往后是万劫不复，他也是可怜的人。

所以我们修学的人有前后眼，不会执着在他的一句话或一个行为就跟他对立，对他批判、对他严厉的惩罚，这个不是一个修身的人应该有的态度。修身的人不执着这个相，应该找原因、找根源。所以"仁者无敌"，仁慈的人会为他设想，怜悯他的过去，然后尽力帮助他的未来。所以当下感受到这些监狱里的同学们都是这么善良，自己也想以后有机会能不能多跟他们结这个传统文化的缘。后来海口就开始"传统文化进监狱"，我也刚好有机会参与，我们整个海口孝廉的团队，包含庐江的团队都一起配合了这个课程。所以人有这个心愿，真的都会实现，所以跟诸位共勉，要常常发心，见义勇为。

你说，我现在能力不够啊。首先你发这一念心，那个念力非常好，说不定你这个念力就可以触动有能力的人，你讲出来，有能力的人被你感动。就像白方礼老先生，他感动了多少人出来奉献。可是你看，他有钱吗？他有比我们好的体力吗？他任何的条件都不如我们，可是他是倾其所有的付出，他的真诚感动了有缘的人，一起为下一代的教育奉献，所以都不要小看自己的一个心念。

2005年，我住在北京，当时跟多所大学进行传统文化的分享。北大、清华、农业大学、地质大学，我在那里刚好有分享一个学期的课程。这些大学生也给我很大的震动，他们学习非常认真。我记得在地质大学分享的时候，他们那个专注让我震动，都可以感觉到两句话中间那个停顿，假如有根针掉下来都可以听到响声，这样的好学。所以我就起个念头，大学生这么肯学，更多的老师，更多的企业家、成功人士，赶快跟他们分享传统文化。我见人就讲，比方企业家学传统文化，"你们是成功人士代表，你们赶紧去大学讲。"

结果我这次要飞回马来西亚，路经广州机场，刚好机场的报纸就写了，广东的中山大学（中山大学在广东省是最好的学校）规定，每个大一新生，进校以前要做三十个小时的义工，还有进校以前要学习《弟子规》。学校现在也很重视传统文化。去年的十月，山西大同大学他们对大一新生进行为期七天左右的传统文化培训。他们已经做第五年了，从2009年开始做起。刚好去年他们把它全程录像，李越老师跟我都有去参与。结果录像下来，他们说到，现在在不少大学，学校拿这套光碟在给学生做传统文化的培训。我听了很欢喜，当时的心愿又能有发展。所以人发心很好，都能满我们的愿。

那这次到南京去，也是因为我之前有起过这样的心愿。因为我的父母都是师范学院毕业，台南师范学院。我当时考上了，跟我爸爸妈妈开个玩笑，说我今天考上了，我升级了。升什么级呢？变成我爸爸妈妈的学弟了。刚好我们这个家族里面，超过一半都在学校服务，所以就觉得自己对教育界有一份责任。但是自己十年前就从教育界退下来了，走分享传统文化的路。结果这次本来是要去北京，后来因缘变化去了南京，刚好参与了这个课程，也满了我的一个心愿。这个课程他们也是全程录像，因为这个课题组他们录像之后，在他们底下的学校都要以这套光碟去做学习，所以就倍感珍惜这个缘分。我跟这一百多个校长、幼儿园园长分享的题目是"做孩子一生的贵人"。我看到这一百多个教育界的同道，这个"同道"

是我在马来西亚学的，我觉得这个名词太好了，赶快拿回祖国去。同道中人，同样的目标、同样的方向、同样的使命，就是要振兴师道、振兴中华文化、恢复知识分子的气节。知识分子在古代最受尊重，士农工商。社会为什么尊重知识分子？因为知识分子以天下的兴亡为己任，所以值得人尊重。

而看到这些教育界的同道，我不止看到了一百多个人，我估计了一下，最少一二十万人。因为一百多个校长，有的学校上千人的学生，而且他们眼前就有一二十万，他们往后的教育岁月还有十年，还有二十年。请问大家，受他们影响的学生、家庭会有多少？不少哦。为什么说"影响的学生跟家庭"？这句话非常重要，因为我们都非常清楚，请问教父母重要，还是教小孩重要？父母，他才能身教，他才能跟老师很好的亲师配合，把学生教好。他不懂，跟老师唱反调，不适得其反？

而教育界的同仁懂教育、懂传统文化的教育，可是现在整个华人社会，传统文化断了两三代人的承传，纵使家庭里有影响，都没有经典的教授了，只是一种身教的影响，慢慢慢慢到我们这一代，几乎身教都很难了，因为不懂了。所以要力挽狂澜，必须从懂教育的人去承担。小学老师、学校老师、幼儿园老师都是懂教育的，那我们应该责无旁贷。假如下一代没有教好，我们的社会就没有未来了！"天下兴亡，匹夫有责"，更何况是领着纳税人钱的教育界同道。我们领纳税人的钱，我们为国家、民族负责，我们为下一代有没有人才负责任，所以才称老师是人类灵魂的工程师，下一代的人类有没有灵魂，这是老师的天职。

这四天当中讲了四个重点。第一，针对"做孩子一生的贵人"，解释这个讲题。我们对讲题体悟得更深，对接下来吸收的心态就越好、越相应。比方我曾经在海口，有个太太走进来，刚好很巧，我们在海口2004年7月份办了第一次的"幸福人生讲座"，五天的培训，她没有报名，她可能刚好经过就走进教室。教室摆了一本《教师手册》，她一打开来看到学《弟子规》，她说："噢，《弟子规》，小孩学的。"盖起来就出去了。她对"弟子规"三个字，她只用表面去理解。

什么是"弟子"？在家是父母的弟子；在学校是老师的弟子；在社会是领导的弟子，各行各业你也要拜师父学习；在整个民族，我们是祖先跟圣贤人的弟子。那这个"弟子"就很广了，你要是好弟子，你才能吸收父母、老师、领导跟祖先的智慧跟经验。谁不应该学？不学《弟子规》就不具备弟子的态度，就不可能承传父母、老师、领导、祖先的智慧，那他不听老人言，他就吃亏在眼前，所以不学《弟子规》的人铁定吃亏。她假如知道不学吃亏，那她就不会走了。所以解释这个题目是第一个重点。

"做孩子一生的贵人"，请问什么时候开始做？谁来做？如何做？要做到什么程度？这个都非常值得思考，我们都把它想清楚了，那学起来不一样。为什么？搞明白了就知道，这句句对我都很重要，不是讲给别人听的。什么时候开始做？（现在）。当下做，为什么？我们随时在影响自己，也在影响身边的人。"学如逆水行舟，不进则退"，这是自爱，你不马上做就不自爱。第二，爱人，我们自己都做错了，怎么去做人家的贵人？所以当下就要做，就要有这种责任感，这才是真正对得起我们生命当中的家人、朋友、学生，对得起我们生命当中的有缘人，这叫道义人生。

谁来做？君、亲、师都要做。君，领导者；亲，长辈、父母、家人；师，老师，这三个重要的角色。再延伸开来，每个人都要做，因为我们对社会有责任，我们做了，社会风气就因为我们而改善，看到的人都感动，这是我们的责任，是我们每个地球人、每个华人、每个国人的责任。所以每个人都应该做，尤其君亲师这三个角色。

如何做？要做孩子的贵人，首先要做谁的贵人？要做自己啊。自己都不自爱，怎么爱人？自己都不自助，怎么助人？所以必须先身修而后家齐，得先正己才能化人。所以怎么做？君子务本，先从格物，先从修身开始做起。我们要做孩子的贵人，我们要先深入圣贤教诲，我们先要做个圣贤的好弟子，我们才可以做人家的贵人。我们不是一个好弟子，怎么成为一个好老师？

做到什么程度？其实真诚心去做就是圆满。"再给我三年，再给我五年，我一定要怎么样"，其实，至诚感通。白方礼老先生又没有多高的学历，也没有多少地位、财富，他就是凭着一个真心。所以"岂能尽如人意，但求无愧我心"，全力去做，就是圆满的功德。当然有一份期许，不断鞭策自己勇猛精进更好。这个是"做"。

"孩子"，孩子指的是谁呢？我们要从传统文化的经典当中，学到振兴师道的智慧。我们面对"孩子"两个字，难道只是考虑我的孩子吗？还是考虑到我的学生？还是考虑到整个民族的下一代？还是放眼到全天下的孩子？其实我们冷静看一看，现在全世界最大的问题，就是青少年犯罪率节节攀升。假如教育的方法对了，为什么培养不出人才？所以《养正遗规》讲道，"天下有真教术，斯有真人才"，要有正确的教育方法，才能够出真正的人才。

这个时代，中华民族丧失民族自信心。我们拥有五千年教育的智慧、理念，五千年的方法、经验，五千年的效果，代代都出圣贤，光是清朝都出了不少圣贤人。为什么到我们这几代，现在连出孝子都很困难？因为外国的月亮比较圆。可是整个外国社会，现在的教育偏重什么？知识跟技能，把根本的道德伦理不够重视，舍本逐末。德者本也，财者、知识，末也，那本末倒置，怎么可能成就得了很多的栋梁之才？但是你现在有这样正确的认知，人家也不一定相信你，所以必须做出榜样出来，做出好的效果出来才行。

东北吉林松花江中学，他们重视伦理道德，在吕杰校长、王琦老师他们全心的投入之下，影响非常非常多的学校。我想，去参观过他们学校的学校应该有几百间。现在我们马来西亚华小，兴华华小几所华小都在做样板，也有不少学校到他们学校去参观，这在这个时代非常重要。所以对于传统文化复兴贡献最大的，就是做出榜样的人，做出榜样的学校、家庭、单位，这个最可贵。因为他们做好了，就给所有学习或还有没有学习的人坚定的信心，不会人家几句话他就漏气、泄气了。"信为道元功德母"，信心太重要了。

我们现在汉学院的使命很重要，要办一条龙的学校。这是完全依照老祖宗传统文化来教育子弟，从4岁开始培养起，读一二十年的书。我们看古代，18岁可以做县长了，现在18岁可以干什么？可以听话就不错了，还做县长？所以假如能够依照老祖宗教诲，把这个一条龙的实验做出来，帮助的"孩子"是什么？让全世界的人对中华文化都有信心。

所以我们以胸怀天下的人，还有他们的下一代，这样的心量来学习传统文化当中的师道，我想吸收是不一样的。同样读一篇经文，同样学一部经，每个人的学习效果一不一样？决定不一样。不是经典的影响，不是上课老师的影响，而是每个人的心量，跟心量成正比。打个比喻大家就很容易理解。上天下雨，在我们吉隆坡下一场雨，老天爷有没有说，某某地区每天给我上香，那个地方多下一点；某个地方都没有给我上香，下少一点。没有，老天爷是公平的。而这场甘露下下来，草吸收了，大树也吸收了，吸收的量一不一样？不一样。小树吸了几滴，大树盘根错节，可能不知道吸了多少公升水都不止。所以不是上天决定的，谁决定的？这些万物它自己决定的。那树越大，代表我们心量越大，吸收的就越多。所以不要羡慕别人的学习效果比我们好，要从根本找。

这次到大陆去，听到一个名词，听说已经流行很久了，我第一次听到，叫"羡慕嫉妒恨"，有这个词，我们马来西亚的华人好像没听过。这五个字挺有意思的，表现出人的心理变化。羡慕，一开始羡慕，慢慢羡慕久了，变什么？"哼，有什么了不起！"嫉妒。嫉妒再严重，恨了，采取行动找他麻烦。横批："没学过弟子规"。为什么？"见人善，即思齐"，他就不会往这里发展了。所以圣贤教育很重要，为什么？因为这五个字大家都在讲，讲到最后变什么？这种心理反应叫正常，其实它是不正常。应该叫"羡慕效法学习"，然后"契入"，这样才对。所以上天是公平的，看我们自己的心量，所以量大不止福大，量大智慧提升得也快，因为他吸收得快。

"做孩子一生的贵人"，怎么才做得了他"一生"的贵人？父母、老师、领导者，他的着眼是什么？不是他眼前的成绩、分数跟学历而已，是着眼在成就他一辈子最重要的做人做事的态度。要有这种眼光，最好是有范仲淹的眼光。范公在他家门前种了两颗松树，叫君子树，他很有信心自己传承的家道，他说"清荫大庇"，就是他这棵树的树荫，可以庇荫后代，"期与千年"，我千年以后的子孙还受到我的庇荫，还依照我的教诲在做。确实，范公的后代现在非常优秀，已经八九百年了。

人要发愿，对自己的家庭、后代子孙要发愿。范公是个好榜样，他不止看一生，他看千年。孔老夫子的后代两千五百多年了。为什么能有这么大的福报？"大道之行也，天下为公"，"祖述尧舜，宪章文武"，整个道统由他老人家传承下来，那利益的中华儿女没法计算。哪个圣贤、哪个中华儿女懂得做人的道理，不是受孔子的福荫呢？所以这"一生"，我们就要问自己：我们为人父母、为人师，我们的眼光深不深远，能不能高瞻远瞩？

"一生的贵人"，这个"贵"，贵在哪？贵在念念为学生的一生、为他的后代子孙着想，这太值得人尊重，这才叫贵。"知足者富"，"人敬"，人家打从内心尊敬你，这才叫尊贵的人。不是你很有地位，人家在你的面前恭恭敬敬的，你一离开，对你颇多怨言，做这种贵人也没什么意思。这是就这个题目跟大家的交流。

第二个重点，跟所有教育界的同道期勉生命的意义，"人生自古谁无死，留取丹心照汗青"。我们古圣先贤教给我们，"大学之道，在明明德，在亲民，在止于至善"。其实这句话就把人生的意义讲得非常清楚了。人生意义何在？"明明德"，就是完美自己，把自己的智慧、德能、福分，圆满的恢复，自爱；"在亲民"，爱人、爱学生、爱生命当中的有缘人；爱自己跟爱别人做到圆满了，"止于至善"。

所以一个人真的冷静思考人生，要留留得下来的，就像孔子留下了两千五百多年的风范，这个才有意义。很多人留钱下来，变成孩子的祸根，兄弟姐妹就为了争这个钱财，告上法院，那没有智慧。留留得下来的德行风范，努力带得走的。身体都带不走，有没有哪个人死了之后把身体带走？没有。身体都带不走，身外之物呢？更带不走。但多少人，终其一生几十年都追求身外之物，都是带不走的，耗了一生，然后越追求越贪心。

所以孔子提醒我们，"君子有三戒"。年少的时候，"血气未定，戒之在色"，确确实实不赶快教育青少年，真的被色欲毁了身体、毁了一生，思想观念都偏邪了。《弟子规》要赶紧教，"非圣书，屏勿视；蔽聪明，坏心志"。"及其壮也，血气方刚，戒之在斗"，不懂得欣赏、效法别人，反而对立、竞争、争斗起来，造了很多罪业，团体都不和谐。"及其老也"，年纪大了，"血气既衰，戒之在得"，患得患失，一开口就要跟人家比这一生做了什么，或者就要比我儿子赚多少钱、我女儿学历多高。啊呀，累死了，越活越累，越活越笑不出来。不读经典，开不了人生的慧眼，会越活越堕落。

所以努力留得下来的，家道家风、一生的德行风范；努力带得走的，灵性的提升、灵性的智慧，一生所行的善事，都带得走。所以第二个重点，生命的意义。现在这个时代的人很可怜，没有经典的教诲，开不了慧眼，把人生的意义都定位在追求名利、追求欲望。现在整个社会最严重的问题，拜金主义、享乐主义。拜金叫"利"，享乐叫"欲"，利欲熏心，最后就麻木不仁，不管妻儿、不管父母，就在那里纵欲。所以现在人为什么文明病那么多？身体乱搞，作恶又多，哪有可能健康长寿？哪有可能五福临门？第三个严重的，叫极端个人主义，自私，都不会为人家想。一自私，再发展就竞争；再发展，斗争；再发展，战争。现在那么多家庭、团体，甚至是整个国与国的冲突，根源就是自私自利，把病根找到才能解决问题。整个生命的意义都走错了，所以挽救灵魂要靠老师传道、授业、解惑。

第三个重点就是分析到人类的苦难，苦难在哪？人不学，不知道，不知义，整个人生的方向完全往堕落在走。努力有结果，不一定会有好结果，就走错路了。

第四，我们既知人类的苦难，那"当今之世，舍我其谁"，怎么帮助这个社会？第四个重点，"建国君民，教学为先"。一个学校的校长，"建国君民，教学为先"、"君子如欲化民成俗，其必由学乎"，父母是"君"，教化"民"，是他的家人、子弟，"成俗"，变成他的家风；一个老师教学生，学生是"民"，好好教育他们"成俗"，变成班风；一个校长教育老师跟学生，成为他的校风。"国家将兴，必有祯祥"。师长老人家说到，要救这个世界，两种人：第一，国家领导人；第二，媒体负责人。现在我们中国国家领导人带头，又指示媒体来弘扬圣贤教育。所以以前的人说，二十一世纪是中国人的世纪，也不得不是中国人的世纪，因为中华文化、儒释道的教诲，才能带领世界的人走回稳定幸福的家庭、人生状态。这个不是我说的，七十年代汤恩比教授讲的，"解决二十一世纪的社会问题，唯有孔孟学说跟大乘佛法"，就是中国文化的教诲。

当然，"教学为先"，教什么？教伦理道德，人耻于作恶；教因果教育，人不敢作恶。伦理道德最重要的，教五伦、八德。而事实上，因果教育在哪里？没有一件事不是因果教育。今天这个同学成绩很好是结果，原因是什么？他用功，他上课专心，他上课不看其他的书，他收获就大，必有原因；他尊重老师，这个就是因。《弟子规》每句都是因果。为什么？"父母呼，应勿缓"是因，他以后到学校去听老师话是果，他以后到单位去听领导的话是果。"闻誉恐，闻过欣"是因，"直谅士，渐相亲"是果。哪有一件事离因果？包含我们自己冷静观察身边的亲戚朋友，就可以知道，"积善之家"是因，"必有余庆"是果。孔老夫子、范公他们的家庭、家道承传这么久是果，因就是他们积了厚德跟他的风范。包含古今中外，其实整部

《二十五史》，中国所有历史就是一部因果史。多少留名青史的圣贤人后代非常好，你看鲍叔牙推荐管仲，他后代历史当中都有记载，十几世都是名大夫，后代很有福报。

我这次还到了江苏常州，有个企业家他是做净水处理的。我看他乐在工作，他每次把染污的水用他的方法变清净了，他就像个小孩一样高兴，"啊，太好了，人可以喝到好水了。"而且他精通《易经》，刚好他被邀请到马来西亚来，要指导净水。结果他出门前卜一卦，他姓李，这一卦，代表他这次来马来西亚，这个生意应该做不成，他卜的卦。结果他就起了个念头，他说纵使做不成，我也应该把中国最顶尖的净水技术传到马来西亚，来利益华人、利益这一方的人民，他就起了这个念头。结果这个生意谈成了，签了契约。

本来谈不成，怎么谈成了？大家看到没有，怎么改变命运？量大，心量、心念的力量，他是为了一个国家的人民健康着想，这一念心，就转了这个因缘。所以很多国家领导人要参加选举，都去请教我的师长，也是担心"我会不会选不上？"师长告诉他，你只要发心，"我上任之后要爱民如子，要把最好的圣贤教诲去弘扬、去承传"，你本来选不上也选得上。所以人要改命运，要发广大的誓愿来利益众生。

我突然就想到这位李总，他这一念心证明了人发愿之后，因缘可以转变。我去常州到他们家，他们非常热情招待。他是学《易经》的，我也跟他开玩笑，我说我们今天坐这一桌吃饭，也应该卜个卦。因为他坐我右边，另外一位姓刘的总经理刘总，一个坐我左边，一个坐我右边。我说这一卦非常好，为什么？汉朝是刘家的天下，唐朝是李家的天下，所以这一卦叫重现汉唐，所以传统文化要从你们常州发扬光大。我看他们每个人都抬头挺胸，都很有责任感。

所以俗话讲，"读万卷书，行万里路"，还要阅人无数，还要广交天下士，从他们身上学到非常可贵的做人的美德。所以这个教学为先，要怎么形成风俗？得要领导者带头，现在得要我们中华民族的儿女来带头。

第五个重点，就是振兴师道，恢复师道尊严。师道怎么恢复尊严？一定要恢复，因为中华文化最重要的两股精神，就是孝道跟师道。宗庙、祠堂教孝道，"慎终追远，民德归厚"，祠堂教伦理、教孝道；孔庙教道德、伦理道德；城隍庙教因果报应。这是我们老祖先教育的高度智慧。现在城隍庙没有了，祠堂现在变小家庭，所以现在很多地方建百姓宗祠、万姓宗祠，非常难得。

师道如何能够振兴起来？因为没有师道，人不尊重老师，他怎么可以得到学问的利益？因为"一分诚敬得一分利益，十分诚敬得十分利益"。师长老人家用心良苦，提醒我们这两个字是关键，所以后面又加了，"百分诚敬得百分利益，千分诚敬得千分利益，万分诚敬得万分利益"。而且还举了我们中华儿女耳熟能详的一个历史人物，唐朝禅宗六祖惠能大师的例子。他听他的老师讲课，只听了差不多两三个小时的时间，听了半部《金刚经》的讲解，他就开悟了。根本在哪？开悟是结果，根本是他万分的诚敬，他受的利益就是这么大，当时他才24岁。所以人要有高度的智慧不一定是要晚年，根本还是诚敬的心决定的。

学生要尊重老师，他才能受益，所以师道重要；但我们老师要自重，人才会尊重。老师不尊重自己的天命，失了职守，怎么可能赢得父母、家长、学生、社会大众的信任？最近一些报道也让我们非常忧心、非常痛心，教育界有些害群之马，做了一些事情，对学生有很大的损害。当时我就想到"德有伤，贻亲羞"，他这个道德有损伤，不只他个人、他的家庭蒙羞，整个教育界都被他拖下水，所以他这个罪业非常非常的重。更严重的是，家长、学生假如不信任老师，他就不可能学到了。

而我们刚刚也讲，这个世间没有恶人，只有可怜的人，这些犯错的教育界人员，他们造的罪太大太大。他们也曾经带着使命走入教育界，但是没有经典、圣人的引导，他们变成了追求利欲，才造下了这个罪过。"人非圣贤，孰能无过；过而能改，善莫大焉"，所以现在让他们回头最重要。事情都已经发生了，要赶紧教育他们，人不学，不知道，不知义啊！

所以我们第五个纲领要跟大家交流的，师道尊严。首先第一点，我们要自重，要了解教师的重要性。教师的重要性我们从经典来体会，《群书治要360》中有这样一句经典："不知礼义，不可以行法。法能杀不孝者，而不能使人为孔曾之行；法能刑窃盗者，而不能使人为伯夷之廉。孔子养徒三千人，皆入孝出悌，言为文章，行为仪表，教之所成也。"

接下来我们会举几句经典当中的教诲，来体会教师的重要，这是第一句。一开始就讲，人民不懂得礼义，国家有了法律实行不了，甚至实行了，社会治安也不见得会比较好。我们冷静看一看，现在犯罪率高的地方，难道是法律比较不健全吗？我们不举其他的，举美国就好。美国的法律健全状况决定排在前面，可是它的犯罪率很高。假如不教化，法律是症状解，症状是辅助，不从根本解决，问题一定还会层出不穷。所以老子提醒我们，"法令滋彰，盗贼多有"，法律非常严苛的地方，盗贼还是很多。

接下来说明了法律能将不孝的人处死，却不能使人效法孔子、曾子他们的孝行，他们的情操。法能够处罚窃盗的人，但是却不能像人有伯夷、叔齐这样廉洁的德风。所以更明显的体会到，根本还是要靠教化。举了最好的榜样，"孔子养徒三千人"，培养了学生三千人，各个都可以做到"入孝出悌"，在家恪尽孝道，出外恭敬长上。"言为文章"，说出来的话都成为人们依循的做人准则。"行为仪表"，行为都成为大众的表率。三千人啊，这都影响一方、教化一方。"教之所成也"，这些都是教化的结果。我们现在从事教育工作，社会大众都缺乏传统文化教育，每个人念完这段话，都要期许自己做现代的孔子。

跟大家做个历史上的探讨，六祖惠能大师教了四十三个学生成就，才把禅宗弘传到全中国，四十三个。现在中华文化，不只是佛家、不只是一个宗派的复兴，是什么？是儒释道全部都面临危急存亡之际，这个法脉都快断了。大家用数学算一算，要多少人来承传？这个四十三要乘以多少？乘两个零不过分吧？乘三个零不过分吧？那不管多少人，其他是谁我们不挂碍，其中一定有谁？我看到大家额头发亮，大家这个愿心发出来，大地都被感动，有愿必成。"纵使身止诸苦中，如是愿心永不退"，"天下无难事，只怕有心人"。这是第一句。

第二句，《礼记·学记》告诉我们："玉不琢，不成器；人不学，不知道。是故古之王者，建国君民，教学为先。《兑命》曰：'念终始典于学。'其此之谓乎！"

古代的帝王，自始至终常以教育为念，把教育摆在第一位，这才是最根本。宰相不能视事，代理宰相就是礼部尚书（教育部长），所有其他的部都为了服务这个教育。"人不学，不知道"，古人在这句话当中又让我们教育同仁学什么？要会比喻，要会譬喻，要会说故事。"玉不琢"，用玉来比喻，很具体，就"不成器"，所以人也要琢磨，人也要培养锻炼，才能成才。这句话就告诉我们，每个人都需要圣贤教育，都需要老师的教导，这个世间不可能有无师自通的人，都是透过善知识的教导。这句也提醒我们老师的重要，重要在他是给人慧命。父母给我们身命，老师、教育界的人要给人慧命。

接着又具体在《礼记·学记》的经文里谈到老师的重要，也是用譬喻。"古之学者，比物丑类。鼓无当于五声，五声弗得不和；水无当于五色，五色弗得不章；学无当于五官，五官弗得不治；师无当于五服，五服弗得不亲。"

古时候的学者，他们很善于分析、比较事物，然后触类旁通，很会借由这个比较，把一些道理彰显出来。比方鼓，鼓的声音，"无当"就是不属于，它不属于"宫商角徵羽"五音，但是五音没有鼓，就不能很和谐的奏鸣，整个弹奏出来，所以鼓声很重要。"水无当于五色"，水本身不属于"青黄赤黑白"这基本的五色，但是在画国画的时候，没有水的调和，这五色不能鲜明，很有味道。学者并不属于五官，这"五官"有一个说法，司徒、司空、司马、司士、司寇，很重要的五个官职。"五官弗得不治"，但五官，他们不经过学习，他们不能很好的去治理好国家、扮演好他的角色。《群书治要360》里面有一句就告诉我们，学习古代好的教训，"学古入官"，学习古训才能很好的治理好政务。而且"议事以制"，还要根据古代的典章制度来议论政事。"政乃弗迷"，这样办政治就不会迷惑错误。都是要经过这些典章制度、这些宝贵的经验来承传，所以"学无当于五官，五官弗得不治"。

"师无当于五服，五服弗得不亲"，老师不属于五服的范围。"五服"是指人类亲疏远近的五种关系。表现在哪? 穿丧服。第一叫斩衰，这个丧服代表要守孝三年，自己的父母亲去世了，守孝三年；第二个叫齐衰，像祖父母去世了，要守孝一年；还有大功、小功、缌麻。大功是守孝九个月，小功五个月，缌麻三个月，就指这五种亲疏关系。老师虽然不属于这五种关系，但是五种关系没有老师的教诲，他们不能这么亲爱。所以父母教孩子尊重老师，老师教学生孝顺父母，这个是最关键的。

所以从这段的譬喻我们可以体会到，这个社会没有老师的教导，人们不懂五伦，不懂得去孝父母、去爱亲人，那冲突就会不断。而虽然老师不属于这五种关系，但我们中华民族重实质，所以自己的老师去世了，心丧三年。虽然没有形式，但是也是守孝三年，因为一句老话讲，"一日为师，终身为父"，这是第三句。

第四句，我们举汉朝的大儒扬雄讲的话，"师哉师哉，童子之命也"。这个孩子从小有没有能扎下伦理道德的根基，影响他的一生。所以"人类灵魂的工程师"，在汉朝，大儒就在强调了。因为孩子到学校去，他讲话从"我爸爸说，我妈妈说"，慢慢的会"我们老师说"，代表老师在他心目当中是非常崇高的，我们要珍惜孩子的信任，珍惜跟孩子这一段缘。

第五，我们不举经句，我们举我们眼前的圣贤人，我们马六甲沈慕羽老先生。沈老留给我们的一种期许，就是为师者，他是文化承传的重要责任者，文化承传要靠老师。我记得当时能够拜见沈老，老人家虽然短短的相聚，对我们一生都有很深的影响。老人家首先邀请我们唱了一首抗日爱国歌曲，而且是他老人家亲自弹风琴，我们一起唱的，那种忠贞爱国的情操，让我们印象深刻。接着沈老讲，"当老师是没有'钱'途的行业，但是却是最重要的行业，因为文化承传要靠老师。"

香港有个华裔写了一篇文章说，中国人拥有全世界最悠久的文化，但是因为文化没有承传，却变成最短视的民族，短视到为了几百块、几千块可以伤害自己的至亲父母。其实我看到这段最深的感觉，就是文化一不承传，整个民族灵魂快速堕落。后来又听到沈老这段话，终身难忘！而我在2002年见到一位长者卢叔叔，卢叔叔他非常疼爱我们，真的，看到我们肯学传统文化，把我们都当作自己的孩子看待，疼爱有加。因为这些长者深刻体会文化承传的重要，他把为国家、民族培养人才，摆得比他的孩子更前面。他们那种胸怀确实让我们非常的仰慕、钦佩。这五句跟大家做一个交流分享。

接着第二个重点，尊师方能重道，尊重老师才能尊重道德学问。第一句跟大家分享的经句也是我们《礼记·学记》里的经文："凡学之道，严师为难。师严然后道尊，道尊然后民知敬学。"这是经文上就可以展现出来。所以在古代，皇帝不以君臣之礼相待的，只有两种臣子。第一，就是这个臣子跟他的祖先长得很像，每次祭祀就请这个人上去，不以臣子相待。为什么？下次他要上去了，就对他恭敬不起来了。所以不以臣子之礼待他，因为他以后要代表祖先在那里给我们礼拜。第二，就是面对自己的老师，是以主人跟客人，东道主，东西坐，所以老师叫"西席"，这也是表现出尊重老师的态度。

好，这节课我们先跟大家交流到这里，谢谢大家！

第八讲 师道尊严（二）：尊师方能重道

尊敬的诸位长辈、诸位教育界的同道、诸位学长，大家下午好！

我们跟大家分享到"师道尊严"。第一个，我们从经典当中体会到教师的重要性。第二个重点，尊师方能重道。我们引了《礼记·学记》的经句，讲到"求学之道，严师为难"，尊重老师是最难能可贵，也是最关键的根本。"师严然后道尊"，老师受到尊重了，然后道德学问、真理才会受到敬重。"道尊而后民知敬学"，道德学问、真理受到敬重，然后人民才会认真恭敬的学习。

"是故古之圣王未有不尊师也，尊师则不论贵贱贫富矣"。这个是我们讲"尊师方能重道"第二个重要的经句，第一句是《礼记·学记》，第二句就在《群书治要·吕氏春秋》当中提到。我们冷静想一想，为政跟尊师有什么关系？为政是管理好众人之事，把国家治理好。每个人都尊师、都懂得伦常大道、都懂得自己的本分，那家庭就安定了。我们刚讲的"师无当于五服，五服弗得不亲"，这所有的亲属关系，大家学了伦理道德，互相亲爱，就靠老师的教导。所以圣王非常清楚师道的重要，他很尊重老师，包含请老师来教太子，来教他的孩子，都要行拜师礼。而且尊重老师就不会计较老师的身份、贫富贵贱，"道之所存，师之所存"，"闻道有先后，术业有专攻"，他这方面的学问、这方面的能力比我们强，我们都应该谦虚的去向他学习。

当时韩愈先生在写《师说》，可能当时的社会风气比较好面子、不愿意虚心向人学习。坦白讲，一个面子误了自己多少提升道德、能力的机会。其实这是傻，不自爱。所以人抱着习气不放，其实真的是自己在障碍自己。所以不要认贼作父，好面子是贪，要放下这个不好的习气，"满招损，谦受益"。《了凡四训》讲，"谦则受教有地，取善无穷"。一个人假如真的很谦虚，向每个人的优点学习，那不得了，他每天"德日进，过日少"，就像《弟子规》讲"见人善，即思齐"，都很恭敬去欣赏别人的优点，进而向他学习。我们一天遇到不少人，每个人的优点都开始学习，那这一生不成圣贤都难。

所以《弟子规》实实在在落实一句，自己的道德学问就有很大的提升。假如我们学了半年、一年、两三年都觉得没有很大的进展，我们对于每一句经句，没有实实在在去落实它。所以，学，还得回归到学一句实实在在做一句，这才是实学，不然还是学知识而已，知识利益不了我们的身心、利益不了我们的人生，甚至于还会长浮华。《弟子规》讲得很清楚，"不力行"，只学知识，"但学文"，就"长浮华"，因为这个道理不要求自己，就变成看别人，那就增长傲慢了。《弟子规》的每一句跟我们德行扎根都很关键，不可轻忽了扎根，根深蒂固才能枝繁叶茂。

我们再谈第三个重点，"尊师方能重道"第三点，有句俗话叫有状元学生，没有状元老师，这个俗话在告诉我们什么？因为这个学生比他的老师学习的态度还恭敬，所以他就超过老师。老师能讲，他没有完全落实，当然他也在努力；那学生接受了，他恭敬老师所讲的每句话，他不会去看老师的缺点，他依然保持这个恭敬，甚至更加恭敬，更加珍惜，更加感恩。为什么？因为老师讲的是正知正见。他能珍惜这个法缘，所以他能够青出于蓝胜于蓝。所以这个点出来，状元学生是因为他老实、听话、真干的态度超过老师。

第四点，我们要再强调一个非常重要的关键，就是"孝亲是尊师的基础"，这个对于我们从事教育工作，必须很深刻了解这个真理。我们都希望孩子真正受益，那得他先尊重老师；学生对老师尊重的态度，又建立在孝道的基础。《孝经》告诉我们，"不敬其亲而敬他人者，谓之悖礼"，这不符合人的一种行为的模式，他一定是尊重对他恩德最大的父母，然后自自然然再延伸到尊重老师、尊重长辈。所以我们老师一认知到这个重点，他连孝亲的根都没有，去要求他尊重老师，怎么可能？办不到。

老师首先要知道自己最重要的，传道、授业，传道当中最重要的，教学生孝道。我们今天没教学生孝道，我们就有愧于教育工作，这是真的，不是假的。因为孔子告诉我们，"夫孝，德之本也，教之所由生也"，教育就从这里开始，我们不教孝道，根本教育都还没开始。教育的"育"字是什么？"养子使作善也"。"百善孝为先"，你不教他孝，他百善都开不了，谈不上是教育，知识传授而已，不叫教育。

那我们为学生好，虽然家长、学生不一定懂得尊重老师，我们首先先教学生孝道。学生一学，回去替父母想，要尊重父母，很多孩子都很天真，回去隔天站在父母门口，父母一出来，九十度鞠躬，"爸妈，早上好！"都把父母吓了一大跳。大家想一想，这样的家长高不高兴？高兴，不就自自然然尊重老师了。

人只要尽了本分，那个尊重就会水到渠成；人不尽本分，怎么要都要不到尊重。比方夫妻相处，丈夫要求太太要怎样怎样，太太要求丈夫要怎样怎样，要来要去，就两个人每天在那吵啊吵啊。有一个理智了，自己先做好，就感动对方了。你一尽本分，那他互相交感，不也回到尽本分了。所以各归其位很重要，尤其在这个时代，别人对不对不是最重要的事情，首先自己要做对，尤其我们已经学的人，还不先做对，罪加一等。这不是我讲的，你们别找我，为什么？明知故犯，有没有罪加一等？有啊，《弟子规》也讲"倘掩饰，增一辜"，《弟子规》讲的，不是我讲的。我已经恭喜过大家了吧，congratulations（恭喜），恭喜过大家，我们没有后路可以走，我们要勇往直前承担起来。

其实这些道理我们都想明白了，就会做得非常心安、非常快乐、非常踏实。人短短数十寒暑，总要尽自己的本分，总要为这个世间留下精神，从我们自己做好本分，做好老师、做好家庭当中的每个角色，以为后世的人作样板。

第五点，我们来反思一下，现在家庭、社会状况确实没有重视尊师。我们从古今的对比来看。第一，拜师礼。古礼，先向孔老夫子行三跪九叩，接着父亲带着孩子给私塾老师行三跪九叩。其实我们现在的人看到这个，不一定能体会个中的道理，甚至还会讲，"干嘛给老师三跪九叩，现在是什么时代了？现在是平等时代，学生也跟老师平等。"听起来好像有道理，但是他却不知道，在这整个拜师礼过程当中，谁受到的利益最大？而且是终身的利益。

从我们的角度看，根本无法深刻理解老祖宗通达人性的智慧，乱批评，这样批评的人要负很严重的因果责任。这个拜师的过程当中，孩子最尊重的是他的父亲，父亲给老师行这么大的礼，他敢不听老师的话吗？那对老师的恭敬是百分之一百，不敢开玩笑，不敢侥幸。"师严而后道尊，道尊而后民知敬学"，这个孩子尊师的根就在这个仪式当中深深扎在心里。我们从师长分享，因为师长曾经小时候就是这样拜师。老人家常常提到，那几个月的私塾教育、德行教育，影响他一辈子，在这么多诱惑的社会当中，他能够全身而退，都是因为传统这几个月的私塾给他扎的根，所以老人家深刻了解老祖宗礼教的智慧。拜师是礼，其他如婚礼过程当中那些教化，老人家都很清楚，高度的教育艺术、教育的智慧。那孩子受益了。

可能有人会讲，"老师坐在那里给人家拜，他多高高在上。"又是自己的想法。大家想一想，读圣贤书的人不愿意占人家一点便宜，更何况是坐在那里给人家拜！那是什么心情？我们没坐过，但是想象一下，如坐针毡。他父亲也是成人，彼此之间都是互相尊重，怎么承受得起人家这样的大礼。可是为了谁? 为了孩子、为了传道之人、为了社会的下一代,哪怕如坐针毡也得坐! 那拜完了,没把人家的孩子教好,怎么去面对他的父母跟家人? 所以这些老祖宗留下来的礼教,那个教育的深远,我们假如不细细去体会,还会误会它,那五千年的教育智慧,可能就被我们扔在垃圾桶里面了。

而现在不是这么恭敬老师了,孩子在学校遇到点不满、不愉快,气冲冲就到学校来,还没搞清楚情况,就向老师问难,那老师怎么还敢教学生? 所以尤其这段古今的对比,我们的家长要好好体会,这是真为孩子好。

再来,我们校长、幼儿园园长要重视这一点,因为老师不可能为自己讲话,人家也不高兴。但校长、幼儿园园长要为老师设想,要体恤老师的难处,要提醒家长的态度,"一个班上几十个学生,老师够辛苦的了,这老师在你孩子身上也花了不少的心血。"要慢慢的他可能平和下来,才好处理事情。假如校长不能够体恤老师,一有问难,还去责难老师,那老师心多寒! 尤其校长又是老师的领导,领导要做下属的后盾,这才是一个为人领导者的胸怀。哪怕是真的老师有点不妥,你把家长拦下来了,老师冷静下来一反省,"我自己一点不小心,还给校长添麻烦。"他更佩服你,我们整个学校的向心力更强。

坦白讲,教育是合力,要把一个学生教好,要把一个后代教好,爷爷、奶奶、姑姑、叔叔、伯伯、父母都要配合好。假如对教育的理念都不了解,互相唱反调,那教起来真是累死人。学校也是,都要合力,孩子不懂事,特殊情况,校长叫过来,要让孩子了解老师的苦心,家长来了也要让他体恤老师。大家合力,这个戏才唱得好,要互相体谅。

互相指责,到最后认真付出的人心都凉了,"不如归去"。我现在听到很多很认真的老师,"我快教不下去了。"我们赶紧鼓励他,因为这些好老师太难得了,教育界再缺这些人,不得了,下一代堪忧了。所以你看到一个好老师很无奈，赶紧鼓励他，然后约他出去吃吃饭，去吃吃健康素食，然后听听非常优美的音乐，缓一缓。然后你再跟他分享《礼记·学记》，跟他分享这一句，尊重老师很重要。在我们眼前的缘分，我们能尽多少力就尽多少力，就是圆满。

第二个现象，古今的对比，以前开喜宴、婚宴，多少的邻里乡党、亲朋好友共聚一堂，坐在首位的就是当地的教书先生。请问大家，现在坐那个首位的是谁？赚最多钱的、官做最大的。大家冷静想一想，这个教书先生没钱，他不一定有很高的地位，可是你让他坐最尊贵的位置，表什么意思？尊重道德、尊重老师。而且他在那一方，代表这一方的子弟很可能都会被他教。有大富人家办了个私塾，很多邻居他没有钱去请老师，他就到这里来读。大家不要小看这一个动作，受益的是这一方的子弟。因为小朋友去参加喜宴，看到私塾老师都坐在那个首位，恭敬心就起来了。现在是有钱的坐首位，每个人都羡慕有钱，要赚钱，而不是重视道德。

这样的风气实在讲，我从没有见过，但是我听过一个例子，我非常感动。我们一个同仁说到他的奶奶，除夕夜煮水饺，水饺叫金元宝，煮好第一盘水饺，交代他恭恭敬敬的端到祠堂去祭祖先。小孩可能五六岁被派任务，战战兢兢端过去。尊重祖先的态度就在这个生活细节扎根。接着第二盘出来了，坦白讲，在三四十年前，能吃到水饺，那都是一年当中的春节、中秋节，想不想吃？很想，必须口水咽下去。然后第二盘，赶快端去给"先生呷"（闽南语：先生吃），就是教书先生、老师。那孩子孝亲、尊重祖先跟尊重老师就在端水饺当中扎根，就在生活当中教了。所以当时听了，觉得这个老人家比读过书、比大学生还懂做人。

所以我当时刚到大陆去，最不习惯的就是很多老人很懂义理，一开口就说，"哎呀，我没有文化。"我觉得他是最懂文化的人，他都说他没有文化。说错了，他叫没有学历，但是有文化。那些读书读很高，大学毕业，不懂得孝道的，叫很有学历，没有文化，这样才准确。为什么？这些老先生、老太太感化了多少人，他怎么会没有文化？我们读个大学，到处很傲慢，一个人都没感化，怎么会有文化？所以圣贤教育重实质不重形式。

所以这个对比给我们省思，假如你以后嫁女儿，"从我做起"，复兴孝道、师道从我做起，用传统的婚礼，然后请你们那一方最德高望重的学问家、道德家坐在那里，就很有意义。然后又顺便请这位长者上台去给新人祝福，多好！所有的人还受益，那这场婚礼就功德无量。顺便再把一些传统文化讲座的光碟，当场发给每个人。那个都是机会点，因为他看了传统婚礼，那是道义，那是恩义，每个人都会感动，感动他就想学。你不要看他感动了，"过两天我再拿给你"，那个时节因缘会错过。

第三，处罚学生。实实在在讲，我们现在最大的障碍叫自我。父母处罚我们，在那里抱怨，"哼，打我打这么重。"却不知打在儿身，痛在娘心。第一个，我们犯这个错，父母比我们更痛苦；第二，还得打我们的记性，又再一次痛苦，我们还是体会不到。所以我感觉我们现在年轻，不懂孝道，真的是太伤父母的心。接着到学校，很可能我们又要伤老师的心了，老师批评两句，我们就闷在心里好几天放不下。

其实大家想一想，老师何尝喜欢骂人，骂人目的是什么？当老师的人上讲台来乱骂人、造业，他又不是脑筋有问题。像我们这个时代，当老师真不是人干的事情。我曾经听卢叔叔讲，他真的当老师当到……真的我每天要给他敬礼。他良苦用心，带学生带了十多年、二十多年，为他全家着想、为他学生一生着想，学生还不知道感谢他。所以他曾经看那个韩国有谈到老师的戏剧，讲了一句话说，"老师的大便，狗都不吃。"为什么老师的大便狗都不吃？太苦了！狗应该改不了吃屎，但是为什么老师的大便不吃？太苦了，吃不下去。

所以当时在听师长讲，现在哪有师生关系，朋友关系就不错了，讲他几句就跟他结怨仇，不好啊。今儿都是自家人，就让我吐点苦水。当时我刚到大马来，我们中心大陆的华人、台湾的华人、大马的华人、印尼的华人、夏威夷的华人，全部来自不同的家庭社会成长背景，思维方式都不一样。所以我讲一堂课下来，有些地区的说，"哎呀，骂得好，很受益。"有些地区心在滴血，"老师好凶。"所以我曾经有点精神错乱，就不知道怎么拿捏，要很谨慎的看一下，会不会伤到这边？会不会伤到那边？所以面对一个因缘，得要体恤方方面面，结果德行又不够，修养又不够，有时候言语无形当中伤害到别人的心。所以我最近常说，"我不杀伯仁，伯仁却因我而死"，所以体会父母的心非常重要。

　　再来，我们能够体会别人的苦心。真的要体会别人的苦心，我们不放下自己的想法、感受，完全无法体会父母跟他人。我们不能体会父母跟他人，尤其你在团体当中，不能体会领导，在学校不能体会老师，我们就很难变得懂事、成熟。一个人德行的根基，一个人的成熟度，决定离不开孝亲尊师，这是做人的大根大本。所以我们要真能体会师长的苦心、圣贤祖先的苦心。

　　我有这个因缘，陪大家一起珍惜老祖宗的教诲、珍惜师长的教诲、珍惜圣贤的教诲，我只能还忝为大家的同学，真的是跟着大家一起学习。我能体会到师长哪些苦心，我贡献给大家；我能体会到孔子哪些苦心，我贡献给大家。而大家确实是我的老师。像昨天我们共学班的学长，他们非常发自内心去感恩别人、去反省自己。一个人真心流露，真的是令人动容，他在那里流眼泪，我也陪他流眼泪。人真心那种能量、那种磁场太强了，还真的能够看到自己的问题去跟同学忏悔，觉得要跪下来道歉，因为感觉到自己的话，对对方的伤害太重了。我被他震动了，被他们震动了。一个人反省自己，"我太惭愧了，我没有以家人的心、我没有以兄长的心，去爱我的家人、爱我的同学。"一个大男人流眼泪。

　　结果后来课程结束了，我回去刚好又跟李老师在谈一些事，结果又谈到这些学长们发自内心的那一刻，我一谈，眼眶又转着泪水。不过我们已经练出一种功夫，就只限制在眼眶转，绝对不能掉下来，不然要扣技术分数。我现在跟大家分享，刚刚眼眶还是泛着泪水。所以我非常感激这些学长，他们的真心对我的生命、对我修学的洗礼，我真的要发自内心感谢他们。

所以讲到这个第三点，就想起师长说到他们那个时候，当孩子在学校被老师处罚，回到家，小朋友什么事瞒不了父母。要不是自己招了，要不父母一看，眼神不对劲，就问，了解了，一了解在学校被老师处罚，隔天带着礼物去谢老师，这个是八十年前的事情。诸位长辈、学长们，你们的孙子、你们的孩子在学校被老师处罚，你们隔天拿礼物去送，"号外号外"，最新的新闻，可能会登报纸，带动这个风气。你想一想，那老师再看到父母这个态度，又再一次的感动他，不能不认真教。所以这些礼本身对于孩子、对于教学者都有深远的影响。现在孩子被处罚了，家长告老师，上法院去，那老师怎么还敢教？

第四点，古代一直传下来的，"师生如父子"，师生是道义的关系，常怀感恩。现在学生在路上遇到老师，不打招呼。为什么？因为不是道义关系了。老师假如不教孩子伦理道德，就教孩子知识，那孩子就变得功利，"反正我就是考试考好。"接着呢？他只看到学历、看到文凭，他离开这个学校了，他也不念校长、不念老师的恩。所以一个学校重视伦理道德教育，决定他的学生会打从内心尊重校长跟老师，这是我亲眼所见。我曾经去吉林松花江中学，他们的家长、他们的学生对校长非常的尊重。所以那份尊重是校长、老师自己为孩子一生谋幸福，自然感召得的。吕校长这么多年，他所强调的"推展《弟子规》，推展中华文化，为孩子一生幸福奠基"，这就是他的理念。从这样的比较，我们不要求学生，要求自己，我们有没有跟学生结的是道义之交，是成就他的一生？

现在的一个现象，第五个现象，学校变企业，企业变学校。当时我听到这个现象，我感觉是我们教育界最大的耻辱，而且这个耻辱不是别人给我们的，是我们自己招感来的。孟子有一句金玉良言提醒我们，"夫人必自侮，而后人侮之"，人一定是自取其辱，人家才会来侮辱我们；"家必自毁，而后人毁之；国必自伐，而后人伐之"，自己家庭、国家乱了，才会遭到别人的侵略、障碍。"家火不烧，野火不起"，外面是缘，因还是在自身。为什么人家说现在学校变企业？因为一些大学生、研究生叫他的教授叫老板，学校变成很重视成绩、赚钱，而忽略了学校最重要的职责：作育英才啊！

这一点我也要对校长们、幼儿园园长们非常中肯的提醒，因为我曾经受过伤。大家看得出来吗？我曾经辞掉工作以后，又要回去考老师，刚好我们家对面的学校招考老师，一百九十一个人参加，笔试、口试、试教三关。第一个笔试，刷掉了一百七十个人，只剩二十一个人，结果这二十一个，只有一个男的，其他二十个都是女的。所以当时我进入复试，走在路上，他们学校的老师看到我，"哎呀，我们学校最缺男老师。"结果我一进复试（口试的地方），三个校长坐在那里说，"哎哟，今天还有男的。"我本来听到这些之后，觉得我十拿九稳。

而且我要进去口试以前，我祈祷着，我说，"这个地方所有孩子的祖先，你们保佑我考上，我会好好用心在这个学校教一辈子，我不会转校。"为什么？我带孩子最多两年，台湾当班主任，一年级、二年级一个老师，三年级、四年级一个老师，五年级、六年级一个老师。所以学生我最多带两年，而且男老师一般都带五、六年级。为什么？五、六年级的孩子都长得比我们高了，不是男老师压不住。两年怎么可能成就一个学生？所以我希望这两年只让他们留下一个最重要的印象，"老师挺为我想的"，这样就够了，我要的不多，就先信任我就好了。而我留在那个学校一辈子，任何一个学生，信任我的人都找得到我，他知道学校对面那一栋大楼，可以喝到红豆汤，可以喝到莲子木耳汤，这样就够了。我的学生绝对不会走绝路，因为他知道这个世间还有人关心他，他不会走绝路，他撞得鼻青脸肿，他最起码摸摸鼻子回来找我，我就再一次可以教他了。我的算盘打得挺不错吧? 而且我还打哦, 每个礼拜天, 我在社区(我们社区有几百户人家)免费教传统文化, 不然那个场地很浪费, 很多人拿去唱卡拉OK, 挺浪费的, 那个是很庄严的地方。这些孩子们都到这里来上课了, 慢慢都会鞠躬, 都会捡垃圾, 这个社区不就形成风气了? 挺好的。

算盘打好了, 又这么虔诚, 我一走进去, 胜券在握, 坐下来。坐在最中间的叫主考官, 旁边还有两个校长, 共三个校长。中间那个校长问我的第一句话, 因为校长他是选他们学校的人才, 选教育界的人才, 他问我第一句话说, "你有没有代表学校参加比赛得奖?" 我才教两年书, 我说, "没有。" 他说, "你有没有做过行政工作?" 我都当班主任, 怎么会做行政工作? "没有。" "你有没有带学生出去比赛得奖?" "没有。" 他问我好几个问题, 我只能摇头。我边摇边想, 不妙, 可能考不上了。最后备取, 还是没考上。他就没问我一个问题, "你有爱心吗?" 一个教育人员最重要的不问, 怎么都问到要得奖? 请问是校长室的奖牌重要, 还是一个好老师把学生教好重要? 我们的人生常常要拿出天平来称一称啊!

从我们自身来讲, 是脾气重要, 是性格重要, 是面子重要, 还是我们一生的心境提升重要? 从家庭, 是我们的面子重要, 赶快把女儿嫁出去重要, 还是女儿一生的幸福重要? 人生随时都要把天平拿出来称一称。校长、幼儿园园长也要把天平拿出来, 一个有爱心的老师重要, 还是能帮我得奖重要? 我们要不忘初心, 我们走入教育界要的到底是什么?

学校不是为了名利而存在, 是为了整个社会国家培养下一代, 这是我们要反思的。而为什么人家会说, 企业变成学校? 在大陆, 非常多的企业令我们肃然起敬。他们办的传统文化课程, 甚至当地的党校都来学习。他一个企业办传统文化课程, 还帮国家培养干部, 人家那份道义, 比我们从事教育的更强烈, 那不值得我们尊重吗?

吕杰校长在2008年1月1号晚上, 我印象非常深, 因为那次五天的课程, 我们升国旗两次。第一, 礼拜一固定升国旗; 第二, 元旦, 一年的第一天升国旗，提起我们爱国、爱民族的心。因为中国的国歌强调，我们的民族已经遇到"最危险的时候"。确实，文化的承传，我们这代人是关键。当时青岛好多企业家，站上去三十多个人，阵容很强大，每个人都发愿："我们要把我们青岛建设成传统文化的示范市。"后来吕杰校长上去了，"人家是从事企业的企业主，都这么为文化、教育有使命，我是做教育的，我是校长啊。"知耻近乎勇，所以吕校长回去之后做得非常好，那份勇气，承担起振兴师道的责任。

第六点，我们虽然强调尊师方能重道，但也必须了解客观的状况。我们常说随缘，一个从事教育工作的人，在当前的缘分也要随缘。这让我们想起师长常常讲到，我们师公李炳南老师，他面对学生，真肯学的，有打有骂。当然，关起门来打，不然他是大人，面子没法摆，替他想。不肯学的呢？对他很客气。为什么？不跟他结怨。虽不跟他结怨，上台去的时候苦口婆心的劝，他愿意接受，他就受启发；他不愿意接受，也不跟他结怨仇，因为在台上并没有让他感觉是指他。但是真肯珍惜的，他就会对照自己，自己去做调整，就受益了。

现在孩子们他没有孝亲，更不可能一下子能懂得尊师，所以也不怪孩子。现在你太严格了，可能孩子一下子接受不了，所以这种缘分得靠自己拿捏。法没有定法，看当时的情况，因材施教。这个孩子恭敬十分，我们教他八分，对不起他；这个孩子恭敬五分，我们要教他八分，太强求，他被我们吓退了。你太严格，教他太多，他觉得有压力，他就跑了。所以还得"随缘妙用"，随这个因缘，看缘分，客观的去应对就好。

这是跟大家交流到古今对比从六个角度去谈。接着，我们师道尊严谈第三个纲领，就是"振兴师道"。首先，第一，"自重而后人重"。我们从事教育工作，为人师表，这个"表"字就是表率，要自重。我们要表现出视学生如自己的子女一样的爱护，这样我们才是真正把"师生如父子"从我们身上做出来。"人能弘道，非道弘人"，我们不做出来怎么弘道？父母、老师最重要的精神，无求无私的奉献，所以他受尊重。就像老子的一段话，"生而不有，为而不恃，功成而弗居"。所以为什么亲、师，跟天地并列？我这次到常州去看到牌位，在祠堂的，"天地君亲师"。为什么"君亲师"可以跟"天地"并列？因为"君亲师"都效法天地无私的精神、化育万物的精神，好啊！"生而不有，为而不恃，功成而弗居"。"生"，生长万物，不占为己有，就像天地一样，天地何曾向万物讨过功劳、讨过回报？"为而不恃"，作育万物，这个"恃"，不自恃己能，它没有夸耀说这是我的功劳。

我们想想我们的父母，为我们担了多少心、吃了多少苦，从没有要我们回报，甚至于还继续把他的爱给了我们的另一半、给了我们的下一代。所以当子女的能早一点理解父母的苦心，我们的人生才真正开始发光。不懂孝道的人生，起心动念都在造业。对于父母深恩，我们还怨他，这个业造大了。所以今天父亲母亲很无奈，很可能我们做错哪些事，他担什么心，我们不理解。妈妈叹了一口气，"哎呀，你怎么这么不听话！"我们当儿女的，看父母常常叹一口气，还不能深体亲心，还不高兴，"妈怎么批评我，你怎么不批评其他哥哥姐姐？"你说人这个自我，把自己给害得多惨。

父母为什么深深叹一口气？那背后是什么？所以我们的第一念都是自我。不顺己意，不高兴；谁讲我，不高兴；谁不信任我，不高兴；谁没有为我，不高兴。我们不就变成自我、自私自利的奴隶了吗？这怎么是自爱？人会有情绪，根本就是我执，就是自我。擒贼要擒王，不要再做欲望的奴隶了，不要再认贼作父了。圣贤教育教我们没别的，就教自爱，进而懂得去爱人。先爱父母，先体恤父母的苦心。都不知道那一个叹息"唉"，我们病了多少次？我们成长过程当中，交朋友、不懂事多少次？我们工作不用心、常常换，多少次？这哪有一件事不让父母操心啊。

刚好，我感觉是老祖先保佑，我们好几个同仁生的孩子都挺乖的，给他一读《弟子规》就不哭了。最近常常抱小孩，我现在常常被叫"爷爷"，这两个字让我有点接受不了，我今年才40岁。每次抱着这些孩子，那孩子真的，我抱他们的时候都两三个月而已，"人生百日"，生下来一百天内，性德真常流露。你看他的眼睛这么亮，没有分别、没有执着，很可爱，谁抱都高兴。五个月、六个月，认生了，不是妈妈，哭了，开始分别，开始执着。你要看天真，你就看那两三个月的孩子特别明显。我抱起来跟他讲，"你妈妈多辛苦你知道吗？洗你多少尿布，我都看到了，多少夜都没睡好。"刚刚遇到我们一个同仁，她孩子前一阵子生病，回来之后，每半个小时、一个小时就吃一次奶，你说那多辛苦，那妈妈怎么睡觉？就这样熬过来，现在好一点。这个孩子五年之后再遇到我，我铁定告诉他这些事。这个我是跟我爷爷学的。我小时候忘了记性，妈妈的辛苦都是我爷爷提醒我。教育是合力，不然孩子都忘了，得要亲人、朋友提醒，叫"易子而教"。因为父母根本讲不出口，他觉得那是他自自然然的爱，他又没有索取，他怎么会去讲？我抱着那个孩子讲话，孩子很专注，"你知道你这辈子来干嘛的吗？"一愣一愣的。"来弘扬圣贤教育的。"结果那个孩子就笑起来了，还没忘了他来投胎干什么。

"为而不恃，功成而弗居"，为万物做了这么多事、这么多建树，从来不居功。父母为我们付出了这么多的青春岁月、心血，从来没跟我们邀过功。尤其生子忘忧，经历了世间最大的苦痛，孩子生下来，念念就想着孩子的安危，根本就没有再想起那个痛，马上就完全放下，这一念都值得我们为人子女终身的回报。

接着《老子》经文又说，"夫唯弗居，是以不去"，他越不邀功，万物尤其我们人类，懂事的人类，不忘天地的恩德。我们老祖先都是敬天敬地，我这次见识到了。很巧，我本来13号坐飞机从南京飞广州，坐五点多的飞机，九点多飞回大马，刚好有台风，空中交通比较阻塞，我就赶不上回大马的飞机，得坐隔天的飞机。我那一夜就住到了广东佛山市顺德区，我到顺德住了一晚。因为我们在香港《群书治要》的论坛，顺德的义工最多。我就起一个念头，"太感谢顺德这一方的百姓了。"起个念头，刚好过几个月到顺德去一趟，非常受教育。光是他们的地名就很受教育，都把儒释道加进去了，大家有没有看到？"佛山市顺德区"，随顺性德、随顺明德。他们底下是什么镇呢？"伦教镇"，伦理道德教化，叫伦教镇；还有"大良镇"，良心的"良"；"还有杏坛镇"，真让我震撼，孔子讲学的地方叫杏坛；还有"禅城镇"，禅宗的"禅"。当我踏进这个朋友的家里，震撼什么呢？马上看到祭天，"天官赐福"，拜天神；再看到地下，拜土地公，敬地；又看到祭祖，祭祖先；到厨房看到祭灶神。统统感谢这些恩德，没有忘。我坐在车上，还没到他们家的时候，他们说广东省有很多台风，可是很多台风要到我们顺德，之后就不见了，都没有来。

老祖宗的学问叫什么？天人合一。为什么台风不去他们那里？那个地方挨家挨户敬天、敬地、敬祖先、敬灶神爷，心地善良，所以有福报，灾祸少。就像马来西亚没有地震，这也不是偶然的，光一件事就可以证明其中的道理。一千两百多所华小，几十年来都是华人拿钱出来，维护整个中华文化的承传，光是这点，全球华人，没有其他地方是这么做的。每一份薪水就想着民族文化，那这一念心修多大福报？所以汉学院在马来西亚建，这个因缘也不是偶然的。天地之间，没有一件事是偶然，都是有如其因，才有如是果。我们看到这一句，我们为人君、为人师、为人父母，要效法这样的精神。

有一个老师，他的告别式来了一千多人，比任何官员去世都来得庄严隆重。因为他教了一辈子的学生，而他的学生都挺有成就，全部聚集一堂。他们共同谈到一个感受，就是刚开始他的老师带他们班，所有的同学都觉得老师很凶。结果两三个月过后，他们体会到，老师虽然凶，为他们好。后来毕业以后，这些学生常常回去找他们老师，一见面就对他老师说，"老师，你赶快再骂我几句吧，好久没人骂了。"骂，一定是跟做人有关，所以这些学生非常感念这位老师对他人生思想观念的教育，在老师告别式的时候全部聚在一起。这个就让我们体会"夫唯弗居"，这位老师没有居功，但是他那个无私的爱，都留在这一千多个学生心里，"是以不去"。这是振兴师道第一点，"自重而后人重"。

第二点，《群书治要360·为政·务本》一百零七页。其实为政是管理众人的事，带一个班、带一个学校，也是管理众人之事，跟为政也有关系。我们看到这个经句讲到："夫知为人子者，然后可以为人父；知为人臣者，然后可以为人君；知事人者，然后可以使人"。我在后面加了一句，"知为圣贤学生，才能为老师"。我们学生都当不好，怎么可能当得了老师？所以这句讲到的，懂得如何做好儿子，然后才知道如何扮演好父亲的角色，这个孝道才可以传下去；懂得如何做一个好臣下，然后才知道做一个好君主。从基层做起，服从、勤俭，有这个态度，他再提升起来，他就能对底下的人感同身受。他假如只是读个MBA，有个管理硕士、博士，马上就让他做领导，他都是理论，甚至会有傲慢，不一定管得好。懂得如何侍奉人，然后才懂得如何任用人。而且他任用人，因为他自己是过来人，他才能手把手教他，才能传、帮、带。现在自己都没有经验，就讲一堆理论，也很难把底下的人带好。所以知为圣贤学生，才能为好老师。

那我们当学生跟谁学？我们当圣贤学生要跟谁学？我们下周跟大家分享"做孩子一生的贵人"第六个重点：教育工作者的典范——至圣先师孔老夫子。为什么要举孔老夫子？因为孔老夫子是最好的学生，所以他才成为至圣先师。我们常想孔子就想到他怎么当老师，却忽略了《论语》当中太多夫子当学生的态度，而那些态度却是成就他道德学问的关键所在。所以第六，我们学孔子他如何治学，他如何为师的风范。

第七个重点，我们一起交流，教育者要懂得"自我教育的重要性"。我们在跟圣贤学，可是我们很难随时都在读经典、随时都在听课，那我们处事待人接物，随时自己的一言一行、起心动念都要自我观照、自我教育，不然学如逆水行舟，不进则退，每天都不知道念头错在哪，一言一行错在哪,每天都在堕落了。名义上在学圣贤教育,实质上每天都在因循苟且,耽搁一生,甚至因循退缩,不敢去突破自己的性格、突破自己的习气,这都要靠自我教育。

我们要了解,任何人的帮忙都是助缘,人生的主角是谁? 自己。"自助者天助,自救者天救",自弃者,自己放弃自己,天就不可能帮得了我们。这个"天"字指我们这一生所遇到的一切因缘,他们也帮不上忙。而父母、老师这些善缘,能帮我们多大的忙、起多大的效果,其实是我们决定的,我们珍惜越深,就越受益。就刚刚跟大家讲的,那个树根越广越深,当然吸的水多。所以知缘、惜缘、造缘,知福、惜福、造福,知恩、感恩、报恩。

这是跟大家交流到第二句,是在《群书360》"务本"当中的一句,出自于《孔子家语治要》。好,这个振兴师道还没有跟大家交流完,我们下周再交流。感谢大家!

第九讲 师道尊严（三）：振兴师道（1）

尊敬的诸位教育界的同道、诸位长辈、诸位学长，大家下午好！

我们上堂课跟大家谈到"师道尊严"，这个师道尊严从我们教育工作者来看，我们要能体会到教师这个角色的重要性，这是我们自重、自爱。而我们也能进一步体会到，尊师这个风气对学习者的重要，尊师，学生才能够重道，这个是爱人。一个教育工作者，并不是为了要求人家尊重，有这样的心，要当一个好老师就很困难，还要求别人尊重，事实上就不谦虚了。是为了让孩子、让学生学习当中得到真实的受用，所以必须带动尊师的风气。其实圣贤教导我们都是要念念为学生着想、为他人着想，而不是去要求他人。

我们上节课也谈到，整个古代尊师的风气跟现在状况的比较。要整个社会风气又回到尊师的良好状况，那第三个重点，就是要振兴师道，这是我们上次谈到的重点。振兴师道要靠为师者自己来振兴，自重而后人重，自爱而后人爱。师者，是要启发人家的智慧。智慧在哪里体现？思考事情都是从根本思考，不是从枝末思考，所谓"君子务本，本立而道生"。

振兴师道，第一，是要自重而后人重。第二，我们引了《群书治要360》的177句，这是我们上节课谈到的，一个为师者，从这个经句当中体会一个务本的精神。"夫知为人子者，然后可以为人父；知为人臣者，然后可以为人君；知事人者，然后可以使人"。这段话对于我们教育工作者，那应该是知为圣贤弟子者、知为圣贤学生者，然后可以为人师。我们都不能当自己父母、自己师长、自己圣贤祖宗的好弟子，我们怎么可能去做人家的老师？我们有了这个认知，那要当一个好弟子，首先从尽本分做起。我们现在从事教育工作，一个教育工作者的本分是什么？唐朝韩愈的《师说》当中讲到，这是我们第三个重点，振兴师道第三点，"知本分"，"师者，所以传道授业解惑也"，传道、授业、解惑，是为人师的本分。

曾经我在师范学院读书，我的导师尹老师他曾经问我们一个问题，说老师假如是传授知识，那老师能比得上电脑吗？没有吧？对啊，那老师不用了，电脑就好了，找资料又快。我们当老师，有时候还会短路，想不起来。电脑，现在网络一上去，一按下去全出来了。显然教知识并不是老师最核心的价值，不然怎么比得上电脑？老师可以教孩子如何去学习，如何去找资料，如何去运用这些知识跟才能，那个就是要教德行。

而且其实人心非常的微妙，很多成绩很好的孩子，他不是很尊重老师，为什么？他可能觉得那些资料，我查都查得到。所以我们自己教书那几年，在路上遇到成绩第一名、第二名的，都不跟我们打招呼，反而是哪种学生？五十公尺远，一发觉是老师了，就手举得很高，"老师好！"很兴奋，就是被我修理得最厉害的。为什么？他错了嘛，你是为他好，教导他，所以他虽然被你打，他知道你是为他好。当然，听说现在不能打了，我离开教育界十一年了。我们做任何事顺势而为，不能打就别打了，并不是一定要用打才能教好孩子。只要是用真心，应该孩子慢慢都能够感觉得到。当然我讲这样，你们不要觉得我喜欢打学生，我才打过一两次而已，那是刚好遇到讲半天听不懂，只认得棍子的学生，那这样才有用。

所以从自己，包含我母亲也给我讲过，确实她教几十年的书也发觉这个现象。所以你是教他做人，孩子一感觉到，对你肃然起敬。也有学校的领导跟我讲，说在学校里面用《弟子规》教学生的老师很受欢迎，学生遇到什么问题都会来问他。首先当然他比较有爱心，他会教《弟子规》，必然他是为孩子的德行着想。就像我们这次的题目"做孩子一生的贵人"，是为孩子一生的幸福着想，孩子可以感觉得到。再来，因为教《弟子规》是教他孝道，教他友爱兄弟姐妹，教他爱人，这与他的性德相应，他对老师就肃然起敬。所以我们看着现在的学生越来越不尊重老师，这是一个结果，可能从原因上看，我们还得"行有不得，反求诸己"。我们没有传道、授业、解惑，学生怎么可能尊重我们？

在1973年3月的时候，美国发生了一件事情，美国有一本杂志报导到：有一名哈佛大学商学院的毕业生（大家听到"哈佛"有什么感觉？这个是顶尖的学校，这是商学院毕业的），向法院控告他的老师。因为他依照老师所教的学理，在一家大公司管理财务，结果失败而被解雇，他计算了自己失业的损失约七十万美元。这个是四十年前的事，要他老师赔七十万美元。这件事发生在美国似乎很平常。例如受理这个案子的法官会认为，任何商品，对消费者有伤害时，制造厂商应付赔偿之责。那么学生应用老师的教材在事业上失败，老师也不能辞其咎，这是他们法官的认为。但是在中国则是奇闻。外国把老师所教的东西当什麼？当商品，当利益，不是"道"。那都是商品，不传道，怎么会得到尊重？那被这个学生告，在美国也不是什么大惊小怪的事情。

这段话里面，其实有很多让我们省思的地方。首先，这个大学教授教的道理是真理吗？他虽然是商学院的教授，他教的是真理吗？很有意思，他假如教的是真理，那应该这个教授是最有钱的人，有没有道理？他是最懂的，他是专家，他应该用得最好，他赚最多，他怎么是一个教授而已？所以真正致富的真因，不见得是在大学的教科书里有，是在我们中国的经典里面才有。财富的真因是什么？乐善好施，"积善之家必有余庆"，财布施得财富，这个才是根本原因。不然假如这些教科书是真理，应该所有的人用了全部都有钱，怎么有些人有钱，有些人没有钱？

我们今天用了经典里面告诉我们的，孝顺为传家、齐家之本，哪个家庭孝顺了不兴旺的? 都兴旺啊! 勤俭为持家之本, 哪个家勤俭反而败了? 没有啊! 真理是放诸四海皆准叫真理。所有的结果是有善因、有善缘, 结善果, 可是一般很多书上讲的, 没有把真因讲出来, 只是把缘分讲出来。就好像一个种子种下去了, 你浇水、你施肥, 那个是缘, 因是那颗种子。现在没有布施, 没有乐善好施的因, 他就拼命赚钱, 也不见得赚得到钱, 那是缘。所以亘古不变的真理都在经典当中。

而现在很多的教科书都是某些人自己想象出来、自己体会的, 都不一定跟真理相应。一个真正有智慧的人, 他一定守住依照经典为师, 不是他自己的创造发明。孔子也是这个态度, "述而不作, 信而好古"。我们这个时代不信真理、不信圣人, 很多人都以自己的想法, 他又很有知名度, 很多人相信他就完蛋了。跟大家举个例子, 曾经得过诺贝尔奖的, 他的话还编在教科书里, 说"企业唯一目的, 赚取利润", 在教科书里面很长一段时间。所以为什么这么多的事业体破坏大自然, 肆无忌惮, 他不管, 河川污染了, 土壤污染了, 他不管。"企业唯一目的, 赚取利润", 这是大邪说, 还是在教科书里。

所以, 我们想起我们马来西亚伊斯兰教长老阿里芬博士, 他有智慧啊。当时联合国教科文组织介绍我们马来西亚一本教科书, 拿给他审核, 他把它退回去了, 他说这本书连孔子的教诲都没有, 不合格。他有判断力。这一句害死这个世间说"唯一目的赚取利润"的话, 假如有孔子的话, 一审核马上就被淘汰, 还编进去? 孔子在《论语》里面讲"君子喻于义", 道义, 君子爱财, 取之有道; "小人喻于利", 小人只想着要谋自己的利。那这句话就是小人的思想, 怎么可以编进教科书里?

所以看到这些现象, 就体会到我们曾经学过《群书治要360》里面, 孔子跟鲁哀公讲的话, 天下有五不祥, "圣人伏匿, 愚者擅权, 天下之不祥", 圣贤人的教诲, 没人相信、没人愿意深入, 这些小人的思想、功利的思想充斥在世界甚至每个人的思想里面, 天下大乱就是这么来的。

　　刚刚跟大家讲发生在美国的事，四十年前就有了。而我们看到，法官也是觉得老师教的东西是商品。大家有没有感觉，工业革命以后，好像连人类都变成商品。人类有尊严，人类有人格，怎么可以当商品看待？诸位同道，假如你在一个单位里面，人家把你看作是一个生产线中的某个零件而已，你舒不舒服？不舒服。就好像我们的学生，现在像不像商品？他们好像被同样的对待，而不是因材施教。同样对待是什么？数学语文、语文数学、数学语文，每天就这样在流水线上被加工，出去了，出去以后呢？大学毕业了，出去了，退货！人家不要。现在大学毕业、硕士研究所毕业，找不到工作的人很多啊。

　　请问这个社会当中，哪个企业他告诉你，我要的就是考试考很好的人？哪个企业主说，我要的人是考试考很好的人、我要的人就是他高中数学九十五分的？可是你看我们整个教育孩子过程当中，所有的专注点，绝大部分都在考试，结果他变考试机器。出来社会，不会做人做事，不是一个好的干部；结了婚，不是一个好丈夫，也不是一个好妻子；生了孩子，也不是一个好父亲、好妈妈，因为都没有好好学过这些做人、做事的道理。所以要幸福孩子一生，得回到传道、授业、解惑啊。

　　这篇文章登在我们台中莲社出的《儒学简说》当中，文章里又提到，中国古圣先贤师生如父子。孔子对他的学生，这段话很重要，因为我们下一个重点，就是当老师的人最好的榜样就是至圣先师孔老夫子，他是我们教育界的圭臬，是我们最好的样板。而夫子视他的学生无不"视犹子也"，《论语》里讲，视学生就像自己亲生的孩子。像颜回去世的时候，夫子哭得非常伤心，而且不只是为学生离去伤心，是为了天下丧失了这么好的一个圣贤而难过，因为他这些学生要传道的，要教化一方啊！子路去世了，被剁成肉酱，夫子伤心到从此以后不吃肉酱了。孔子去世，他的学子都服心丧三年，在夫子的墓旁，很多学子守心丧三年，而且子贡更在墓地守了六年。所以圣贤如此垂范，后世做学生的无不视老师是春风化雨，为人师者视弟子如桃李芬芳，所以师生之间的那种情谊是非常优美的。

师生关系所以如此深厚，乃因为以道结合；道虽然无形，但有无上的道力。比方学子得道了，他可以明明德，他可以亲民，他可以成就自己，他可以成就他人、成就万物。这个道，师道能够整个国家、民族重视了，那我们这个国家、民族将会影响世界，所以道是很有力量的。就像唐朝的时候，整个传统文化非常重视，所以日本、韩国，临近的国家都来学习中华文化。唐太宗皇帝被世界封为"天可汗"，天下共同尊崇的共主。

从这个事例我们就体会到，老师的本分：传道、授业、解惑。"道"是超越时空的大自然法则，不管是做人、做事，它都是亘古不变的法则。遵守这个法则，不违越的去做人，这个就是"德"，所以传道德，教道德。道，首先人与人的关系是道，不离五伦关系。"父子有亲"，亲就是德，父子是道。"君臣有义"，君臣这个关系就是道，义就是德。"夫妇有别"，夫义妇德，夫妇就是道，这个别就是德，这个夫义，义是德，夫德。他遵守之后，丈夫表现道义，妻子很有相夫教子的德行。我们一般讲女子四德：妇德；妇言，言语的修养；妇功，女子操持家庭的能力；妇容，她的仪容非常端庄，影响下一代生活的威仪。

我们从传道、授业、解惑这三个角度来谈，首先我们想到这个五伦大道，想到孔子在《孝经》一开头对曾子讲，"先王有至德要道，以顺天下，民用和睦，上下无怨"。古圣先王有一个至高无上的道（治理天下最重要的道理），用了以后人与人之间非常和睦，"上下无怨"，就是父子、长辈、晚辈之间和睦，包含官员跟百姓和睦，尊贵的人跟地位比较低的人和睦。靠什么？靠孝道。孝道，父子有亲了，家庭和睦；移孝作忠，"君子之事亲孝，故忠可移于君"，所以对于领导者尽忠、尊重，不会忤逆，这也是从孝来的。所以"道"在中华文化的核心，"孝道"是最重要的。我们读到《孝经》这段也是非常向往，"民用和睦，上下无怨"，我们希望我们的家庭社会就是这样的风气，所以假如当老师的人不教孝道，那就没有传道了。我们俗话又讲"百善孝为先"，这个意思首先点出了孝是百善之首；再来，还有一层意思是孝心开，百善会接着开。

我们一谈到道德，都会想到五伦、八德。八德有两个说法，合起来是十二个德目：孝悌忠信、礼义廉耻、仁爱和平。孝是做人的根，悌是做人的本，礼义廉耻是做人的枝干，仁爱和平是做人的花果。而这整个十二个德目的落实，其实也是非常顺乎人性。教育要顺人性，他会学得很自然、很容易吸收。大家有没有听过，在古代，我们五千年的历史当中，有人因为读书读得太痛苦，然后自杀的，你们有没有听过？从来没有。最近的清朝，我看民国时期也很少听过吧？怎么现在变成这样？顺着人性他很能接受，"学而时习之，不亦说乎"。

我们从孝来看，他是侍奉父母，事亲；他在大家庭当中敬长，悌忠信，敬长；礼义廉耻，事君，在团体里服务；仁爱和平，他是爱众。很自然的从对父母的爱，侍奉父母亲，然后在大家族当中敬长。悌，尊重长者、尊重哥哥姐姐，友爱弟弟妹妹。而且忠信是一个人一生责任感还有人生努力的动力，在忠信。忠是尽心尽力，要尽心尽力孝顺父母，让父母有好日子过。这一点在我们上一代人就看得到，他为什么这么努力读书、努力用功、努力做事业？要回报父母。可是到我们这一代，努力干什么？享受，赶快赚到很多钱，我要到欧洲、我要到哪里哪里去玩，他整个动力不一样，不是忠于父母、忠于家族。我们身为中华儿女，都有一种人生态度是什么？光宗耀祖、光耀门楣，这是一生的动力，忠。然后信，承诺过的事情一定不断鞭策自己要做到。诸位学长们，我们有没有在内心里面曾经对父母许下承诺，对自己的亲人许下承诺，有没有？有，这个承诺就会让你有源源不绝的向前的动力。

礼义廉耻，事君。礼义廉耻，国之四维，团体之四维。再延伸到整个社会大众以至于世界的百姓，那就仁爱和平，是花果。这个表（十二德目图表）对我们很重要，在哪里呢？我们总不能是无根的教育，没有根怎么会有枝叶花果? 可是我们冷静想一想, 我们在学校里面, 很强调 "要去爱护同学, 要爱这个世界, 我们是地球村", 爱不爱得出来? 该怎么贪吃还怎么贪吃, 都不让同学; 该怎么乱丢垃圾就怎么乱丢垃圾, 还什么爱世界?

为什么我们花了这么多的精力、财力, 现在全世界花在教育的费用多不多? 非常的多。但是整个下一代的素质一直在下降, 怎么会花那么多的精神跟金钱, 反而是教不出好的人才? 根本重要。我们教育界常常都会讲, 现在的人, 初中毕业占百分之九十几, 所以文化水平很高, 有没有? 可是在古代读过书的人不多, 可是都懂得孝, 都懂得做人, 家庭里面教、社会教。现在大家都去学校读书了, 反而不会做人。重要的是努力有结果, 不一定会有好结果, 舍本逐末不可能会有太好的结果。

所以孝道是教育的根, 是整个中华文化的根本所在。对这个认知越深, 任何人都不教孝, 全世界的人都不教, 自己一定还是教, 那其他的人不懂, 另当别论。但我们有这个决心, 自己尽心尽力教, 决定可以给世人证实: 懂得孝道的孩子有德行, 懂得孝道的孩子, 成绩一定越来越好。为什么? "亲所好, 力为具", 父母希望他学业好, 他怎么忍心让父母担心? 所以我们东北吉林松花江中学, 他们就是抓孝的核心, 所以整个学习成绩突飞猛进, 整个吉林松花江落实《弟子规》的经验, 对东北以至于中国大陆的教育都很有震撼力, 他们称为 "松花江效应"。刚好我们吕杰校长跟王琦老师, 2010年在我们马来西亚北方大学, 也有把他们的经验分享给两千五百多个校长、老师。

那我们接着探讨什么呢? 孝心开, 百善皆开, 我们来看百善不离这个八德。"悌" 怎么来的? "兄道友, 弟道恭; 兄弟睦, 孝在中"。人的 "忠" 心从哪里来? 也是孝。他对父母尽忠, 自然而然就对别人也能尽忠。他去爱父母, 他才懂得进一步去爱人, 连对他恩德最大的父母他都不爱, 怎么去爱别人? 所以爱的原点是孝道。《孝经》告诉我们, "不爱其亲而爱他人者, 谓之悖德", 这个违背德行, 不正常。"信", "父母命, 行勿懒", 答应父母的事要赶快去做到，首先对父母诚信。

"礼"，"父母呼，应勿缓"，对父母非常恭敬、礼敬，"晨则省，昏则定"，这个都是礼敬的态度。"义"，很有情义，"丧三年，常悲咽"，你看这些德行的根本都离不开"入则孝"。"廉"，廉洁不贪婪，"物虽小，勿私藏，苟私藏，亲心伤"。"耻"，羞耻心，"德有伤，贻亲羞"，耻的根本也是从孝根来的。"仁"，两个人，想到自己就想到对方，根本就是"冬则温，夏则清"，冬温夏清不都是设身处地为父母的需要着想，是吧？这是仁。"爱"，"亲有疾，药先尝，昼夜侍，不离床"，对父母生病的时候那种无微不至的爱护、照顾。

王希海老师，他父亲中风二十多年，他细心呵护。我们看这个"爱"字，用心去感受。他父亲的一个表情，他就知道他需要什么，确实是父母跟子女连心，这个是本有的。包含因为他父亲卧病在床，最怕的就是得褥疮，得褥疮溃烂之后就很难翻身，那个真的是坐立不安、痛苦不堪。他觉得说我父亲已经够痛苦的，怎么还可以让他长褥疮？他觉得父亲生病长褥疮是他莫大的耻辱、过失。可是要不长褥疮，要常常翻身，他就想了一个办法，把自己的手伸进父亲腰的部分。他父亲八十公斤，也是比较重，他一伸下去，父亲整个身体就压在他的手上，差不多半个小时，他整个手就麻了，醒过来，赶紧帮他父亲翻身，然后按摩。所以他的父亲生病一、二十年，皮肤都非常光滑、有弹性。医生不相信他父亲中风这么久了，都觉得他欺骗他，结果去把那个病历调出来，医生流着眼泪，被他的孝心感动了，说："你护理的能力，可以当我们所有护士的老师，她们都要跟你学习。"

所以谁有创造力？我们现在整个教育都在强调创新、创造力，创造力的根本是什么？孝心、爱心啊！不是孝心、爱心创造出来的东西，可能会有很大的副作用。所以"德才兼备"，德是本，才是用，没有德而有才很危险。现在多少青少年都迷在那些杀人游戏里面，那杀人游戏谁设计出来的? 不就是很有能力、很有技术的人,但是他没有德的根本。

您看王希海老师设身处地为他父亲着想,他就想出这些方法来。他有讲到,一个人,父亲卧病在床,几天大便排不出来,居然没有主动去想办法,他觉得这样是不应该的。为什么? 几天排不出来,难不难受? 当然难受。那孩子为什么没有动作? 他在医院看到很多这个现象,他很不忍心。重要的是孩子没有替父母想,没有去体恤床上的父母。所以他就主动的帮父亲按摩整个腹部,按摩好了,用热毛巾热敷,然后又在肛门处帮父亲热敷,最后就顺利排下来,父亲就舒服了。排在他的手上,他非常的欢喜,终于解决了父亲的问题。所以一个人能够在照顾父母的过程当中,能捧到父母的粪便,那是最有福报的人,因为你报了恩。因为父母小时候就是这样一把屎、一把尿把我们照顾长大的,从不嫌弃我们,我们也以同样的心来孝敬父母。

他这个方法讲出来以后,我们认识了一位郑老师,她父亲卧病在床,真的也排不出来,她就用这个方法,确实有效。我这次在南京,这位郑老师也刚好来找我们,就遇到王希海老师,非常感动,感谢他。就让我想到经典里面说,"孝子不匮,永锡尔类",就是孝子他那个孝行、至孝,绝对会让听到的人感动而效法他,就让所有的人类都得到利益。就像我们看"二十四孝",一看舜王的风范就很受感动,看子路百里负米,所以一个人假如心肠很硬,先看"二十四孝",看一看眼泪流出来,心就不会这么硬了,那些都是至孝性德,特别感动人。

从刚刚这些例子我们就看出,那个孝子爱的细腻。"和",孝子跟父母相处,决定没有一句不高兴的话、情绪的话,没有。哪怕是父母不对,也是"亲有过,谏使更,怡吾色,柔吾声;谏不入,悦复谏",您看那心多柔软,父母不能接受,下次找父母高兴的时候再劝。"复"是什么? 重复劝,没有不厌烦。"号泣随,挞无怨",父母不能理解还打他,他也毫无怨言,父母不能理解打他,他心还是非常平,这个和平的"平"就在这里练出来了。

在《论语》当中还有一段话，跟《弟子规》的"亲有过，谏使更"意境非常相近。"事父母几谏"，夫子教导到，尽孝、侍奉父母，"见志不从，又敬不违，劳而无怨"。侍奉父母，还要养父母之智慧。父母不是圣贤，不可能无过，但是在父母有过的时候，这个"几"就是稍微有征状的时候，就赶紧要去劝，不能已经造成很大的问题才去劝，要防微杜渐。看父母的态度不是很能接受，不可以勉强，赶紧下一次再劝，但是对父母的态度还是一样的恭敬，甚至更加的恭敬。假如我们跟父母在沟通的时候，父母不能接受，我们心里就不欢喜、有怨气，就不可能做得到"又敬不违"。现在更严重的，到处说父母的不是，这个就已经是偏离得太夸张了。而且坦白讲，人出去说父母、说自己亲人的过失，叫自取其辱，有句话叫"家丑不可外扬"。您曾经听说有一个人，把自己家里面另一半的丑事，父母、兄弟姐妹的丑事讲给别人听，然后对方说，哎呀，我实在太佩服你了，给你鞠个躬。没有啦，人家听完反而就嘲笑你的家庭，看扁你了。

《弟子规》讲"亲有过，谏使更"是本分，"善相劝，德皆建；过不规，道两亏"。我们记得我们的本分，还有做人的态度，"念恩忘怨"，念父母、亲人的恩，心里绝对不放父母、亲人的过，这个才是正确的人生态度。我们当老师的人对这些做人的态度要非常清楚，为什么？这个都是他一生幸福还是痛苦的关键。一个人念恩忘怨，什么时候幸福快乐？当下就幸福快乐。心里面都充满着父母、亲朋好友的恩德，他每天过得很充实。为什么？报恩！

但现在的人不懂这些孝道跟做人，刚好反过来，念怨忘恩。大家冷静去看，发生在我们身边，比方说同事、朋友，本来两个人非常好，三年、五年的交情，突然出了点摩擦的事情，就一直骂对方，骂骂骂，前面三年、五年全部都忘了。这个是活得颠倒了，违反做人的态度了。所以《弟子规》是做人的根本态度，"恩欲报，怨欲忘"。其实坦白讲，人不愿意念恩忘怨，他是不懂得自爱。所以几个人会爱自己呢？那些处世的态度把自己搞得痛苦得半死，念怨忘恩的人快乐吗？你有没有看过一个人在那里怨人，怨半天说，"哇，好舒服"，没有吧？所以你说几个人懂得自爱？应该顺着自己的性德，时时都是快乐，助人为乐，为善最乐。谁会过日子？真的肯遵从《弟子规》去做的，才是懂得过日子的。

"又敬不违，劳而无怨"，这个"劳"就是，劝父母可能不是劝一次父母就能接受，哪怕要劝很多次，他也没有丝毫的怨言。不要说劝别人，人家劝我们多少次我们才听啊？所以，其实想想自己，可能慢慢耐性就出来了。自己回想，我们学习中华文化这么多年，那个从小的坏习惯改了没有？就是父母每次说，你这孩子怎么这么固执，怎么这个样，那个可能就是我们最严重的，那我们都学了那么久都还没改，怎么劝别人一次、两次就要别人马上改，那不叫刻薄？应该严以律己，宽以待人，不能反过来，严以律人，宽以待己。这又是颠倒，所以我们不认真把这些理搞清楚，随时都学颠倒。

大家冷静去看，现在的年轻人在团体当中能和气、能与人不起对立冲突吗？不容易。所以根本是还要回到孝来。其实我们看这十二个德目，就是修身、齐家、治国、平天下的次第。所以一个人从孝道去修身，他的一生能够达到利益国家、天下的人生价值。而修身齐家、孝悌忠信的精神其实就是我们这一、两百年人类一直在讨论的民族主义，都希望民族能够更团结。大家冷静去看，现在多少国家一直在分裂，有没有？你看苏联分裂成多少国家，很多同民族的都在争斗当中，看了实在是很不忍心。而我们中华民族大一统几千年，这个在全世界是绝无仅有的，重点在哪？在整个几千年来都重视孝悌忠信的教育，所以整个民族非常团结。以前都是少则一、两百人住在一起，多的时候三四百、五六百都有，非常团结。所以孝悌是根本，忠信是做人的一个动力，我们刚刚讲的，为光宗耀祖，所以民族都非常团结。

所以强调很多的理论，强调很多的主义，都要抓住德行才是根本。比方说治国，现在都强调要民权、民主社会。这一、两百年，人类花了非常多的时间在思维这些政治的制度，但是好像全世界的政治并没有比较好，花了很多的精神却得不到好的效果。这句话大家冷静想想，发生在哪？花了很多精神却得不到好效果，这个现象在哪？在个人、家庭、国家、社会都看得到，世界也看得到。

首先身体，我们这个时代花在养生、吃营养品的东西多不多？多。效果好不好？怎么身体越来越差？因为他没有抓到根本，根本是什么？修养。他吃那么多营养品，然后脾气那么大，好得了吗？还有，不懂得道法自然，吃那么多营养品，结果都熬夜。他不抓根本，耗了一堆精力、财力、时间，没什么多好的效果。所以老祖宗说本末倒置。家庭里面花那么多时间教育孩子，结果教出来的孩子反而比以前的不懂事，因为没有抓到本，我们刚刚已经探讨就是这个，你要抓这个孝的本。

包含世界上一直在研究这么多的政治制度，政治制度是其次，什么是根本？人的德行、素质才是根本。所以努力有结果，不一定有好结果，就是没把"本"抓到。我们看政治的本是什么？德。"礼义廉耻，国之四维"，你强调民权主义，结果老百姓现在都可以直接骂国家领导人，无礼啊！政治人物他没学到礼，打架的现象很多。那政治人物打架，下一代能不打架吗？美国能教他的下一代不打人吗？他发动那么多战争，所以美国现在青少年犯罪率最高，都不是偶然的，是不是这样？上行下效，他上一代那么严重，怎么可能教下一代能教得好？这个是礼。接着义，义是对人民要有道义，要为人民谋福利。假如政治人物没有义，那他从政变成谋他的私利、私欲，所以现在政客比较多了。那还是教育问题，不是制度问题。那些讲着"我们的政治制度非常好"的国家，有比较好吗？因为他已经忽略了最根本的东西。廉，廉洁他才不贪污，而不是你要用多少的方法去防止腐败，那个也只能防一时。有羞耻心，他就不会做出那些跟良知违背的事情了。所以礼义廉耻才是民权、整个民主制度的一个最重要的核心,德行。

仁爱和平就是这一两百年来一直在强调,你要为人民的生活谋福利。他没有仁爱的心,这也是口号。甚至现在用很多这些好像要去帮人民谋福利,透过这些做法去谋自己的私利、谋自己的威信,因为他自私自利没有放下。所以仁爱和平,有这样的存心才能真正去尽自己的一份力,爱护社会大众。就像"礼运大同篇"讲到的,"人不独亲其亲,不独子其子。使老有所终,壮有所用,幼有所长,鳏寡孤独废疾者,皆有所养"。要推展,首先要从孝道开始,因为有孝道,人就不自私自利,他自然而然会去为人着想。

这是"传道",从孝道跟大家做个交流,我们真体会到了,其实只要在教育当中落实孝道,家庭、社会种种问题就慢慢化解了。我们把所有的家庭、社会的种种乱象摆出来,是不是只要这十二个德目在人的心中,就化解掉了?孝悌,还会跟父母、兄弟起冲突吗?忠,还会违背国家吗?信,还会做黑心食品吗?礼,还会现在这么多不小心被人家撞一下,就跟人家打起来了吗?义,假如有义的话,现在离婚率会这么高吗?人与人会见利忘义吗?你们有没有受过伤?假如人心里有义就不会伤害别人了;就是只顾自己的感受,或者自己的私利,就很可能伤害对方了。廉,现在假如廉洁了,你看多少事情解决了。人有羞耻心,社会风气就转过来了。仁爱和平,那团体就和睦了。所以这十二个字放光呢!抓住了整个道德的纲领,其实要把孩子教懂事不是很复杂,是我们有没有认知到,然后重视,然后尽力去落实孝道、落实八德。

接着"授业",传授道业、学业,传授如何经营家业、事业,这个都是授业。我们《四书》的《大学》讲到,"大学之道,在明明德,在亲民,在止于至善",那是授"大学之道"的学业,传授这个学业,是让学生这一生智慧、德行能不断提升到圆满,然后再去利益别人,也能智慧、德行圆满,是传授这个业,而不是把他变成考试的机器。这句话值得我们深思,因为机器，他就变得没有感情，不会念恩，不能体会、体恤别人。

你们最近有没有看到婴儿，几个月、一两岁的孩子，眼睛非常的清澈透亮，有没有？很有灵性。那你去看一个大学生，现在那个眼睛跟小孩子比起来怎么样？有没有比较没有神，没有灵气？那读书应该是越读越有灵气，这才是对的方向，学对了会返璞归真、返老还童。你看我们的师长学对了，他老人家87岁，眼睛好亮，炯炯有神，又慈悲、又有智慧的眼神。要授这个业。

《大学》告诉我们，"知止而后有定，定而后能静，静而后能安，安而后能虑，虑而后能得"。这个"得"是什么？是契入圣贤的境界，智慧跟圣贤人一样。所以我们授业的目标是要开圆满的智慧，是要授这个业。《弟子规》说的，"勿自暴，勿自弃；圣与贤，可驯致"。假如不是每个人都能契入圣贤人，那这句话不是跟我们开玩笑？所以契入的人很清楚，每个人都有本善、明德，一定可以恢复。所以从事教育工作，首先要坚信，不能有丝毫怀疑，"人之初，性本善"，这样我们才能用百分之一百的信心去信任学生，去启发孩子的智慧、善良，所以这个信很重要。

"知止"，这个知止就是学者学习圣贤之道，他止于大学之道。首先他要立定志向，他的人生价值观就是要明明德、亲民、止于至善，他立定了这个志向。请问大家，立定了吗？假如立定了，每天的方向、目标，每天所做的一切事情都不离这个目标。"明明德"，我今天灵性、智慧有没有提升一点？还是觉得越来越恍恍惚惚、越来越迷惑？那就跟目标不一样了。"亲民"，我每天活在这个世间，有没有利益到亲人朋友？亲民。

立定这个志向，他就不会改变了，就不会彷徨了，人生不会常常没有方向了。那立定了这个志向，然后制心一处，就是往这个目标，心不妄动，每天就是提升自己、利益别人，这样每天很充实。我们还没有学传统文化，我自己还没学以前，十几岁、二十几岁，早上醒过来：今天刚好放假，待会去吃什么？待会去看哪一部电影？还是怎么样，都是想这些享乐的事情，然后每天就这样混过去了，也不知道什么叫意义，什么叫价值。

所以心不妄动了，都往这个目标。立定志向就是"定"，心不妄动就"静"，定、静。心不妄动，在一切顺境、逆境都能随缘，都能随处而安。为什么？一切人、一切事物都是来提升我们的，都是让我们知道我们自己的不足，所以他很"安"。一切人都是老师，都是来让他察到自己的习气，好好提升自己。所以人人是好人，事事是好事，他的心是安的。那心时时都安了，正念分明，这个就是定的功夫越来越高，最后由定就开智慧。"安而后能虑"，这个"虑"就是进而智慧现前，明了圣贤所有的这些教诲、道理，最后证得圣贤境界，就是"得"。

那事实上，这个"定、静、安、虑、得"，不是知识，所以传道、授业，我们当老师的人，得自己真正去深入经典去理解，然后自己好好去落实，我是怎么孝顺父母的，我是怎么友爱兄弟的，绝对不是把这个道理讲给学生听，就能很好的教育他。因为教育最重要的是身教，孩子可以从我们的言谈当中感觉到我们的身教落实了多少。落实越多，那是真心的流露，越容易跟学生产生共鸣。假如是有口无心，讲了自己都没有做，很难产生共鸣、产生摄受力。所以老子、孔子、释迦牟尼佛三教的圣人，为什么他们对于当时的学生，以至于后世的学生影响这么深远、这么长久？没有别的，因为他们是身教，他们是做到了才说的，所以有这么深远的影响。这个是授业。

家业跟事业，其实《大学》里面告诉我们，"德者本也，财者末也"，所以"德"才是家业跟事业的基础。所以有一句格言讲到，"德者，事业之基也"，德行是事业的基础，就好象盖房子，你的地基；"德者，事业之基，未有基不固而栋宇坚久者"，没有说地基不稳，这一栋大楼能够非常牢固、用很久的道理，所以这个授业也要从根本。

"解惑"，要解别人的疑惑，首先要先解自己的疑惑，自觉才能觉他，自度才能度人，《尚书》上面也是讲，先觉才能觉后觉。所以我们要解自己的惑，才能解别人的惑。那要解惑，我们首先还得好学，好学才有智慧。好学首先要学一个做圣贤弟子的态度，有了这个当弟子的态度，才能承接圣贤人的教诲。就好像说，你要有一个空的器皿，你才能够装进东西来。所以我们一般讲，一个学习者叫"法器"，你是个法器，才能承传圣贤的这些教诲。那法器是空的，就是要谦虚，假如里面都是装得满满的，那就很难再装进这些好的教诲了。所以法器就代表什么？代表一个弟子的态度，我们说具备"弟子相"。态度决定成功，决定不是成功以后才改变态度的。做事业是如此，求学也是如此，决定是先有诚敬的态度，才能学到善知识的这些学问、智慧，绝不可能是说学到以后再来改变这个态度。

其中弟子的态度有"主动请教"。我们在教书的时候对着小朋友，"小朋友，要主动发问哦，有没有问题？"都叫小朋友要主动发问。那因为我们教书，教育当局都会规定，让我们一个学期要出去上多少课、多少小时的规定，所以常常我们放假的时候也要出去上课。结果平常我们都是站在讲台上教小朋友，去参加研习了，变我们坐在底下，上面那个教授还是授课老师问，"有没有问题？有问题举手。"我们全部都低下头。有时候想一想，自己在台上都要求学生要主动发问，自己坐在底下，反而也不问了，那这个身教就没有了。

所以我们现在要承传道统，我们也要做圣贤的好学生，也要主动请教、主动发问。这不是我要求大家的，《弟子规》讲的，"心有疑，随札记，就人问，求确义"。你说我身边师长不在，怎么办？宁为成功找方法。都没有这些条件，所以不干了。不能不干啊，我们早一天有智慧，学生早一天得利益，有爱心的老师绝对会克服所有的困难。我们可以找三、四个跟着师长、跟着同一个老师学习的好友，经典里面讲，"相观而善之谓摩"，"独学而无友，则孤陋而寡闻"。我们找三、五个志同道合的好友，这么一讨论，基本上应该可以讨论出正确的理解，这句话应该是怎么来理解，应该

175

可以讨论出来。假如还不行，这个时候可以把问题写下来，我们可以去请教，用邮件请教。比方我们师长在香港，就可以请教。宁为成功找方法，一定会有方法，或者我们在一起共学的时候，我们可以写问题出来，我们再大家一起探讨。主动请教是基础。你看我每次上课生意挺不好的，大家都没有拿出来探讨，只有两种情况：第一种，你们都已经大彻大悟，啥问题都没有；第二种……自己想，有些话要点到为止。其实我们都教孩子做的，我们自己都还没做。

"主动请示"。比方说孩子要做什么事，他不会自己自专，"老师，我做这事可不可以？这么做好不好？"他不会先斩后奏，这个是请示。包含："老师，这个书我可不可以看？"因为孩子还不懂，他看书看杂了，或者是看的书是邪知邪见的，那老师刚好保护他。所以学习做事，他都懂得请示，这就他有恭敬心。那他有这个态度，老师的学问、智慧，包含做事的阅历就可以传给他。都是自己随性做事的人，就得不到这些利益了，那整个老师修学几十年积累的东西，他也受用不了。

"主动汇报"，"主动参与"。我们学习、体悟的对不对，可以向师长汇报，可能我们悟错了，马上可以调整。或者是三、五个好友学习心得，互相分享，互相护念，互相提醒。因为假如悟错了，可能那个修学的路就越偏越远，"差之毫厘，谬以千里"。再来，主动参与就是整个学习，自己都做好榜样去带动。这个是谈到要给人家解惑，首先自己要有智慧。要有智慧，首先要具备学习的弟子相，才能承传圣贤这些好的教诲。

老师真的安贫乐道了，因为我们知本分，传道、授业、解惑，接着我们会安贫乐道。因为要传道、授业、解惑，首先自己要深入整个经典，真正用功了，就会尝到法喜。其实，不知道大家听到"安贫乐道"四个字，是很欢喜还是不舒服的感觉？有些人，"谁说教书一定要很穷？"其实不是说教书的人很穷，是真正深入经典的人他很专注，没有时间再去想哪一家咖啡店的咖啡比较好喝。真的很用功的人，连剪指甲的时间都拿不出来，有时候都忘了，"发愤忘食，乐以忘忧"，孔子讲的。人家孔子喝汤，喝到尧帝现在那个汤上面，还在墙壁看到大禹；孔子去齐国的时候听到韶乐，学习韶乐，"三月不知肉味"，就是他整个全神贯注，根本就不会去分心。所以夫子才能够"饭疏食饮水，曲肱而枕之，乐亦在其中矣"，每天吃得很简单，枕头买不起，这个手这么一撑起来，乐就在其中了。为什么？真正的乐从哪里来？从内而外，助人为乐，"得天下英才而教之"，看到这些学生不断进步，这是很欢喜的事情。

现在的人误会了，觉得乐是从外面刺激进来的，那变成当老师的人也一直想要多赚一些钱，那他就不能安贫乐道。孔子又称赞颜回，"一箪食，一瓢饮，在陋巷，人不堪其忧，回也不改其乐"。我讲这段话，不是要大家过着很苦的日子，我们是去体会孔子、颜子他们的境界。其实我们现在从事教育工作，国家已经给我们照顾得挺好了，这生活应该是不需要去担忧了，应该知本分，应该把什么放在心上？为国家培养下一代的人才。

好，这节课先跟大家交流到这里，谢谢大家！

第十讲 师道尊严（四）：振兴师道（2）

尊敬的诸位长辈、诸位教育界的同道、诸位学长，大家下午好！

我们刚刚讲"振兴师道"，第三点是知本分，知应传道、授业、解惑；第四点是安贫乐道，为国育才。我们要了解，"十年树木，百年树人"，栽培一个学生要相当的心血，所以安贫乐道才能为国育才。这个"贫"不是贫穷，这个"贫"是清贫。他的人生目标不是享乐，不是要赚很多钱然后去花，他安在为国家培养人才的工作上，他很专注、不分心。因为他要教学相长，"学然后知不足"，尤其我们这个时代，我们也是成年以后才学中华文化，自己还有很多不足的地方，所以"学然后知不足，教然后知困"，给孩子引导这些做人处事的道理，讲到一半卡住了，自己理还没有贯通，赶快回去好好查经典，好好看真正深解经义的古人或现代人的著作，再把它触类旁通。"知不足，然后能自反也；知困，然后能自强也"，时时反省，时时精进自强，二十四小时都不够用，哪还有时间常常跑出去吃这个吃那个、买什么名牌的衣服，我想自己要提升德行、智慧都不容易。所以为什么几千年来为师者都是安贫乐道，有他的道理。而个中的喜悦，"如人饮水，冷暖自知"。夫子是"发愤忘食，乐以忘忧"，因为他"学而不厌，诲人不倦"。学而无厌，有智慧；诲人不倦，仁德、仁慈，都想着利益学生，为国家培养有智慧、有德行的人才，他的喜悦是从内而外出来的。

我们再换另外一个角度想，假如老师都是开宝马、奔驰，那学生看了是什么感受？老师怎么可以赚那么多钱？老师吸引他的是他的名牌、是他开的车、是他的钱，那学生怎么向道，学生怎么尊重老师？而以前是安贫乐道，为国育才，现在假如我们不守这个精神，那变成追名逐利，安贫乐道变成追名逐利。所以现在有个说法说，学校变成企业了。一些大学教授，他的学生叫他老板。此风不可长啊！老师追名逐利，最后就不是为国育才了，那有可能是误人子弟，那有可能是摧残民族幼苗，这个值得我们深思。因为追名逐利，名利心越来越重，看不到孩子的内心了。

比方比成绩，看到成绩比较差的学生，可能言语就会伤害对方，这好名。甚至于成绩不好的，把他调后面去，你给我转学，那这个不是摧残民族幼苗吗？为什么？因为孩子内心里最尊重的就是父母跟老师，可是老师却这样对待他，对他的心灵是非常大的煎熬。为名，有的为利，这个学生没有到我们家来送礼，找他麻烦。师者是人类灵魂的工程师，怎么可以为名利摧残人家的灵魂？所以为师者不能受尊重，我们都要反思我们自己的一言一行有没有符合师德。

曾经遇到年轻的学子，谈到自己求学的过程，因为老师为名利，非常排斥她。我看这个年轻学子讲话的时候都发抖，你看那个阴影过了十年、二十年还没有办法释怀，那对她人格是严重的障碍啊，那我们真的对不起"老师"这两个字。

当然，假如我们面对的这个学子、我们的亲人在求学过程当中真的被老师给伤过，怎么办？那我们得引导他。老师他当初进了教育界，他也是有爱心的，但社会一些功利的现象，他也受到影响。所以今天老师的这个情况给我们的启示就是：你以后当老师不能犯这样的错，你不要名不要利，你要表现出牺牲、奉献，让师德、师道在你身上恢复。那老师给你的人生启示就很有价值。要转念，他一直留在那个伤害当中，他自己也很痛苦。转念变成什么？变成使命，转危机为转机，转烦恼为智慧、为使命感，这就是会转念。圣狂之分在一念，是烦恼障碍自己，还是变成智慧、使命感去提升自己、去利益他人，就在自己的一念之间。

还有，不只要爱护学生，老师他也是有使命才进入教育界，现在被这个社会风气影响了，我们也要回报老师，因为老师可能有不对的地方，毕竟也有照顾过我们的这些恩德，所以又像刚刚讲的"恩欲报，怨欲忘"。人的心中还有怨恨放不下，自己一定痛苦，不可能快乐，甚至作梦铁定会做恶梦，还是不自爱。再来，自己常常不快乐，常常做恶梦，父母知不知道？能不能感受到？可以。所以人假如不爱护自己的身心，其实还是不孝。所以要懂得放下烦恼。父母的心很敏锐，我们内心有哪些苦闷，他虽然不能完全清楚，他还是会替我们担心，所以为了父母，什么烦恼都应该放下，应该转念。

面对之前的这位老师，你应该去利益他的人生，再度唤醒他教育的爱心。所以回到家乡，买好的礼物去看老师。我想你去看他，他一定会很惊讶，"哎哟，他怎么会来看我？"是吧？为什么？人都有良心，他曾经这样子对待这个学生，我想他冷静的时候也是会觉得不对，只是拉不下这个脸而已。你不只没有埋怨，还去看望他，还念着以前他对你的好，他感动啊，会惭愧。再来，又把《弟子规》、把传统文化的书，还有像王琦老师、吕杰校长，这些教育界做得非常感动人的现身说法这些光碟、书籍送给老师。包含他从我们自己身上，他就感觉到学传统文化的人很有度量，我曾经这么对他，这孩子一点都不跟我计较，还把这好东西送给我，还跟我讲，"老师，你的儿子不是读大学了吗？这一套光碟给他看很好。"你替他想，爱护他的家人，那这个缘就转了。因为这个老师假如不转，他以后罪业很大，继续为名为利，会断了很多孩子的慧命。所以对他我们也要慈爱，去让他理解老祖宗的这些教诲。相逢即是有缘，每个缘分有机会都要让它圆满，不要是冲突、遗憾、伤害。

为国育才是我们的责任。古代当官的人戴的帽子叫"进贤帽"，古代连戴帽子都很有智慧，这帽子前面低、后面高。其实给我们当老师的人也是一种启示，青出于蓝胜于蓝，希望教出来的学生都超过我们。而古人自己一有成就，回到故乡第一个拜祖先，饮水思源，拜完祖先就去谢他的恩师。您看孝道、师道都在一个人功成名就回到家乡当中，完全把它表演出来。因为人小时候读书，一般都是在家里附近的私塾，整个道德的根基就是这个私塾老师帮他扎下去的。我们回想几千年来传承的这些传统，都特别有深远的意义。

第五点，振兴师道要自我提升。在《韩诗外传》当中提到，"智如泉源，行可以为表仪者，人师也"，这是人师的一个很好的标准。在东汉末年，当时有个童子叫魏昭，他虽是童子，但是他很懂得亲近明师。当时有个读书人叫郭林宗，很有道德，也很有学问，魏昭就一直主动的要去向他学习。郭林宗就问他，怎么非得一定要跟着他学？他讲出了一句名言，却是一个童子讲的，叫"经师易遇，人师难遭"。经师是很有学问，对某经典义理很通达，这是学问；但人师他是不只有学问，他还有很好的德行。就像刚刚这个标准，"智如泉源"，像河川的源头，活水一直出来，"行"是德行，"可以为表仪"，一言一行、一举一动都启发学子的德行。那整个为人师者的目标就要不断提升智慧跟德行，因为我们听了魏昭这位童子的话，我们也有志气，应该定位自己要为人师表，当人师。

那如何有智慧？《中庸》告诉我们"好学近乎智"，好学是怎么样？学习不厌倦、不中断，才有智慧。"三日不读书，面目可憎"。我们一个学长说，现在的状况三小时不读书就面目可憎。比我还好，我不用三小时，只要一个小时不读书就不行了，可能妄想、邪念、杂念就很多了。所以智慧得要不间断的精进用功才行。精则不杂，进则不中断。就像钻木取火，能钻出火，火就表智慧，那要怎么钻才会出火？你要不间断一直钻钻钻，火就出来了。你假如钻一下，手好酸，休息一下，三十秒再说，三十秒了，钻钻钻，请问大家，这么钻什么时候火会出来？怎么钻都钻不出火来。

所以为什么孔子说"学而无厌"，不能厌倦，一厌倦就中断，前面的功夫就退了一大半了。所以李师公（李炳南老师）说，人学习传统文化，学一个礼拜，去看一场电影就全完蛋了。所以《弟子规》才提醒我们，"非圣书，屏勿视，蔽聪明，坏心志"。甚至于控制不了脾气，在当下不能提起经教的教诲，一发脾气，火烧功德林，所有的修学全部都退回去了。

"行可以为表仪"，德行可以为学生跟当事人的表率。有这么好的德行，决定从解行相应来的。他理解了，然后他好好去落实。比方他理解孝道重要，他学一句去做一句，他一行，他的德行跟心境就提升；一提升，他解得更深，解得更深就行得更彻底。所以一解行相应，智慧、德行决定会提升。一个人学了以后，身边的人不认同，绝对出在解行不相应。所以《弟子规》特别提醒我们，"不力行，但学文，长浮华，成何人"。我听不少朋友讲，"我丈夫学了以后处处要求我，压力很大。"要求别人不是傲慢了吗？"但力行"，他有行，"不学文"，没有去深入经典，没有去听师长开解，"任己见，昧理真"，那他也是有行无解，就变成照自己的意思，就落实错了、体会错了，所以解行相应重要。

其实我们真的要提升德行，只要学一句之后，时时刻刻不忘这句，都能感觉到自己的德行在提升。比方我们今天大家共同来落实一句，下个礼拜我们来交流心得，一个礼拜就会有感受，但是要不间断的落实。"念念为对方着想，念念为他人着想"，就落实这句，专注去做，连做一个礼拜、两个礼拜，可能你的亲戚朋友会过来跟你说，"我觉得你最近变了"，人家觉得我们变了，"行可以为表仪"。

大家冷静观照，我们虽然学了这么多年，《弟子规》哪一句我们彻彻底底把它落实了？所以这个行还是很不足。所以这段时间，全神贯注把这句落实下去。告诉大家，这学问很有意思，不是学知识，不是学一条会一条，会一个标准答案而已。我们的学问是心性之学，它会触类旁通。你《弟子规》这一句、这两句真的落实了，其他的就触类旁通都做得到。为什么？你一句做到了，你的孝心出来了，其他的就很容易落实；你一句做到了，恭敬心现前了，其他的都不难。你今天做做这句，明天碰碰那句，最后就没有一句扎扎实实落实。

所以自我提升，尤其智慧，就可以"温故而知新，可以为师矣"。"记问之学，不足以为人师"。真的能不断提升悟性跟智慧，温故而知新，道理越悟越深、越悟越广，然后经典、古代这些教诲完全贯通，可以用在现在的处事待人接物，那这样的人越老越受欢迎、越老越有智慧。现在这个时代假如不走学习圣贤教育，可能越老越没信心、越老烦恼越多。好，这是振兴师道第五点跟大家的交流。

我们现在再一起交流第六个大点，就是我们已经期许师道尊严从我们身上振兴，我们得从哪里学起？从跟至圣先师孔老夫子这么好的榜样学起，学他如何学习，学他如何教学，都能从老人家一生得到非常多的启示。所以第六个大点：教育工作者之典范——至圣先师孔老夫子。我们第一个大项：孔子治学的态度。这个治学不管是夫子自己讲出来，还是他学生的分享，我想学生的分享也是从承传夫子的教诲得来的，都在我们学习的内容当中。

第一个，夫子说到他的学习，"述而不作，信而好古"。夫子所讲一切经教，都是古圣先贤教导他的，没有他自己的创作，这就是不傲慢。我们这个时代的人，动不动就觉得这个道理就是自己发明的。其实我们看到现在的教育理论里面常常提到预防法、及时法、循序渐进法、观摩法，这些方法都说是某某人他的理论，其实这些方法我们几千年前的经典都记载了。

就像《礼记·学记》里讲，"禁于未发之谓豫"，预防。夫子也教了，"君子有三戒，少之时，血气未定，戒之在色"，这就是预防，这些话就是在提醒每个人。

"当其可之谓时"。学生犯错的时候，夫子不是马上提醒他吗？那夫子是表演，经教的理论都有。

"不陵节而施"，循序渐进法。所以孔子讲，"不愤不启，不悱不发，举一隅不以三隅反，则不复也"，就是这个学生，他的内心没有非常想要深入学习，这就是时候还没到，你给他讲太多，他听得不受用，觉得烦，要循序渐进，不要太急。"不悱不发"，这个"悱"就是，他好像有些理有点贯通，他表达不出来，想跟你汇报，表达不出来，这个时候夫子看出来了，主动去引导、发明，"对对对"，师生就交融了。但学生还没到这个态度，他也不着急。"举一隅"，好像房子的一个角落，"不以三隅反"，就是代表这个学生还没有悟到，没关系，不急。不然硬填鸭式给他灌下去，会把他的悟门给堵塞。不能举三隅反，"则不复也"。

比方说像我们在跟学生谈话，你谈啊谈啊，他眼睛已经快要不行了，虽然他在那里点头，但是他的眼睛告诉你"听不懂，听不懂"。真的有，他也很努力，但是你看他的眼睛就不是那种，因为人听懂的时候，那个眼睛会发亮的，会越听，不知厌倦，越来越亮。这个就是机缘，就顺势的再不断引导，可能他就贯通。但是你一跟他讲，他眼睛越来越没有神了，那就不要操之过急，这也是循序渐进。

"相观而善之谓摩"。夫子赞叹颜回的时候不就让其他的学生来效法学习嘛，夫子都表演出来。

这些方法几千年前我们老祖宗就讲了，现在这么多世界上的专家学者没读过我们的古书，还说"我发明的，我发明的"。他发明的这个可能是对的，其他所想的不见得是对的，他越来越相信自己的看法，那就很危险了。世间的真理、好话，圣贤祖宗都说尽了，你一有什么想法要对照经典才能知道正不正确。所以现在教育理论那么多，怎么下一代教得一团乱？还有拿狗做实验，拿猫做实验，拿老鼠，我们祖宗从来没有这么教。

所以夫子这个态度非常重要，"述而不作"，没有自己的创造发明，完全对照经典。人有这个态度就谦卑，谦卑就受教有地，"满招损，谦受益"。"信而好古"，就不怀疑古人，很有信心，"好古"是他非常积极的学习。

孔子在《论语》"述而第七"当中有说到，他是"好古，敏以求之"，这两句都是在"述而第七"，大家回去找的时候就很方便。尊崇古人的教诲，这个"敏"就是非常积极主动去学习。比方到周天子管辖的地方，孔子去向老子问礼，每个学习的机会都不放过，包含闻韶乐在齐国，夫子觉得这是天下多好的乐教，赶紧自己去深入、去传承，"敏以求之"。

第二个求学的态度就是立志。孔子是"吾十有五而志于学"，这在"为政第二"章，"三十而立，四十而不惑，五十而知天命，六十而耳顺，七十而从心所欲，不逾矩"。这段话很多含义在里面。第一个是学习一定要先立志。再来，不断提升自己的境界，不能知少而足，不能求学久了就疲乏，没恒心，这个"立"是屹立不摇，不能遇到逆境就退缩，不能遇到顺境就贪着。而且这个"志于学"，学什么？就是学修身、齐家、治国、平天下的学问，学明明德、亲民、止于至善的学问，15岁。请问我们看到这句要怎么反思？"啊，我30岁才学。"那代表什么？我们的学习要比孔子更用功啊！这样我们才赶得上。

"三十而立"，在一切境界当中不被诱惑，立得住脚跟，立得住德行。"四十而不惑"，这个"不惑"，他是在一切境界当中无可无不可，他可以因人因事因地，因人而异去灵活的运用这些学问，可以通权达变。大家有没有一种感觉，好像遇到一些境界不知道是这样好，还是那样好，自己也拿不住主意，好像这样也有道理，那样也有道理，就在那里犹豫。这个"惑"不是迷惑，就是他在每个境缘当中判断应该依循哪个经教，他非常清楚，不会举棋不定。"五十而知天命"，知道自己这一生对于整个民族文化的使命。对于我们的受用，我们可以把它延伸开来，我们清楚自己对家族的使命是什么，自己对教育界的使命是什么，自己对于整个中华民族的使命，甚至于是对这个世界的使命是什么。尤其我们马来西亚的华人，应该承担起把中华文化介绍给西方社会的使命，因为天下哪个地方乱了，其他地方都受影响，要有这种胸怀，而且中华文化确实是世界的瑰宝。

有个俄罗斯的女孩，她来听课，我们一个学长帮她翻译，她就很喜欢听，她说每次听完传统文化的课，她的心就安定三天。不同民族他也可以受用，很欢喜。还有某个国家的元首，派了一个部长到马来西亚来拿《群书治要360》英文版的书。所以把传统文化翻成英文是马来西亚华人的责任。OK? 不只要拿去，还要宣讲，这个我就没有办法，my English is very poor（我的英语很差）。这是知天命。

二十一世纪是中华文化的世纪，每个中华民族的儿女都应该知这个天命。孔子知天命，他这一生不空过，他这一生不辜负老天对他的期许。你看夫子在危难的时候毫无恐惧，"天之未丧斯文也"，上天要把中华文化的道统传下来，"匡人其如予何？""匡人"，宋国的司马桓魋根本就伤不了他。确实，这些危难夫子都平安度过。这个意思就是发愿承传中华文化的人可以逢凶化吉。我们再延伸，不只逢凶化吉，还可以延长寿命，是吧? 你们好像不大相信我的话。你看我们师长老人家，本来寿命只有四十五岁，你看老人家以天下为怀，整个儒释道的传承系于一身，今年87岁了，延寿四十多年，现在还这么健康，不是最好的样板给我们示范吗? 有这么好的榜样，自己有信心，进而要效法，"舜何人也，予何人也，有为者亦若是"。

"六十而耳顺，七十而从心所欲不逾矩"，这是已经契入境界了。"耳顺"，一听经典就完全贯通那个道理，人家一讲什么话就明白他的心意，这是证入的境界。"七十而从心所欲"就是起心动念、一言一行完全不离道了。

第三个学习的态度，完全都是在谈好学。"公冶长第五"当中有讲，"十室之邑，必有忠信如丘者焉，不如丘之好学也"。夫子讲到，十个大家庭的一个居住的地方，必定有本质，忠信这些好的德行特质，跟我差不多。我们尊重夫子，"丘"是夫子的名，我们不直接称名，我们把他读成"某"，"不如丘（某）之好学"。所以夫子这一点也强调，人虽然有很好的本质，还要后天勇猛精进用功才会有好的成就、学问。

好学体现在哪里？在"子罕第九"当中讲到，最主要好学要有恒心。"子罕第九"里面谈的，"譬如为山，未成一篑，止，吾止也；譬如平地，虽覆一篑，进，吾往也"。夫子是用比喻的，你今天要用土造一座山，只差一篑土就做成了，可是我们停止了，那还是前功尽弃，所以有恒为成功之本，有恒才是好学。在商汤洗脸的盘上，铭文刻着"苟日新，日日新，又日新"。"苟日新"就是立志向学，"苟"就是我这一生一定要做圣贤，那叫苟日新。我们前面讲的，"吾十有五而志于学"就是苟日新。"日日新"，就是不要知少为足，每天都要有进步。"又日新"，就是不要半途而废。古人这些话都彰显很重要的学习态度。所以这段话夫子用譬喻，譬如平地，这个地你要把它填平，你虽然只有一篑土下去，只要你锲而不舍，总有一天一定把它填平。古人有个寓言故事叫"愚公移山"，最重要就是恒心，"人有至心求道，精进不止，会当克果"，一定可以做得到。天下无难事，只怕有心人。

再来还有"雍也第六"讲到，"知之者不如好之者，好之者不如乐之者"。乐此不疲、乐在其中，他这个好学的状态当然是不一样。我们对照一下，我们现在是知之者，还是好之者，还是乐之者？知之者是知其然，好之者是知其所以然，乐之者是知其所以然之后，又不断的去深入、去落实，乐此不疲。比方为善最乐，为什么为善会乐？为善的时候跟我们的性德相应，所以真正的乐是从内心出来。那理解了，真的去做了，越做越欢喜。我们看身边有很多人去做义工，他们越做觉得自己的心量越来越扩大，越来越能够体会大众的苦难在哪里，那越做越觉得生命有意义，这就变乐之者去做了。

再来，第四点就是学习还有一个很重要的态度，就是要主动。这是在《论语》第十五，"不曰如之何如之何者，吾末如之何也已矣"。"如之何"就是怎么办的意思。一个人遇到挑战情况了，他自己不在那里思考该怎做、该怎么解决、该怎么突破，"如之何如之何"，就是他很主动的要去想办法。一个人都没有这个态度，那我也拿他不知道怎么办了，"吾末如之何也已矣"。一个人不主动去承担解决问题，别人很难帮得上忙。所谓"天救自救者，天助自助者，天弃自弃者"，你自己都放弃自己，都不主动去学习，不主动去找方法，那别人也很难帮得上忙、使得上力，又有一句俗话叫"扶不起的阿斗"。所以夫子也只能感叹了，那我也拿他没办法。这种态度很容易自怨自艾，自己在那："没办法啦，我没救了。"

所以别人能帮上我们多少忙，跟我们的态度成正比。比方说孟子，他跟孔子学习，孔子已经不在了，但是他学习的态度是万分诚敬的心，所以他学得比孔子直接教的弟子都还要好。我们得力处完全跟我们诚敬、恭敬的心成正比。所以为什么古人说"反求诸己"，在很多事情当中都可以印证。

再来，第五个态度，要不自欺。孔子对子路讲到，"子曰"，叫着子路的名，"由，诲汝知之乎？知之为知之，不知为不知，是知也"。这个学习态度就是知道就说知道，不知道不要打肿脸充胖子说自己知道，这样师长就不知道怎么指导我们。所以这个"是知也"，这是一个求学很重要的态度，这样才是一个明白的人，知道必然要诚实、要不自欺面对自己的师长，这才是正确的。

有句格言说，"强不知以为知"，不知道还装作知道，"此乃大愚"，这样就太愚昧了；"本无事而生事"，本来家庭、团体没事，我们去饶舌，把事情都搞起来了，"本无事而生事，是谓薄福"。这两段格言也对我们求学跟处世是很好的启示。因为不该讲的话、是非话讲多了，有时候没事都变有事，小事都变大事。

第六个学习的态度，要格物。这点很重要，因为我们读《大学》说到，"古之欲明明德于天下者，先治其国；欲治其国者，先齐其家；欲齐其家者，先修其身"，这个脉络都是务本，"欲修其身者，先正其心；欲正其心者，先诚其意；欲诚其意者，先致其知；致知在格物"，那格物就是大根大本，格除物欲。

所以夫子在"里仁第四"篇当中有讲到，"君子食无求饱，居无求安，敏于事而慎于言，就有道而正焉，可谓好学也已"。那代表求学就是物欲要降低，不然整个精神统统跑去追求物欲享乐了，"欲令智迷，利令智昏"，而且"欲似深渊"，那不可能有成就。所以"食无求饱，居无求安"，不是叫你去饿肚子，也不是叫你住破房子，就是生活的享用够用就好，甚至于能够朴素节俭，以苦为师更好。在另一句格言当中有讲到，一个读书人"志于道"，"而耻恶衣恶食者"，吃的不好他就在那抱怨，没有穿名牌他就觉得很丢脸，这样的人根本就不可能修道，他虚荣心、享乐的心太强，"未足与议也"，他没办法学道。

念完这一段，我们就想到许哲女士，她说她的衣服都是从垃圾桶捡回来的。新加坡的经济很好，衣服退了流行就丢了不穿了。你们穿不穿？（穿！）好，这几天有机会去找一件衣服回来穿。对呀，不然都很糟蹋。比方你们单位有衣服没人认领，你就把它认领起来，这就是行道，不要糟蹋东西。洗干净就好了，是不是？人家穿过的你还穿，一来是洗干净了，二来对治爱憎的心，爱憎，喜欢不喜欢，是严重的执着。只要洗干净了，没有喜不喜欢，你就提升了。吃饭是不是行道？你从这个喜欢、那个不喜欢到全部都喜欢，你功夫提升了。《弟子规》不是说，"对饮食，勿拣择"，这一条也是行道，把好恶爱憎的心放下，就从食衣住行当中去放下。

再来第七，学习的态度当中，力行的态度很重要，学了马上去做。夫子就是这样的风范，他才有这么高的成就。在"述而第七"夫子讲到，"德之不修，学之不讲，闻义不能徙，不善不能改，是吾忧也"。每天自己的道德有没有提升、有没有修正，然后学的这些经教，这个"讲"是讲究，学了之后有没有很好的去思维，落实在生活工作、处事待人，去深解这些经教，"学之不讲"。

"闻义不能徙"，闻到道义的事情，有没有能够马上见义去勇为。比方说现在整个文化遇到了存亡危急的时刻，我们能不能放下享受的日子，多为文化承传付出，这就"闻义能徙"了。大家看夫子这个"闻义"、"能徙"是做得非常彻底，你看夫子为了天下能走上安定，他离开鲁国，周游列国十四年，就是为了行道，把周公周礼能够借由一个示范区，哪个国家愿意用他，他把它落实了以后就成为天下的榜样，大家一有信心全部来学习。当时没有国君用孔子，那也是当时的天下福报不足，但是老人家不辞劳苦周游列国十四年。

包含我们在团体当中，可能领导，这个时代当领导真的不容易。为什么？他管理那么多人，大家做人处事基础都不是很够，所以他要花很多精神去沟通、去疏通、去劝请、劝告。假如刚好有件事情大家都不愿意去做，这个时候你主动帮领导分忧解难，这个也是"闻义"能马上去"徙"。那吃不吃亏？你们好像都没做过这样的事情，是吧？有舍有得，大舍会有大得，很有可能你去承担了，别人都觉得是吃亏辛苦的事，很可能就变得很好的事情。这个大家可以用以后的人生去感受，人欠你，天会还你。

发觉自己的缺点就马上去改，这是夫子每天在担忧自己的不足，然后狠下功夫的地方，所以那力行很强。我们每天在担忧什么？跟夫子比一比，"今天的菜不怎么好吃"，"那个人今天看我的眼神不大好，他怎么可以这样对我？""今天那个人讲我坏话，怎么可以这么不信任我？"我们都忧这些东西，就耗了一大堆精力。夫子都是在道德学问上下功夫、提升，这是力行。

第八，学习要认真学，还要认真寻思义理，把义理贯通，把义理落实在生活工作、处事待人。因为夫子讲到，"学而不思则罔，思而不学则殆"，这段话是在"为政第二"篇里面。我们学了经典，去思维它的义理，这叫深解义趣。比方说孝，应该从哪里去落实呢？假如我们有去思维，那就会想到落实在养父母之身，养父母之心，养父母之志向、智慧，这样一思维，他知道下手处在哪里。所以这个时代学了之后，还得要多听这些修学过来人讲经，我们才知道怎么去深解义趣，进而怎么去落实。不然学了不去思维经教，那学了就当知识而已，不是结合生活的实学。所以这个"罔"就惘然无所得，没什么收获。甚至于学了之后不去思维，就觉得这些学问没什么用，那他起了这个念头，他觉得圣贤的学问没什么用，他就有可能误解圣贤人的教诲，就"诬罔圣人之道"，他误会了，甚至去毁谤，这样就很不好。"圣教无人说，虽智莫能解"，所以多听修学过来人讲解，可能我们对经义就能领悟、触类旁通。

因为没有所得，又把圣学当知识，他自己也用不出来，或者是用偏掉，有可能会越学越执着。比方说我们学传统文化，学了之后身边的人反而更有压力，这个就是"学而不思"，他做出来的跟经典这些精神教诲是相违背的，那就用错了，越学越执着的现象就会产生。所以我们自己有没有越学越执着，看身边的人就知道了，假如身边的人，我们学了以后越来越笑不出来，越来越常常叹气，很无奈，我们就要调整一下。

比方我们刚刚讲"念念为人着想"，这句话我想几乎我们每个人都听过了，那学了有没有思维？有没有去想怎么落实？没有，这就是个知识，我们跟人家相处还是不能替人想。比方说我们一起学习，住在一起，自己走路很大声，没注意，常常把人家吵醒，那没有念念为人想。他假如思维，我一言一行、一举一动都不能够造成人家的困扰，都要处处给人方便，那他这个"思"，就能够让他落到这些生活的细节里去。比方晚上熄灯，自己又晚睡，可能都影响别人，自己都没察觉，或者你晚上睡觉一定要听师长讲课录音才睡，那是习惯，但是你学了念念为人想，那你可能声音要注意。甚至于刚好跟我们住一起的人不能有一点声音，"可是我不听会没命"，那变执着，你学了圣贤教育要舍己为人，关了，他能睡着，我非常欢喜。

听课也会执着，会执着到恼害别人自己不知道，那不也执着？所以我们现在执着到哪里？喜欢听课，不喜欢改习气。听了，"哇，好啊，讲得好!"一句也不去做,别人一批评不高兴,"你讲我,你自己也没哪里好。"所以那天听到一个朋友讲,说:"谈起话来句句都是道理,做起事来都不讲道理。"这个很麻烦,我们怎么……那落差太大了。所以理有顿悟,事还要渐修,真的要处处放下自私自利才可以,这些烦恼才对治得了,放下高下的念头,这个傲慢才伏得住,"学而不思则罔"。

"思而不学则殆",一直在那里思考、思维,但是不学经典,就会越想越累,因为又没有经典的标准,想来想去还是怀疑,没有依据,怀疑不能决断。所以孔子说,"吾尝终日不食",一整天不吃东西,"终夜不寝",一夜没睡,"以思",自己在那里思考,想到最后没什么好结果,"无益,不如学也"。而且这个"学"当中还有一个很重要的意义,就是要依经典为师,要深入经藏,才能智慧如海。我们现在的人好像在这个时代就很喜欢想东想西,都没有一个标准,其实都是浪费自己的时间跟精力,那我们这个学习就要学思并进、解行相应。

再来,夫子第九个学习的态度,在"述而第七",夫子说,"三人行,必有我师焉。择其善者而从之,其不善者而改之",这个学习态度就是一切时、一切处、一切人、一切事都是老师,只有自己是学生。那有这个态度,一切时、一切人事都在提升自己,这个学习的态度也非常可贵。我们假如不会学,善缘就搞情执,恶人就搞对立,顺境就搞贪着,逆境就搞退缩。会学的,"顺逆皆佳境,恶善咸良缘"。

确实逆境磨炼人,提升得很快。夫子陈蔡绝粮七天,在那个因缘当中老人家是提升得很高的境界。所有的学生都不行了,老人家在那里弹琴,完全不被境界所转。后来解难了,弟子说,"哎呀,太不幸了,遇到这样的事情,希望以后都不要遇到了。"夫子对学生讲,"我不这么认为,我觉得跟着我同时经历陈蔡绝粮的学生,以后都会很有成就。"因为他们经历以后,他们的一种志向,他们的一种意志力种种都会有相当的提升。确实后来好像这其中很多弟子都很有成就。再讲白一点,我们闽南话说"吃苦当作吃补"，现在年轻人很成熟、很懂事，你去看他人生过程，必然都有不少的历炼跟磨炼才对。

第十，夫子说"吾道一以贯之"，夫子学习，他并不是好像记很多的知识，他是抓住纲领，贯通他的学问。夫子"一以贯之"是忠恕之道，其实坦白讲，所有的学问离不开"忠恕"两个字。所以师长老人家到联合国去，刻了印章，非常庄严的印章，送给各国的领导者，刻了八个字，儒家刻了"仁义忠恕"，佛家刻了"真诚慈悲"。其实儒道释三教的经典全部都不离这个纲领，没有一法不是从这里流露出来的。

而我们来体会忠恕："尽己之谓忠"；"推己之谓恕"，恕，推己及人是恕，宽恕、感同身受。一个人可以时时想着尽其在我、尽己之力，那他能够反求诸己；"推己之谓恕"，他就能推己及人。人能够反求诸己，他就能时时从内去找问题，这个是主观他能够掌控的；推己及人是外在的客观状况。时时反求诸己，向内，这是内学，就能"成己"，成就自己；对外都是宽恕，都是仁义，"成物"。一个是内的主观，一个是外的客观，合外内之道，就是契入仁爱的大道。所以落实忠恕，然后契入仁爱之道，这是掌握纲领。孟子有讲"强恕而行"，一个人从勉强自己时时都能宽恕，都能设身处地、推己及人，慢慢就能够视人于一体去设想。

好，今天时间差不多了，我们就跟大家先交流到这里，谢谢大家！

第十一讲 教育工作者的典范（一）
至圣先师孔子为师之风范（1）

尊敬的诸位贵宾、诸位长辈、诸位学长，大家下午好！

《群书治要360》259句提到，"是故古之圣王未有不尊师也，尊师则不论贵贱贫富矣"。而圣人教导我们"君子务本，本立而道生"，老师不因身份而尊贵，而是因为他的行为而尊贵。所以他人对我们的尊重、敬爱，不是去要求来的，不是去指责来的，是自然感召而来。"爱人者人恒爱之，敬人者人恒敬之"。为人师表者，自己做出来的行为值得人家尊重，自自然然实至名归。

我们上节课谈到的是第六个大项：教育工作者的典范——至圣先师孔老夫子。夫子教导我们"仁者爱人"，夫子一生的教诲都离不开仁爱之道。"仁"字，两个人，想到自己就想到他人。所以仁者特别能体恤别人的需要，就像大家今天看我戴这个头戴麦，跟以前不大一样。这个头戴麦是我们信息部的同仁，他们确实也是力行仁道，感觉我们讲课的老师们拿麦克风，有时候拿一两个小时，怕我们手酸。他们观察入微，看到我们在台上上课，上到下半节，可能都是这样快要没力气、都托着，然后又看我们常常要站起来写黑板，拿着麦克风再这样写，有时候还拿着课本，不是很方便，所以就替我们准备了这个头戴麦。这个用具背后就是他们力行仁爱、替人设想。所谓"知行合一"，所了解的道理，必然落实在哪里？

落实在他的工作，他工作要服务人，他体贴入微、观察得很细腻，落实在生活、处事待人接物当中，这叫实学。夫子教诲我们博学、审问、慎思、明辨，最后就是笃行。博学、审问、慎思、明辨是知，笃行是马上去落实。

上节课我们谈到夫子治学这些态度，我们上次一起学习了十句经文。这十句，我们有没有学的过程当中转变我们的心态，跟我们的灵魂结合在一起？这叫"随文入观"，这个"观"就是马上变成我们的态度，这就善学了。不然听了十遍、二十遍，道理还是道理，我还是我，那就学成知识了。

比方举个例子，夫子治学"述而不作，信而好古"，这句话我们学习了，从此以后，对古圣先贤的经典没有一丝一毫的怀疑。这个"信"，入心了；"好古"，这个"好"，"知之者不如好之者，好之者不如乐之者"，相信古圣先贤的智慧、仁慈，手不释卷，一分一秒都不浪费，有时间就学习，"信而好古"。我们的态度就因为学习转变过来，所以叫修身。修正我们的态度，修正我们错误的行为，叫修身。"述而不作"，所讲述的话语，决定都是古圣先贤教诲的东西，不能随便讲自己的意思。因为我们是教育工作者，按自己的意思讲，假如跟真理不相应，那就误人子弟。所以这个"述而不作"一学完，每次开口要随顺圣贤教诲，不能随顺自己的烦恼习气、想法看法。您看这个治学，言语谨慎的态度，恭敬、谨慎。对于学生，讲一堂课，我们要对得起这一堂课的缘分，绝对不能误导他人。圣人治学尚且如此，更何况我们的程度远远不如古人，更应效法。我们效法孔子怎么当学生，治学的态度。

今天一开始，我们继续从夫子的行持、从古代的经典当中，找到夫子为师的风范。我们第六个大项，教育工作者至圣先师孔老夫子，上次我们谈到孔子治学值得我们效法、学习的地方，今天我们谈夫子为师的风范。

首先第一点，智慧。夫子在《中庸》当中有提到，"天下之达道五"，五伦大道：父子有亲、君臣有义、夫妇有别、长幼有序、朋友有信。人与人的关系离不开这五种，那真正要圆融、和谐这五个关系，要靠三达德去落实。这三达德包含师生关系，古代讲师徒如父子，这个是在父子关系，但是现在又讲，现在的师生只能像朋友，那当然还是离不开这五伦的关系。事实上，缘分，是多少缘分尽多少力量，但是这颗一心一意成就学生的心是亘古不变的，但缘分有浅深。

要圆满五伦、圆满师生关系，首先第一个，我们用三达德来学习。智慧表现在哪里？"务本"，找根本。在《论语》当中教诲我们，"君子务本，本立而道生"，"孝悌也者，其为仁之本与！"人会爱父母，进而会爱他人；人会敬兄长、敬姐姐，爱护兄弟姐妹，进而去爱护同学、朋友。林则徐先生留了"十无益"，非常精辟。这个"无益"的意思，假如人生没有遵循这十条道理，那可能这一生没什么意义，都是做表面功夫。这十无益当中提到，"父母不孝，奉神无益"，所有的神圣都教我们从孝道开始做起，每天拜，都不落实，根本是糟蹋圣贤人的教诲，怎么会有福报？当然无益了。"兄弟不和，交友无益"，连你最亲的手足你都不爱护，你那交朋友都带目的，不是真正的情义，这个都是务本。

做人要务本，不然就本末倒置。现在很多人对客户好得不得了，对自己的父母不理不睬，这在社会当中人家瞧不起，他不能立足，甚至他的事业不可能长久。"他现在好像还赚不少钱。"那是他祖上的福报庇荫他的，他还不懂得做人，那福就要折光了。所以大家冷静去看看，没有本的事业，是不可能长久。所以整个社会呈现企业的寿命越来越短，我记得好多年前看到的数字，可能现在更严重了，应该差不多十年前的数字，中小型企业平均二点九年。一个企业不到三年就关闭了，那不就好像扮家家酒一样？胡闹了。大型企业平均七到八年，大型企业要牵动多少资产，牵动多少的员工？可是才七到八年就倒闭了，那会延伸很多的社会问题、家庭问题啊！事业不能长久是结果，因是什么？没有德行的根本。赚一点钱，外面的诱惑一来，兵败如山倒，所以这个务本就非常非常的重要。

其实我们看到这些企业这么短，跟我们教学的人有没有关系？有，那老板可能是我们教出来的学生。所以，任何的家庭问题、团体、社会问题，全部都是人心的问题，全部要靠圣贤的教育才能改变人心，现在家庭社会的这些乱象，都得靠教育才能够解决。所以我们看到《论语》这些句子，确实可以体会到，"半部《论语》治天下"。我们就看这一句就好了，"孝悌也者，其为仁之本与"，他孝顺了，就爱护别人，就移孝作忠，那好多问题都解决了，哪有冲突？哪有不忠于国家、不忠于领导的事情？悌，爱同学、爱朋友，种种矛盾就化解掉了。所以真的是半部《论语》治天下，这一点都不夸张。

我们看到这个"务本"，对一个教育工作者太重要了。我们总不能教了一辈子，结果是什么？本末倒置，甚至忘本，那我们不是好心做坏事？教育界非常多的同道非常认真，但是他们眼看着学生的素质越来越差，找不到根本。我也是啊。不是一代不如一代，是一年不如一年，我也着急啊。结果祖宗加持、祖宗保佑，刚好让我翻到经典《孝经》"开宗明义章"，看到了一个最重要的务本的句子，"夫孝，德之本也"，德行的大根大本找到了，"教之所由生也"，"教"是教育。所以假如不从孝道开始教起，就不叫教育。这对我们太重要了，我们不能搞一辈子，连"本"是什么都不知道。

有人会想，现在的学校这么多，而且从幼儿园学到大学，十八年的时间都有，那这算不算教育？假如不教孝道，叫知识传习所，教了他很多知识，但是做人不懂。这个我们翻开报纸就看得出来，现在不孝子，不是说没读书的人是不孝子，学历读得很高，父母还没下葬就开始争财产了。大家冷静去看很多大企业家，他那些孩子都是留美、留法、留德的，为什么他去世之后，那棺木一两年都下不了葬？摆不平啊。他培养了这么多的子孙，全部都读一二十年的书，但是不懂得孝道，只懂得money（钱），拜金主义。拜金主义怎么是教育？功利主义怎么是教育？

夫子讲"君子喻于义"，培养君子是让他了解道义，做人的本分，义是应该的。家的本分是什么，团体的本分，对国家民族的本分是什么，这是培养君子。"小人喻于利"，从幼儿园就教他竞争，那是培养小人出来了，会伤父母的心，会伤领导、会伤他人的心。他纵有二十年知识的积累，他还是不可能能去利益人，因为心坏了，才干越高，所产生的副作用越大，这个我们教育工作者要体会得到。我曾经听同道们讲，有才无德叫危险品，还有讲得更绝的叫毒品，那变毒害社会了。《资治通鉴》是司马光先生花了十九年写的，有篇文章叫"才德论"，就提到"才胜德谓之小人"。跟孔子讲的，"小人喻于利"，那小人他都想自己多了，就很难去利益到别人。

所以当时在《孝经》看到这句话，好像眼前一片光明，在我们家，所谓手舞足蹈，实在很难表达自己的心情，就在家里面跑了好几圈，拍桌子，啊，太好了! 太好了! 终于找到本了，心就安了，安在这个真理上。全天下的人都不教，我们一定教。为什么? 我们不能对不起孔老夫子的真知灼见。儒释道的圣人都让我们从孝道开始做起，这是做人的本。老子也讲忠孝友悌，都是从这里做起。

这务本的智慧，我们复习一段话，大家就知道了，就是我们《群书治要360》其中一个句子。鲁哀公问孔子，房子往东边建吉不吉祥? 孔子说有五件不吉祥，房子往东边盖不算在内。这五个不吉祥，全部都是务本的智慧。"损人自益，身之不祥"，这样的心念，念念都折自己的福，怎么会吉祥? 都要去损害别人，利益自己，这叫愚痴，损人决定不利己，这对自身来讲是最大的灾祸，不吉祥; 接着谈到家庭，"弃老取幼"，孝道没有了，"家之不祥"; 国家团体"释贤任不肖"，贤德的人不要他，讲真话都听不进，把他贬得远远的，用一些溜须拍马的、奉承的人，"国之不祥"。所谓"人存政举"，你有真正的正直、无私的干部，才能成就事业，现在人才不要了。您看夫子每句话都讲根本。我们再复习一句，"出师表"。读"出师表"不哭者不忠，这千古文章，忠臣流泪写下来的，其中有一句点出了一个国家最重要的治乱兴衰的关键。孔明先生讲，"亲贤臣，远小人，此先汉所以兴隆也；亲小人，远贤臣，此后汉所以倾颓也"。后汉桓帝、灵帝那个时候，宦官当政，民不聊生，就是有德的人都被贬掉了，甚至被杀害了。所以夫子这段话非常有智慧。"释贤任不肖，国之不祥"。

"老者不教，幼者不学，俗之不祥"。社会风俗越来越差，为什么？父母不教孩子，老师不教学生，领导不教下属，长辈不教晚辈。以前的社会风气是看到小孩子不守规矩，不认识的小孩，都会教导他，因为每个小孩都将是社会未来的主人翁，他们假如不懂事，对社会的危害都很大，所以您看当时候每个成年人的责任感是如此。结果现在的风气变成，"小孩有小孩的想法，学生有学生的想法，我们管不了了。"讲这句话要负责任，所有听我们讲这句话的人，都觉得对，你就误导了他们的人生态度，误导大众的思想观念。"养不教，父之过；教不严，师之惰"，每个人人生的身份、本分背后都是责任，怎么会管不了？怎么会没有我们的事了？这太没有责任心了，这不行。难怪下一代失教，越来越狂妄，父母大人的话都不听了，那可能是我们的态度偏颇了。

第五个不祥，"圣人伏匿，愚者擅权"，圣人不出来了，都是这些急功近利的人当权，把整个世界的潮流都带往追名逐利去了，这就"天下之不祥"了。现在为了赚取眼前的利益，把整个地球母亲破坏得体无完肤。从环境上，这是天下的不祥；从思想观念，残害下一代的身心。这个"愚者"是谁？错误的书籍那些作者。现在很多畅销书排行第一名，那是邪知邪见，那就变"愚者擅权"。包含主抓教育的人，他对教育的认知本末倒置，"愚者擅权"，下一代就培养不出来，这个就是"天下之不祥"。

所以现在把老祖宗五千年教育的智慧、理念、经验、方法、效果，得要做出成绩来，因为现在人不相信老祖宗这些教诲，你不做出成绩来，他还是怀疑。现在全世界的教育比较重视知识技能、考试，没有重视最重要的孝、品德这个部分。所以哪个学校落实德行教育，成为国家、成为天下的样板，这个功德太大了！现在这个时代，"你说这个好，拿证据来！"你没做出实验还不行。所以在2005年底，我的师长在庐江办了一个中华文化教育中心，对当地四万八千镇民推行伦理道德、《弟子规》、孝道的教育。一年的时间，离婚率、犯罪率大大下降，证明人是可以教得好的。社会大众，包含我们马来西亚的华人，我记得2008年的时候，有一期的课程，马来西亚的校长、老师，还有家长去了147个人，那台飞机差一点就被他们给包了，全球华人对整个文化非常的珍惜。一个地方做出实验来，大家很有信心，起而效法。像我们现在在巴生，兴华华小，还有几个实验的学校做出一定的效果，现在很多包含我们海峡两岸教育界的人，他们来了，主动要去请教、要去吸收这些学校的经验，这个都是做出效果才能给人家信心。

所以，怎么让圣贤教育能够发扬光大，师长老人家有一句话点到要点上了："和谐社会，从我心做起"，从我们自身。"人能弘道"，我是一个老师，我把老师这个本分尽到；我是一个父亲，我把一个父亲的本分尽到；我是一个太太，我把太太的本分尽到。就在自己的这个身份当中行大道、行仁道。接触我们的人，看到我们的人，统统受感动，这个道就弘出去了。

我们接着看第二个，展现智慧是夫子看事情看得非常的深远，不是在眼前。套一句《了凡四训》上面的经文，能展现这个看得深远的角度在哪里："不论现行而论流弊，不论一时而论久远，不论一身而论天下"。现在社会风气问题出在哪？急功近利，欲速则不达。

夫子当时的威望非常高，他的学生三千弟子，七十二贤人。弟子当中子路勇猛第一，好像在那个时代，没有人比得上子路的勇猛；以治国的智慧，可能没有人能够超过颜回；还有理财的能力，冉求很强；子贡的外交口才，那是无人能出其右。这历史当中都有记载。当时两国要交战，子贡出面，给他们晓以大义，战争就平息掉了。有这么多的人才、这么多的弟子，但夫子为什么当时没有发动革命？发动革命，他自己治理一个国家，给天下做样板，不是很好吗？老人家干嘛这么辛苦，周游列国十四年，还遇到很多危难？可能我们会这么想，但夫子看得很远。夫子看，现在的国家领导人，还没有坏到要起革命这个程度，他又不是像夏桀、商纣鱼肉人民，还没到那个情况，假如发动革命，以后没有夫子之德的人，动不动就要谋取政权，就民不聊生了。所以夫子考虑的是"不论一时而论久远，不论一身而论天下"。

在《论语》里又有，夫子讲"始作俑者，其无后乎！"夫子看得很准，看到做假人去陪葬，夫子说，做假人的这些生意人，以后会断子绝孙、没后代。为什么？把假人做得像真的一样，会造成以后有人拿真人去陪葬。所以圣贤人他会防微杜渐、洞察机先，这个都是他们看得很深远。所以"动而世为天下道，行而世为天下法，言而世为天下则"，他一言一行、一举一动，是要给当世跟后世的人做榜样，不可以随性，不可以马虎，一心恭敬、谨慎。

夫子学生子贡，当时去把鲁国的百姓（因为在其他的国家做俘虏）赎回来。按照当时候的法律，鲁国政府会拿赎金给子贡，子贡说不用了，他很慷慨。结果这个事情孔子知道了，孔子就责备子贡。因为这么做好像很高尚，但是鲁国人民都不富裕，都不像子贡是大商人，可是子贡不领赎金，以后想救人的人就有点犹豫了，哎呀，我也没啥钱，把人赎回来，又不好意思领赎金。他一犹豫，就有可能因为这个犹豫，没有把人赎回来，那不是断了一个人重要的人生机缘了吗？你把一个男人赎回来了，他的父母、他的妻儿有人照顾啊。所以当时孔子抓住这个机会点教育子贡，你做任何事，得要考虑整个社会、国家的情况，不能只是你一个人率性，喜欢怎么做就怎么做。"圣人举事"，圣贤人做一件事，是要移风易俗，这样才能教化百姓。

另外又有一天，子路在路上看到人快淹死了，非常勇敢，跳下去把那个人救起来，那个人感谢他的救命之恩，太激动了、太感恩了，把自己家里的牛送给他。大家知不知道一头牛换作现在是多少钱？比方说你开工厂，一头牛就是一台大机器的成本，要靠这个吃饭的。很高兴，把牛送给他，子路也接受了。孔子赞叹子路，你"拯人于溺"，人家差点就淹死了、差点灭顶，你把他救起来，对方感激送牛给你，以后鲁国人都说好心有好报，行善的风气就带动起来了。一般人来看，子贡不受赎金比较高尚，子路收了人家的牛好像比较低俗，但孔子看事不是这样的，他看整个面，看整个长远的影响，所以看得深远。那我们当老师也要看得深远，培养出来的学生就有智慧。

第三点，怎么看出夫子的智慧？以下几点都跟我们《礼记·学记》最重要的教学法相应，"禁于未发之谓豫"，有智慧的人教育自己、教化他人，他是用预防法，不是等他染上坏习惯了，然后再来教，那叫亡羊补牢。夫子说"少成若天性"，《易经》讲"蒙以养正，圣功也"，所以教育的智慧就体现在"禁于未发之谓豫"，不只是教育他人，还要教育自己。自己没有染上的坏习惯，"未生恶令不生"，不能再习染了，"已生恶"一定要把它马上改掉，"过则勿惮改"。

第三点在哪里体现？在非常多夫子的教诲里面都有体现，我们举一句就好了。夫子说，"君子有三戒"，这个戒就是预防，"少之时，血气未定，戒之在色"。所以保护青少年的心灵非常重要，"非圣书，屏勿视"，现在全世界的青少年非常惨烈，都被这些邪恶的书籍、影视障碍他的清净心。父母、老师不能不懂，尤其是国家要管理好这些出版物、这些光碟，以及网络媒体。人民是需要保护的，孩子是需要保护的，还要让他们有判断力，要隔绝这些污染源。

"及其壮也，血气方刚，戒之在斗"，斗是什么？好胜心、嫉妒心、见不得人好。大家有没有发现，同年龄的人竞争性比较强？比方我们现在40岁，看到另外一个跟我们年龄差不多的人，表现比我们好很多，我们可能就觉得，有什么了不起，运气好而已。或者是就要跟他拼个高下，不懂得"道人善，即是善"，这都是严重的习气。真会教育孩子，从小就让他戒色、戒斗，让他"见人善，即思齐"，就不斗了。

"及其老也，血气既衰，戒之在得"，所以人的患得患失之心，一般都随着年龄增长越来越严重。除非这个人活得很明白，人生最重要的是提升灵性、提升智慧，不是要去贪求更多的东西，因为越贪求，就有求不得的痛苦。所以这个世界上，不明白人生意义，走错方向，越活越笑不出来，占大部分。我们不要说别人，我们就说自己，请问我们现在的笑容跟两三岁的时候比起来，啥时候多？好，这是"禁于未发之谓豫"的教育智慧。

第四点，因材施教。你很了解他的程度，你很了解他的心态，你才好指导他。《礼记·学记》说，"不陵节而施之谓孙"，就是循序渐进法。他的程度是这样，你跟他谈孝道，就以他能理解的。他程度还不能体恤父母，你就跟他说"立身行道，扬名于后世，以显父母"，他云里雾里，太高了，所以说循序渐进。《礼记·学记》里有一句话，也是这个因材施教非常好的注解，叫"知其心，然后能救其失也"。你知道他心态偏颇在哪，你才能把他导正，"知其心，然后能救其失"。"教也者，长善而救其失者也"，教育最重要的两个纲领：长善、救失。"知其心"，知道别人的心态哪里不对，可以帮助他。

但我们想一想，"知人者智，自知者明"，我们都不知道自己，怎么去知道别人？所以我们要知人、助人，首先我们还是要自知、自助。孔子有一次问三个学生，什么是智者？什么是仁者？子路说，"智者使人知己，仁者使人爱己"，有智慧的人让人能了解自己，仁爱的人让人能爱护自己。子贡说，"仁者爱人，智者知人"。最后是颜回讲的，"智者自知，仁者自爱"。这也是务本。一个人把自己的人生搞得乱七八糟、颠三倒四，他如何、拿什么东西去爱人？有啊，现在这样的人不少。比方说自己的身体、自己的事业搞得乱七八糟，然后看到一个心仪的人就说，"我一定让你幸福"。横批：骗人。他连自己都爱不起来，他拿什么观念、态度去爱别人？

这个因材施教是第四点，我们举一些具体的例子。首先举，教孝道，夫子怎么因材施教？观察每个学生的心态跟他现在的家庭情况。在《论语·为政第二》连续好几句都是教孝道，跟为政有什么关系？大有关系。《孝经》开篇就告诉我们，"先王有至德要道，以顺天下，民用和睦，上下无怨"，所以整个国家推展孝道，天下就治了，国家就治了。所以"为政"里面连续好几次都是谈孝道，孝道跟为政大有关系，是为政的根本。因为"建国君民，教学为先"，而教学又以孝为先。

经句里首先提到"孟懿子问孝"，孟懿子是一位大夫，也是孔子的学生，他的父亲孟僖子临终以前交代他们兄弟两个，我死后，你们一定要向孔夫子学礼、求学问。孟懿子向夫子请教孝，孔子回答："无违"。回答完了，这个因缘聚散了。樊迟驾马车带夫子回去，在这个过程里，孔子就对樊迟说，我刚刚遇到孟孙问孝于我，我跟他说"无违"。结果樊迟驾马就问说，"夫子，无违是什么意思？"那大家想一想，假如好学，应该不等孔老夫子问吧？请问大家，我们回到春秋时代，能帮夫子驾马，幸不幸福？幸福吧？可以当面请教问题是吧？可是你看，真正在身边不主动问，还得夫子主动问。这也看到夫子的仁慈，抓住每个因缘启发他的学生，学生不主动问，毕竟他在身边，问他。第一个意思。

坦白讲，夫子应该在讲话的时候，看学生的表情就知道有听没有懂。眼睛虽然瞪很大，但是那个不是明了的眼神，明了会放光的，不明了有点呆滞，但是点头。第一层意思是樊迟不懂；第二层意思是孟懿子可能也不懂，他又不主动问，透过他这个同学，再确定一下他有没有懂。结果樊迟说，"无违是什么意思？"孔子具体告诉他，"生，事之以礼；死，葬之以礼，祭之以礼"。因为跟夫子学习是孟懿子的父亲给他的临终交代，决定不能违背，这就是礼敬自己的父亲。"生，事之以礼；死，葬之以礼，祭之以礼"，都要礼敬，这就是尽为人子的本分。

还有一个言外之意，因为夫子崇尚周礼，所以当时要让三家恢复礼制。他们的城墙都建得太高了，应该要打掉，要符合礼制。结果只有孟懿子不听话，没有遵守。所以夫子这个言外之意，也都是要提醒他们，德行偏颇的地方在哪里。所以在夫子的《弟子传》当中没有孟懿子的名字。大家都知道他是夫子的学生，但为什么不列入？古人在处理这些事情很有智慧，他一个动作把实质的东西显现出来，为什么？不是跟夫子几十年叫弟子，夫子的话你不遵守，实质上不是弟子。

这些做法有没有教育后世？包含司马迁编《史记》，把孔子摆在那里？"世家"。那是贵族啊！这么一写，不就把夫子对整个民族的贡献凸显出来了。"孔子世家"。所以孔子叫"素王"，虽然是平民，他的影响力超过君王，贡献超过君王，所以司马迁也不是普通人。又把项羽拉在"本纪"，本纪是皇帝，怎么项羽摆在本纪？启发后世的人，项羽有绝大的时机可以成为皇帝，可是他最后为什么自杀？启发后世的人，他太傲慢了，连死以前还不知道自己的错，还怪老天爷，"天丧我，非用兵之罪也"，不是我不会打仗。所以这些圣贤人，他们的用意确实都能启发后世。

第二个学生又问孝的问题，刚好是孟懿子的长子，"孟武伯问孝"。孔子回答："父母唯其疾之忧"。孔子为什么这么指导他？一定是了解他的情况，而这一句很有含义。"唯"，唯一。"其"就是指孩子，父母唯一担心孩子是在他生病的时候而已。人吃五谷杂粮，很难说一辈子从来没生过病，父母只在他生病的时候担心，其他都不用担心。代表这个孩子德行、家庭、事业、嗜好，都不让父母操心，这样才是为人子尽孝，立身行道那个先不讲。我们都成年了，言语、行为、习惯还让父母常常挂心，"哎呀，又抽烟了"、"哎呀，又喝酒了"、"哎呀，又乱发脾气了"，这都是不孝了。所以这段话，给我们的省思就很多了。我们马上冷静下来，我们的父母现在还担心我什么？我就不及格了。赶紧把父母的那个担心去除掉，才是尽孝，养父母之心，不要让父母再操心。

接着下一句，"子游问孝"。孔子回答，"子曰：今之孝者"，现在的孝子，"是谓能养"，就是觉得可以养父母，吃得饱、穿得暖，这样就叫孝了。"至于犬马，皆能有养"，"犬马"，狗帮主人守夜，马拉车代劳，它们也是在奉养主人，儿子在奉养父母，都是奉养，"不敬，何以别乎？"但是那个奉养假如没有恭敬的心，那我们的奉养跟犬马的奉养不就差不多吗？所以人跟动物的奉养差别在哪？发自内心的恭敬。所以夫子这一点就点出来，当时人尽孝太表面，没有观照自己的态度。

我们拉回来这个时代。现在这个时代，可能我们的标准觉得，有拿钱让父母过日子已经很不错了。但是我们拿钱给父母的时候，有没有恭敬心？有没有跪下来，把这个钱放在额头上，供养父母？还是语气，"妈，拿去！"那父母更难受啊！坦白讲，我们很多为人子女拿给父母的钱，父母都存起来了，提供我们以后甚至孙子们用。重要的在哪？那个感恩、恭敬的心。所以夫子这些教诲，超越时空提醒我们。

第四句，"子夏问孝"，孔子讲"色难"，和颜悦色奉养父母，难。刚刚一开始，第一句跟大家讲到"无违"，要顺父母的心意，不要违逆，所以"孝顺"，这个"顺"字就在这里。父母讲得对，赶快去做；父母这个做法不是很妥，不要马上顶撞，要顺势而为，再规劝就好。所以这个顺字很重要，毫无那种让父母不欢喜的态度出现，因为一顺，父母的心才能宽。

比方，假如你的父母，她年纪大了，白头发很多，每天叮咛你，"女儿，我想染头发。"你这个当女儿的说，"妈，染头发，那个东西对肾脏不好，会影响你的身体。"结果老太太一而再、再而三，讲了几个月，我们就是不做。可能老人家很不舒服，甚至于她可能知道她的日子不多了，她就是希望自己离开的时候，染着发，看起来比较庄严，这是她的心愿。因为刚好昨天听到一位学长，他的外婆就是这个情况。他的母亲也是为妈妈好，但是没理解到母亲的心。老人家看女儿没帮她染，自己染了，结果听到女儿的脚步声上来了，躺在床上装睡。老人跟小孩一样，很可爱的。这个女儿体会到了老人家真的很想要染，马上态度非常温和，"妈，我帮你染。"结果真的染完没多久，老人家走了。所以女儿想起来，幸好染了，不然真的她这个女儿会留下一生的遗憾，没有顺。当然，你买那个染发剂是天然的更好。

所以当老人家很想吃什么，你就不要先以营养学的角度，维他命多少，不要用这些道理来压，要能体会得到老人家的心意，这个是顺。心地柔软，和颜悦色。而和颜悦色不是装出来的，是什么？能够有照顾父母、老人的机会，觉得是自己最大的福报，啊，我能报恩啊，所以那个和颜悦色是没有丝毫的勉强。

大陆一位孝子王希海老师，照顾父亲二十六年。他这二十六年，他觉得人生非常充实，看到父亲睡得香、吃得甜、吃得欢喜，就是他最大的欣慰。因为尽孝跟人的性德相应，"学而时习之，不亦说乎"。所以真正能照顾自己的父母，比方在医院当中，五天、七天没有办法排泄，王希海老师就讲到，一个为人子，怎么忍心可以在那里等着父母这么多天排不出来，你必须主动采取方法啊！他就马上想到方法。所以人的种种好方法，从哪里来？从孝心、从真心出来的。一个人有百折不挠的真心，方有万变不穷的妙用，方法就出来了。他就帮父亲整个肚子很仔细的按摩，还用热毛巾去热敷，然后用热毛巾在肛门处给它温热，他父亲就排泄出来了。当他看到他父亲那种放松、舒服，他觉得是他人生最大的快乐。孝子心中只有父母，父母乐，就是他的乐。

就好像我们成长过程当中生病的时候，我们病好了，父母比我们还高兴；我们生病了，父母对天地发誓，把这个病移到我身上吧，不要让孩子这么痛苦。这就是父子有亲。王希海老师天性终身保持，没有改变。因为王希海老师出入医院的机会比较多，他就讲到，父母生病有一个很大的原因，是因为操心孩子。我们都知道，人的身体不好，最大的一个原因是情绪影响。父母因为操心我们生病了，可是，父母生病以后，又特别怕麻烦孩子，很自责。孩子没有体会到父母因我们生病，又因我们内心难受，怕麻烦我们。照顾父母怎么能说是麻烦？回报父母是天经地义的事情。所以我们为人子女又没有体恤到，甚至照顾个一两天，发脾气、不耐烦了，在医院里面骂老人，走到走廊上去骂，父母都感觉得到，那不是让老人更难受？

所以看到这个"色难"，我们体会到，不管是古代的孝子还是现代的孝子，那一份心境令人感佩，念念只想着怎么样让父母欢喜，没有想自己。对我们来讲，我们很容易用自己的想法，哇，二十六年，那多辛苦！孝子不是这样的。孝子给我们提醒到，你照顾父母还起一个念头，"要忍耐，要忍耐，要撑"，这个心已经是自私了，想到自己才会有撑，念念是父母，决定没有"哎呀，好辛苦啊，好累啊"，没有这个念头。因为只要有这个念头，慢慢变什么？我好累，我好辛苦，变我怨、我不耐烦，最后就我恨，那就麻烦了。所以孝子跟我们的差别在哪？存心不同。我们会自私自利，他们念念为父母想。所以和颜悦色是最可贵的，这个"难"，是难能可贵。

"有事，弟子服其劳"，"弟子"是指学生，"服劳"，服务老师很勤劳；"有酒食，先生馔"，有好的食物，先奉养老师。"曾是以为孝乎？"假如只是"服其劳"、"酒食，先生馔"，这样还不能算是很细腻的尽孝。因为对老师最重要的是尊敬，但对父母，他有一份父子有亲的天伦的亲爱，还要和颜悦色。因为父母跟我们连心，我们做的是不是心甘情愿，父母都能感觉到。甚至于互动的过程，还会撒撒娇，还会有这些亲昵的动作，这个是父母跟子女之间有的，跟老师之间主要是庄重、恭敬。这个是谈到问孝的部分，这是因材施教。

再来，问君子。子贡问君子，子贡口才是第一名的，孔子针对他回答，"先行其言，而后从之"，你自己先做到这些事情，再去讲，这样才能言行相符，这是君子的风范。子贡讲话讲得快，口才又好，夫子针对他提醒：你要落实君子，契入君子，首先"先行其言，而后从之"。包含学生还有问仁怎么落实，仁爱的"仁"怎么落实？学生要去当官了，问怎么为政，怎么治理这个地方？夫子对每个学生的指导都不大一样，这都是体现因材施教。

智慧第五点，叫抓住机会教育，体现夫子的智慧。《礼记·学记》里面说到的，"当其可之谓时"，这个时节因缘可以了，刚好发生了，学生也信任老师，这个时候可以指点他，他会印象深刻。比方，我们接着刚刚讲子贡，子贡有一天在批评人，"子贡方人"，孔子知道了，马上提醒他，"赐也贤乎哉？"端木赐，你很贤德了吗？还有时光、闲工夫在那里批评人？"夫我则不暇"，我对治自己的习气，用功时间都不够了，你怎么那么多时间在批评别人？那子贡口才好，他犯了这个批评人的坏习惯，孔子马上机会教育。

包含有些机会教育是什么？看到学生的状态，知道他领会错了，领会错了会越偏越远，主动提醒他。子贡，你觉得夫子是强记，很博学、强记这样治学的人吗？"多学而识之者与？"是这样的人吗？那代表子贡对自己的夫子，觉得他是博闻、强记。子贡一听，"然"，对啊，不是吗？你看他把自己的老师看错了。夫子看得出来，主动给他提醒，"非也，予一以贯之"。夫子治学是"吾道一以贯之"，忠恕之道贯穿整个学习的，而不是强记一大堆东西，那是知识。

又有一次，我们得感谢子贡，跟夫子这些互动对于我们学习圣贤教育很有帮助。子贡说，"我不欲人之加诸我也，吾亦欲无加诸人"，他把自己的心声讲出来，我不想别人这样对我，我也不会这样去对人。夫子马上抓住这个机会，端木赐，不是你的境界，你没有那么高啦。能做到这一点叫什么？"己所不欲，勿施于人"，那已经不简单了。我们不希望人家误会我，我们也不误会人家；我们不希望人家怀疑我们，我们也不怀疑人；我们不希望人家给我们发脾气，我们也不能对人家发脾气。哇，那就没贪嗔痴慢了。一个人学习假如误认自己的境界，他要再进步就很困难了，而且，误认以后容易贡高我慢，所以及时提醒。

209

另外一个学生冉求跟夫子讲，夫子，我不是不好乐你的教诲，"非不说子之道，力不足也"，我实在是能力还很不够。夫子告诉他，"力不足"，能力不够是什么？"中道而废"，走到一半走不下去了，没力气、没能力了。你现在还没走，"今女画"，你是画地自限，你不是能力不够。我们往往很多事还没做，"啊呀，不行、不能。"刚好冉求这个问题，夫子马上给他点出来。而且另外还点了冉求的另一个问题，就是他求道之心不够切，但是很喜欢才艺，他就陷在喜欢才艺里面。所以《论语》里面有说，"小子鸣鼓而攻之"，冉求一些行为不好了，夫子说，你们可以去指正冉求。我们有看到，喜欢才艺，求道的心不够切，才艺越高，会不会偏掉？会。所以我们刚刚讲《资治通鉴》，司马光这个见地很重要，"德胜才谓之君子"。所以这个画地自限，就知道他心态错了，赶紧"知其心，然后能救其失"。

又有一个学生子路，刚好孔子讲，"用之则行，舍之则藏"，夫子是对着颜回讲，假如有国君用我们，我们就行礼乐大道、仁爱大道；"舍之则藏"，没有人用我们，我们好好提升自己，不强求，我们还是乐在道中。而且我们看夫子跟颜子，他们虽然没有被政治人物重用，可是那个贡献不亚于政治人物。因为他们删诗书，定礼乐，赞明易道，作《春秋》，那对后世的影响最大。所以有机缘没机缘都不强求，没有机缘也有没有机缘的贡献的方法。夫子跟颜子这么一讲，我们不被用，也能够欢欢喜喜，乐在道中，我们两个做得到。

结果子路在旁边听完以后就插一句话，"夫子，你假如带领三军，你会带哪个弟子跟着你一起去？"夫子就抓住了这个机会点，教育子路，"暴虎冯河"，空手打老虎、空手渡过很大的江河，这种匹夫之勇的人，我才不跟他一起去，我才不带他，"吾不与也"。"必也临事而惧，好谋而成者也"。这个"惧"是非常戒慎恐惧，很谨慎去对待，临事而惧。这个"谋"就是能够集思广益、客观分析，然后再来做决策，"好谋而成者"。这就是谦虚、慎重的人，不是逞匹夫之勇，才能成得了事。这是夫子对几个弟子机会点的教育。

　　第六点，是相观而善的教育智慧。"相观而善之谓摩"，所谓"道人善，即是善，人知之，愈思勉"。我们看《论语》里面，夫子赞叹尧帝、赞叹大禹、赞叹古人、赞叹管仲，让学生学习；赞叹今人，比方晏平仲，当时的圣贤人，让他们效法，"善与人交，久而敬之"，"子产有君子之道四"，举那时候的人让大家效法。再来还举什么？同学之间，"有颜回者好学"，"一箪食，一瓢饮，在陋巷，人不堪其忧，回也不改其乐"，那所有的同学要效法颜回。这个在自己带一个班，或者主掌一个学校，把这些优秀的学生、榜样举起来，也可以相观而善。

　　好，这节课先跟大家谈到这里，谢谢大家！

　　尊敬的诸位贵宾、诸位长辈、诸位学长,大家下午好!

　　我们上节课就经典当中谈到夫子这些行仪,我们感觉特别能展现夫子教学的智慧,所以归在夫子为师风范的第一个大项"智慧"这个部分。第二个,"仁",智仁勇是三达德。"仁"是仁德、仁心、仁术。有仁心,接着做出来是利益天下苍生的事业,而且利益的不止当世人而已,而是利益千秋万代。历史当中读书人赞叹夫子,"先孔子而圣者",比孔子还早成圣贤的古人,"非孔子无以明",没有孔子的话,我们都不知道他们的名字,不认识他们。因为孔子那个时代礼崩乐坏,很多古籍很可能会丧失掉,文化可能会断流。夫子在那个大时代当中很有承担,删诗书,定礼乐,作《春秋》,然后阐明易道,这些重要的典籍都是折中于夫子。所以夫子以前的两千五百年,文化靠老人家传下来。"后孔子而圣者",孔子以后的两千五百多年的圣贤人,"非孔子无以法","法"是效法,后世的人都效法孔子的精神、孔子的求学、孔子为人师表的态度,所以他们成圣贤。所以夫子是开启上下五千年的文化。

　　为什么能影响这么长远呢?这个关键,在夫子所说的,他自己做到了,才能有这么长远的影响。师长老人家有一句非常经典的话,"做到再说是圣人,说了做得到是贤人,说了做不到是骗人。"师长能看得懂圣人的行仪，为什么老子、孔子、释迦佛影响了几千年的人类，因为他们都是做到了，所以人们对他们不会有丝毫的怀疑。所以仁德，它能利益千秋万代，首先的基础在哪里？在以身作则。《大学》里面讲，"古之欲明明德于天下者"，他要利益天下苍生，从哪里下功夫？"自天子以至于庶人，壹是皆以修身为本"，他自己真的真修，以身作则，他才能产生这样的教化效果。

夫子以身作则，在有一段与曾子的谈话当中体现出来。曾子说到，我曾经听到谈论夫子的行仪有三段话，但是我听到以后，自己还没有能效法做到。首先说到，"夫子见人一善而忘其百非"，见到一个人的优点，就肯定他这个优点，没有把他的缺点或者以前做错的事，变成成见放在心上，不会。这个叫厚道，这个叫给人信心。"看人要看后半段，浪子回头金不换"。假如人家以前做错，都不给人家机会，断人的后路，这叫刻薄。一直贬低他、否定他，很可能他会破罐子破摔，他可能会自甘堕落，这可能是因为我们完全否定人造成的。

所以光是一个信任人的眼神跟否定人的眼神，那给人的感受是天壤之别。所以看人可不可以积功累德？看人的这种态度、眼神，假如对人都是信任，光是看别人就给人家信心了，积功累德。假如看人就是怀疑、否定，"哼，不行"，那个眼光扫过去让人家都得内伤，这叫造孽啦。

我们修学的路上，改一个习惯都有反复，所以用一个东西也有一个习惯的过程。所以人真正经历过，修身非帝王将相所能为。将军可以不怕死，你叫他不要喝酒，要他的命；叫他别发脾气，他受不了；让他改习气，不容易。改习气就好像一层皮，这样一层一层撕下来，都有这个痛苦的过程，但撕下来了，身心就轻安自在了，不做习性的奴隶了。

曾子讲到夫子的行持，"见人一善而忘其百非，是夫子之易事也"。很容易可以转变对别人的一个看法，不会形成成见。你真的改过了，他非常肯定、赞叹你，为你高兴。另外这个"易事"，很容易相处、很容易侍奉，给人家如沐春风。假如我们处处对人都有看法、成见，无形当中就给对方压力了。

第二个，夫子的行持，"见人之善若己有之"，看到别人的优点，看到别人的贡献，就像自己有一样高兴，就是随喜赞叹，一丝一毫的嫉妒都没有，还去宣扬。"道人善，即是善"。"是夫子之不争也"，不会跟人家争高下，不傲慢，都能随时看到别人的优点，随喜赞叹。其实现在团体当中、人与人当中，冲突为什么这么多？见不得人好、毁谤，没有欣赏别人。

第三，"闻善必躬亲行之，然后道之，是夫子之能劳也"，闻到好的教诲、善言，看到人家的善行，必亲自去落实，实践了，然后再以过来人的身份，去指导他的学生来做到，那每一个教诲都是自己先落实。为了早一点利益学生，他自己是勇猛精进，这个是"能劳"，自己不辞劳苦的用功提升自己，是仁爱的动力、利益人的动力。

那我们看到这一句，我们形成一个态度，觉得哪一个教诲非常好，我们效法夫子一定从我自己做起。比方我们要劝人不贪、不嗔、不痴，我们自己得要把贪嗔痴调伏。假如不这么做，看起来是希望弘道，但有可能是障道。因为假如我们说不要贪，可是我们自己生活上的享受越来越看重，人家听我们台上讲一套，台下又不一样，不只不能弘道，反而让人家怀疑圣贤教育，那就变谤法了。所以我们在学校教书有一个好处，什么好处？鞭策自己。比方说这个道理讲出去，三十五个学生都听到了，我是班主任，我一个人看三十五个，他们是三十五个看我一个。比方说"凡出言，信为先"，老师说的，那大家就看了，"老师，你上次讲的，怎么现在还没做？"那背后就流冷汗了。所以在学校教书，不是压力，是幸福。为什么？没有后路可以走，只能勇往直前。不然你就误了这些孩子，让他对自己、对圣贤教诲没有信心了。所以任何事都是好事，一念之间用觉悟去看它、用责任去看它，都是好事情。

接着，仁德的表现第二个是"耐性"，就像我们这个教育的"教"字，左边两个叉，下边一个小孩；右边一个手拿着树枝。左边是身教，以身作则，父母、老师画第一个叉，孩子潜移默化效法学习，画第二个叉，上行下效，身教；右边手拿着树枝，不厌其烦，耳提面命，耐性。坦白讲，没有耐性也谈不上真心，真的东西不会改，会变的就是假的。所以有没有真心不是嘴巴讲的，得看我们有没有至死不渝、不改变对人的这一份爱。大家都听过"爱的真谛"这首歌吧？这首歌最重要的是最后一句，为什么？最后一句拉得很长，叫"爱是永不止息"，"永不止息"要拉长一点，就代表长长久久才是真爱，不然叫虚情假意。早上结婚了，下午就离婚了，那叫爱欲，那不是真爱。

从哪里看到夫子的耐性？夫子在《论语》里展现的是"学而不厌，诲人不倦"。在《礼记·学记》当中，有一个非常重要的教学法，叫"道而弗牵，强而弗抑，开而弗达"，这叫"和易以思"的教学法。引导他，不要让他感觉好像你硬拉着他的鼻子往前走，让他感觉到引人入胜，他自自然然被吸引，而不是硬拉着他。"道而弗牵则和"，他接受得非常欢喜、和谐。"强"是鼓励，鼓励他，"强而弗抑"，"抑"是什么？否定他、压制他，就不好了。应该不断的鼓舞他的信心、善心，"强而弗抑"，他受到鼓舞越学越积极。"强而弗抑则易"，他学得很容易，不会痛苦，不会勉强。"开而弗达则思"，"开"是启发他，但是这个"达"就是不一下子把所有的道理全部讲完，把他的悟门给堵住了，这就有点变填鸭了。你用启发的教学法，有些话点到为止，让他很自然的去思考、去领悟，不要一直压。一直压他就会觉得，"又来了，又要啰嗦了，又要唱歌了。""和易以思"的教学法，开而弗达，他就会去思考。

大家听完《礼记·学记》教学法，真正要教育好一个学生要很大的耐性。这个教学法，我们读到《了凡四训》的时候，尤其是袁了凡先生遇到云谷禅师这一段，我们就想起师长老人家说的，以前出家人儒释道都通，是很有学问的好老师，所以才有一句成语叫"无事不登三宝殿"。社会大众一有解不开的问题，问谁？到三宝殿去问法师们，他们都是很有学问，还要通过国家考试才能拿到度牒，那个度牒的程度差不多是进士的程度。而且他们的心地清净，这些世俗的欲望他们能放得下，清净心生智慧。所以感觉到云谷禅师是非常好的老师，他在跟了凡先生短短的互动当中，这个"和易以思"的教学法表演得淋漓尽致。

比方说引导他，都用什么引导？他最熟悉的句子，叫共通语言。比方说您今天去跟一个亲戚朋友聊传统文化，他从来没有读过《论语》，你就"子曰，子曰"，一句接一句，他一个头两个大。比方说你这个朋友，他是种田的，那你就跟他讲，要怎么收获就要怎么栽，他说对对对对。你就用他听得懂的去跟他引导，他就很能产生共鸣，所以"道而弗牵"很重要。

刚刚说到云谷禅师的教学法，这个因缘就是了凡先生跟云谷禅师对坐三天，他没有起什么妄念，所以云谷禅师就问他，"你怎么都没有妄念？"他说，"我的命早就被人家算定了，几十年来都没改，我还有什么好想的。"云谷禅师哈哈笑，"我本来以为你是豪杰，原来你只是凡夫。"这个"哈哈笑"也会让人家好奇，该笑的时候哈哈一笑。"难道命可以改变吗？"您看这些对话很精彩。命可以改变吗？云谷禅师讲，"人未能无心"，这个自私自利、自我的心放不下，"终为阴阳所缚"，所以他的命运就固定了。但很重要的，"积善之人"，很善良的人、积很厚功德的人，"数固拘他不定"。假如你是了凡先生，听到这句话会怎么样？"哎哟，有希望了。"这叫"强而弗抑"，随着谈话，他的信心、他的动力慢慢就被带起来了。你们有没有遇过？比方这个人很有修养，有一个人印堂发黑走进来，跟他讲完半个小时之后，印堂发亮走出去，这个就是教学法功夫很强。您看了凡先生几十年就在那里"啊，命改不了"，经过引导出去之后，马上发愿先做三千件善事，所以云谷禅师教学的功力很强。那当然我们体会到了，就能善学善用。

所以云谷禅师就告诉他，你这二十年来，命运全部被人家算定了，一丝一毫都没有转变，当然是凡夫。接着他好奇了，难道命运可以改变吗？

接着您看云谷禅师讲，"命由我做，福自己求，诗书所称，的为明训。"古代哪个读书人没读《诗经》，没读《尚书》？全读过了，都知道命由我做，福自己求。大家有没有发现，这些书都读过了，书还是书，他还是他。所以总在遇缘不同，他遇到云谷禅师，"啪"，这一句更印象深刻，"对哦，这个我都知道啊，原来我都没有把它落实，是可以改变的。"而且都是他最熟悉的。先讲诗书，再举释迦的教诲。其实这就让我们了解到一个社会背景，以前的读书人儒释道都读，教化了我们两千多年了。云谷禅师接着又提到，"我教典中"，我们佛门当中讲到，"求富贵得富贵，求男女得男女，求长寿得长寿"，妄语是佛门的大戒，释迦、佛菩萨怎么可能骗人呢？

　　结果了凡先生听了以后，也很可贵，他马上主动求教。有些人有怀疑，闷在心里，自己在那里想啊想啊，也不讲出来。他主动求教，这叫"心有疑，随札记，就人问，求确义"。其实，这一个对经典的误解已经在他心里几十年了。他说，孟子不是说嘛，求则得之，是求在我者也。道德仁义我可以力求，功名富贵是身外的东西，怎么求得到呢？您看这个疑很久了。所以落实《弟子规》容不容易？"心有疑，随札记"。

　　云谷禅师告诉他，孟子的话没有错，你自己解错了。"汝不见六祖曰"，《六祖坛经》跟《金刚经》，这两千多年的读书人都读了，《坛经》上面讲，"一切福田，不离方寸"，福田靠什么？心耕，怎么会求不到福呢？"从心而觅"，从根本的心地去下功夫，"感无不通"，一定求得到。"求在我，不独得道德仁义，亦得功名富贵，内外双得"，内外都求得到，"是求有益于得也"，你把这些道理都搞清楚了，一定要从心地下功夫。而"若不反躬内省"，你没从心地反省，"而徒向外驰求"，向外去攀求，攀高官、攀有钱人。"则求之有道，而得之有命"，你是求不到的，你没有从根本下手，徒劳无功。"内外双失"，你都向外求，都是贪，也没德行了，那向外求，又没有积福，就不可能求得到。"公修公得，婆修婆得"，财布施才能得财富，法布施才能得聪明智慧，无畏布施才能得健康长寿，怎么可能是在那里拜神明就求得到的呢? 要如理如法去求,才求得到。

把理给他讲清楚了,云谷禅师就问他:"你说说,孔先生算你的命,终身是什么样的命运,你可不可以给我讲一下? ""余以实告",了凡先生也是很实在的,一一告诉云谷禅师。接着云谷禅师这一句话很重要,这叫"开而弗达",启发他,不是用道理填鸭给他。听完以后,云谷禅师问他一句话,"你自己想想,你应该考上功名吗? "因为你刚刚说你的命中没有功名,命中又没儿子,那你可不可以反省,你自己应该有功名吗? 应该有后代吗? 这么一问,开而弗达。"余追省良久",了凡先生沉淀、考虑了好长一段时间,接着自己说了,"不应该。"是他说的,他自己承认的。

假如今天我们的朋友说:"我的命中是怎样怎样",然后我们就跟他说:"对呀,你这个人刻薄,所以你没有孩子。"他接不接受? "我有那么严重吗? "你讲了八分,他觉得自己只有五分,接下来的话就听不下去了。可是你看,云谷禅师他看得清楚,让他自己想,他自己讲出来的,他体会更深刻。你看我们现在,人家爸爸妈妈、父母或者一些善知识、长辈提醒我们的问题:哎,你哪里哪里不好。"我有这么差吗? 没那么严重吧? "还会不是很能接受。

接着了凡先生整个沉淀下来,自己思考、反省说:不应该。科第中人,看起来就有福报,我先天就福薄,又没有积极积功累德,来培养自己的福,"兼不耐烦剧",就是很容易起情绪、动怒,"不能容人",肚量又不够。我有点念不下去了,因为我好像就是这样。"时或以才智盖人",这些心境跟行为变成都折自己福,才智盖人。"直心直行",这个就是讲话不看场合,不体会人家的心境,"啪"就过去了,人家回去疗伤三天。"轻言妄谈",动不动聊一些大道理,到底理对不对,就比较狂傲了。"凡此皆薄福之相也",所以我考不上功名。

接着又分析自己为什么没有孩子,"地之秽者多生物,水之清者常无鱼",他太爱干净,所有的蚂蚁、蟑螂全部杀光光,就是太爱干净,可能会伤及生命。其实应该要了解，生命都是有灵性的，诚心可以沟通的。你可以请它们搬家，拿一些好吃的放在外面，请它们去吃，不要伤害。"万类相感"，所有的生命都有灵性，怎么交感？"以诚以忠"，真诚，忠是什么？你也尽力利益它们就会相交感。我们师长老人家当时候在澳洲，刚去的时候蚂蚁一团一团的，真诚待它们，后来互相不干扰。所以了凡先生反省没有孩子，洁癖太严重。

第二，"和气能育万物，余善怒"，脾气太大，"宜无子者二"。"爱为生生之本，忍为不育之根"，时时爱护人，为人设想，就像天地化育一样，让很多的生命得以成长，但是，这个"忍"就是残忍，会伤及生命。我"矜惜名节，常不能舍己救人，宜无子者三"。"多言耗气"，常常喜欢谈很多话，耗气，"宜无子者四"。"喜饮铄精"，喝酒喝到半夜，熬夜，"宜无子者五"。"好彻夜长坐"，这也是喜好，"不知葆元毓神"，伤及他的身体，"宜无子者六"。我想他的父母知道他有这些习惯也会担心的，让父母担心也是折福、不孝。他自己的所有问题都讲出来了，他自己承认。

了凡先生还有一句很可贵，"其余过恶尚多，不能悉数"，我刚刚讲的只是一部分，我还有很多。人命运怎么改的？"改习为立命之基"，把坏习惯一改，命运接着改。不欺骗自己了，承认自己的错，去改正。我相信，听到他自己的自我反省、忏悔，云谷禅师可能会感觉到"孺子可教也"。所以大家不要看，好像这些互动都是理所当然的，假如了凡先生没有反省自己，这个缘可能就到此为止了。这些缘分都是水到渠成的发展，恭敬、真诚的心感召来的。一个人一反省自己，那个真诚就流露出来了。你们有没有看过有一个人在反省自己对父母的不孝，他在那里流眼泪，我们在底下也流眼泪？诚心交感。

接着云谷禅师更巩固他的正确的观念跟信心，"云谷曰：岂惟科第哉"，不只求科第而已，"世间享千金之产者，定是千金人物"，因为他有修那个福报；"享百金之产者，定是百金人物"；"应饿死者"，命中没福，最后要饿死的，那都是他自己没有修福感召来的，因为"命由我做，福自己求"。上天都是循着这个自然，绝对不是上天有什么意思的。而且就像生孩子，"有百世之德者，定有百世子孙保之"，就像孔老夫子的后代；"有十世之德者，定有十世子孙保之"，像林则徐先生的后代，这个都是证明；"有三世二世之德者，定有三世二世子孙保之"；"其斩焉无后者"，就是绝后的，没有孩子的，"德至薄也"，福报不够。

这个在历史当中最典型的例子，五代十国，"窦燕山，有义方，教五子，名俱扬"，他本来命中无子，他的祖父一劝他，他听话，积极断恶修善，最后生了五个儿子，都非常有出息。他活到八十几岁无疾而终，洗好澡，跟人家say good-bye（说再见），就断气走了，没有任何病苦，真好！"圣与贤，可驯致"，我们现在就积功累德，铁定有这样的福报。

接着云谷禅师告诉了凡先生，你今天既然知道自己的非了，赶快把不能考上功名、不能生子这些坏的习惯"尽情改刷"，忏悔，发愿把它改过来，然后记得要积德，记得肚量要大，记得对人要有爱心、要和气，记得不要糟蹋自己的身体跟精神，就点了他所有的问题。"从前种种譬如昨日死，从后种种譬如今日生"，你们读到这句话有没有感觉充电了？"此义理再生之身也"。"夫血肉之身，尚然有数；义理之身"，你从今天开始断恶修善，循着圣人的教诲，你是义理之身，"岂不能格天"，一定可以感格，可以改变命运。"太甲曰（《尚书》讲）：天作孽，犹可违；自作孽，不可活"，所以你这个是今生的命运，只要你肯下功夫，决定可以改。又说"诗云：永言配命，自求多福"，大家有没有看这几句话引经据典，"强而弗抑"，把他的信心，"信为道元功德母"，他的信心完全坚定，决定可以做得成。

大家有没有看到，了凡先生回去之后没有怀疑。后面还讲了很多，包含《易经》，"积善之家，必有余庆"。而且具体，云谷禅师真的是好人做到底，送佛送到西，具体怎么做，还给他功过格，让他怎么操作，慈悲到了极处。好，自己看更精彩，今天回去可以好好读这一段。这是好老师的榜样，就像夫子一样，诲人不倦。所谓"慈悲为本，方便为门"，"道而弗牵，强而弗抑，开而弗达"，都是善巧方便。这个是第二点，耐性。

第三点是有教无类，能展现夫子的仁德，只要肯学的都尽心尽力教。在《论语》当中有讲到，"自行束修以上，吾未尝无诲焉"，这个"束修"就是拜师的礼物，在历史当中的说法是十条干肉。这个东西不是很昂贵，算是不怎么贵重的礼品，就代表夫子重视的是什么？拜师的恭敬，是那个礼，而不是说要送多好的东西。此礼不可废，因为一分诚敬得一分利益，十分诚敬才能得十分利益，万分诚敬得万分利益。连一个敬师的态度都没有，那这个缘就不具足了。所以只要是恭恭敬敬行过拜师之礼仪的，夫子一定尽心尽力教诲他。

又有一句《论语》当中"述而第七"的例子。刚好互乡这个地方有一个孩子来求学，互乡那个地方民风比较不好，那个地方的老百姓很难教化。结果这个童子来向夫子求学，夫子的弟子就对夫子提出来说："那个地方的人根性非常恶劣，夫子，你教他很可能浪费时间、浪费精力了。"夫子的回答就强调："他今天来找我，就代表他想要提升嘛，他很爱惜自己，那我当然要回应他的是帮助他提升自己。人家这么洁身自爱，你怎么还拒绝他呢？那我现在教导他，只能够确定的是他现在想学、用心来学，至于他以后怎么样，这个不是我能够控制的，我只跟他好好珍惜当前的因缘就对了。"很惜缘的，哪怕他刚好就这几天善根流露、愿意学，夫子都尽力教他。

"述而第七"又有另外一句，让我们去体会有教无类是什么？是和盘托出，毫无保留。夫子有一天对着弟子讲，"二三子以我为隐乎？"可能看出学生心里在想什么，可能有学生想，夫子教我们有没有留一手？这个是起疑心了。夫子看出来了，虽然学生没有讲，让他这个疑心消除，他才能得利益。所以告诉弟子，"你们觉得我还有留一手吗？我决定没有留一手，我全部都和盘托出告诉你们。"其实夫子是弘道之人，他何尝不希望他每一个弟子，马上都有真实的学问来服务苍生，怎么可能会留一手呢？

虽然夫子这么讲，还是有极少部分的学生疑心去不掉，比方有一个学生叫陈亢，不过虽然他有疑心，但是他这个疑心叫"偏中正"。疑心，心不妥，偏了，可是因为他那个疑心，他怀疑夫子有藏一手，跑去问夫子的儿子孔鲤。所以这么一对话，哇，这一段对话，让人更理解圣人无私、平等。所以他是"偏中正"善行，他也有功德。他就跑去问夫子的儿子，你的父亲私底下有没有教你东西？孔鲤说，没有啊，我们一起上课的，唯一有两次，我刚好从庭院经过，父亲把我找过来，"学诗乎"，你学诗了没有？"不学诗，无以言"，诗是让人温柔敦厚，心地敦厚讲话才不会伤人、才厚道，学诗才会讲话。又有一次，我从庭院经过，父亲看到了，把我叫过来，"学礼乎？""不学礼，无以立"，要懂得应对进退、恭敬他人，不然很难跟人相处，很难在人群立足，要学礼。我听完退而学礼，就这两次。陈亢一想：学诗、学礼，夫子在课程当中都有强调，所以没有额外教他的儿子。我这么一问，三个收获：学到了学诗的重要，学礼的重要，又学到君子没有私心，没有对他的儿子特别好，"远其子"，平等的爱护。

这个例子给我们很好的启示。其实我读到这一段，我的体会非常深刻。比方说，我曾经受到卢叔叔的教诲，我们从这些长者身上，他栽培有责任弘扬圣贤教育的晚辈，超过他的孩子，这我是亲身体会过来的。为什么？他们是胸怀天下的苍生。儿子不见得比其他发愿有使命感的人受教，所以谁愿意受教，他倾囊相授。我们上一次去请教这位长者，一跟我们讲，一讲就是七个小时、八个小时，忘了上厕所。真的，从白天讲，讲到晚上才发现整天都还没有上厕所。我们带着几位同仁去向长者求教，这真的可谓是呕心沥血。

所以这一点是有教无类，夫子的精神如此，我们从师长、亲近的这些善知识身上都能体会得到。我也曾经跟大家分享过，师长有一次在人民大

会堂捐款给儿基会，不小的一笔款项，希望在各个社区都播放伦理道德
的教诲。当时捐款仪式结束，我们在蒙古厅吃饭，我印象很深，那个蒙古
厅非常的大，吃饭的桌子好长。老人家坐在中间讲中华文化，一开始来宾
各讲各的话，有的是记者，有的是教授，都是社会当中很有地位的人。老
人家娓娓道来，介绍传统文化，没多久，很奇妙，每一个人都不讲话，全部
望着老人家听他讲。老人家那一份利人的心，感动了第一次见面的人。有
教无类，甚至抓住任何的机会。那蒙古厅那么大，讲话很耗气，宁可自己
耗气，也要抓住每一个人能听闻圣贤教育的机缘。

　　第四点，胸怀天下的苍生。我们看夫子在"礼运大同篇"中讲："大
道之行也，天下为公。选贤与能，讲信修睦"，夫子一生不就是往这个目标
去努力吗。跟学生谈论到学生的志向，有一次让子路、颜回分享一下他们
的志向。子路说，我真的富贵了，或者我自己拥有一些用品，"愿车马衣轻
裘，与朋友共"，我的车马、我的皮衣（我很好的衣服），任何朋友需要，我
统统借给他用，把我的用脏了、用坏了，我都不会惋惜。我的就是大家的，
大家的还是大家的。应该是这个逻辑吧？我们假如说：我的就是你的，你
的就是我的，这样人家会担心了。我的就是你的，你的还是你的，严以律
己，不能去要求别人。我们这么做，是因为我们觉得道义是一个人应该有
的态度，我们觉得是这样，不要求别人也要这样做。

　　接着颜回讲，"愿无伐善，无施劳"，不伐善就是自己奉献的不会去
提、不会去邀功，甚至可以把功劳让给众人、让给领导。这个是重要干部
应该有的胸怀，就像一个国家的大夫。"无施劳"，就是对老百姓要设身
处地，他在农忙的时候，你还把他拉来做公共建设，他误了农时，以后就
没饭吃，会饿死的。这是一个国君应该有的胸怀，体恤。这是颜回讲出来
的志向。

　　接着子路就请问夫子的志向，夫子讲，"老者安之，朋友信之，少者
怀之"这三句话。假如我们这个社会现在往这个方向，很多问题会慢慢解

决。要让老人、父母安心，生活安适，很多老人问题慢慢可以克服。"朋友信之"，人与人假如讲信义，好多冲突、问题都没了。包含夫妻、兄弟都要讲义，就没有这些家庭问题了。"少者怀之"，好好培养下一代，民族、国家才有前途，现在全世界青少年犯罪率越来越高，全世界都在思考怎么来改善这个问题。所以夫子教育的智慧对我们这个时代，太关键了。这是讲到胸怀天下的苍生。

甚至于我们都感觉，哪怕夫子的一个叹息都是为了唤醒迷惑的人，那个感叹把我们的羞耻心给唤醒了。比方夫子讲，"已矣乎！吾未见能见其过而内自讼者也。""已矣乎"是感叹、叹息。啊呀，我们当学生的假如让夫子常常叹息，我们是有罪过的。人的善根、人的福德从哪里培养？孝亲尊师。我们自己让师长常常摇头、担忧，这是不妥当的。夫子感叹，假如夫子就在我们面前感叹，我们真的惭愧的要磕头忏悔，这才是能真心来孝敬自己的夫子。

夫子讲，我没有见到能见自己的过，见过就要知过，"内自讼"，这个"讼"就是能够指正自己、反省自己，这叫什么？悔过。不只知道，还忏悔。很多人说"我知道啊"，但是您可以感觉到，他还没有能忏悔自己：我这些过失真的伤了自己、真的伤了很多人，他体会还没那么深。所以我们看真正发自内心忏悔的人，会后悔、会流眼泪，那是很自然的。但悔过不是哭一哭，过就改了，还要真下功夫，百折不挠，把它调伏，改过。夫子讲到，见其过是知过，内自讼是悔过，还没到改过，能见到能悔过的，就已经非常非常难了。那代表假如夫子对我们这么讲，很可能我们的表现根本就是糟蹋了夫子的教诲，都没有老实、听话、真去干。其实夫子的心里面明不明白？当然他是修学的过来人，他自己当然明白。所以人真正改过了，就早一天不要让父母再操心了、不要让师长再操心了、不要让自己的领导再操心了。所以这一个感叹，千古之叹，我们希望不要让孔老夫子白叹。我们做一个真改过的人，"过则勿惮改"。

夫子还有感叹，"已矣乎! 吾未见好德如好色者也"，好像很难看到，好学的那个积极度超过好女色的积极度。我记得我们刚到海口，刚好举办课程，上课那一天，海口三亚举办全世界选美比赛。有一些当地的学长们就开始挣扎: 是要去听课呢，还是看选美? 那一天也很巧，刚好遇到夫子这一句，"未见好德如好色者也"。夫子又提醒我们，"饮食、男女，人之大欲存焉"，男女的欲望，要窒欲、要节制，不能放纵，还有包含吃东西的欲望要节制。我们看人这个三寸之舌不节制，把整个地球都快吃垮了。这些都是重要的提醒。

其实坦白讲，人真的改过，智慧灵性一提升，欲望自然下降，那个不是勉强的。所以只要真下决心，慢慢下功夫，都能瓜熟蒂落、水到渠成。为什么? 因为那些习气"不觉本无"，本来没有这些东西，一定可以去掉。一个小孩子哪有这些欲望? 那是本来没有的，一定可以放下。"本觉本有"，明德本善本有，一定可以恢复，"宽为限，紧用功，工夫到，滞塞通"。

这是提到几句夫子的感叹。我忽然想到我们师长有一句感叹，师长说，"假如中华文化断在我们的手上，我们对不起祖先、对不起圣贤! "老人家这个感叹，我们听了之后无地自容、很惭愧，羞耻心被老人家这个感叹给唤醒了。所以夫子也好，师长也好，这些以天下苍生为怀的圣哲人，他们连感叹都是一种悲心的流露，来启发我们。就好像今天你的父亲他恨铁不成钢，苦口婆心跟你讲那么久，你不听，他给你呵斥。你也要体会父亲呵斥你，他还伤了自己的身体，就是要把你给唤醒，你得要珍惜自己父亲的苦心才好。假如连父母的苦心都不珍惜，福报迟早要折光，他没有福的本啊。"父母者，人子之本源也"，你不体恤父母，不孝父母，做人的本跟源头都没了。

我们接着，孔子为师的风范第三个重点，"勇气"。"智仁勇"，勇是三达德之一。勇气首先第一个，改过。夫子强调，"过则勿惮改"，"勿惮"就是不要担心、不要害怕，要勇于改过。我们看《三字经》当中讲，"昔仲尼, 师项橐, 古圣贤, 尚勤学", 夫子是圣贤人, 遇到一个孩子讲的是他不懂的, 他向他请教, 这需不需要勇气? 有时候我们年纪大了、地位高了, 要不耻下问。这个"下"是谦虚的意思, 这个"下"是纵使自己的地位很高、年龄很高, 但是求真理的心非常切, 遇到年轻人, 只要他懂的道是我不懂的, 非常恭敬谦卑请教他, 没有一点障碍。所以《师说》里面讲, "道之所存, 师之所存", "闻道有先后, 术业有专攻", 只要他懂的东西我们不懂, 我们愿意学, 都要非常恭敬的去求教。当这个孩子给我们回馈的是我们不足的, 我们马上承认、马上去改过, 这就是在改过当中展现出勇气。

而且坦白讲, 改一个过也不是容易事。我们看很多读书人, 改一个脾气, 改了二十年, 下了二十年功夫。"古人学问无遗力, 少壮工夫老始成; 纸上得来终觉浅, 绝知此事要躬行"。要对治脾气也要下很多大的功夫, 甚至得要越挫越勇, "啊呀, 我提醒自己别生气, 又来了。"所以我们从事教育工作, 自我教育、自我观照很重要。要观照什么? 脾气从何而来, 擒贼要先擒王。这个贼王在哪里? 嗔恨往往跟贪求有关, 贪不到就生气了。人假如不贪、不好面子, 就不会生气、就不会恼羞成怒。人要生气的时候只要很冷静观照自己的心念, 一定可以把生气的根本找到。斩草不除根, 春风吹又生。还要提醒自己, 发了脾气以后很难收拾: 发完脾气, 五年交情的朋友从此不见面了, 损失可大了; 发了一次脾气, 在团体当中的威信都没有了; 或者是以后要配合工作就很困难。所以忍得一时之气, 免得百日之忧。"一切法得成于忍", 忍不住, 自己的修养没了, 人与人这个信任、和谐也没了, 障碍自己又障碍别人, 不行啊。

这个部分, 我们在第七个大项, "自我教育的重要性"再来谈, 我们今天先把第六大项"向夫子学习", 告一个段落。所以有过错是正常的, 哪有人一听闻经典, 马上变成圣贤人, 历史当中极少。其中有一位圣哲人是最特别, 六祖惠能大师。他就听五祖讲半部《金刚经》, 一讲他马上放下执着、放下分别, 他就彻悟了, 那是万分诚敬啊! 一听马上随文入观, 马上转变自己，马上依教奉行，马上变成圣人。六祖大师他的肉身舍利，现在都还在。

勇气表现的第二个重点，第一是改过，第二是承担，所以叫勇于承担。"人生自古谁无死，留取丹心照汗青"。我们提到这里也非常感恩习主席，他在2013年中央党校春节开学典礼，就劝勉大家要有"人生自古谁无死，留取丹心照汗青"的奉献精神，包含"鞠躬尽瘁，死而后已"的这种精神。我们要有"位卑未敢忘忧国"，我们虽然是老百姓，我们也时时关心着国家、民族的发展。习主席还期许从政的人要效法范仲淹，"先天下之忧而忧，后天下之乐而乐"的这种胸怀，还有要"苟利国家生死以，岂因祸福避趋之"的报国情操，这是离我们很近的清朝林则徐先生的风范。我们感觉国家、民族将兴，必有祯祥。从我们国家的领导者有这份承担，那我们老百姓也要有这个承担。尤其我们已经听闻圣贤教诲，又愿意深入学习，那"为往圣继绝学"就是我们共同的责任跟使命了。

而《论语》中说到，夫子遇到生命危难的时候，他都毫无畏惧，因为夫子知天命，"中华文化的道统要通过我传承下去，任何人都伤不了我"，有这个承担。夫子讲，"天之未丧斯文也"，这个文就是我们文化的道统，"匡人其如予何"，匡人不可能伤得了我。所以我们有这个担当、发这个愿，短命都会变长寿。确实，改造命运从哪里开始呢？扩宽心量，要以天下为己任，命运就改变。

勇气，第三点就是表现在立志。很多人："啊呀，我这一生吃得饱就好了，平安就好了。"志要发得大，"虚空非大，心王为大；金刚非坚，愿力最坚"，人的心量、心愿要像虚空一样大，要比金刚石更坚定、不改变。明朝的王阳明先生说的，"志不立，天下无可成之事"，不立志，任何事做不成。所以一个人要有成就，要"发勇猛心，立决定志"；在这个行道的过程，"不顾生死"，这要有勇气，死都不怕，就怕念头不对，就怕言行错误，"不计成败"，就是习气伏不住了、现前了，没关系，"不怕念起，只怕觉迟"，赶快再转成正念。不要说一个念头不对了，"啊呀，我又这样了，我不行了，我太差劲了"，"啊，我趴下去了。"妄念接着一个妄念，念头不对，"啪"，"圣与贤，可驯致"，不就回来了吗? 圣狂之分，在一念之间。所以"不顾生死"，死都不怕，就怕念头不对，要有这种勇猛。

而夫子期许学生，在《雍也第六》告诉子夏，"汝为君子儒，无为小人儒"，小人儒就是学了传统文化去谋个一官半职、温饱，这是小人儒。真正的儒要怎么样? 修身、齐家、治国、平天下，要有这样的志向。

第四，勇气表现在哪? 教学相长，"学然后知不足，教然后知困。知不足，然后能自反也; 知困，然后能自强也"。我们从事教育工作，敢反省自己的不足，敢向学生认错，这也要有勇气。假如我们不敢承认自己不足，不懂的还乱讲，这误人子弟，"知之为知之，不知为不知，是知也"。我记得我自己在小学任教，有一次自己失信了，我就一个惯性，开始解释、找借口，我看底下的学生那个表情就是: 快听不下去了，快听不下去了，快听不下去了……我一看心里也很难受，在那里挣扎。最后提起勇气，深深一鞠躬，"这件事老师失信了，老师错了"，给他们鞠躬。当我把头抬起来，反而学生的眼睛发亮: 老师也道歉，也会"过能改，归于无"，他承认了。其实随顺习气，自己很痛苦，别人听不下去、看不下去; 反而自己提起勇气来道歉，自己爱自己了，不随顺习气，别人也得利。

有一次，孔子刚好到了武城这个地方，因为他的学生子游在那里当县长。夫子到了武城听到琴瑟在弹《诗经》的乐曲。哇，那一定非常优美、摄受人心。夫子一听很高兴，笑着说，"割鸡焉用牛刀"，割鸡干嘛拿牛刀来割呢? 翻作白话文叫小题大做。结果子游听到夫子这么讲，就对夫子说: "夫子，以前我听您的教诲说: 君子(领导者) 他学道，就是学礼乐的教化，则爱人，他就更懂得去爱护百姓; 小人学道(这个小人是指平民百姓)，他就懂得服从国家的命令，很善良。这是您教我的，所以我现在用礼乐来教百姓，您老人家怎么说割鸡焉用牛刀呢?"孔子听完马上说，"哎呀，同学们，同学们，子游讲得对，我刚刚那个是开玩笑话，我讲错了。"马上给学生道歉。但是事实上坦白讲，夫子是太高兴了，看到学生真的落实礼乐教化，很欣慰。这个是勇气。

我们再看，向夫子学习还有第四个大项，夫子的行仪、夫子的威仪非常好。一个为师者一举一动、一言一行，中规中矩，学生一看，那个恭敬心就起来了。今天假如一个学校老师站在台上，穿短裤，穿拖鞋，你看学生在底下听课，会不会很恭敬？所以"自重而后人重"，人的衣装就是一种威仪的展现。在《论语》当中有讲到，夫子"温而厉，威而不猛，恭而安"。温和但是也不失威严，"温而厉"。"威而不猛"，虽然很有威严，但是不会"猛"，就是会给人压迫感。"恭而安"，一般人温和，可能就比较没有严肃的这种摄受力，然后太威猛了，就可能会给人压力，夫子威但是不猛，恭敬，对人非常的客气、尊重，但是身心非常的柔和、安详。其实他那个恭敬是完全发自内心的，性德流露，那他身心当然都是非常安详。我们一开始学，要恭敬别人，就要装一下。比方今天做接待，接待十几个人，鞠躬。然后接待完客人回去了："啊，让我躺一个小时，身体有点僵硬。"其实都是从内在的真心自然而然流露的，都是中道，恭而安，威而不猛。

另外又有弟子讲，"君子有三变"，他们觉得夫子有三变。"望之俨然"，远远看到夫子，他非常有威严。"即之也温"，亲近他的时候觉得好亲切。"听其言也厉"，夫子一讲话震慑他们的心灵，句句都是义正言辞，所以说"君子有三变"。其实君子没变，没变在哪？真心对他们的护念、爱护流露出来的威仪，所以叫"诚于中，形于外"。所以夫子这些行仪也很值得我们去体会，从心地上去效法夫子的德行。

今天就跟大家交流到这里，我们下一次再讲第七个，"自我教育的重要性"，好，谢谢大家！

尊敬的诸位贵宾、诸位长辈、诸位学长，大家下午好！

我们这几堂课，都是就"做孩子一生的贵人"在谈师道的尊严。一谈到尊严，自敬而后人敬，一定是自己的行为值得人家尊敬。所以尊重、尊严决定不是去要求来的，人生所有的结果都是靠自己耕耘，自自然然水到渠成。

我们谈"做孩子一生的贵人"，今天就最后一个重点跟大家做交流。我们一谈到"老师"，就好像我记得我在海口的时候，有一个企业邀请去分享一堂管理的课程，他们感觉传统文化里面，有很多圣王把国家治理得很好，圣王管理的智慧，他们非常感兴趣。当时候都是高阶主管一起来参与课程，我就请教他们，我们今天上管理的课程，大家第一个念头是管谁呢？他们说当然是管员工喽。

我还记得2004年7月份，我们在海口办了第一期"幸福人生讲座"。很巧，我们在上课期间因为在一个饭店里，有一个太太，她突然走进教室，当时是休息时间，她走进来看着桌上放着一本《弟子规》。我看她的孩子应该是念小学左右，差不多三十多岁的人。她看着《弟子规》就说，"弟子规"，然后她就说，"小孩学的。"然后她就出去了。"弟子"不是指小孩，哪一个人不是父母的弟子？哪一个人到学校不是老师的弟子？哪一个人到各行各业，不是他这个领导、他这个师父的弟子呢？你没有弟子的态度，怎么学得到父母、老师、领导的智慧和人生经验，还有能力呢？这个"弟子"，她就觉得是孩子。所以很多家长拿到《弟子规》这本书，首先教谁？从妈妈就变警察了，她教孩子了。所以态度决定成败，态度决定成功，而不是成功以后再来改变态度。

所以一个老师，能不能成为一个能改造人灵魂的老师，他在从事这个工作，首先心态就非常重要。心态是什么？自我教育最重要。《尚书》告诉我们"先觉觉后觉"，自己没有觉悟，怎么可能帮助别人觉悟呢？自爱而后才能爱人；自助而后才能助人；自知而后才能知人。我们不懂得自己问题在哪，怎么去解决别人的问题呢？

今天这个重点，第七，自我教育的重要性，非常关键。什么时候是自我教育？Anytime, anywhere（随时随地）。比方我今天自我教育了多少次？真正会自我教育的人，他了解到"学如逆水行舟，不进则退"。我今天有没有比昨天进步？不然我就退步了。我这一个小时，有没有比前一个小时进步？再来，什么时候有进退？一个念头就有进退了。"圣狂之分，在乎一念"。又有一句话提醒我们，"一失足成千古恨"，那一失在哪？一念之差，才会有那个行为。所以怎么自我教育呢？善观己心。圣狂在一念之间，所以时时要观照自己的念头是觉还是迷。我们都观照不了自己的念头，很难真正去帮助到别人。

就像《三字经》告诉我们，"人之初，性本善"。我们相信自己有本善，相信所有的人有本善，那请问这个态度是不是应该"不可须臾离也"？这个真理不可以现在相信，五分钟以后不相信了，有没有可能？有啊，五分钟以后走出去，刚好看到那个你最讨厌的人，你还相信这个真理吗？我们这一天看到的所有的人，我们都能提起"性本善"、"明明德"，都相信他们可以成圣成贤，那我们的念头是在正念当中；看这个高、看那个低、看那个不高兴，我们都在妄念当中，都在迷惑当中。所以自我教育是随时

231

随地要观自己的念头。讲道理都很简单，回到每一天的每一个细节就不容易了。比方我刚刚要上台来，我就要观自己紧不紧张。要上台了，会不会紧张？为什么紧张？得失心重。那我也是在迷惑颠倒，随时要调自己的念头。

　　一个教育者要"勤于教学、勇于改过"。为什么要勤于教学？因为这一条路是自己选的，选择从事教育工作，就应该深爱教育工作。自己选择的行业，要不忘初心；自己选择的人生伴侣，要不忘初心；自己选择的每一个因缘，要不忘初心。这才是用真心。不然都是用虚伪的心去应付，那叫自欺又欺人，那人生有什么意思呢？要深爱，面对每一个学生，念念怎么去成就这个学生，要有这样的态度。不然我们从事教育工作，很可能会造孽。因为我们不爱他，很可能言语、行为就会伤到这个学生。伤了他，他会不信任老师；不信任老师，以后他就不肯学习；不肯学习他就没智慧，他的后代子孙都完蛋了。所以老师这个行业，有志于此再来，不然就不要来，没人勉强。所以这是一个"志业"，要对得起民族、对得起国家、对得起他们的父母、他们的祖先的一个行业。

　　勤于教学，这个"勤"，勤在哪？不能勤在好为人师，勤在好好提升自己。我们早一天提升，学生早一天得利益。所以真正有爱心的老师，他学圣贤教诲决定不用人家去推他，还要去勉励他，不用，他自动自发，这是真正有利益学生的这一份动力。而这个勤奋当中，我们要了解，教学这个"教"字，我们前几节课都有谈到，左边两个叉，下面一个小孩，要以身作则，这两个叉就是上行下效，要不断提升自己的德行，可以做表率。

　　而教育工作是教学相长，学而后知不足，教而后知困。我在教的过程，论理论到一半，感觉好像没有通达，讲不下去了，就知道自己还不足。或者今天面对这个学生起了情绪，"我的耐性还不行，我的嗔恨还很重"，要知不足。所以勤于教学，还要勇于提升自己，还要勇于改过。自己有没有懈怠、不勤奋？自己有没有不断勇猛改过？这个对一个老师是非常重要的心态，勇于改过，就是自我教育具体的落实。

我们要改过，首先有一个前提：要知过，才能懂得要从哪里改。很多人觉得我又没有什么过失。我们曾经朋友之间在交流，朋友说："我昨天好像没有过失。"这位朋友讲到他昨天没有过失，只有两种情况：第一，他是圣人；第二，他是完全不知道自己错在哪。请问，人一天起几个念头？讲几句话？做几个动作？闪几次眼睛？看人的眼神，是给人信心还是给人打击？有些人跟朋友讲，"你讲话很冲。""有吗？有吗？"他当然不知道他啥时候不对。所以我们要知自己的过，首先要突破一个关卡，叫"习气使然，浑然不知"。

比方，不知道我们所有教育界的同道，有没有曾经听到自己的学生在交谈，"老师好凶！脾气好大！"刚好被我们听到。当老师的人过去，"我脾气大吗？我脾气大吗？"他那个当下脾气就很大啦，还问学生？当我们被人家批评的时候，当下听到了，火上来了，那人家讲得很对。所以有一些习惯，可能几十年我们自己发现不到，这个时候怎么办？得深入经典对照自己，才能知过，才能进一步谈得上改过，看经典、听传统文化课程，对照自己。

再来，更谦虚的落实《弟子规》说的"闻誉恐，闻过欣"。我假如不知道自己的问题在哪，每天还做错，还影响自己的学生，那我们就有愧自己老师这个身份，早一点改过，我才对得起学生，那人家指出我们的问题，应该是很欢喜。人家指出我们的问题，我们不欢喜，是我们抱着面子、抱着习气不放。人家一讲我们欢喜，因为我们念念为学生得利益，我们念念为自己得利益，所以才会欢喜。因为知过，一改，自己就提升了，这才是自爱啊。所以不自爱的人才会好面子，才会抱着习气不放。

坦白讲，几个人懂爱啊！爱，首先从自爱做起。我谈到这里就非常感激我的父亲，我父亲虽然没打过我，但我确实还是挺调皮的，有时候做的行为让父亲实在受不了了，那个家法真的拿出来了，（棍子）挺粗的。我就会突然想起一句话，叫"识时务者为俊杰"。看那个这么粗，我赶快要认错。所以人有时候会被父母、被长辈责罚，就是错了还不认错，那长辈要打我们的记性，把我们的那种固执、那种叛逆要有所调整。我爸爸棍子拿出来，我就"爸，我错了"，就不会被打了，是不是？那当然，父亲也借这个机会点，好好的把我的问题讲清楚，让我不要重蹈覆辙。而在教育我的过程，最常讲的一句话就是："孩子，你要自爱。"哎呀，这句话重复了好多遍，印象特别深。当听到师长老人家说，"古圣先贤的教育就是爱的教育"，听到这个"爱"字，那个"自爱"就跑出来了。不能糟蹋自己，而且糟蹋自己是伤了所有爱护你的人，他们为你操心，为你担忧，这怎么是回报爱我们的人应该做的事情呢？这样我们就不知恩报恩了，就没有良心了。

我父亲常常劝勉我要自爱，我长大以后，有一次跟我母亲在谈话，我母亲说，"小时候每次你爸爸教训你，那些道理你到底懂不懂？"我妈在旁边一句话都没有讲，很配合我爸爸教育我，但是她在旁边听，不知道我这个小学生听得懂不懂。后来我跟我母亲讲，句句都懂。我父亲在教训我的时候，我从没落一个印象说"爸讲这句话我不懂"，从来没有。为什么？因为父亲是用真心在跟我们讲，真心跟真心会相应的。所以真的是回想父亲教育我们的那个神情，现在还历历在目，那种恨铁不成钢的表情，体会很深。所以我们三个姐弟常常互相劝勉，"爸妈对我们这么好，我们最起码不能让他们多操心。"

我们要突破习气使然、浑然不知，要先明理，你明白道理才能自我观照、自我要求。经典，首先第一个重点，"教育者首先受教育"，因为经典强调"君子务本，本立而道生"。我们谈自我教育的重要性，首先第一个纲是"教育者首先受教育"。我们刚刚讲到心态，一个当父母的人，假如孩子来临的时候，他不先觉得是要先教育自己，他就想着要教育孩子，他不会把孩子教育成功的。比方，我们父母对孩子发脾气，"我给你讲多少次了，你都不听。"其实父母在那里情绪化的时候，他已经没给孩子好的表率了。

"我都给你讲多少次了"，他也不了解以身作则才是教育、身教才是教育重要的一环。其实从言语当中，他对教育的认知都已经不够了，他应该要先受教育才对。

所以我们要到学校教书以前，我们就有一种态度，也是跟着师长学到的：有情绪的时候不要教小孩。有情绪了，我们自己就控制不住习气了，怎么去教他？而且孩子铁定落的印象最深的就是父母的脾气嘛，你讲了哪些道理，坦白讲他记不了多少。所以脾气大的父母，他跟孩子讲什么，孩子事后回想，想不了什么，因为人都笼罩在情绪化当中。所以有脾气就不要教孩子，可以先离开，稳一稳情绪再说。当父母的人如此，当老师、当领导的亦是如此。

这个心态有了，就抓到"君子务本，本立而道生"，"君亲师"的理都是相通的。《论语》里面讲到，"其身正，不令而行"，"君亲师"其身正，你不用要求，你的德行就感化孩子了。"其身不正，虽令不从"。自己没有以身作则，虽然三令五申，孩子、学生、下属也不见得会遵守，甚至会形成不好的现象跟风气，叫阳奉阴违，父母、领导在的时候跟不在的时候是两个样子。所以我们看到一个孩子阳奉阴违，不要先跟他发脾气，首先要反思，我们自己有没有先以身作则，因为身教才是教育的根本，"君子务本，本立而道生"。

比方我们从事教育工作，我曾经听到一位校长（是中学的校长），他感叹的说，"有些教育变成了急功近利、舍本逐末。"那就没有务本了，舍本逐了末。什么是本？德是本。什么是末？知识、能力、才干是末。德才兼备，才为德所用，知识为德所用。他学的科学最后去制造杀人武器，他不聪明吗？他没有才能吗？但是他没有德这个本。《资治通鉴》告诉我们，"德者，才之帅也"，德行是主帅，它驾驭我们的能力。结果现在没有德了，学历再高，讲的话会伤害自己的妻子；做的事，会让他的领导人肝肠寸断。我们现在看到很多当干部的，是这个领导一手栽培起来的，结果他为了谋自己的利，把组织里面一半的人统统带走。他有今天，是那个领导培养他五年、八年，你看人现在很狠心，他能把一半的人带走，你看他的言语跟能力高不高？高。可是他无德，他不懂得什么叫忠。

急功近利，我们把孩子都教成只看眼前、只看利益，都不务根本。因为没有根本，遇到诱惑，兵败如山倒。你说现在没有德行，男人要抵御这些女色的诱惑，不容易。所以我们所有教育界的同道，我们今天从事教育工作，得问问自己，你的学生不会被女色所诱惑的，有把握的请举手；你的学生不会离婚的请举手。我们从事教育工作，连教孩子不离婚都没把握了，那我们能真的给他幸福吗？我们有没有把握学生以后不得癌症，不得文明病，不得忧郁症、躁郁症，不会自杀，不会堕胎？我刚刚念的哪一条在他的生命当中发生，他都不可能是一个幸福的人。不会忤逆父母，不会兄弟相残，不会兄弟争财产，不会抛弃父母，会赡养父母，不会触犯国家法律。有德了，这些都不会产生。所以要务本，不然坦白讲，我们孩子这一生，还有很多坎坷的路要走啊。

所以这一位校长讲的，不能急功近利，教育是百年大计，不能急于求成，那都变成功利。这个校长做了一个比喻，我印象非常深刻。他说，你把一个蛋放在咸水里面，一个礼拜以后它变什么？咸蛋。你把它放在甜水里面，红糖水里面，一个礼拜以后它变什么？甜蛋。那是自然而然，着什么急？所以您看，这句话提醒我们，做什么事别着急。

其实，一个人修身是根本，修身从哪里下手？"为学第一功夫，降得浮躁之气定"。你一浮躁就快要动怒了，就快要着急了；一动怒火烧功德林、百万障门开。自己堕落了，有可能去利益任何人吗？自害害人。因为浮躁是要发脾气的前兆，所以要耐得住性子，这个贪快、贪求的心要调伏得掉。"绳锯木断，水滴石穿，水到渠成，瓜熟蒂落"。您假如有这种心境，保证你活80岁、100岁没有问题。你要什么都着急：快快快，吃饭；快快快，干事；快快快，坐车；快快快，等死。这个我不是诅咒大家，人越急躁，心脏跳得越快，一个人一生，平均心脏跳的次数是有一个数的。你常常着急，"砰砰砰"，本来应该活90岁，"砰砰砰"，六十岁就完了，因为跳得太快。本来是活60岁的，但是气定神闲，很有修养。所有的人都急得像热锅上的蚂蚁，他说，来，先喝杯怡宝的白咖啡，还是福建的铁观音。成大事的人不可烦、不可乱，要定得住。所以"为学第一功夫，要降得浮躁之气定"，这确实是过来人，真正修学的过来人给我们的提醒。

谈到务本，最好体会的就是《大学》开篇那八个德目，"古之欲明明德于天下者"，这是人生终极的目标、志向。所以读古书的人，真的有读进去，都是胸怀天下的安危。他假如没有这个心，那他古书读三十年叫白读了，因为没有入心，他把它当知识研究，甚至还带功利。"哎呀，我好好读，拿个硕士、拿个博士，以后还可以去领个薪水。"那他那个不是真实学问，他那个是知识，把它当学术，以后去谋他的收入而已。真正学进去了，必然是要时时为天下着想，时时从本分下功夫，时时守自己的念头。因为"内圣外王"，"内"要契入圣贤的存心，"外王"，这个"王"最重要的是表率，是家庭的表率、团体的表率、国家天下的表率，外王。而这个"内圣"当中，"主敬存诚"非常重要，守好自己的真诚心、恭敬心。

那我们讲到务本，"本立而道生"，想到这八个德目，"欲明明德于天下"是最高的目标。"欲明明德于天下者，先治其国"，治国是平天下的本；"欲治其国者，先齐其家"，齐家是治国的本。我们今天要利益社会，首先要齐家，"其家不可教，而能教人者，无之"，这是《大学》里面的教诲。我们看到有从事于社会慈善事业几十年的人，在社会上享有盛名，结果他的孩子犯法，在警察局里面，一下子新闻报出来，那舆论就开始讨论了，为什么做善事连孩子都不照顾呢？那他给社会的负面影响就出来了，甚至于他就赶快离开他所在的团体，怕人家也不信任那个团体。所以流弊就出来。不从根本，迟早要出问题，不可以侥幸。

"欲齐其家者，先修其身"，修身是本，齐家是末。那个"末"不是说大跟小的问题，因为你根深，叶当然茂，叶是末，花果是末。根深了，它营养、水分都吸收得好，当然枝末这些叶、花果一定好。所以你修身好了，当然你的齐家一定齐得好。"欲修其身者，先正其心"，心是修身的本；"欲正其心者，先诚其意；欲诚其意者，先致其知；致知在格物"。我们刚刚讲到教育孩子，急功近利，揠苗助长，请问跟格物有没有关系？有啊。揠苗助长不就是贪快、贪看到成绩，那不就是贪欲？格物就是格除物欲。

"物格而后知至"，烦恼、物欲少了，智慧就长；智慧长，你时时自我教育、自我观照，你的心是用真心，你很真诚，你对自己、对别人都是正的。对自己，不自欺，提升自己；对别人，尽心尽力，帮助他，正心，自爱又爱人。那心对了，一切言行都是在规矩当中，这就能自然达到后面修身、齐家、治国、平天下的好的结果，这是我们儒家强调的。道家也说"正己化人"，正己是根本，化人是水到渠成的枝末。

这个务本，具体有一句格言可以让我们好好来体会。"融得性情上偏私，便是一大学问"，从这里可以看出修身的功夫；"消得家庭内嫌隙，便是一大经纶"。首先强调性情上的偏私，修身的功夫在哪里看出来？性格改了多少、习气放下多少。学习圣贤教育要重实质不重形式，不是说一个人经典背的比较多，他就是有真实学问，或者他听人讲解经典听的比人家多，他就是真实学问。坦白讲，一个人经背多了，听多了，还会到处给人家讲，他性情上的偏私，他已经根本看不到，他还在给人家炫耀。读经、听经听明白的人，他一定越发了解自己的念头跟行为偏在哪。为什么？听经、读经是明理，他越明白，越发现自己的不足啊！发现自己的过失，他今天没有白活，他今天没有自欺，他看到自己的问题了，没有浑然不知。改正自己的过失叫真正的修身、真正的修养。这两句话非常重要，没有发现过失，根本没有契入圣贤的教诲。你解，没有解出来，它还是知识，不是学问。

所以，什么人是勇猛精进？调伏习气的人。我们刚刚说不自欺，我们勘验自己：我学了五年，我学了十年，哪一个严重的习气，我们真的放下了？本来很好面子，现在不好面子了；本来很不能接受别人意见，现在可以虚心接受；本来处处疑神疑鬼的，现在很能够信任人；本来很傲慢的，现在能够谦卑待人，这个才是学问啊！

我们曾经看到一些有缘的人，他们的一个念头，都是我们的学处，可能就对治我们最严重的那个习惯。比方，我记得在2007年的时候，我们南京居美馨公司叶总，他到我们庐江去上课，上了课以后他很感动。后来我们见到叶总的父亲叶爷爷，他非常有正气，特别认同传统文化，所以他的孩子很支持传统文化，有果必有因。那叶总他很认同，他就想把自己公司的一块地拿出来建传统文化的学校，来弘扬传统文化。这是大好事，是吧？这么多年过去了，很多大陆的传统文化学习者，都受到居美馨这一片土地上的甘露的滋润，帮了很多人。当初叶总有这个考虑的时候，这是大好事，但是他第一个念头就是：我要问我太太。这个念头很可贵。我们人有一个态度，做好事容易强势，"我做的是好事，支持我是应该的。"这就是习气。叶总下了这个这么好的决定，但是非常尊重自己的太太，太太跟着我一起打拼事业的，所以没有自我中心。自我中心就很容易自我主张、自私，做什么事都不知会别人、不尊重别人。这一念，就是我们的学处了。

有时候我们容易错估自己的境界，自己在阅读经典、听课，感觉非常良好，"我都没有什么不好的念头，啊，好清净！"小心，清净也会贪。一贪境界，就在那里这个我喜欢，那个我不喜欢，那还谈什么清净呢？清净应该是顺境不贪着，逆境不嗔恚，才叫清净。所以人一不小心，性情上的贪着就起现前，所以善护己心不容易，善观己心不容易。自己在那里听得很高兴，但是一接触家里的人、一接触人群，马上这习气全来了。所以自己有没有功夫，不是自己说了算，得勘验，得练一练才知道。什么时候练？处众。跟大众一相处，很容易发觉自己一些个性上面的问题。

像这次学习"做孩子一生的贵人"这个主题，是南京召开了一个教育界的培训，参加的都是校长跟幼儿园园长，就是我们这次的因缘。校长在学校他是最大的，结果来到这里，一群校长住下来，他们应该出外都是一间房，自己睡，出公差。结果到了南京居美馨，好几个校长住在一起，用厕所还得排队。多久没有过这样的日子了，马上不适应了。所以人好日子过多了，赶快到非洲走一走，马上这个修养可以有一个很好的提升，不然都一直贪着下去了。这个时候考什么？放下自私。团体当中处处给人方便，而不是人家得配合我，给我方便。上个厕所就想到不要拖时间，人家还要用。你那个替人设想的心，把自己性情上的自私自利慢慢调整掉，处众非常好。我怎么看这个人不顺眼，看那个人不高兴？傲慢嘛，又看到了偏私的地方。

今天，比方说我们的行为造成跟我们一起生活的人的烦恼，我们都要生惭愧心，我们已经背离了仁爱之道了，恼害他了。可是当人家生烦恼、不高兴的时候，我们很可能是起另外一个念头：就这么点小事，有什么大不了，还生气！你看我们不反省，还骂对方，所以调伏性情上的偏私重要。你看，假如这种脾气在家里发，兄弟有什么摩擦了，你还在那里发牢骚，还在那里抱怨，父母的心在淌血都不知道。"同气连枝各自荣"，父母是根，兄弟一冲突了，那不就是这些枝干在被砍？哪有父母不痛苦的道理？所以我以前听到，姐妹因为一件事不高兴，三年不通电话，人这个脾气居然能够造这么大的孽。姐妹三年不通电话，她妈妈的日子怎么过？所以人要改脾气，能念念为父母想，这个脾气决定改得了！就是念念只想自己，才改不了，念念想别人也容易改。

而偏私当中，我们看到这个"私"字，就是自我，自己喜欢的，爱得不得了；看不顺眼的，好像讲起他来就没有一处是好的。所以人一偏，心态一偏，看什么都看不清楚。所以《大学》一开始讲务本，《大学》很强调务本。"好而知其恶，恶而知其美者，天下鲜矣"。喜欢他，却还能看得到他的不足、缺点；讨厌他，却能知道他的长处跟付出。人的心一偏，为批评而批评，就会形成很不好的对立。你说政党跟政党之间，难道人家没有做好的事情吗? 哪有一讲起话来, 人家啥都不是? 那假如是政治人物这样带头, 全国人民假如无形当中学习了, 那就麻烦了。那就变成什么? 苛刻、刻薄啦。

所以性情上这个偏私很严重的, 爱憎要去掉, 就是好恶的心。刚刚跟大家讲, 什么时候自我教育? Anytime, anywhere（随时随地）, "道也者, 不可须臾离也"。因为什么? "人之初, 性本善"啊。既然"人之初, 性本善", 你还讨厌他干什么? 你说他做那行为不对, 那是他的习性, 那不是他的本善。一个人有本善, 现在被习性牵着鼻子走, 你应该怜悯他, 怎么会生他的气呢? 那就是还不明理, 不明这个每个人都有本善的真相。明理的人决定不再迷惑, 不再起这个错误的念头跟心态。所以我们真相信"人之初, 性本善"了吗? 真相信的人, 决定没有看不顺眼的人, 也没有不信任的人, 只有怎么去成就他的心。

你跟他缘很好, 更好, 你讲话他会听, 赶紧帮助他提升。不要跟他好到两个人互相贪爱, 情感越来越执着, 那不行, 那是没有智慧。我在台湾, 看到夫妻好到你侬我侬, 最后先生死了, 意外, 太太活不下去。这就不是用真爱、智慧去爱护对方, 最后太太还自杀, 那这个爱错了。所以要用理智的爱, 不能用情执的爱, 要爱与智慧并行, 真爱里面有什么? 有智慧。

爱一个人要怎么爱? 我没有的时候, 我不在的时候, 他可以更好, 你跟他的互动就是不断的在提升他。就好像一个真正有智慧的母亲, 她照顾孩子, 陪孩子成长, 不是让他越依赖母亲, 而是让孩子渐渐的可以独立, 能力可以照顾自己, 这才是会爱护孩子的母亲。为什么? 人生无常啊, 我们怎么可能随时或者长长久久陪伴我们的至亲呢? 所以有智慧、真爱的人, 他考虑事情是比较深远的, 不是只考虑眼前。所以父母如果没有智慧, 那个溺爱就是考虑眼前的感受而已, 但那个不叫真爱, 那个叫情感的欲望。"欲令智迷, 利令智昏", 就考虑不到那么远。所以往往被情所控制, 什么时候才有一点反思? 孩子不听话了, 才知道严重了。

刚刚我们强调要调伏好恶、爱憎的心。其实明理就是什么？明白我这么做，害了自己又害了别人。你真搞明白了，你还这样做？那不是愚痴？对自己没有益处，对别人也没有益处，还继续做，那不是真明白的人。请问大家，发脾气对自己有没有好处？对别人有没有好处？没有。那我们还继续发，那是自害害人。那我们是"可怜悯者"，我们比那个还没学传统文化发脾气的人更可怜，我们比他还可怜。他不知者罪小，我们明知故犯，继续发。

所以还是要下决心。孔子说"先难"，要行仁爱大道，先从最严重、最困难的习气调伏，要拿自己开刀。不然有时候习气藏得比较深，往往人家一指出来，借口接二连三一串，人家就不想告诉我们了。尤其我们教育界的同道，这个好恶，杀伤力太大了！为什么？我们不是一个孩子、两个孩子，一带班就是三四十个孩子。自己心一偏，喜欢这些孩子就宠爱，这些孩子全部傲慢起来了；讨厌那些孩子，那你喜欢的孩子都瞧不起那些你讨厌的孩子；然后那些被你讨厌的孩子统统没有信心，甚至于怨老师、恨老师。这一个好恶心毁了所有的学生，毁了自己又毁了学生，所以这个心一定要放得下。

一般我们看报纸，当时候我还在台湾的时候，某某青少年走在路上，放一把火，把几台摩托车全部烧掉。那是一个结果，一个人为什么这么愤怒？我们得找原因才能解决问题。我们看了报纸在那里气那个孩子，又不能解决问题。这样的孩子你都把他关起来，也不能解决问题呀。为什么？因为他的病因没解决。你把他抓进去了，他在里面又如切如磋，如琢如磨。他本来是个小偷，十年出来变什么？对啊，很难想象。除非让他心地改善。你要改变，要从他起心动念处，他念头错了，存心错了，你关他，不一定能解决问题啊。

其实当时我看到这些青少年烧车，他就是反社会的这种情绪。缺爱的人才会反社会；有爱的人，他就是奉献社会，他怎么会反社会呢？那他为什么缺爱？他在两个最重要的、他生命中的贵人身上没有得到爱：父母跟老师。他那个怨慢慢就积起来了。你看孩子成长，"我爸爸说……我妈妈说……我老师说……"父母老师是他最崇敬的人，他怎么会逆反？但是我们没有爱护他，甚至动怒、牵怒于孩子，乱打他，久而久之，他当然人格就受到负面的影响。一个孩子成绩不好，你把他羞辱，把他叫到墙角去，一次、两次、三次……谁受得了呢？那他的人格当然开始扭曲掉了。

"人之初，性本善"，师长讲，每一个从事教育工作的人，要坚信"人之初，性本善"，我们就不会这样去对待孩子。为什么？每个人开窍的时间不一样，你就用一个成绩、分数去衡量，然后成绩不好的，你就放弃他。教育是成就人，不是放弃人。像我是开窍比较晚的，当然现在还没有很开窍。我成绩一直都不好，我的姐姐她们成绩都比我好很多，可是我父母从来就没有嫌弃过我。每一次考试不好，我父母都是"加油！加油！"那个眼神就是信任我。后来，被这么信任，慢慢的羞耻心就会起来了。爸妈这么信任我，我还继续这样不争气，挺对不起他们的。

包含我念小学，几位老师对我非常的信任。刚好我两位老师教过我姐姐，也教过我。我姐姐都是全校第一名，我是全班二十几名，差很多吧？我的导师跟我的自然老师，教过我姐姐又教过我，可是他们看我成绩不怎么样，没有否定我。我记得当时我两位老师到我高中去，我接待两个老师，很高兴啊。结果我那位自然老师，他现在是校长，可能也退休了，叶校长。他说，"礼旭跟他姐姐，我们都教过，礼旭是属于'大只鸡慢啼'。"很大的鸡叫得比较慢。为什么？因为它吸一口气，时间比较久，它酝酿的时间要久一点，每个人的状况不一样。我翻译一下这句福建话，叫"大器晚成"。

当时我听到这句话，特别受鼓舞。其实人难免，你们设身处地一下，我姐姐每次都全校第一名，我有没有压力？你们真的很懂得感同身受。上初中，每次颁奖，"第一名，蔡蓉青。"我姐上去了，我赶快低头。我同学：

"你姐,你姐。""呃……"设身处地很重要,假如你很聪明,成绩好,学历又高,你跟兄弟姐妹相处,你要柔软,不然你那个言语,不知不觉就伤到人家的心了,要设身处地为他们想。

所以刚刚讲到,真的相信"人之初,性本善",你对孩子都是信任,你不可能去排挤他,你不可能有好恶。之前跟大家分享过一个真实的例子,一个邮局的最高主管,他的儿子成绩很好,女儿成绩比较差,儿子是哥哥,读到博士,女儿只有专科毕业。他就爱那个儿子爱得不得了,然后嫌弃那个女儿,因为她成绩不好,就有好恶,因为对成绩非常在乎,就形成这个严重的好恶。结果儿子从美国大学回来,博士毕业。这个父亲本来想带着他去跟亲戚朋友见见面,好好炫耀炫耀。还来不及带出去见亲戚朋友,这个儿子就来到父亲面前说了,"爸,我也不知道你什么时候会死,你的财产、房子那么多,你赶快过给我吧。"哇,他爸爸晴天霹雳,花了二十多年栽培这个博士儿子,居然回来是先跟他要财产。

大家要知道,现在世界的风气叫功利主义,传统文化是道义啊!除非你的孩子有很好的德行根基,不然出国留学,给大家讲一个不客气的话,凶多吉少。除非他有很好的德行基础;再来,他去的时候有长辈照顾;再来就是你的孩子是圣贤再来的,不然哪有说不受污染的?除非他是颜回、夫子这种功力的人,不然哪有可能说不受影响?他都一定要有一个成长、成就自己的过程。他真正有定力、有德行,所谓"富贵不能淫,贫贱不能移,威武不能屈",不会染着,那没有问题。很多大学生,我敢说超过一半,到外国去留学,花钱都花得比较凶。

后来这个父亲被儿子这么一讲,进精神病院了,打击太大了。在这个时候谁出现了?你们很能体会,这个时候女儿出现了,给父亲讲,这一辈子不拿他一毛钱,每个月还给他五千块台币做生活费(在我们台湾发生的事情),才把父亲救出来。

他的儿子后来结婚,生了第一胎,不到1岁,进医院很多次,孩子先天身体有问题，开刀开了好几次。他这样忤逆他的父亲，哪有可能孩子会不出问题的呢？"积善之家，必有余庆；积不善之家，必有余殃"。但其实很多事情，我们细细去体会，这个世间没有一件事是坏事。他得到这样的结果，才能真正让他醒过来。当他在医院穿梭的时候，他假如有一念想起自己小时候生病，父母那个着急的脸庞，他的惭愧心就起来了。那他孩子的这些际遇就成为他觉悟的因缘，不然他很难醒啊，"养儿方知父母恩"。

这一点是我们在谈修身。下一句"消得家庭内嫌隙，便是一大经纶"。人的德行、修养在哪里表现？能不能把家庭里面的矛盾冲突，用自己的真诚心化解掉。假如我们学传统文化学了五年、十年，我们家里面的冲突没有化解，甚至还更严重，那代表我们没有真实的涵养。因为有真实的涵养可以感化别人才对，怎么连自己最亲的人都感化不了？很多人在外面很热心，回到家，跟家里人不能沟通，所以他那个热心不是真的，夹杂着虚荣。他做，人家就赞叹他、恭维他，他觉得很有成就感；回到家里没有人肯定，也没有人拍手，真没意思。这个都要观照。

新疆郝铁龙董事长曾经在我们中心讲过一堂课，他有一点让我们印象很深。他在学习传统文化，突然有个念头想到，"我借给我弟弟钱，我都记录得很清楚，可是我还常常捐款，捐不少钱给公益团体，怎么我对不认识的人这么慷慨，对我自己的手足反而计较得这么厉害？"他就反思到自己这个善心不纯，有夹杂名利。结果他体会到了，人体会到了就能改；体会不到，听五年、十年的课程也不一定有用。他回去之后就跟他弟弟说，"那些钱你不用还了，哥再好好帮你找一个房子（挺好的房子），帮你这个家安定下来。"他说他弟弟马上就痛哭了，然后谁最高兴？他母亲。所以好像隔年，他带着全家人从新疆回自己祖籍河南祭祖，全家和和乐乐的。那去祭祖，谁最高兴？祖先在天之灵最欣慰。这个是消得家庭内的嫌隙。

坦白讲，家家有本难念的经，这句话哪有这么好做？说难不难，说容易也不容易，最重要诚意正心，这个心对了，就做得到。在明朝，有一个读书人叫吴子恬，他的太太姓孙，孙氏。吴子恬他的母亲早过世，父亲娶了继母。继母偏心，对他一个弟弟比较好，对他比较不好。他心里慢慢的就有不平、有怨在。后来他娶妻了，他的后母对他太太也不是很好。他就不平，想要去找后母理论，都是他的太太把他劝下来。后来他的父亲去世了，父亲留下的财产，有地、有银两，结果他的继母就把最差的田给他，自己跟弟弟留好的田地，还把不少钱都私吞了。结果吴子恬真的受不了了，真的要去找继母，又被太太拦下来，不然亲人之间就要争执了，争财产。

学传统文化，首先要学吃亏，不只是跟别人要学吃亏，最亲的人要学吃亏，不要连最亲的人都要跟他计较，那学不进去了。而且我们要了解，该是我们的，跑都跑不掉，哪是争能争得来的呢？越争福报越折损。请问大家看过哪一个家庭，为了争财产告上法院，最后家族越来越兴旺，你们听过一例吗？没有啊。《朱子治家格言》讲，"伦常乖舛"，冲突了，"立见消亡"，很快整个家就败掉了。所以这个太太有见识，不简单，"妻贤夫祸少"，妻子贤德，帮他丈夫转掉很多的劫难。

结果这个后母，那个是不义的做法，很快的自己生的儿子染上赌博，把钱全部败光，然后母子几乎沦为乞丐了。假如你是吴子恬，这时候怎么办？"呵！苍天有眼，你们也有今天！"听起来就怪怪的，是不是？对自己的兄弟跟继母讲这种话，不是很不符合伦常吗？这个时候，孙氏很懂人情事理，先生还没有反应，她赶紧劝先生去把母亲、弟弟接回来。做不做得到？尽弃前嫌，不然怎么消得家庭内的嫌隙？对方任何的过失，绝不放在心上。不然只要一放在心上，会借题发挥，那可能就不能共住了。接回来一起吃年夜饭，然后还帮助弟弟戒掉赌博，最后就感动了自己的后母跟弟弟的良心，这个家就和乐了。

而他太太生了三个儿子，三个都考上进士。该是他们家的福报，怎么会跑得掉呢？一个家族里面出一个进士就不得了，她生三个，三个都是进士，你看他的福报！所以人量大福大，怎么可以跟自己的至亲计较呢？你看她三个儿子从小看到母亲的德行跟忍辱，哪有不成材的道理？所以人要不计较，学吃亏，人欠你天会还你。假如我们从事教育工作，老师跟同事、跟自己的父母兄弟常常闹不愉快，还带着情绪到学校去，甚至于讲话还骂亲戚朋友，那不把孩子的人生态度都误导了？所以这个故事要讲给自己的学生听。

这节课，先跟大家交流到这里，好，谢谢大家！

第十四讲 自我教育的重要性（二）
教育者首先受教育（2）

尊敬的诸位长辈、诸位学长，大家好！

我们刚刚谈到，教育者首先受教育，第二个点，我们举到《菜根谭》当中的这句教诲，"融得性情上偏私，便是一大学问；消得家庭内嫌隙，便是一大经纶"。而整个家庭的关系，最恶劣的情况没有比舜王更恶劣的了，他的父亲跟继母要害他。而在这样的家庭关系当中，舜王可以以他的至诚孝心，感动当时的天子尧帝，感动全国人民，最后也感动了他的父亲、继母、还有傲慢的弟弟。从这个历史，我们可以了解到，"精诚所至，金石为开"。"金石为开"是结果，因是"精诚所至"，人的至诚心现前。

曾国藩先生讲到，"一念不生是谓诚"。什么是真诚？没有一个邪念才能真诚，没有一个贪嗔痴慢疑在其中才能真诚。比方今天你起贪心了，贪对方的东西了，你跟他讲话真诚吗？比方说带着情绪了，不真诚；带着傲慢，不真诚；带着怀疑、带着成见，不可能有真诚。所以要无所求的付出才能真诚；心里面亲人一丝一毫的成见都不在心上，才能真诚。有成见在心中，一遇到什么情境，借题发挥，无名火就上来了。

所以从舜王他团结整个家庭的这个历史，我们能学到什么人生的智慧呢？"慕贤当慕其心"，要仰慕，要能够体察到圣贤人是用什么心境在面对自己的父母、亲人。大舜心中只有父母，念念为父母想，而且他是坚定的相信"人之初，性本善"。因为坚信这个真理，所以不能感动对方，他是反省自己做得不够好。所以"天下无不可化之人，但恐诚心未至"，舜王有这种心境，天下无不可化之人。跟人相处"见性不着相"，见人家的本性，相信人家有本善明德，不执着人家错误的行为，这样才能真诚。一执着，"他曾经给我讲那一句气死我了，他做那件事太令我伤心。"都记这些东西就不真诚了。

所以我们今天一开头说，教育者要首先坚信"人之初，性本善"，这个时候你不只不会执着他不对的行为，你看到他不对的行为是感叹、怜惜。因为他有本善，居然变成欲望的奴隶、习性的奴隶。就好像一个人是千万富翁，结果他不知道他家底下有千万财富，他还去向人家讨饭。你看到这个讨饭的你会怎么做？我这个比喻不够具体吗？你还会叫他继续讨饭吗？想象一下，一个人房子下面有千万财产，结果他不知道，他拿个破碗去向人家讨饭，你看到了会怎么做？"好哇，我先去把他的千万财产挖出来。"那太贪心了，千万财产是比喻每个人的本善，你不用挖别人的，自己都有。是不是？你明白这个真理，怎么忍心还看他继续过这种苦日子？所以舜王他确实有时时都相信每个人有本善的这种心境，对一切人非常恭敬，尽力的去成就他。

我们从这里再反观自己，我们为什么做不到？我们不相信啊。而且我们有一个严重的问题，违反《弟子规》，叫记怨忘恩。心里面都装垃圾，别人对我们的不好全部装进来，叫不自爱，臭了自己本善的心，记怨忘恩。《弟子规》告诉我们，恩欲报，怨应该要忘。我们不能人生都违反了本善，这样就会颠倒，人生会很苦，苦了自己，苦了他人。一个人记怨忘恩，自己痛苦，父母、亲人都痛苦。

我们真诚现前，尤其我们自己学的先真诚现前，全家人对传统文化、对圣贤教育都有信心。所以家里的人不能认同我们学传统文化，还是自己没有做好，不能怪他们。我们真的照着做，哪有他们会不接受、不感动的道理呢? 所以"但恐诚心未至", 一定是我们的心态还没有到位, 要这样去观照。

而且, 我们真的有把父母跟兄弟姐妹, 看得比我们的生命还重要吗? 要念念为他们想, 甚至于可以为父母献出生命都在所不辞, 那就没有私心了, 人那种真诚会感通。不只感通家里人, 会感通更多的助力来帮助自己的家人。比方说我们现在假如在大马, 家里人刚好在大陆, 你那个诚心现前, 很可能贵人就会现前到你们家, 或者好的缘分就会去帮助你的家人, 这个都是要靠诚心去感通。

像我的一位长者卢叔叔, 他们团体当中有很多长辈, 这些长辈因为为道辛苦, 处理很多事情操劳过度, 需要经络的调整, 但是在山上。他就去找了一个非常好的医生, 请求医生能够为他这些长辈调养身体。这医生一想, 路途那么远, 就迟迟没有答应。当下他"噗通"就跪下去给他磕头, "我这些长辈, 他们为大众付出很多, 他们很重要, 请求您一定要帮他们调养身体。"当场对方非常感动, 马上就答应他, 所以诚心真的是可以感通。

而且要帮助自己的亲人, 我们说"近朱者赤, 近墨者黑", 也要用诚心感通, 让自己的亲人都有好的学习环境, 慢慢让他提升、成长起来。所以真正要帮助一个人, 要很用心, 要费很多的精神。也就因为在付出这些精神的时候, 才能清楚我们是不是真心真爱。真正有耐心才是真爱, 哪有帮一下, 家里人不顺从、不听话了, 马上就生气、不高兴了, 那不是真诚心, 不是真心。好人做到底, 现在要护念一个人的成长、他的整个修学, 不容易。所以我们看舜王, 他整个扭转家里面的这些矛盾、嫌隙, 花了多久的时间? 很长的时间。

以上是跟大家交流到这一句《菜根谭》的格言。所以这句读完, 真正处理家里的事, 没有别的, 遇到任何境界, 统统回过头来反省自己就对了, 一定可以转动, 可以越来越好。

第三，就是起心动念不自欺。因为圣贤的经典，都教我们从根本修身。什么是根本？起心动念是根本。历史当中有一个故事，因为古代读书人，儒释道的经典都有深入。其实从哪里看到？从清朝雍正皇帝，他诏告全国人民的一篇"上谕"就知道，一开篇就讲到，"三教之觉民于海内"。

"三教"就是儒释道，这是中华文化的主流，"觉民"，就是让人民断恶修善，让人民觉悟的教育，"理同出于一原，道并行而不悖"，所以儒释道是相辅相成，都是教育我们转恶为善、转迷为悟的好的教育。

宋朝的苏东坡先生，他是大儒，跟佛家的佛印禅师交情非常好。古代有句话叫"无事不登三宝殿"，出家人在山上，清心寡欲，烦恼轻，智慧高。包含白居易，唐朝的读书人，大儒。他到山上去找鸟窠禅师，鸟窠禅师住在树上，白居易就说，"法师，你在那很危险！"禅师点他，"你比我更危险！"因为他当官的，一没做好，决策错了，贻害人民，这个罪业就大了。包含官场上，他得要一心谨慎，不可马虎。后来白居易请教鸟窠禅师什么是佛法？鸟窠禅师说，"诸恶莫作，众善奉行"。白居易就笑了，"三岁小孩都知道。"鸟窠禅师接了一句，"八十老翁做不得。"

道理好像大家都知道，知道不做到叫知识，不是真实的修养、学问。知识有没有副作用？有啊，叫"不力行，但学文"，知识啊，"长浮华，成何人"。所以现在学历越高，很可能越傲慢，因为他学知识。假如你学历越来越高是学真的道德学问，那应该是越来越谦卑，"学问深时意气平"。所以这些句子都可以勘验我们是学知识，还是真实的学问。当白居易在那里笑的时候，"三岁小孩都知道"，他知不知道他的念头错了？"这么简单！"轻慢心起来喽。禅师点他，"八十老翁做不得"。

这是唐朝的。再经过几百年来到宋朝，苏东坡先生有一天觉得自己修身的境界不错，写了一首偈子："稽首天中天，毫光照大千"，他看着佛祖，"毫光照大千"，感觉自己"八风吹不动，端坐紫金莲"。就把这四句偈给他的同参道友佛印禅师看，就派人用很快的速度坐船送过去了。佛印禅师看完了在上面写了一个字："屁"。再送回来。看起来有点不文雅，有时候那个不文雅，才能让一个人有一个教育点出现，当然这是教育的一个善巧方便，看能不能让对方有所体悟。

结果苏东坡先生打开一看，火冒三丈，写了这么好的偈子，境界这么好，怎么给我一个"屁"字？就以最快的速度赶去找佛印禅师理论，结果下了船要进山门，佛印禅师已经在下面写了两句话在那里等着他。所以坦白讲，佛印禅师还更了解苏东坡先生的程度，苏东坡先生自己都看不清楚自己，谈什么境界呢？谈什么功夫呢？结果看到这两句："八风吹不动，一屁打过江"。那怎么是八风吹不动呢？一个"屁"字就让你气冲冲冲过来了，还八风吹不动。所以起心动念不可自欺。

请问苏东坡先生什么时候八风就动了？写的时候就动了，觉得自己八风吹不动，那不就在炫耀了吗？那不就是八风："盛衰毁誉称讥苦乐"。盛衰的境界、毁誉的境界、称赞、讥讽、苦的境界、乐的境界，你都如如不动，那才是八风吹不动。这么一激，讥笑他，他就受不了了。当下苏东坡先生并没有看到，念头看不到不就是自欺了吗？还向别人这样炫耀，不是欺人了吗？

所以祖师有一句教诲，让我们常常观照，"利关不破得失惊之，名关不破毁誉动之"。名利心要去掉都不容易，其实人只要有名利心，他就不可能真诚，就不可能真心。比方说一个校长很在乎得到的奖牌，名利心啊，很可能他的学生训练到运动伤害，他也都不关心这些事情，因为这个欲会障碍他。再来，这么在乎得那个奖牌，孩子的身体、孩子的课业，种种会不会被耽误掉？

那我们看名利。利，只要有得失，就是利的心。这个人我喜欢，那个人我讨厌跟他相处，这都是得失心。这件事我喜欢干，那件事我不喜欢干。你面对人事环境、物质环境，你有喜欢跟不喜欢都是得失，这都会让你生烦恼。你比方接到一个班，"这些孩子我很讨厌，能不能换个班"，这些念头。名关，好名、好面子，不破，毁誉马上就让我们几天都睡不好觉了。

所以这个八风，其实要常常善观己心，慢慢才能调伏这些习气。尤其我们从事教育工作，孟子留了一句话提醒我们，"人皆好为人师"，等于是说我们这个习气是很容易起来的，除非有高度的警觉性，不然很容易就在当父母、当领导、当老师的因缘当中，那个好为人师的傲慢就会增长起来，习气就会越来越增长。

其实我们冷静看一看，人随着年龄的增长，并不是越来越清净、越来越有智慧，因为染上的习气越来越多。所以真正觉悟的人才懂自爱，越活习气越来越淡，越来越放下这些染浊。从哪里看出来？从他的笑容就知道了。小孩子的笑容很多，一天一百八十次，成年以后越笑越少。为什么会越笑越少？欲望越多，求不得的苦越来越多，怎么会笑得出来。所以人真的要明白人生的意义才行啊，带得走的是智慧、是灵性的提升。人这些道理搞明白了才会取舍，不会取舍越活越笑不出来，没有意思。

我们刚刚举这个八风吹不动，比方我们假如年纪比较长，有一句成语提醒我们，"倚老卖老"。"我当校长的时候，你都还没出生呢。""我当老师的时候，你还不知道在哪里混呢。"这个话一讲出来，我们为人师表的风范就没有了，傲慢嘛。所以孔子讲，"老者戒之在得"，患得患失的心很重，常常会去炫耀自己的过去。坦白讲，一个真正自我教育的人，他谈过去只有一个目的：启发对方。除了这个目的以外，他以前的事不会一直重讲，除非这个事可以启发对方，不然常常讲变成炫耀了。这都要善观己心，纯是一个利益对方的心，每一句话都是这个目的，没有其他的目的。

第四，我们既然知道，起心动念是自我教育下功夫的地方，那我们哪一些念头最严重？从最难的地方下手，对立的念头。所以怎么办？第四个重点，放下对立，放下控制，放下占有。我们看到这些念头，首先不自爱，自己已经被这些邪念给障碍住了。再来，我们慢慢再推演开来，一个人起对立的念头，他的家就有浩劫了，他的团体就有纷争了，那还能利谁啊？但往往我们在台上讲出来的话，有可能会调动别人的对立、调动别人的爱憎，这就不妥当。我们的言语都是要跟经典相应的话，应该是启发人、恭敬人、爱护人，不应该是启发对立的念头。

这三个念头，其实我们可能每一天会起很多。坦白讲，你看到哪一个人不欢喜，就有对立在里面。不然应该看每个人，人人是好人才对。人，对错的态度太强烈，就容易跟人家对立；人高下的念头太强烈，就容易我高人家低，就瞧不起人。太强调对错，有啥意思？错都已经错了，帮助他才重要啊。

尤其我们在学校，比方做校长、做领导。这个从自我修身再延伸到你带团队，选择的重要干部决定不能有对立的人格特质。你假如选这样的干部，问题就大了。所以选重要的干部一定是要爱敬存心的，他每一个考虑都是怎么去爱护人、对人恭敬，不要轻慢任何一个人，他有这样的人格特质。坦白讲去哪里找？"忠臣出于孝子之门"，找干部一定要先调查家庭情况，真的不骗大家的。人才从哪里出来的？从家庭出来的。人成年以后再培养不容易，而且时间都要比较长。"爱亲者，不敢恶于人；敬亲者，不敢慢于人"。因为他孝心起来，他的性德就开了，他会爱敬他人，不勉强；你叫他不爱敬他人，他很难过。

我曾经就有听过，校长自己本身对立太强，他一对立，他跟这个人讨论学校的事情，他不认同他，校长跟这个人对立。最后变成什么？全校搞成两派，一个支持校长这一派，一个反对校长那一派。你看，一个领导者的一个念头，搞得全校不得安宁。全校还有几千学生，每天校长跟老师们还在搞这些名堂，真的是对不起国家、社会。所以一个当官的人、有权位的人，要时时冷静告诉自己，不求有功，但求无过。越高的领导的一个念头，可能就形成整个团队的风气，怎么可以不慎呢？所以《孝经》讲得精彩，一个团体的最高领导，当君王的人，"在上不骄，高而不危；制节谨度，满而不溢"，自我的要求要更高。你一傲慢，那个杀伤力没有办法讲。

事实上，这个被校长不认同的人，他是非常可贵的人。为什么？他敢跟校长直言，这个人有勇气。所以人，今天有哪一个人对你直言，你要先想一个问题：他是什么目的？他是为学生啊，他又没有能谋得一个什么。结果这个校长被什么障住了？"他不给我面子。"却体会不到这个人有忠诚的特质，他敢对你犯言直谏，你现在在社会上要找这种人，不好找。他犯不着得罪你，反正我也有薪水可以领，我得罪你干嘛？他没有为学生的心，他会这么做吗？所以校长假如能体会到这个老师的忠诚，一转念，包容他，不得了，这个学校的风气完全不一样，一念之差就差多少啊！我们听了、看了，很感叹，往后自己为人臣、为人君，就得到很大的启示。

这个很忠的老师后来也反省，当初虽然是为学生好，但我的态度还是太强硬了一点。所以每个人都能从每个故事里面的每个主人翁当中，来反思自己，都能学到东西。所以善学的人，看一场好的电影，学很多。括号，好的哦。不要看一场不好的电影，三年的学习全部付诸东流水。"学好终年不足，学坏一日有余"，得要保护好自己。

放下对立重要。校长、领导者，"必有容，德乃大；必有忍，事乃济"。你一发脾气，这个事情就很难很好的去发展。一个人有没有德行看什么？不是看他背了多少经典、听了多少经典，那个都是相上的东西。实质呢？"观德于忍"，他的肚量，他忍耐的功夫。"一切法得成于忍"，我们看，首先这个"一切法"，自己的修养要得于忍。人一忍不住脾气，火烧功德林，没有修养，没有功夫了。"百万障门开"，一生气，一大堆不好的念头都起来了，障碍自己。这个是从自身。

再延伸，一个家庭没有忍，每天有吵不完的架，这家庭怎么和乐？所以古代的女子，甚至于不要说古代，就是三五十年前，有受传统文化教育的传统的女性，就是我们母亲那一辈，一辈子从没看到发过脾气，那个对整个家庭的安定力量非常的大。

那延伸到一个学校、一个团体，领导者常常发脾气，大家的积极性被打击得很严重。你肚量很大，别人说错了也接受，旁边的人一看，这个领导，佩服。他又能广纳雅言，所有的意见都能够集思广益，所有人工作的积极性都被调动起来，这个事业哪有不发展好的，"事乃济"嘛。"观德于忍，观福于量"，量大福大。所以佛家，到传统佛家的山门建筑，一进去首先看到弥勒菩萨（宋朝布袋和尚）的像，肚子很大，意思就是要有肚量。所以学传统文化首先要学肚量；再来，要笑口常开。

接着，我们看控制的念头。人一有控制的念头，容易强势。有的女士，这个强势把先生给压下去了，阴阳有一点颠倒。我发现强势的女子，先生都会郁闷。而且，他的儿子会软弱，这是我的观察，我不是乱讲的。太太太强势了，先生好像郁郁寡欢，然后那个孩子很怕事。你问他什么事情，"你问我妈吧。"去参加一个毕业旅行，"我还是问我妈才行，不然我妈要骂我。"就很没有阳刚气，为什么？被妈妈给压下去了。所以阴阳要正常。男人像男人，女人像女人，教出来的孩子人格才健康。

还有这个控制是什么呢？权利欲望太强，别人都要听我的，这个都是控制的念头。应该转这个念头，是成就他人的念头。再来，控制，人家不听我们的就不高兴了，要转成什么？耐性。他现在不听我的，我还是对他很好，我不跟他生气。再来，要把权利欲望转成什么？转成感恩一切人付出的念头，不能人家帮我们成就事情，都觉得是应该的。每个同仁的付出，我们都感恩在心里面，才不会在这个当领导的位置上堕落下去。很容易啊，占有的念头就出来了。"你应该帮我这样做，应该帮我那样做。"占有的念头从哪里来的？就是觉得什么都是应该的，慢慢占有欲就越来越强，"你应该给我的"，不给就生气了。所以不懂得感恩的人，就会觉得什么都是应该的，慢慢他那个占有欲很强。所以要把应该的转成珍惜每个人的付出、珍惜每个因缘，知缘、惜缘、造缘，知恩、感恩、报恩，这才对，这才是在每一个事情、因缘当中提升自己，而不是让自己堕落。

人什么时候容易占有呢？像刚刚提到"应该的"的念头。有一次我们一个同仁，他出去讲课回来，刚好有朋友托他拿东西给我。他也很可贵，他"受人之托，忠人之事"，他一回来，还没进自己的房间，先到我的房间去了，把人家托的东西赶紧拿给我，他了了一件事情。我也很感谢，我看他自己的行李都还没卸下来，就先拿给我了，然后他就回去了。我们两个都没发现，他把东西拿出来的时候掉了两颗红枣，从他的箱子掉出来两颗红枣。后来，过了一段时间，我才在那个角落看到两颗红枣，我就马上拿起这两颗红枣去找这个同仁。结果他刚好不在，我就交给另外一个同仁，"你把这两颗红枣还给某某同仁。"然后这个同仁接了两颗红枣心里就想：蔡老师也小题大做了吧，两颗红枣要还，他太见外了吧？他就很多念头。结果他接过来以后就一直在那里想想想。最后，他实在很难受，他就来找我，他说："干嘛两颗红枣还要还呢？太小题大做了吧？"

这很好，他有什么怀疑他直接问我。现在很多人与人的问题在哪？看到一个行为，自己想想想，越想越偏颇，越想越严重，没事都变有事，所以要直接沟通、真诚沟通，很多问题都是本来没有，自己想出来的。所以他直接问我很好。我说，因为我自己处在这个位置上，别人都对我很好，我不能视为理所当然，所以这两颗红枣，没有他同意，我不能占为己有，我要谨防我的起心动念。所以这不是两颗红枣的问题，是自己的念头能不能在这些境缘当中要觉照得了，不然我就堕落了。

当时候我们在庐江的时候，真的全国人民太爱护我们了。我们在一个乡下，吃得到全中国最好的东西，烟台的苹果、大连的樱桃，什么最好的东西都送到，这些地方的长者把我们当自己的孩子一样爱护。我们在这个顺境，顺境淘汰人，都吃最好的，哪天拿个东西来，"哎，这个比上一次的差。"完了，毁了，不知不觉，温水煮青蛙，就在福报当中堕落了。要战战兢兢护念好自己的念头。怎么可以生比较呢？那个都是人的至诚心拿来的，不能吃了好的之后，就用这种比较的心去对待人家至诚的心。我们以前教书的时候，我在台湾教书，学生的奶奶扛着芭拉，他们自己种的，那个不能用多少钱去衡量，那是人家最真诚给我们的一个祝福，送他们自己种的芭拉来。所以我们看到是人家的真心，不能看到是那个东西，所以刚刚讲见性不着相，要见人家的心性、真心啊，不能着在这个相上。

而人这个占有欲，最容易在情爱当中生，叫爱欲，还有在一些嗜好当中生，叫嗜欲。有没有当校长、老师最后迷上玩股票，他还能把学校教育办好吗？或者一些欲望控制不住，没有去玩那些欲望、嗜好，就很不舒服，像吸毒一样？有。喜欢赌博的人，没赌博要他命。喜欢抽烟，喜欢打高尔夫球，打到该办的事都没办，都有可能。要窒欲，要节制欲望，不然会坏了自己应该做的事情。有些人喜欢古董，爱得要命，喜欢那个古董超过他太太，所以他太太得跟古董吃醋，这也是嗜欲。这不得了，假如还有来世，这么爱那个古董，那来世会做什么？古董旁边的蚂蚁。因为离不开它，那就麻烦了，灵性就一直往下降。喜欢游山玩水，"鸟好好哦，蝴蝶好好哦。"那假如还有下辈子，去当鸟去了。变成迷了、变成贪着了就不好了。游山玩水干什么？长智慧！上善若水，是吧？"其心洁白，犹如雪山"，登喜马拉雅山就是要修自己的清净心。看到那个皑皑白雪，会学的人，接触一切人事物都是在修炼自己，而不是接触一切人事物都在贪着。哎呀，上一次去成都，吃那一碗面真好吃，都三年了，还常常作梦。

古人留了一句话提醒我们，"勿以嗜欲杀身，勿以财货杀子孙"。人欲望不节度，有些人喜欢打麻将打到半夜，那对身体都是很大的损害，不只对自己损害，妻子父母在家里提心吊胆，不安心啊。留了一大堆财货，反而让子孙冲突，所以"勿以财货杀子孙"，这才有智慧。

爱欲也很难断。问世间情为何物？这个爱欲就是什么？要求。要求不到就怨、就恨，热战打完了打冷战。什么是冷战？不讲话，气死你。大家要知道，爱，真爱是不会变的。所以你要去哪里找真爱？从你父母身上就找得到了。我们从小到大气父母气几次？他还不是一样很爱你？那才是真的。会变、会变质的，本来很爱你，明天就很恨你，那都是假的，虚情假意。现在人不懂真爱，早上结婚，下午就跑去离婚。谁有真爱？孝子才有真爱。"不爱其亲而爱他人者，谓之悖德；不敬其亲而敬他人者，谓之悖礼"。

这一段，我们要了解，情欲不是真爱，它会变化。因为什么？他求不到，他爱不到，你没有照他的意思，他就怨了、就恨了。所以今天你看到一个陌生人，你会不会说"我恨你"？不会呀。可是为什么对自己亲的人就会"我恨你"？因为有爱欲，求不到，就变了，开始化学变化，从爱就变怨，从怨再严重就变恨，从恨更严重就变惨剧发生了。就不要再往那里发展了，往往很凄惨的事情，都是一开始没有很好的去调伏、去化解，才会搞成那么严重。

其实，假如我们有怨的人、有恨的人，就要告诉自己：哎呀，我自己根本就没有真爱，还去怨谁？我们对人已经变质了，我们哪有真爱？自己虚情假意还要去怨谁？所以能反省自己的人，慢慢的那个心才能够回到正念上来。那自己都做不好，自己都没有真爱，还要去要求谁？只要要求，得来的绝对是别人的埋怨。因为自己都做不好，还要求别人，人家怎么服？所以"正己而不求于人，则无怨"。首先怎么正己？恢复我的真情真义，对每一个人的情义不变，这才是用真心，不然我们没有资格批评别人没有真心，没有资格批评别人虚情假意。

这是今天跟大家谈"教育者首先受教育"，四个跟大家分享的纲领。

接着第二个重点，自我教育的重点在"勇于改过"。前面这一段是透过这些经句教诲，让我们知过：原来我们连念头都偏得太严重，在家庭关系、人与人关系都有太多的不足。知过了，承认了，接着呢？改过。不能什么道理都知道，但是都不改，那还不是真知道。

勇于改过第一点，要发"耻心"，羞耻心。就像《了凡四训》当中讲到的，人家可以留名青史、百世为师，我为什么一身瓦裂，染上这么多习气、欲望，死了之后，没有留下任何的价值，白来人间一遭。这么一想，羞耻心上来了。《菜根谭》里面有一句话,看了特别振奋自己,"装身于千古圣贤之列",自己要这一生能列入圣贤的行列,"不愿为随波逐浪之人",不随波逐流,不沉沦,这是有羞耻心。

那像我看到这个羞耻心,就想起我师长,当时候我们在庐江刚开始学习,老人家勉励我们:"你们以后要对老百姓宣扬传统文化、从事教化工作,要记住,做到再说是圣人,说了以后能做到是贤人,说了以后做不到是骗人。"这个"骗人"两个字印象就很深。有时候刚好,比方说走到一个地方,人家在放我们的讲座,听了几句,突然就想一想,这是自己讲的,好像没做到,就冷汗直流。讲给别人听,突然哪一天人家问我说,"蔡某某,你那一次讲这个这个,你做到没有?"这个时候也得真实面对,做到就说做到,没做到就要说没做到。但是自己有没有真正认真的往这个方向去努力、不懈怠?自己曾经讲过的这些教诲,自己有没有战战兢兢、赶快去落实?这个对自己就非常重要,不然到最后变成讲都讲给别人听,就完了,就好为人师了。

这个改过,耻心一起作用,就不给自己找借口。我记得当时我在带一班六年级,刚好自己做错了事,那修学不得力,还很差,就一个惯性,开始解释、找借口了。讲了几句,看孩子越听那个表情就是"听不下去了,听不下去了……"我一看孩子们的表情,也有点震动,孩子比较敏感。我们不承认错误,在解释,本身就不真诚。所以他们那个磁场一接触,就有点好像快听不下去了这样。我马上警觉,就调整自己的心态,赶紧给他们鞠一个躬,"这件事老师错了",道歉。我那个躬鞠完,头再一举起来,哎哟,学生的眼睛发亮。所以我们对学生讲了这么多经典的教诲,自己不做,反而学生没信心;自己真的用心去一步一步的去落实,反而让学生看了,对圣贤教育会有信心。

"师者,所以传道、授业、解惑也",学生、大众对圣贤教诲的信心,是建立在我们这些弘道的人,所以但求无过,我们得记住《中庸》讲的,要"动而世为天下道，行而世为天下法，言而世为天下则"，一言一行都不能离经典、离道德，才能给社会带好的风气。那有这样的心境，鞭策的力量就强了，不敢放纵、造次了。

第二个是发"畏心"，敬畏的心。为什么？我们不改过，给学生不好的示范，断人慧命。我当时还没从事教育工作，听了师长讲的十九层地狱的故事，就有敬畏的心了，不能误人子弟，那个罪是很大的。大家也不要听了十九层地狱的故事，老师也不敢做了，这叫矫枉过正。用真心就不可能出问题，所以不要听完有压力，要把压力转成动力。因为这个使命很重要，就会谨小慎微，这样对自己的道德提升有帮助。我常说我们在学校教书有一个好处，为什么？讲一句话，三十几个学生督促我，你又不用给他们发薪水，他们全部督促你，多好，是吧？人在福中要知福，不是压力，是福气才对。

第三要发"勇心"，勇猛的心。因为不发勇心，我们有一个严重的习气对治不了，叫因循退缩、因循苟且。了凡先生非常恳切的说了一段话，"天下聪明俊秀不少"，生来很有天赋的人非常多，"所以德不加修，业不加广者"，就是他这一生还是没有成就、堕落了、沉沦了，"只为因循二字，耽搁一生"。所以不能苟且、因循退缩了，要拿出勇心，对自己的习气赶尽杀绝，毫不留情。了凡先生比喻，"小者如芒刺在肉"，好像被刺刺到肉上了，"速与抉剔"，赶快拔起来。"大者"，大的习气现前，"如毒蛇啮指"，毒蛇咬手指怎么办？要命的话，宝刀出鞘，指头就要砍掉，不然它那个毒马上到你的心脏就没命了。大的习气真的会一失足成千古恨，"如毒蛇啮指，速与斩除"，要有这种勇猛。

第二，是发勇心才能见义勇为。你这个勇心发出来了，有道义：我不能袖手旁观。那一天我打开报纸，这么大的版面，没有一件是好事。第一篇，抢劫；第二篇，大学生跳楼自杀；第三篇，17岁的男孩扬言要杀他妈妈，他妈妈害怕，到家里搜出土制枪械。整篇读下来，这就是我们中华民族的子孙现在在过的日子。"以祖宗之心为心，天下无不和之族人"，我们拥有五千年的智慧，怎么活成这个样子呢？我们祖宗在天之灵会流眼泪啊！我不能做不孝子孙，我自己得尽力扭转这个局面，要尽力把传统文化介绍给我们炎黄子孙。当然，我们祖宗胸怀天下，有因缘要介绍给全世界的人。

我记得有一个马来西亚的妇女，她不是学校的老师，但她遇到圣贤教育之后见义勇为。她有一次到英国去住了几个月，刚好有这个因缘。她就在英国挨家挨户对华人(在那里定居的人)介绍《弟子规》，就这样一家一家介绍，然后人家来听课，听了课欢喜，还培训家长，当她离开的时候让家长可以继续教。听了非常感佩，好人做到底，不然她走了，这不就断了吗？还帮忙培养人才，送佛送到西天。我们从事学校教育工作，看到这样的妇女对她肃然起敬，人家还不是科班出身的，爱心超过我们很多。

接着，我们谈勇于改过之后，改过有个纲领。第三，改过要抓纲领。什么纲领？"夫子之道，忠恕而已矣"，掌握纲领了。这个忠恕，我们用一句大家也很熟悉的成语来体会，"严以律己"是忠，"宽以待人"是恕。经典当中告诉我们，"尽己之谓忠"，尽了自己的力量是忠。那请问大家，首先要忠于谁？忠于自己的良心，所以要严以律己才能成就自己。你都放宽自己，还给自己找借口，那只有沉沦的份。因为能尽力成就自己，自然能尽力去成就别人，他才能忠于父母，常常劝告父母，让父母成就道德；忠于自己的领导，领导不对了，他会直言劝谏。所以从忠于自己，自爱；再忠于他人，爱人。宽以待人，是宽恕。

严以律己我们具体来谈，就是不贪、不嗔、不痴、不慢、不疑，从这些起心动念处下手。不贪，我们说"五欲七情"，五欲是财色名食睡。其实人为什么要睡很多？会昏睡的人，没有方向，没有目标，责任感太轻，就是吃饱了睡，睡饱了吃。真的有使命感的人，他慢慢那个睡的欲望自然会有调整。其实这些欲望不是强迫我们放下的，因为你真正深入传统文化，你会体会到"学而时习之，不亦说乎"，你非常高兴，法喜充满。

比方我们学习这些年，叫我们再去世间那些玩乐，哪有什么意思，那不是作践自己？你明白了之后就不愿意做那些傻事了。现在的人叫苦中作乐，因为他烦恼解决不了，他要暂时忘了烦恼，所以就狂欢。真的，有一年，我一个朋友打电话给我，"昨天是12月31号，元旦前的一天，我们到某某场地通宵达旦，庆祝元旦。"拜托，熬夜就是不孝，把身体给搞坏了。我就一听，他昨天去狂欢一夜，他觉得很happy（快乐）。然后他就问我，你昨天在干什么？我说我昨天听我师长讲课。"哎哟，你这样的生活怎么没什么味道。"一定要吃辣椒才叫味道啊？你为什么不吃菜的原味呢？为什么一定要接受那些刺激，而不吃这个原汁原味，那个快乐是从内心里面自然流露出来的，干嘛都是要刺激？刺激的都不是真的。比方跳舞跳跳跳，隔天又睡死了，乐什么乐？跳得太过分了，明天哎哟哎哟，腰酸背痛。

真乐不会变成苦的。你去刷卡，买一件名牌的衣服，好乐。薪水去一半了，后来你就要吃泡面了。那乐就变苦，那这个乐不是真的，真的东西不会变。你孝顺父母了，你真的尽心了，你每次想起来心里很充实，无愧于父母。怎么想都是乐，怎么会变苦？所以真乐不会从外面来，那都叫刺激，跟吸白粉性质差不多，那个欲望会越来越强。

你们想一想，有一句话是错的，在经典没有，你们要会分辨，就是"女人的衣橱里面永远少一件衣服"。这句话经典没有，你们要会判断，经典就是标准。你们有没有听过，有一个女人说，"好，这一件，我买最后一件，从此我就不买了。"你们有没有见过一个人是这样不买衣服的？没有。所以告诉大家，那是激动讲出来的，不会是真的。"你就让我再赌一次就好，最后一次。"真正要的人当下就放下了，还最后一次！

坦白讲，真明理的人不干那种傻事，他都自爱了，他怎么还会去做那些伤害自己的事？所以看得破，看破是什么？明理，真明白了，他自然能放下习气，一点都不勉强。还在那里挣扎，在那里拉扯，那都还不是真看破。所以古人告诉我们，道德学问是什么？知难行易。确实是这样，你真正明白了那个东西在伤害你，你马上就把它给丢掉了，还继续让它伤害自己？

　　五欲，财、色、名、食、睡。大家想一想，贪财，我感觉当官的人贪财，跟校长、老师贪财不一样。校长、老师贪财的罪过比当官的人更重。为什么？他除了让人家损失财物之外，他还会让学生从此不相信老师，断了他的慧命。因为他不喜欢老师，他就不喜欢学习。这对一个学生的损害，不只是财物上的损害，心灵上的伤害太大。

　　所以古人说"安贫乐道"，大家不要看到这个事，哎呀，又要叫我饿肚子了，不是那个意思。安贫，那个"贫"是什么？寡欲的生活。不是说他没有钱，为什么？该是他的福报跑也跑不掉，又不是当老师就会穷，哪有这个道理？请问大家，孔子他很穷吗？没有，他学生这么多。可是他不享受，他是师生如父子，他哪个学生有困难，他尽心尽力帮助他。我们的师公李炳南老师，在台湾教学三十八年，他学生五十万，上到政府领导人，下到各行各业都是他的学生，他收到的供养有多少，但你看老人家一天吃一餐。他慈悲啊，留更多给别人享用。好的衣服都送给学生，自己那一件中山装穿了三十八年，我们去博物馆，真的对那个博物馆感佩！那一套衣服是师公的精神，他那个节俭，而且看起来还很新，真是佩服。后来我就想，你很爱你的衣服，衣服也爱你，它就不会坏。你真的很爱惜它，用三十年看起来，人家还问你，您这个衣服去哪里买的？复古啊。很爱惜衣服的人，真的有时候穿了十年了，人家看起来还满新的。江本胜博士做了实验，你的意念好，那个水的结晶很好；你的意念好，你的衣服的状态就不一样。

　　我们要很清楚一点，"君子爱财，取之有道"，取横财者必有横祸。"取非义之财者，譬如漏脯救饥，鸩酒止渴"，"漏脯"就是猪肉被雨水滴过，它快速腐烂，很毒，"漏脯救饥"，你把它吃下去就没命了。不要看眼前的横财，横祸就要来了。鸩酒，"鸩"字，就是有一种鸟类，它的羽毛很毒，酒泡了那个羽毛，你一喝就没命了。"非不暂饱，死亦及之"，还没吃饱，命就没了。现在很多人犯法，被判严重的罪，甚至枪毙，都是贪横财。其实他命中是大富大贵的人，就是因为不懂道理，小人冤枉做了小人，把自己的福折了，甚至连命都送掉。他假如懂得"命里有时终须有"，他就"君子乐得做君子"，该来的会来，我何必要折损自己的福报，对不起自己的良心呢？人只要贪财，只要犯法，坦白讲，从那一天开始，他就不知道什么叫真正的幸福了，他就不知道什么叫好好睡一觉。

有一个小偷，偷了东西以后就很怕被警察抓，常常一听到什么声音就惊醒，后来真的被抓到了，抓进去关了，隔天那个小偷说，"我昨天睡了这一段时间从来没有的好觉。"他每天怕被抓，反而被抓了，啊，好睡一觉。其实什么是人生真正的快乐？"仰不愧于天，俯不怍于人"，对得起良心才有真正的快乐；不然对不起良心，没有一天是不提心吊胆的。

财色名食睡，这个"色"，色字头上一把刀，会家破人亡。《朱子治家格言》提醒我们，"见色而起淫心"，人邪念太多，看到女色起淫心，"报在妻女"。"积不善之家，必有余殃"，很可能感召来自己的妻女被人家轻慢。老祖先提醒我们，"出乎尔者，反乎尔者"，这是曾子说的。大自然是一个循环，没有吃亏，也没有占便宜的事情。你打人就是打自己。为什么？最后会回到自己身上。你打了人，君子报仇十年不晚，所以打人就是打自己，骂人就是骂自己，循环回来了。

《大学》又告诉我们："言悖而出者，亦悖而入；货悖而入者"，昧着良心进来的财物，"亦悖而出"，迟早出去，留不住的。今天起淫心，最后就报在自己的家庭身上，循环。人有这种认知了，不想给自己的妻儿灾祸，就会节制自己的欲望、不贪色了。

再来，贪名，这个贪名比贪财还要细微。比方我们做什么事要人家认同，这也是贪名；好面子，受不得半点误会，这个也都是贪名。受不得半点误会、委屈的人成不了大事。为什么？忍辱负重啊！现在大家都没学传统文化，被人家侮辱、误会、毁谤，没有才怪呢。因为大家没学，这些态度很正常。你被人家骂一句，就像消了气的气球，那怎么成大事？所以名也要放下。"宁愿做大事，不要做大官"，就是不要好这个名。

而且坦白讲，被人家骂好不好？好啊。一来练自己的功夫；二来，他送福报给你。"人之无过咎而横被恶名者，子孙往往骤发"，他没有过错，人家骂他、毁谤他，子孙骤发。所以名被损了，被人家放在地上踩，不要难过，反而你会有福报，你的子孙会有福报，这个道理《了凡四训》讲得好。所以从今天开始，被人家骂，"谢谢你，送福报给我、给我的子孙。"你就没有坏事了，事事是好事，人人是好人，人家送福报给我们。一个从事教育工作的人，人人是好人，事事是好事，你看他走到哪都笑嘻嘻的。人家一看，学《弟子规》、学《群书治要》可以笑成这样，赶快学。你被人家骂一下，就愁眉苦脸，人家说学成这个样子，别学了，你把招牌都给砸了就麻烦了。

这节课我们就先跟大家交流到这里。好，谢谢大家！

第十五讲 自我教育的重要性（三）
严以律己，宽以待人（1）

尊敬的诸位长辈、诸位学长，大家下午好！

我们"做孩子一生贵人"这个主题，上一节课谈到了第七大点，"自我教育的重要性"。自我教育重要性当中，首先我们强调"教育者首先受教育"，要懂得时时自我观照、自我鞭策、自我教育；第二个重点，我们要"勇于改过"，是要有勇气改正自己的过失、习气。坦白讲，这个部分，走过来的人都能理解到，改一个习气好像扒皮一样，那个过程是挺辛苦的。但是真正把习气放下了，自己的身心才能真正轻安，不被欲望、不被习气所控制。所以孔老夫子说"学而时习之"，那个"习"是真正去放下习气、去实践了，得到内心的喜悦、成长的喜悦，不再认贼作父，不再被习气控制。

第三个大点，我们上一次提到改过的一个纲领，夫子是"忠恕"之道，俗话常说"严以律己，宽以待人"。"严以律己"是忠，先忠于自己，时时反省自己。"克念作圣"，圣狂之分在一念之间，把错误的念头转过来，真正下的功夫是在这个起心动念处，所以"严以律己"。"宽以待人"是恕道。在这个"严以律己"当中，很重要的是自爱，因为俗话说，"学好终年不足，学坏一日有余"，所以爱护自己的德行、爱护自己的慧命，绝对不能放纵自己的习气，更不能让自己在染污的环境当中。《弟子规》讲"非圣书，屏勿视，蔽聪明，坏心志"，学坏是一日有余，很可能我们染污了这些不好的思想观念,要再去掉就很不容易了。做一个比喻,一滴墨汁滴到水里是很短暂的时间,要把这个墨汁再从清水里去除,要花十倍、百倍的时间都不止。

我们之前《群书治要360》当中,有一句经句:"从善如登,从恶如崩"。行善,首先必须要放下自己的吝啬、贪心,才能够做得自然、做得欢喜。所以一开始做还是挺勉强的,那个"登"就是很出力,要慢慢做习惯。所谓"始而勉强",一开始让我们不贪,很慷慨去布施给他人,调伏这个贪心,一开始做一定有相当的困难,但是做久了就会很欢喜、很自然。"从恶如崩",假如放纵了一个邪念,很可能会一失足成千古恨。所以"严以律己"这个"严"字,不容有丝毫的放纵、闪失。

明朝的曹鼐是明英宗的内阁首辅(相当于宰相),算是道德学问以至于一生的地位都达到高点了。他在年轻的时候做典史,掌管缉捕、稽查狱囚,有一个女犯长得非常漂亮,当时候他也是起了不好的色念,但他很有警觉性,他想方法对治。当时候是晚上,他就拿着毛笔一直写四个字,叫"曹鼐不可"。古代都是用毛笔,"曹鼐不可",克住自己的邪念,写了几十次。大家可以想象,写四个字,铁定都是力道都下得很重的。写到天亮,这个念头调伏过去了。"从恶如崩",我们想,假如曹鼐这一念没有克制住,他有后面人生的造化吗?那就不可能了,很可能就毁了他的一生。

而且我们为人父母,我们身为人师,以至于为人领导者,我们的一言一行,随时都会影响身边的人。什么时候在影响呢?我曾经听过一个笑话,说有一个父亲当爸爸,孩子刚出生,还在牙牙学语,他非常着急,他就常常抓着他的儿子,说:"叫爸爸,叫爸爸。"这太着急了,什么事情水到渠成就好了,不然会适得其反,因为强摘的瓜不甜,应该水到渠成,反而是最好的。结果常常就这么逼着他的儿子叫爸爸,后来他儿子会讲话了,有一天这个父亲在家门外看到自己的儿子,把家里的鸡抓起来,对着鸡说:"叫爸爸,叫爸爸。"所以潜移默化当中会影响小孩、会影响学生。所以当老师的人连念头都不能错，当父母的人连念头都不能错。比方我们回想一下自己的成长，请问大家，爸爸妈妈今天是高兴还是生气，我们知不知道？我们受不受影响？对呀！那现在我们成人了，也为人长者了，那应该反思，随时在影响身边的人。

有一个母亲，这是她真实的情况，她说她学传统文化很用功，结果她的女儿状况也都非常好，读书也很主动。当然，一个人在修学的过程当中还是会有起伏，她突然有一段时间不用功了，遇到"韩流"，赶韩剧，在看韩剧了，看得半夜都看到两三点舍不得放下。结果突然了解到，她的女儿这一段时间在学校上课不专心，在底下看小说。她为之一惊，自己的一个行为马上就影响她的孩子。我们常说磁场会互相影响，她很用功就感染女儿；她一不用功，女儿也跟着堕落。而且孩子越小，受父母的影响越大。所以这个"严以律己"当中，还含着对学生、对小孩的慈爱，我们得要做好样子给他们看。

包含一个做领导的人也是如此，我们态度谦和，肚量很大，可能带出来的团队风气就是这样；假如脾气很大，又强势，慢慢底下的人也会变成这样。有一句对于领导的格言，这也是卢叔叔教诲我的，叫"狮带群羊羊亦狮，羊带群狮狮亦羊"。狮子带群羊，最后群羊都变狮子；羊带群狮，最后群狮也变成羊了。所以上行下效的影响很大。他们为什么受我们影响？他们信任我们。那人要对得起别人的信任，不能因为对方信任我们，反而给他错误的思想观念，这样情何以堪，那我们就对不起"君、亲、师"这三个角色了。我曾经听我一个同事讲，他说当老师的影响力真的很大。比方，他带一年级的小朋友，有一天，一个小朋友扎了两个辫子，他随口说了一句话，"啊，你扎这个辫子很好看。"隔天五六个人都扎辫子，你看那个带动的影响、风气有多大。

好，刚刚讲到的连念头，对方都没有看到的，都会影响到学生跟孩子。所以我们得要不贪、不嗔、不痴、不慢、不疑，要"克念作圣"，在这些念头下功夫。上一次我们谈到"不贪"，不贪财、色、名、食、睡。其实，人之所以有不好的念头跟不好的行为，还是来自于不明理。他假如真正明理，这些念头跟行为只会给自己招祸患而已。请问大家你们有没有听过有一个人说"我就喜欢自己招祸患"？没有吧？谁不愿意趋吉避凶？谁不愿意灾消福来？但他真的明白了，这些念头确实会给自己甚至于给家人招祸，他就不会这么做。就像上次跟大家提到，当官的人贪财，还害了人家的生命，最后子孙几乎灭绝。哪有真明白的人还干殃及子孙的事情？《朱子治家格言》说"见色而起淫心，报在妻女"，他真的明白了，他也不愿意给自己的妻子、女儿招祸患。

而且对这个贪财，假如他真正明白，该是他的跑都跑不掉，他干嘛用不正当的手段去谋取呢？所以明理重要，读书重要，不然会干傻事。《朱子治家格言》讲到，"子孙虽愚，经书不可不读"。不明理的人，很难不做错事、很难不让自己招祸患。大家冷静看看，现在年轻人没有伦理道德因果教育，放纵欲望，给自己的身心、给自己的福报有非常非常大的折损。所以我们为人老师，要为孩子的一生着想，现在要把这些很重要的思想观念深植在孩子的心中，成为他正确的价值观。所以不贪财，为什么？"命里有时终须有"，"但行好事，莫问前程"，"欲知将来结果，只问现在功夫"。其实这个道理，我想现在很多人，哪怕学历再高都不懂；但是农夫懂，因为他向大地、他向大自然学习，春生、夏长、秋收、冬藏，要怎么收获，必然要怎么去耕耘。现在功利时代都是急功近利，都想不劳而获，这都是错误的思想观念。

贪名，上次讲到，这个贪名具体表现在，好面子也是贪名。假如我们今天做错事，很想去给对方道歉，又提不起勇气，这就是好面子、好名。其实那个哪叫真正的名呢？越不道歉，越让人家看扁，越没有好名声。所以人不懂理，其实都不是在爱护自己，是在糟蹋自己。这些都是不好的习染，应该把它放下。

而《了凡四训》当中讲，"名者，造物所忌"。名不是好东西，只要心态错误了，这个名反而是累赘，叫"盛名所累"。人心态对了，用这个名可以造福人群；但是假如用不对，那就会变累赘，俗话讲的，"人怕出名猪怕肥"。《了凡四训》又告诉我们，这个"造物所忌"，就是我们的德行跟名声不匹配，是折福的。"名，亦福也"，我们这个名本身也是福报，名不符实，福报就折损得很快，所以有一句成语叫德不配位。这些道理都明白的人，谁要去贪一个美名、贪一个超过自己实际的盛名，何苦！德不配位，福报一折损完，会有灾殃，有一句成语叫英年早逝。有一些读书人名气非常高，为什么？才干很好，文章非常好，大家把他看得很高，但是他修养不足，为人刻薄，又享有盛名，最后可能三十几岁福就享完，就走了，这在历史当中很常见。所以假如人年轻出名了，得要赶紧韬光养晦，诚惶诚恐。

大家再冷静去观察，很多演艺圈，很早就出名了，而且表现得比较狂傲的，都会容易短命。尤其他一出名以后，自己的言谈举止都带动错误的社会风气。他应该用这个名去带动善良风气，他还做带动恶劣的风气，这样的人他就很容易禄尽人亡，福禄折光了，命就没有了。所以这个德不配位，在政治界、在演艺圈容易观察得到，因为他们的名都太大了。包含我们还曾经听过，一个少将听到内部消息，已经确定明天宣布他当中将，他知道了很高兴，找亲朋好友吃饭，宴请亲人，吃得很高兴，结果当天就死了。有没有当上中将？没有。早一天知道，结果没有当成，他命里的福报还没有积累到可以当中将，所以一下被中将这个名给压扁了。所以古人不愿意有盛名，甚至于处事都非常的谦退。"谦卦六爻皆吉"，那好名的人，往往喜欢炫耀，反而是招祸了。

名是一种责任，而不是应该去执着、去夸耀的。比方说身为董事长，那是一种责任，因为要照顾的员工越来越多了。而今天假如真的我们德不配位了，不要好这个名。应该怎么样？为团体想，要把这个名让出来，把这个位置让出来，这样才对。不然你有一个名，本身你有一个职位，它就带着责任。比方是一个官员，那他就带着责任，在这个位置上最重要是爱护人民，假如有一个比自己更好、更有德才的人，当然要把位置让给他，这才是我们的初衷。我们坐上那个位置，难道是为了抱住那个位置而忘了去爱护人民吗？所以古人教我们处事要礼让、要谦让。"让功于众，让名于上，让位于贤，让安于长"，把好的生活环境让给长辈，"让食于幼"，刚好孩子正在发育期，父母、长者少吃，贫苦的时候都让给孩子吃。

而让名、让位给贤者，这是为大局着想，这是忠于国家、团体，这修的福报非常大。历史当中，齐国的鲍叔牙让位于管仲，结果管仲"九合诸侯，一匡天下"，甚至于团结了中华民族，免于被外族所毁灭。孔子对管仲的功业非常的赞叹，没有管仲，可能我们华夏文化，汉人的血统就断掉了。那管仲有这么大的功业，谁成就的？鲍叔牙。他不让、他不推荐，这个因缘就不能成。所以鲍叔牙的后代，十几世都是名大夫，"积善之家，必有余庆"。

该让不让，自己会招祸，而且人只要不肯让，就是好名。接着呢？嫉妒。嫉妒再严重，陷害，这个恶念就越来越严重。李斯杀害他的师弟韩非子，他师弟的学问比他好，他嫉妒，把他给害死了，最后李斯后代就断子绝孙。所以有一句话说"进贤受上赏，蔽贤蒙显戮"。其实这对我们当下都一样，我们在学校系统里面，哪一个老师他强调的理念非常好，我们支持他、推荐他，这对团体的帮助很大。假如我们不认同，还嫉妒、还毁谤他，这就是"蔽贤"，"蒙显戮"，会有很快的灾祸降临。所以我们在人生的因缘当中，在团体里担任领导的工作，只要发现团队里面有比我们好的人，你积极推荐他，把位置让给他。古代教化非常有智慧，官员戴的帽子叫进贤帽，前面低，后面高。"后后胜于前前"，希望自己举荐出来的人都超过自己，为国举才。好，这是从不能好名，再延伸到团体当中应有的一种修养，让位于贤。

财、色、名、食、睡，这个"食"就包含生活当中的享受。我们要了解，

"欲令智迷"，欲望越重越没有智慧。因为每天都想着要吃这个、喝那个、穿那个，他烦恼就很重，怎么会有智慧？比方说大家在听课，突然想到自己最喜欢喝的咖啡，还听得下去吗？还在那里"待会要到哪里吃什么"，那叫心不在焉。

而且欲似深渊，贪着假如不懂得克制，会越陷越深。所以生活的享受，应该知足常乐最好，应该不要去跟人家攀比。一攀比，对物质上的追求就没有止境。为什么？人比人，最后就气死人。不只自己很难过，自己很好虚荣，拿儿子去跟人家比成绩、拿先生去跟人家比赚钱，全家人统统压力都很大。所以有时候人陷入欲望，脑子都不清楚。"百年修得同船渡，千年修得共枕眠"，一家人能聚在一个屋檐下，那是多难的缘分，应该是互相亲爱、互相成就，怎么是互相给沉重的压力呢？所以人要时时脑子冷静，不要随波逐流。

好慕虚荣的人活得可累了，是吧？你看穿衣服，穿了一次就换另外一件。我们学传统文化，好好提升气质，这个衣服穿了十五年以后，再穿出去刚好复古，人家一看，"哇，你怎么穿这么流行的？"因为我们又很爱惜衣服，看起来还像新的。而且更重要的是什么？人有气质，二十块钱的衣服，看起来都像四五千块钱的；人没有气质，一千块的衣服看起来像十块钱的衣服。所以这个时候假如又没有气质，穿出去，"你看我这个衣服多少钱？"人家一讲，都快火冒三丈，那叫自取其辱，不要怪别人。

所以人知足就常乐，就珍惜一切的物品、享用，活在感恩当中，不在奢侈当中。而且节俭的人有福报；节俭的人，仁慈，"俭近仁"，节俭接近仁德，因为他能把省下来的去帮助他人，这是仁慈；而且节俭的人比较会为未来打算，放纵欲望的人，今朝有酒今朝醉，他只看到欲望，啥都想不清楚。

这是跟大家谈到"贪"的部分。当然，调伏贪欲要循序渐进。比方贪睡要调伏，你本来睡七个小时，今天听完课，明天五个小时，一下子少睡两个小时，结果隔天昏昏沉沉，开车差点出车祸。这个不要用力过猛，要循序渐进。有些人，已经都高血压了，都喜欢喝很甜的东西，对心脏都很不好，对高血压都有恶化作用，这个时候都要下功夫，慢慢慢慢把它改掉、戒掉。好，就先讲到这里了，不然下一次没有人要来参加课程，都是："不要逼我"。其实真正放下这些欲望，身心轻松安乐，那种快乐世间买不到的。这个时候人家再用外在这些欲望诱惑你，你也不肯了，那是累赘，那是刺激，没有刺激你又苦了。所以真正的乐，绝对不是从外面来的，是从内心自自然然流露出来的。

第二个，不嗔。不嗔就是不可以乱发脾气，这个要下大功夫。因为这个"嗔"，对自己、对他人的危害非常大。首先，暴怒伤肝。所以脾气大的人，身体一般都不好。大家想一想，身体受损了，发一次脾气，整个人要多久才能调适过来？许哲女士说三天才能恢复正常。她要三天，我们可能要十天以上，甚至于十天之后又看到那个人又来了，火又上来了，所以自己的身心都有伤害。坦白讲，脾气大的人不孝，"身体发肤，受之父母，不敢毁伤，孝之始也"。看一个人的善根从哪里看？只要你告诉他，"你这么做不孝、你这么做对不起师长。"他马上放下，这才是真正有善根。你假如劝他，"你这个态度不对，师长不是这么教的。""哎呀，我是凡夫，现在受不了啦。"那他比师长大，他比圣人大，那怎么会有善根？

所以真正有善根的人，他会想，没有父母就没有我；没有师长、没有圣贤人的教诲，就没有我的慧命。所以这些恩德比他的生命还重要！生命都可以为父母而舍，哪有说一个坏习惯不可以放下呢？所以人能够念恩，他的善根就不断增长。为什么还是放纵习气？自我、自私太严重才会这样。自我，就自己最大，其他人都放在一边了。所以人假如常常想，做这些事、起这些念头对不起父母，要生大惭愧心。我们师长老人家教诲我们五十五年，这样的苦心，我怎么可以给他糟蹋呢？要依教奉行，马上这个错误的念头就能转。

尤其在家庭当中，脾气大，全家人都遭殃，所以说"怒似猛虎"。假如家里一个人脾气很大，可能每一个人要回家、要进门以前都要深呼吸三次，这无形的压力很大；假如一个老师脾气大，那孩子还要跟这个老师相处几年，可能都会有轻微忧郁症出现。有缘才能相会，要惜缘，怎么可以还给对方压力。

学圣贤教育的人，所在之处要让人生欢喜心，第一个要把脾气戒掉。脾气大的人一定让领导、让父母多操了很多心。脾气一大，兄弟又冲突了，父母多难过；脾气一大，交派工作还得看我们的脸色。那是在帮忙还是在添乱？因为我们在学校当老师，是有多种角色的。面对我们的主管或者校长，我们变一个臣的角色，那我们君臣关系也要演好，也是给孩子做表率。孩子以后出去也要为人臣子、为人下属。一个老师假如当人家的下属当不好，这是因，以后你的学生出去，都不是好的下属，是结果，都要想想这个因果会相续不断。因为我们的身教给他做得不好嘛。一个学校里面的老师对国家领导不尊重，这个学校出来的学生，出去都是骂国家领导，这我们都观察过，这个造的罪业都很大。逞一时口舌之快，把下一代给带坏了。

为了自己的身心、为了团体、为了未来，别给自己的人生造下很多的障碍。"忍得一时之气，免得百日之忧"，不然还要收拾残局。发完脾气，要再把这个隔阂去掉，有时候挺难的。而一个人的德行，就从能不能忍辱开始，"观德于忍，观福于量"，福气看自己的肚量。

我们知道发脾气都有这么不好的坏处了，就有警觉性。脾气也是病，自己德行上面的病。那既然是要治病，得把病根找到。人为什么发脾气？比方贪，贪不到，就生气了，不顺己意，就很容易生气。比方今天吃得好，很贪这些美食；明天太太煮上来，"今天这个我不喜欢，怎么比昨天差"，嗔恨心就上来。所以不顺己意就容易起嗔恨。好面子容易恼羞成怒，也很容易发脾气。再来，对人有成见，都放在心里面，就会借题发挥，这也容易发脾气。大家要了解,自己的心要自己爱护,不要把纯净纯善的心变成垃圾桶。把别人的不是都放在那里,不就把这个善心都当垃圾桶用了?所以坦白讲,几个人自爱啊?明理的人才会自爱。

而且我们要了解,"人之初,性本善"。每一个人都有本善、都有明德。"可是他傲慢、可是他贪心啊?"那是"苟不教,性乃迁",那是习染,那不是他的本善。我们都记他的不好,那叫认假为真,那是假的。你说这个人脾气大,那你把他的脾气拿来我看看?那是虚幻的嘛。他一时遇到一些境界发起来,他现在也没发脾气,假如脾气是真的,应该随时存在才是真的。会变的就不是真的,永恒不变的才是真,会变的就是虚幻的。不变的是什么?他本有的真心。他只要把这些习气都放下了,他真心一现前,那他是圣人,一举手一投足都是仁慈,都是利益众生,这是每个人本有的。"圣与贤,可驯致",我们假如坚定相信每一个人都可以成圣成贤,对人不会有成见,只会帮助他改习性。所以难,难在对宇宙人生真相的正确了解,一了解了,决定用正确的态度处事待人接物,不会对人有成见。别人有错误,你替他更担心,帮助他,善巧用很多的方法来协助他提升。

再来,傲慢也很容易发脾气。一傲慢就瞧不起人,容易指责别人。所以这些错误的心态,都要把它转变过来。

那既然知道这个病根所在,用什么药来治呢?有六个"忍"的方法:

"力忍",把脾气压住,这是症状解。

"忘忍",算了算了,不要计较了,"宰相肚里能撑船"。

"反忍",反省自己。人与人会发脾气、会冲突,有一句俗话叫一个巴掌拍不响,所以只要冲突了,两个人都有问题,所谓半斤八两,不用去比。真正有修养,对方怎么恶劣,自己不会被激怒的,一定双方都有错误了,冲突才会产生。那可能有人就会问了,假如一个完全没有错,一个错全在他那里,那会怎么样?那个完全没有错的人最后就变圣贤人,他吃不吃亏?您看,我们看事情都很看表相、看一时。比方说,舜王的父母要害死他,我们一看，舜王好可怜，这父母太可恶了。但是您看，舜王还觉得是自己错，他们没有错，还觉得自己错，他吃亏了吗？假如是我们，早就跳起来了，"我都没有错，还叫我跟他认错，我跟他拼了！"拼了又怎么样？舜王连没有错都反省自己，都是自己错，最后成圣贤。智慧、德行、福报都圆满，做了天子，哪有吃亏？所以学圣贤教诲首先学吃亏，不要争理，不要计较，反忍。

"观忍"。他那些脾气都是假的，都是刹那在变化的，你观到这个真相了，你就不去计较他了。包含你观察他的成长背景，原来他在学校、在家庭里面，又缺爱、又缺教，你不只不跟他生气，你还会怜悯他。这个我们在带班过程，本来觉得这孩子怎么这么夸张，一了解，就是被父母抛弃的孩子，你再看他，你就气不起来了。

"喜忍"，所谓回嗔作喜，本来要发脾气了，转个念，笑了。为什么？突然想，对方就是来提醒我，我都学了八年、学了十年了，脾气还这么大，他是监考老师，我要感谢他。知道我自己有几两重，马上就回嗔作喜了，看一切人都是老师，都是来成就我的，这是喜忍。

"慈忍"，都为对方想。比方刘宽，他的太太一辈子没看过他发脾气，就安排了一个事情，让他的婢女，在他穿好朝服等着要上朝，盛装，把羹汤端过去，羹汤很烫，然后故意不小心翻倒，把那羹汤淋在他的衣服上面，看他生不生气。人有时候吃饱，不要撑着乱……当然他太太或许这么做还是有点无聊，不过现在想想还满有意义的，因为他太太不这么做，这个故事还没得讲，还是要感谢他的太太，安排了这个布局。结果一倒下去，一般的人一定是："我要上朝，哇，很烫啊！"脾气就来了。"我、我"，有"我"就会生气了，没有"我"就不生气了。我们刚刚说要找到病根，擒贼要擒王。贪、嗔、痴、慢、疑的贼王是谁？就是"我"，就是自私自利。"如斩毒树，直断其根"，把根斩掉了，这些习气就没有依附的地方。这也是《了凡四训》讲的，要直接从根本把它给斩断。刘宽为什么没生气？一般我们来讲，很难不生气，因为他为对方想，所以第一个念头就是怕她烫伤了，马上："有没有烫到你的手？"

好像之前也跟大家讲过，有一个媳妇，新加坡的一个媳妇，他的先生非常佩服他的太太，而且还说到有时候自己的母亲错怪他的太太，他的太太还跪下来认错。错怪是她没错，被误会了，而且还跪下来给她婆婆认错。诸位女同胞，谈到这里，我们做得到吗？从行为当中，觉得做不到，其实从心地上去体会，不难做到。"慕贤当慕其心"，这些有德行的人、圣贤人，你只要从心地去效法他，其实不是很困难的。为什么？因为圣贤人的心是我们本有的，一相应了，要做就不难；心境没有到位，要勉强我们，也很难。

当时这个太太接了他先生的话说，不会，一点都不委屈。因为家有一老，如有一宝。婆婆是家里的宝啊，是我们的福田。没有婆婆，我们怎么教孩子孝道？所以看到婆婆生气了，会伤身体啊，赶紧念头里面就是怎么让婆婆的气降下来，一跪下来，婆婆的气就降下来，她不只没委屈，心安啊。"慈忍"，念念为婆婆想。

大家再冷静体会体会，媳妇跪下来道歉，这个戏剧会不会继续演？会。一般的人讲，好委屈，好难过。但是看戏要看完整，这个媳妇跪下去认错了，过几天，事情会不会水落石出？人都忍不了一时的委屈，最后一发脾气，事情更糟。忍住了，日久见人心，何必要一时争个你死我活、争个是非曲直呢？那个都是好面子，或者傲慢，一定觉得是自己对、自己高，才会这么坚持。不然亲人之间应该柔软、应该懂得退让，不应该是这样。婆婆后来知道了，心里想，我都错怪她了，她还跪下来给我道歉，这样的媳妇，8月15号打灯笼都找不到。那不是更疼她了吗？这一个慈忍，媳妇多了一个妈妈，婆婆多了一个女儿，那不是转了整个家庭的气氛跟命运吗？圣贤教我们感化，用自己的行为感动对方，感化整个家庭的命运。

好，这是跟大家讲，嗔要调伏，丝毫不能放松，不进则退。我们冷静看看，我们学传统文化，刚学的时候脾气好，还是现在的时候脾气好？这个得要我们自己勘验自己。我们因缘上在学习，可是假如不对习气下大功夫，还在增长，这个不得不慎。明朝有一个大儒叫薛瑄（薛文清公），他感叹到，"二十年治一怒字，尚未消磨得尽，以是知克己最难。"要克服习气，没有到"不计成败，不顾生死"，"啊，又发脾气了"，人有时候自己伏不住，又开始气馁、开始沮丧了，那还是习气，那变成怀疑自己了。所以"不计成败"，只要错误了，不怕念起，只怕觉迟，赶快转过来，哪还有时间在那里沮丧老半天？是不计成败，不顾生死，死都不怕，就怕念头不对。所以今天要调伏这个嗔恨，那必然要下一段功夫，但真的又发脾气了，要真实面对自己，然后去真诚的承认错误，去给人家道歉，就对了。不然发了脾气还在掩饰，那就"倘掩饰，增一辜"了。

第三，不痴，不愚痴。首先表现在哪？他知道世间所有的事情都是因果相续的，深信因果。比方说《弟子规》"闻誉恐，闻过欣"，"闻过欣"是因，果是什么？"直谅士，渐相亲"。"能亲仁"，亲仁是因，"德日进，过日少"是果。"父母呼，应勿缓"是因，以后出去工作，服从领导叫果。全部都有因果关系，种瓜得瓜，种豆得豆，所以"积善之家，必有余庆"，积善是因，余庆是果。那从大的来看，我们这个民族绵延五千年不衰，那就是我们的祖宗有德啊！所以人感恩，他不会愚痴，他不会在福报当中都觉得理所当然。假如每一个人都深信因果，他对自己的起心动念、一言一行就慎重，不会放纵。深信因果，他就不会情绪化、不会意气用事，意气用事就不理智了、就愚昧了。其实当一个人在意气用事的时候，他也是不自爱，在糟蹋自己。

了凡先生有讲，很多人其实都有很好的天赋，"天下聪明俊秀不少"，都有很好的天赋，可是这一生为什么没有什么成就？"所以德不加修，业不加广者，只为因循二字，耽搁一生"。意气用事就是都顺着自己的脾气、性格在走。我们自爱了，应该提醒自己犯的错，期许后不再造。这样的人是理智的，这样的人是不蹉跎他的时光。

我们都听过颜回不贰过，那跟我们有什么关系？跟我们有大关系啊！错误继续发生，折了福，也折了自己的智慧，所以应该效法颜回夫子的精神。我们很可能不能真的达到不贰过，但是这个精神要在，犯了一次错，就要高度的提醒自己，不能再犯。

比方生活当中的一些细节，像我们写字用钢笔写，那钢笔，你假如没有随手把盖子盖好，不小心一碰，滚下去，然后笔头撞到地上，这支钢笔就废了，很心疼，它摔坏了。我有一支钢笔很好，摔坏了，很心疼，而且觉得对不起送我钢笔的朋友，所以就期许自己不能再有这个情况。那越提醒就养成习惯，每一次哪怕别人跟你讲话，就把笔套先盖上。不然有时候讲讲讲，你的专注力就过去那里了，就忘了，手晃一下可能又会掉下去了，所以一盖好就不怕后面的因缘怎么发展。

包含我们常说要爱惜物命，不要误杀了生命。"举步常看虫蚁"，"昆虫草木，犹不可伤"，长养自己的仁慈之心。虽然这些道理都学过了，可是在生活当中，有时候一急躁：早上一起来，好渴，喝点热水，热水瓶一按，刚好蚂蚁在出口处，可能在那里玩耍还是怎么样，那我一个不小心按下去它就死了，一死，三只、四只，哎呀，这句话都没落实好。这三四只蚂蚁已经用它宝贵的生命来提醒我，没有落实仁慈心，那我不能让这样的事情再发生。所以冷静，每一次要按，要先敲那个出口，say hello（打招呼）一下，看一看都没有了，再按。

大家不要小看这些细节，都提醒自己后不再造，人的心会越来越恭敬、越来越细腻、越来越谨慎。"天下大事，必作于细"，都从这些生活细节来练自己的真心，练自己的爱敬之心，不然怎么学都变成知识，落不到生活上面去。包含《弟子规》说"缓揭帘，勿有声"。刚好前一阵子，我在用窗帘，结果一拉，那个塑胶套断了，窗帘就垂下来了，就感觉其实落实《弟子规》一句都不容易。那当下我们的念头就是要期许自己，这个要改。我们也有可能念头变成：这个本来就这么紧，谁用都会坏。那这个念头叫"倘掩饰，增一辜"。坦白讲，本来一个掉了，结果过两三天，第二个、第三个都掉了，这代表自己的动作粗鲁、不够柔和。所以窗帘是我的老师，它提醒我心性还差得很远。刚好我们一位杨学长，我就请他来帮我修理，很快就把它修理好了。我要珍惜他的付出，所以从那一天开始，每次要用窗帘，要先轻柔……到目前为止，还没有出现状况。可是大家去体会，光是一个用窗帘对我的帮助就非常大，因为会从这个动作当中培养做哪一个动作、讲哪一句话，先调柔，不要太粗鲁。会学的人举一就反一切了，要把这样的心用在一切处，这是善学的人；学一句会一句，那叫学知识，那就学得比较呆板了。

包含找不到东西，那可能我们就没有落实"置冠服，有定位"，所以一次找不到，要"后不再造"，马上改进。不能"明日复明日，明日何其多，我生待明日，万事成蹉跎"。包含会掉东西，我这些情况也常发生，所以都会不断的提醒自己，甚至于用一些方法来调整。比方以后要离开自己的房间，或者离开哪一个地方，都养成习惯，检查一下再走，这样这种掉东西的情况慢慢就改善。所以改过才是不愚痴。

再来，"不痴"当中第三个重点，其实这些重点，因每一个人的体会而异，甚至于坦白讲，没有一件事情跟"不痴"无关。为什么？不愚痴就有智慧。那请问我们智慧在哪里体现？Anytime, anywhere（随时随地），你在任何一个动作里面，不是迷就是觉。所以举这些例子只是跟大家交流，事实上人做任何一件事情，不是愚痴就是有智慧，都要在每个细节当中去自我观照。

比方抉择一个因缘，像现在很多地方在办论坛，办论坛很好，但要了解办论坛是宣传、是播种，可不能把论坛当作"办论坛等于文化复兴"，那这个认知就要调整。有没有一个农夫说播种等于收获？没有吧？播种以后要怎样？要施肥、要浇水、要种种努力。而且"十年树木，百年树人"，教化不可能求短暂就见到效果。本身急功近利就不符合教化，要水到渠成、瓜熟蒂落。所以必须认知到每件事情它的定位，它能达到的效果是什么，这个要清楚。所以办讲座是播种、是宣传。接着，要引领大家扎根，要把德行的根扎好，要把经典落实，这才是学传统文化。因为不落实，他就把传统文化学成知识了。学成知识会有副作用，"不力行，但学文，长浮华，成何人"，那反而他傲慢增长，他不只不能弘扬文化，还会起副作用。所以曾子在《论语》里面讲，"人能弘道"，他得自己落实、做到了，正己就能化人，感动身边的亲朋好友。可是他要正己，他首先要淘汰这些习气，贪嗔痴慢疑，那得要有一个过程，要下功夫。而且要怎么样？不断的熏习。"三日不读书，面目可憎"，没有读经、没有听经，慢慢习气就伏不住了，那是古人留下来的话。我们现在一日不读书，面目就可憎了。

那必须什么？他要播种、他要办论坛，先考虑当地能不能提供传媒（电视台）每天播放？有，现在我们中国大陆很多地方，播传统文化的节目播了好几年了。他这个论坛一办完，大家在电视当中可以长期学习。所以有智慧的人，在起一个缘分，他会看得很深远，他不是说，起了一个缘分，后面怎么办他没想，也不管。所以要有这些媒体，让整个人民大众长期熏习。

或者他办论坛，就公告哪里有长期讲学的教育中心，就让这个地方的大众，愿意学习的就长期去这一个教育中心。这个中心就是配套，护念大众长期学习的因缘，那这个教育中心就负起施肥、浇水这些种种。而且这个教育中心，还要教导大家如何落实在自身、如何落实在家庭、如何落实在学校、如何落实在他的单位、社区。甚至于这个教育中心，假如好人做到底，还要辅导这一方建立各行各业的榜样。社区有社区的榜样、学校有学校的榜样，这个地方的人，都可以去向这些榜样学习，那你这些配套措施就很完整了。

但是假如论坛一办，几千个人去上，上完之后没有后续，他一下子很热，现在可能就冷下来。所以起一个因缘，就要考虑这个缘分后续的发展。古人有说，不能看一百年，不能当宰相。不能想到什么就做什么，要想得全面、看得长远。

包含你约请来的老师，他要是牺牲奉献，他不为名、不为利。为什么？因为他站上讲台代表中华文化。那社会大众他还没深入经典，他的信心建立在哪？建立在讲课的人身上。假如一段时间他观察，怎么请来的老师都是追名逐利的？哎呀，传统文化别学了。那他信心就受打击。所以我们邀请来讲课的人，都要对他们有了解，是真正不为名、不为利的，能给我们这一方起好的表率作用，再邀请。那坦白讲，不只为人民好，也为这个讲课的人好，不要让他做不好的榜样，产生对人不好的影响，这样他也造罪业。办公家的事不能怕得罪谁，不以人情做公家的事情。而且你在邀请老师，传统文化是师道，是师承。他有没有好的老师在学？没有好老师、没有师承，传统文化要学成，不可能。他被人家一肯定，慢慢，傲慢心会增长，他就想讲什么就讲什么，就不依照经典了。但有师承的人，他讲话要依照经典、依照老师教诲，他不敢乱讲。孔子给我们很好的榜样，孔子"述而不作"啊！

这是跟大家谈到的在抉择缘分都要会判断，包含抉择人生的伴侣，都要很客观、很冷静，不能愚痴。今天就先跟大家谈到这里，好，谢谢大家！

尊敬的诸位长辈、诸位学长,大家下午好!

我们上次课程谈到"严以律己,宽以待人"。在严以律己当中,我们从心地上下的功夫是不贪、不嗔、不痴、不慢、不疑。首先我们看"不贪",假如贪念不能调伏,我们就变成欲望的奴隶,怎么可能去教育好学生、能去感化他人呢?我们自己就在贪求的痛苦当中,自己不能觉,就不可能觉悟他人。诸苦皆从贪欲起,人生的苦,坦白讲都是求不得。婴儿一天笑一百八十次,刚好我们一个同事,她的孩子六个多月,她说不止,我算过了,超过。婴孩每天笑这么多,结果我们成年以后每天平均笑不到七次。根本上就是贪欲一直在增加,所以越来越多的求不得苦产生。

假如我们不贪了,顺境逆境、善缘恶缘,都欢喜接受,那贪欲慢慢就淡了。"日日是好日,时时是好时,人人是好人,事事是好事",对人事环境、物质环境都欢喜去接受。不管是哪个人、哪个事情,都是来成就我的,那在这其中,就不生好丑的分别了,没有喜欢、不喜欢的问题。假如一切境界都欢喜接受,一切境界就不能干扰我们的清净心。人心一平静、一清净,就生智慧,不生烦恼。所以这个贪,要下功夫调伏。孔子说"君子食无求饱,居无求安",他不会去刻意要求物质上的享受,不然他的贪欲就越来越高,欲令智迷,他怎么会有智慧?所以儒家强调从"格物"下手,这个格物首先就是调伏贪念。

而且人有时候不只当下会贪求，甚至会担心未来，那也是贪求。俗话讲"做白日梦"，也是贪求未来。所以会对未来希求，或者会担忧，首先要明白一个真相，就是"欲知将来结果，只问现在功夫"，"但行好事，莫问前程"，不需要去烦恼未来，现在跟未来是分不开的。农夫讲，要怎么收获，就要怎么耕耘。

我们感受到一个教育工作者，他要教化学生，要教化人心。这个教化的"教"字，"教"字左边两个叉，下面一个小孩，以身作则。医生医人身体的病，老师是医人灵魂的病，所以世间人尊重老师，称为"人类灵魂的工程师"。那现在人的灵魂出了什么问题？最严重的问题，自私自利。不为父母、不为他人着想，现在学生、这个时代人的病是自私自利，那我们怎么治他们的病？无私奉献，就治自私自利的病。

我印象很深，当时2003年，我刚到海口没多久，到一所中学给中学生讲传统文化。一开始，这些中学生来，脸色都不好看，因为被逼来听传统文化的课，很大比例手上都拿着一本书，他们想没办法只好坐下来，想等我开始讲了，他就开始看他的教科书。但是毕竟孩子还单纯，老祖宗这些教诲符合人性，通每个人本有的明德，越听越感兴趣。结果课程结束，学生想要发言，其中一个学生举手，边讲边哭，他说："我听学校领导讲，这个老师讲课不收费。"这个学生对我的影响很大，不收费，就可以让一个孩子哭，你说这个孩子是不是证明"人之初，性本善"？可能他在这一生十几年的岁月当中，他所感受到的现象是见利忘义。他愿不愿意这样？他不愿意。所以我们才付出一点点，就让这些孩子这么感动，所以人确实是可以被感动的，得要我们真干。社会的病是自私自利，我们完全牺牲奉献。

所以汤恩比教授讲，"解决二十一世纪的社会问题，要靠孔孟学说跟大乘佛法。"孔孟学说，仁义，哪有想自己？大乘佛法，慈悲为怀，念念为众生。汤恩比教授说，他研究人类的历史（他是世界历史专家），有三个人无私奉献：第一，释迦牟尼佛。所以我们从事教育工作的人，释迦牟尼佛是老师，他教书四十九年没有间断，一天讲八个小时，金氏世界纪录应该评释迦牟尼佛是全世界第一的老师。你们有没有听过一个老师教四十九年，每天讲八个小时，没听过吧？连大年初一都没休息，连除夕夜都没有休息。第二，耶稣基督。你看为人民受苦，钉在十字架上。第三，甘地（印度的甘地）。甘地以和平的方式，取得国家的独立，请问少死了多少人？这也是很值得敬佩的。

汤恩比教授期许孔孟学说、大乘佛法救世，又举出了这三个榜样，我想我们身为炎黄子孙，应该有方向、有目标。能无私，绝对不贪，生活知足常乐，吃得饱，穿得暖，有一个房子可以遮蔽风雨，够了。因为把精力耗在物质的享乐跟追求，灵性、智慧会下降。真正人的灵性提升，他妄念少，一天吃一餐、吃两餐就够了，不需要消耗这么多能量。所以大家不要看到颜回"一箪食，一瓢饮"，就吓得半死，其实他们那样的生活是非常自在的。

我们又谈到"不嗔"，不嗔恨，不乱发脾气。《格言联璧》当中讲到，"忿如火"，一个人的愤怒像火一样，"不遏则燎原"，你不遏制它、不调伏它，那个怒火可以把整个草原全部烧掉、森林全部烧掉。有人因为一个怒火不能调伏，最后夫妻离婚，孩子、家庭破碎，这样的情况很多。所以老祖先教诲我们"窒欲"，节制欲望，不贪；"惩忿"，要调伏忿怒，不嗔。

上次跟大家谈到"六忍"：力忍、忘忍、反忍、观忍、喜忍、慈忍。其实我们要了解，贪嗔痴慢疑，它都是依附在"我"贪、"我"嗔、"我"痴、"我"慢、"我"怀疑，所以这些烦恼有个贼王，俗话讲"擒贼先擒王"，把自我中心给砍断，念念为他人，贪不起来，嗔不起来，这些习气起不来了。这是上根利智，直接从根本下功夫。我们从今天开始练个功夫，念念为他人着想。我们"理有顿悟"，体会到都是这个自我在作祟，但"事要渐修"，在每个处事待人接物当中去发觉，"啊，又是我嗔，又是我贪。"把它放下，为人想。

第三，"不痴"，不愚痴，不意气用事，要有智慧，要用理智。之前我们首先提到深信因果，这是能辨别"善有善报，恶有恶报"。人不能只求眼前，其实，所行的一切善就像一颗种子，种在地上，迟早它一定会开花结果。

有个读书人叫柏之桢，他非常爱护动物，冬天大雪纷飞，鸟都没有东西吃，他把雪都扫开，空出一块地，把很多的米粮撒在地上，让鸟儿过冬。结果后来发生流寇侵袭每个村庄，他们村庄也遇到流寇侵袭。流寇那都是强盗，一进去可能全家就被杀光。结果突然他们家就聚集成千上万的鸟，平常都没有。为什么这些鸟要飞过来？万物都有灵知，它感觉到这些强盗的杀气。请问大家，地震发生前，动物有没有感觉？有吧？只有一种动物没啥感觉，你们笑什么？你们这个笑带有智慧，为什么？叫自知之明，我们都知道，我们都是最晚知道的。很多生命都知道，它都感觉到那个能量，所以鸟感觉到了。唐山大地震的时候，有户人家就是爱一只老鼠，没有杀害它，养它，最后这一家人就被那只老鼠救了。老鼠那一天到处咬他们，把他们都气得跑出去，最后救了他一家人。这样的例子太多了，所以李叔同先生让他的学生画《护生画集》，那里面太多动物报恩的故事。让孩子从小就相信善有善报，他行善会非常的欢喜，养成习惯。

结果飞来这么多的鸟，盗贼远远看，这户人家这么多鸟，铁定没有人住，才会有那么多鸟在那栖息，就转到另外一家去了，他们家二十几口人幸免于难。所以经典告诉我们，无畏布施得健康长寿，爱护鸟，让鸟儿不害怕他们，是无畏布施；让鸟儿不用挨饿受冻，是无畏布施，得健康长寿，保了全家的性命。

另外，杭州有个妇人，看到小动物就很生气就杀害，点一把火把，把那些蚂蚁都烧死，那一烧，都是成百上千的。看到蚯蚓，她也不高兴，就拿石灰粉把蚯蚓洞堵住，遇到下雨，雨下下来，跟石灰一作用，会起高温，就把那些蚯蚓给烧死了。结果后来她生了个孩子，当然对这个孩子百般呵护,有一天刚好孩子放在床上,她出去了,没多久回来,床上变成一个黑团。就近一看,被整群的蚂蚁咬得遍体鳞伤,都变成黑的了。这都是真实的故事。你说蚂蚁那么小,它有没有灵知? 对啊,不是不报,时候未到。所以有句俗话讲,"君子报仇,十年不晚"。"出乎尔者,反乎尔者"。今天打人,迟早被人家打回来;今天骂人,迟早被别人骂回来。"天道好还",天道是一个循环,真明理的人,不愚痴了,哪还要去伤害别人? 伤害别人就是伤害自己。最后孩子死了,她自己暴毙,就是伤心到最后也死了。所以一定要深信因果。

再来,我们提到"不痴",是改过不因循苟且。因循苟且是糟蹋自己,怎么会有智慧? 而且我们要了解,一分时光,一分命光,寸金难买寸光阴,不能蹉跎时光不改过、不提升自己。不珍惜时光是很愚昧的表现,所以珍惜时光,"明明德,亲民",就成就自己、成就别人,这有智慧。

接着,我们又提到第三个,检验不愚痴,就是在人生的重要抉择,他能有正确的判断。这很重要,像我们上节课讲到,今天我们要起一个因缘,要看得很深远,有没有哪些配套措施? 办了一场讲座,当地能不能运用媒体? 当地能不能有个长期教学的单位,护念大家的修学? 能不能树立榜样,让大家去取经? 人不能起一个缘分,后面就不负责了,都要想得很长远才好。"十年树木,百年树人",弘扬文化不是热闹,不是办活动而已。

包含传统文化是师道,所以抉择老师、抉择朋友非常重要。古人选择朋友非常慎重,"君子忌苟合,择交如求师"。孔子生前对着学生讲,他去世之后,子夏会越来越进步,子贡会退步,在我们《群书治要》上就有。因为子夏都喜欢结交比他有德行的人,子贡喜欢跟比他差的人在一起,他就会退步。所以为什么孟母要三迁? 前天,有对从北京来的夫妻,带着两岁半的女儿,说要来了解汉学院办学状况。我请教他们贵姓,那位母亲说:"我姓孟。"孟子的后代,您看她从北京坐飞机到吉隆坡来,几千公里,我们对他们的态度也很感佩。

所以择友、择师，比方择师，找那个您最佩服的人，你对他就百分之百不怀疑，这就是缘分。而且还要冷静，不能说很喜欢他，就跟他学。首先，你很佩服的人，他也要是一个好弟子，他也要有师承，这叫冷静。这是关系自己一生的进德修业，不可随便，不可一时冲动。他是不是也具备当弟子的态度？他有没有主动请教、主动汇报、主动请示、主动参与这些态度？就是具体讲，他有没有落实《弟子规》？落实《弟子规》就是具备了一个当学生的态度。你觉得他辩才无碍，那有辩才不一定是良师，你得看他有没有知行合一。因为现在的人很佩服人家的才华，一下子就被才华给吸引，还是要很冷静，从根本去看事情。一个好老师，首先一定是一个好弟子。

接着，这个智慧还用在能辨别善恶、辨别邪正上面。邪正不好辨别，现在追名逐利的占大部分，那不都跟着邪走？义才是正，"正义正义"，应该是要时时想着父母恩、国家恩，这才是正。甚至有个国家的报纸，篇幅很大，写了一句话，"欲望是人类进步的动力"，登在报纸上。麻烦了，他的新闻主管官员都不知道邪正怎么分辨。现在有些电视节目，杀盗淫妄，有的国家也在放。古代执政者都用经典来对照，所以演出来的东西都是忠孝节义，不识字的人都懂做人的道理。现在电视节目邪正难分，都乱了。我们回想自己成长过程，我自己唱的那些歌，都不是中正之乐，都是靡靡之音，自己糊里糊涂就被污染了。

辨别善恶，可以提供大家看《了凡四训》。善有真有假、有端有曲、有是有非、有阴有阳、有半有满、有大有小、有偏有正、有难有易，皆当仔细去辨别。不然不辨善恶，那就是痴。其中一开始，一群读书人，已经读了几十年的书了，也不见得能辨善恶，跑去问中峰禅师。这些读书人就问，说："经典当中说，善一定有善报，恶一定有恶报，一定是这样吗？"他有怀疑。你说，打人骂人是恶，中峰禅师说"未必然也"；另一人说，礼敬人、赞叹人是善，中峰禅师说"未必然也"。所以连善恶都辨别不清楚，怎么可以辨善报跟恶果？连善因善果都分不清楚，当然结果一定会看错。所以中峰禅师提醒说，"假如是为了利益对方，打人跟骂人是善。"他们看得太表面了。当然，我们不能学表面，打人骂人是善，就去打了，你打下去得把他打醒你再打，打下去以后他恨你一辈子，那是没有智慧。礼敬人、赞叹人，内心是为了求得他的目的，那还是不善，那是谄媚。所以看事情看到根本处，起心动念，心地上才会准。"利人者公，公则为真"，没有夹杂自私的心，这才是真善；"利己者私"，夹杂自私自利在里面，"私则为假"。所以这真假都要会判断。

有一位董事长，事业也做得很不错，他是搞污水处理的。他书读得很少，他说他只读到初中而已，我说，你是塞翁失马，焉知非福。他说为什么？我说因为你没有被考试轰炸，你没有被填鸭一直填下去。我请问大家，小学生的眼睛比较明亮，还是大学生？（小学生。）你们说的，不是我说的。人越来越清明，心地越透亮，灵魂之窗是眼睛，怎么会书越读神情越暗淡？所以教学方法要思考。不能这样压，压到最后悟性都没有了，压到最后父母的感受他都体会不到。所以整个学校系统，一定要重视德行孝道的教育、悟性的开发。

其实他是一心一意希望大自然这些河川能够恢复清洁，他有那份愿心。他说这份愿心起来以后，很多全世界高端的水处理的技术，他研究《易经》，他一静下心来，很快的就把它想通了。他当初要到马来西亚来，他卜卦，不好，他说那整个因缘可能不妥。最后，他起了个念头，他说，这笔生意我可以不成功，但是我一定要把中国最尖端的水处理技术送到马来西亚去。这个愿一发出来，生意就做成了。所以他以后可能常常会到马来西亚来，然后我启请他，你要讲《易经》，《群书治要》，《易经》是群经之首，你责无旁贷。

我们谈话的时候，他谈到他选择配偶，三个条件：第一，孝顺。第二，勤俭，能干活。他说他太太一个人可以干三个人的活。第三，家里要穷。因为他说家里穷，她到我们家来，她就受得了。而且他看得很远，他说因为我事业再怎么发达，我不是去享乐的，所以我这个太太一定要陪我安贫乐道。他现在事业做得很好，穿得很朴素，追求心灵的成长、精神生活这个部分。夫妻现在学传统文化，学得非常欢喜。他的太太我见过，上次刚好到他住的常州，他太太非常朴实。他择偶的三个条件，提供大家做参考。假如您已经结婚了，那以后您娶儿媳妇还是什么，可以参考。

这些人生的阅历可以多积累，说不定哪天人家就问你怎么找配偶，你就可以提供他。很难讲的，你会遇到什么人问你什么话，很难讲。像我这样的人，都可以变成证婚人。没有结婚，还当证婚人。幸好我们讲过《群书治要》，"昏礼者，将合二姓之好，上以事宗庙，而下以继后世也，故君子重之"；"夫妇有别，而后父子有亲；父子有亲，而后君臣有正"。你看五伦关系的核心是夫妇，夫妇一讲情义，教出来的孩子都有恩义、情义，这些孩子跨出去了都是忠臣。五伦的核心，夫妇，"君子之道，造端乎夫妇"，这个社会能不能出君子，看夫妇和不和乐。夫妇常常吵架，孩子去哪里学跟人相处和睦？《礼记》这段话，改天你们当证婚人，就可以讲这一句。

第四点，"不痴"。其实不痴在哪里？一切人事物都跟不痴有关。看人看不准，就是愚痴；做事没有章法，不就愚痴了吗？所以我们对待一切人事物，不是愚痴，就是有智慧，要用智慧来洞察一切宇宙人生的真相。我只是举一些角度，供大家去体会不愚痴的重要。

看得深远，这个人有智慧。什么是深？看什么事情都看到根本，《论语》讲"君子务本，本立而道生"。看得很远，不是只看眼前，不是急功近利。那看得深，叫务本。我们想到师长讲的，"和谐社会，从我心做起"，这就是务本。实实在在讲，务本的人决定没有对人的指责跟批评；指责、批评的人，决定没有务本。比方说，我们指责自己的另一半，那错了，正己化人，"正己"是本，"化人"是枝末。这个根本立住了，吸收到营养水分，哪有枝末不茂盛？所以另一半不好，回过头来，"啊，我做得还不够好。"和谐家庭，从我心做起。首先，打掉什么？打掉指责他人的嗔恨、傲慢，这就对了，务本。

有位太太，她给她先生打电话，刚好先生在忙，对她有一点不耐烦。然后她就说，"我是炼你的耐性，我是磨炼你。"当然，先生不耐烦，被境界转了，但这个太太讲这个话有没有道理？第一，"我是磨你的耐性"，她已经在要求对方了。所以念头不能察觉就愚痴了，"正己而不求于人，则无怨"，那不正己，自己不先做好，而求于人，而要求人，则必怨。孔子说要举一反三，我们最起码正反两面要考虑，是吧？接着，她说要去磨炼人。老师磨炼学生，是这个老师德行已经成就了，他知道磨下去会进步才磨他，不然你磨下去叫造孽，叫跟人家结恶缘，那不是真的磨。

所以大家不要拿着道理去扣在别人的头上，还是要先自己做好，为什么？自己做好才有信任的基础，没有信任的基础，人家一听就不欢喜了，干嘛这么强求？什么事情，要水到渠成，而不是去要求别人。"你要相信我，你要听我的，我为你好"，讲这个都已经不自然了。那个都是要说服别人。

今天团体里面有很多的问题、不足，还是要回过头来反省自己。"德不广不能使人来"，我们团体流动率很大；"量不宏不能使人安"，我们度量不宏大，人家跟我们相处，压力特别大，他就安住不了了。可不能我们底下的人走了，还骂人家没有善根，那就越错越离谱。

甚至于一个人有度量、有涵养，这个员工要离开，挺优秀的员工还离开，铁定我们要反省。然后请教他，"你觉得我们团队还有哪些不足，请你给我们指教。"这样会进步，"福在受谏"。这个员工要离开，必然他一定有看到问题。尤其传统文化的单位，应该我们依教奉行，像家一样的温暖，怎么会有这个情况，人家还不愿意待，要离开？这要反思。这个时候请教他，他讲出来的，我们赶快去改善。不然我们给传统文化脸上抹黑，

"不求有功，但求无过"。他写出来了，感谢他这几年或者这段时间为传统文化、为我们团体的付出，然后："我们会用力、用心改善这些情况。假如我们改善得不错了，欢迎你再回来。"我想这样他不会带着怨恨走，他也会有一份对我们的期许。相逢自是有缘，人要珍惜彼此的因缘，不要结恶缘。

接着，看得远。《了凡四训》有句话，对看得远注解得非常好，"不论现行而论流弊，不论一时而论久远，不论一身而论天下"。我遇到卢叔叔是十一年前，他非常有智慧，他是洞察机先。他看到社会当中用的打火机，上面都有女人的暴露的照片，这个征兆会影响到整个社会风气。"万恶淫为首"，他们都很敏锐。

包含当时我们在庐江，同仁之间彼此称呼都是，比方姓王，我们称"王老师"；比方姓谢，我们称"谢老师"。结果当时卢叔叔就说这样子不妥。我们说我们想，用"老师"，是期许彼此"学为人师，行为世范"。这个期许是好的，但是我们在用这个"老师"的时候，能不能提起这种态度，而没有染着这个称呼？因为"人皆好为人师"，假如都被叫老师，慢慢变成都是我教别人，不是别人教我了。假如好为人师了，还能不能提得起"学为人师，行为世范"？就不容易了。因为后来观察到打电话的时候，比方某某同仁打电话，"你好，我是王老师。"那他自己称自己是"王老师"就麻烦了，像我们打电话一定是"你好，我是蔡礼旭。"因为我们觉得我们配"老师"两个字，我们还远远不够格。"师者，所以传道、授业、解惑也"。他们都看得非常细微、非常长远，洞察人心的变化。所以后来就调整了，都叫"学长"。

不论现行而论流弊，不论一时而论长远，不论自己而论天下。比方说女子的穿著，古代为什么非常保守？因为她想到社会风气。现在个性张扬，只要我喜欢，有什么不可以？请问大家，一个女人穿衣服，想到天下的社会风气，她穿衣服有没有功德？有啊。功德在哪里修？心地上。我们奶奶辈的，你看她们穿得多端庄，人家看了就肃然起敬。现在穿得暴露，人家一看就轻慢她。我给大家保证，哪个国家穿着最暴露，女人最不被尊重，甚至女人被伤害的情况比例一定非常高。所以自重而后人重，女人要先尊重自己。

女人被尊重表现在哪？哪有说表现在暴露，表现在身材？那不是把女人给贬低了吗？那不是把女人物化了吗？女人是天下太平之根本，这是我们中华民族的概念，还说中国人瞧不起女人，这个都是乱讲，这假如还是华人讲出来的，那这造的罪孽就重了。"太太"这个称呼是周朝传下来的，周朝出了三太，他们养育出来的孩子都是圣人，太姜、太任、太姒，代代都出圣人。女人因为孝顺父母、孝顺公婆、相夫教子而尊贵。因为家庭跟天下有没有好的发展，女人家操之一大半。

哪有人不尊重自己的母亲？可是现在很多孩子，对母亲没有以前那么恭敬。恭敬不是要来的，恭敬是因为对孩子的爱，孩子自自然然感激母亲。假如都不爱孩子，那孩子怎么提起对母亲的爱跟尊重？现在什么重要？赚钱重要，照顾孩子不重要。义跟利倒过来了。而义利一倒过来，不长远，《易经》都提醒我们，"利者，义之和也"。这个"利"不是眼前的利，是长长久久的利，他必然是落实道义，这个"和"，就是他的道义都尽得很好，他才能长久的利益。

比方说当商人的人，他做手脚，他没有义，他的利能长远吗？马上败家子就到他们家来了，不义之财嘛，必然要流失掉的。夫妻只赚钱不教育孩子，败家子就来了。之前有跟大家提过，湖南株洲一对夫妻开工厂，不教孩子，孩子赌球，倾家荡产，最后夫妻去自杀，孩子最后福也折光了。所以古人《易经》这个话值得我们深思。利，一定是从尽道义，哪个行业不是尽道义？人生任何一个行业都是服务他人，符合义。

《了凡四训》对这一段，例举的是子贡跟子路的故事。子贡在其他的国家，把鲁国被抓的国人（去被人家当奴隶），他把他赎回来。按照国家规定，国家会给他赎金，可是他不领，非常清高，结果孔子骂他；子路有一天在路上看人家溺水快灭顶了，他奋不顾身跳下去救他，那个人感他的恩德，把自己的牛送给他，子路收了，孔子赞叹他。

收了人家的牛，一般人说，"哎呀，你付出还拿收获。"那子贡赎人不拿收获，反而人家会觉得他很高尚。孔子的看法不是这样，他看得很远，子贡赎人不拿钱，以后每个要赎人的人，想到这件事他有顾忌，"哎呀，我赎回来还拿钱，比不上子贡，会不会让人家笑话？"他有犹豫，就有可能错失救人的机会。一个人没救回来，他可能是一家之主，这一家人就靠他活，可能就误了一个人、误了一个家。但是子贡假如把赎金拿回来了，别人这些罣碍、这些担忧就没有了，就不会犹豫了。子路奋不顾身去救人的命，接受了那头牛，社会上大家就传，"哎呀，善有善报，以后要多救人。"那风气不就带起来了。不能只看一时、表相，要看得很远。

沈老都看得很远。我非常幸运，能有亲近他老人家几次的机会。他期许我们，"教书是最没有'钱'途的行业，但是是最重要的行业，因为文化传承要靠师道。"看得远啊！有一次，我们跟他谈话，有人说，"这个繁体字……"沈老看着他说，"是正体字，正体字它一点都不繁。"注意，人会有潜意识，繁体字、繁体字、繁体字……最后内心是什么感觉？正体字、正体字，内心是什么感觉？正统的，正统的里面含有人生的智慧。大家看"义"，义怎么写？羊，羊是吉祥的意思，是美善的意思，所以把我越来越完美，叫义，这样人生观对了。让我吃得好、穿得好，那不叫让自己越来越美、让自己灵性越来越高，不是，那是让自己越来越堕落。所以大家注意，沈老这段话听完了，以后要改口，不然有罪过，让人家落一个印象，"繁"，繁他就不学了；"正"，正体字，他要认祖归宗，要认正宗的。

我记得以前，在念一些西方翻译的书籍，其实我在念大学的时候，感觉我们丧失民族自信心，连我们念师范学院，读的翻译书多。中华民族是全世界最懂教育的，五千年的理念、五千年的经验、五千年的方法、五千年的智慧、五千年的效果，为什么我们念师范学院都是念别人的？丧失民族自信心。

翻译过来有一个词，叫"以人为本"，大家看过这个词没有？请问大家，当你看到这个词，这个"人"，你第一个先想到谁？自己。那麻烦了，以自己为本不就自私了吗？所以这西方翻译过来，要注意。西方功利社会是自我为中心，可是中国有一句话，孝子心中只有父母，没有自己。"杨香扼虎"，她父亲被老虎咬着就快丧命了，一个女子，冲过去把那个老虎扼起来。她有自己，她就有恐惧，她救得了她父亲吗？不只对父亲是这样，你看以前的兄弟，汉朝赵孝、赵礼，为了兄弟去死，奋不顾身，他哪有自己？有自己的人做不出这种事情出来，做不出德育故事。

所以"以人为本"这个"人"，一般假如没有进一步引导，可能这个词会被误用。大家注意看，民主国家都讲"我的权利"，你看到哪个民主国家说"我的义务"？"我大学毕业了，我要去尽我的义务。"少。因为被引导到都是要去要自己的权利，利字当头。为了自己的利，可以把机场占领、可以把火车车轨占领，他哪管其他人损失多少，他哪管每个人还等着回家，几个月不回家了，他不去想这个。

所以人性要体会得到，我们老祖宗通达人性，这个自私不可长，自我不可长。今天有个人拿了一张团体照，"你也在里面呢。"然后把这个团体照拿给你，请问你先看谁？所以这个"人"你假如用习性去看待他，他就变自私自利了；这个"人"假如用本性来看，那他要恢复明德，那就抓到本。人这一生最重要的价值，提升德行、提升人性才是人生的意义，而不是追名逐利、而不是灵性一直堕落。好，重视德行了，恢复明德，请问德行的根本是什么？人之本在德，德之本在孝，你看都是找根本。所以师长在讲经的时候说，"我们中华民族以孝为本"，有智慧。怕什么？怕这句话被人家误用成自私自利，赶紧拉回来，以德为本，以孝为本，"夫孝，德之本也"。

再来第五，不愚痴是什么？不忘本，知恩、感恩、报恩。不知恩感恩报恩，那就是忘恩负义。但是这个时代，没有人提醒，不知不觉会随顺物欲的横流，就"欲令智迷，利令智昏"。一个一两岁的孩子，他虚荣心还没起来。我就听过，有个朋友跟我讲，他说有个年轻的妇女，还没结婚，应该长得比较年轻漂亮，到她的朋友家。她朋友生了孩子，年龄也比她长，就问她的孩子（两三岁的孩子），"你妈妈漂亮，还是阿姨漂亮？"这个阿姨没有智慧，乱问。很多人很没有智慧，情执深重。你假如当爷爷奶奶，你可不能问你的孙子说，"爷爷对你比较好，还是外公对你比较好？"你是逼他分别、逼他执着。所以人有时候不自我教育，说能教育好人，我也不相信。你要引导他，要看到外公的恩德，还在那爷爷要把外公比下去，奶奶要把外婆比下去，这也是愚痴。结果她这么问那个孩子，那个孩子连想都没想，"妈妈漂亮。"她自己有点受伤，叫自取其辱。你怎么可以向着孩子的天性在那里破坏呢？

可是大家冷静去看，上了初中、上了高中，"妈，你看人家妈妈都穿名牌的，你看人家都用什么化妆品。"就开始嫌了，所以人一不小心会染着，"欲令智迷，利令智昏"。慢慢的，"爸，你怎么赚那么少钱？""爸，人家开那车很大呢。"完了，毁了。所以有句格言讲，"儿不嫌母丑，狗不嫌家贫"，这才是保留善良的天性。

说到这里，自己很惭愧，我当时大学前后就开始做事业了，回到家里，套一句我们闽南话讲叫"蘸酱油"，就蘸一下就好了，就是回到家，行李一放下，人就不在了，就开始去找朋友，去忙着事业了，也没有跟父母、姐姐们好好谈一谈，让他们放心，就没有做这些事情。所以人不知不觉堕落。不知道大家有没有看过我七八年前穿西装的样子？看起来还有点铜臭味，那个习气还在，还没洗刷完。现在还有吗？不要问别人，要问自己。以铜自照，正衣冠；以心自照，见吉凶，好好看自己的心态就对了。

再来第六点，不愚痴是通达人情事理。《红楼梦》有句话，我不是叫大家去看《红楼梦》，我说这句话挺好，还可以用，因为《红楼梦》里面哭的场景什么的太多了，还是读四书五经比较稳妥。但这句话挺有味道，"世事洞明皆学问，人情练达即文章"。人情事理，你是用智慧，还是用你的好恶、用你的情绪去对待，结果完全不一样。

孔子说，"成事不说，遂事不谏，既往不咎"，这里面有人情的智慧。这个事情已经造成了，没有办法挽回了，就怎么去弥补，亡羊补牢，就不要一直在那里抱怨，这样当事人可能恼羞成怒，甚至于大家听这个都很难过。你就把它当作一次宝贵的教训，学到就好，不要一直发牢骚，然后借题发挥，这个不好，算旧账，这都不理智。"遂事不谏"，这个"遂"就是他的心意已决，你只要提醒，不要强劝他。比方说你知道这个亲戚朋友错了，"我跟你讲，你做下去铁定多惨。"这种话要不要讲？这强谏，可是他心意已决，你给他讲得这么肯定，说他这么惨，他真的很惨，他不回来找你。为什么？气放不下，面子拉不下。

所以要懂得，留一条后路给对方，这个当父母、当领导、当老师的人都要懂。不然现在很多父母，动不动："你敢！我跟你断绝父子关系。"可是，可能你的孩子已经一定要这样做。因为现在的年轻人，他不是从小读古书，他接受父母、别人劝谏的态度还不足。所以现在年轻人、往后的人，等于是还没有恢复到从小就读古书的人，他是成年以后才学，得要慢慢调伏那些傲慢、面子，他不可能一下子就接受。往往都要什么？跌一跤，跌两三跤了，头磕破了，回来，"妈……""来来来"，赶快"擦药"，先不要骂。擦完药，"很久没吃妈煮的菜了吧？"然后赶快煮好吃的，让他睡饱。"回来就好，回来就好，没事了。"拍拍他的肩，给他温暖。等到他平复了，肯听你讲了，机会就来了。假如你说："你给我出去，就别给我再回来了！"那就完了，他一不回来，更惨。我怎么讲这个有点心脏跳得比较快？我定功不足，演戏要演到……戏是假的，心不能动。心不动才是真心演，心动了就是情绪演。

所以古人这些话，你慢慢从人生去体会，很有味道。人家师长知道美国对伊拉克发动战争不妥，老人家是什么？提醒，没有强谏、强劝。写了一封信，刻了印章，"和平天使"、"神爱世人"，刻了两个印章送给布什总统，写了封信，很恭敬、很恳切。结果后来仗打了，也不好收拾。过了几年，师长又邀请跟布什总统见面，这个时候他就觉得师长当时提醒他是对的。所以后来那次见面，师长就告诉他，青少年教育、伦理道德很重要，他就听进去了。他好像之后就有在修正，有在重视伦理道德的教育在他的整个政策上。所以人生这应对进退、人情事理，要敏锐，不要跟人家结恶缘。

师长还讲过，说："20岁以前，可以劝；20岁到40岁，要用暗示；40岁以后，就别劝了。"大家笑得这么开心，是我们都属于40岁以上了。这个话中有人生的历练在里面，当然，更重要的是提醒我们，要时时"闻过欣"，人家劝我们，我们欢喜接受，"直谅士，渐相亲"。其实，人不容易看清楚自己的程度，往往会高估自己。比方，"我也接受人家劝啊，他劝我我又没有不听。"光听这几句话，就知道还是不要劝他。劝的时候，自己又一直在解释，别人下次也不劝了，是吧？好像变成他在错怪你，那他就不讲了，到时候哪一句你听着不顺耳，下次看到他，就躲到其他方向去了，他犯不着结这个怨。这个要学唐太宗，别人劝错了都欢喜，这可贵。

"既往不咎"，这事情过去了，就好像家庭也好，社会也好，国家也好，我们这几代人全世界性的问题，缺乏伦理道德教育，政治界贪污，各行各业贪污，或者追名逐利，这个已经不是少数的现象，它是存在的。所以经典当中告诉我们，"无有语者，殊无怪也"，没人教他，只是惩罚，只是责备，可能很难解决问题。你大力度的惩罚，可能会狗急跳墙。所以孔子在《论语》里讲，"不教而杀谓之虐"，你没有教他，就要处罚他，就要杀他，这是变成刻薄、变虐待了。

所以这个时候怎么办？你在团体里面，坦白讲，大家修学都刚开始，假如全部从每个生活的细节去讲，三天三夜讲不完，为什么？个人有个人的角度,个人都觉得自己对。所以处理人事问题,不要在一些细节、枝末当中,从什么?从领导者做起,然后既往不咎。大家在一起都是有缘,一家人。我们从今天开始尽弃前嫌,以后我们坦诚沟通,话不要在底下讲,直接讲,那整个风气就在大家的一种决心、态度当中慢慢转过来。一个家庭里面,很多话不敢给另一半讲、不敢给家人讲,跑去跟别人讲,那多痛苦?坦白讲,去给人家讲,还给人家看笑话,"不言家丑"啊。家如是,团体亦如是。所以,我们有这样的态度,大家坦诚沟通,劝人的人、提醒人的人心平气和。为什么?因为我们不是要借题发挥,不是要算账,是什么?是为对方好,念念为他想,心平气和了,而且什么?言语柔软,会让对方感觉你是为他着想。

实实在在讲,我们今天去把道理告诉别人,要问问自己的心,我现在的心是属于什么状态?是要去教训他,是要去跟他争个对错,还是要去成就他?心错了,讲的道理再对,没用。因为对方首先感觉的是我们的心,真的那个心是念念为他想,口才再不好,对方很感动。所以讲的人心平气和,听的人欢喜接受。从谁做起?从自己做起。你看,我们又回到务本,任何风气要带起来,"好啊,那他们做啊",那又错了,自己做。

第七,不愚痴,重实质不重形式。学习传统文化,不是形式上听了多少经典、读了多少经书叫功夫,那是方法。那些方法更重要的是什么?让自己明理,让自己放下习气,放下才是实质的功夫。不能用功用到表面去,因为用功到表面,还会贪着,"别人都说我很用功,别人都说我学得很好",那个用功又变成八风吹过来。

重实质的人,首先练基本功。什么是基本功?放下跟一切人对立的念头。假如今天看谁不顺眼,基本功已经破掉了,其他的就别谈。你每天磕一百个头、一千个头,那都是表相的东西。你经典可以背一百部,也没用,你感动不了人,跟人对立,怎么感动人?到哪,添乱。天时不如地利,地利不如人和。不能放下对立,成不了事。《格言别录》里面说"万物一体谓之仁",一体,哪有对立?我是左手,你是右手,现在我左手受伤了,右手会怎么样? 右手说:"哎呀,你是左手,痛死你,跟我没关系。"不只这样,不只袖手旁观,"好,我跟你做笔生意,我帮你擦药,你给我一百令吉(马币)。"利啊,不是一体,分自分他了。所以这个放下,不分彼此就不对立,一体的,一家人,哪有对立?

第二,放下控制的念头。不要要求,不要指责,不要一定要别人照你的意思,那叫强势。别人是他人生的主角,我们是配角,尽力辅助他,他听,欢喜;不听,也不挂碍,这才放下控制。我们最能掌控的是什么? 是自己的心,是自己的道业。我们自己的德行提升都不管,净管别人,最后别人说,"你五十步笑我百步,你别管我。"提升自己是首要,不是去控制别人、要求别人。

第三,放下占有的念头。孩子跟我们是缘,你不能去控制孩子。你越控制他,他越不欢喜,越躲着你,你跟他不就更没有缘? 就多少缘做多少事,尽力做完了,别牵挂。不然都情感、情执障碍自己,都不得清净了。要学像镜子一样,"境来不拒",人站在镜子面前,照得清清楚楚,很用心,真诚慈悲对待;"境去不留",这个人走了,镜子还是清清净净,不牵挂,不有成见。

好,这个是第七点,重实质不重形式。"不痴"就跟大家交流到这里,谢谢大家!

第十七讲 自我教育的重要性（五）
严以律己，宽以待人（3）

尊敬的诸位长辈、诸位学长，大家下午好！

我们提升自己，第四个下的心地功夫，进入"不傲慢"。从《礼记》开篇"曲礼"就讲"毋不敬"，对一切人事物都要恭敬，就不可能傲慢。《易经》六十四卦，只有一卦六爻皆吉，就是谦虚，谦虚就对治傲慢。哪些表现是傲慢？比方瞧不起人是傲慢；比方我佩服的人我才尊重，这也是傲慢。不佩服的就不尊重？那不还是用高下心在看人吗？学圣贤教育的人要看到人家的本性，不要对人有成见，对人有成见也是傲慢。"那是习气。"习气是可以改、可以放下的。他"本觉本有"，他本来就有明德本善，他一定可以恢复。所以要对待每个人都把他当圣贤看，一样的尊重，那我们这个态度不就给他信心吗？

而当我们去尊重别人，坦白讲就是尊重自己。尊重别人顺我们的性德，对别人不尊重就随顺傲慢，那不是不爱自己、糟蹋自己？要平等恭敬，不能说什么"我佩服的我才恭敬"。请问大家，经典里面有没有这一句？所以他都不照经典做，傲慢。都照自己的意思、不照圣人的意思就是傲慢，自我的主见非常强。所以随顺圣贤经典的教诲，不随顺自己的烦恼习气，不随顺自己的想法、看法，这是学圣贤教育第一步一定要踏出去的。孔子"述而不作"，他所谈的都是经典，没有说自己的看法、创作，然后首先来要求自己，以这些经典要求自己。

好批评是傲慢的表现，很武断，看到什么就马上判断，"一定是怎么样"，那很可能会判断错，这一形成习惯就越来越傲慢。武断、批评，这都不好，对自己、对他人的杀伤力太大。有句格言说得好，"德盛者，其心和平"，德行非常好的人，这句也可以让我们勘验自己的修养，"见人皆可取，故口中所许可者多；德薄者，其心刻傲"，刻薄、傲慢，"见人皆可憎，故目中所鄙弃者众"。"观德于忍，观福于量"，德行好，他度量一定大。"其心和平"，对人都是包容、信任，"见人皆可取"，他看人家的优点，"口中所许可者多"。坦白讲，"都看到人家的好处"，也要练习。"这个道理很好，我也很想看人家的优点，可是好像都看不到。"因为习惯看人家缺点。慢慢训练，每天写看到谁的优点，每天写、每天写，慢慢的欣赏别人优点就变成习惯。"德薄者，其心刻傲，见人皆可憎"，都是批评，都是瞧不起人，都是记恨人家，"故目中所鄙弃者众"。这个德薄就表现在他的傲慢上面。包含常常跟人家争对错也是傲慢。好为人师，别人都听不下去了，就一定要跟人家讲，这个也是傲慢。

为什么会傲慢？原因当然有很多。我们刚好《群书治要》课程讲过"度量"这个章节，对傲慢有比较多的探讨。这里就举几个比较普遍的心态，就是"高下见"，傲慢就起来了，我高，人家低。所以我们学圣贤教育，假如肯领纳于心，就调伏傲慢。像《弟子规》讲"圣与贤，可驯致"，大家都可以成圣贤，有什么好傲慢？《弟子规》说"凡是人，皆须爱"，我们对人都没有友善的态度，就没有落实《弟子规》，有什么好傲慢？"事诸父，如事父；事诸兄，如事兄"。"勿谄富，勿骄贫"，不要人家没有钱你就骄傲，或者没有学历就骄傲，这样不好。

人很容易因为外在的条件比人家好，傲慢；或者觉得自己的学问、道德比人家好，傲慢。坦白讲，傲慢对人就没有学问，也没有德行了。有句话叫"文人相轻"，那已经是给文人戴高帽了，是吧？相轻的人就不是把书、把经典真正读进去了。首先"毋不敬"就没做到，那是什么？有名无实的读书人，那要折福的。所以假如我们告诉别人，"我是学传统文化的。"你已经告诉别人了，就不可以傲慢，一傲慢就折福，名不符实。"名亦福也"，我们有这个名，没有做那个实，福报就在花掉。所以像我要调伏得快，不然因为我虚名在外，所以就长不胖，要赶紧实修，德行要赶紧跟上。

所以这个"高下见"，包含头发比较乌黑亮丽也会傲慢，不然女孩子怎么一直要给人家欣赏一下？学圣贤教育的人所在之处，要让人家生欢喜心。你一头乌黑亮丽的黑发，假如遇到我，我白头发都好几根，我不就很自卑吗？包含身高也会傲慢、学历也会傲慢、双眼皮也会傲慢，是吧？所以人在这种攀比的社会不傲慢，你真的不是普通人。你学了以后一直观照才能慢慢把它去掉。"本来无一物，何处惹尘埃"，我们清清白白的来，干嘛染这么多恶习？真是对不起自己，要慢慢善观己心，把它放下。

还有一种傲慢叫卑慢。比方说从小家里没钱，被人家取笑，产生心理的障碍。大学毕业一出社会，拼命赚钱，赚到钱以后买大房子、买大车子炫耀给人家，好像以为这样可以抚平自己内心的遗憾，错了。为什么？他房子再大，有没有人房子比他大？那他不就又要痛苦了？他车再好，还有人的车比他好。所以假如为了满足自己的虚荣，好像要掩饰自己的自卑，然后去挣一大堆钱、去读很多书，然后取得这些外在的条件，那样的人生累死了，人比人气死人而已。人不是因为外在的条件而尊贵，是因他的行为而尊贵啊！有些国家的首领，背后被人民骂得死去活来，那有什么好尊贵？我们感觉那是可悲。为什么？他对不起自己、对不起人民。你看许哲女士，她有什么社会地位？她也没有当科长，她也没有当经理，她也没有这些地位，但是她为什么是"国宝"？她无私无我，因行为而尊贵。我们的行为跟经典相应，这才是尊贵，不是去跟人家攀比，要把人家压下去，那个方向、目标都错了。

这些傲慢的态度怎么对治？第一，跟圣人比就不容易傲慢。"德比于上则知耻"，惭愧、知耻都来不及了，还有什么好傲慢的？假如我们傲慢心起来了，就起一个观想：孔子、孟子、圣贤祖宗，你们一定都看到我的傲慢了，我实在无地自容，我还告诉你们要成圣成贤，居然还顺着自己傲慢。这样惭愧心就起来了。

这几天我们共学班的学长，他们有一个课程是"述祖德"，能把自己父母的恩德、父母的德行、祖上的德行，他能回想起来，然后去告诉大家。同时"道己过"，忏悔自己曾经的不孝跟过失。好多的学长分享当中都提到，祖宗真的在我们的身边。我们有个学长，他出生的时候就没有见过他爷爷，结果他爷爷几次到他的梦里来，他还以为是神仙，因为胡子很长。所以就跟他奶奶说，"白胡子很长，我遇到神仙。"奶奶说，"那是你爷爷。"

所以孔子在《中庸》里面讲，你看在祭祀的时候，"如在其上，如在其左右"。圣人了解宇宙人生的真相，身体会坏，灵性不会坏，所以我们的祖宗都很有德行，很多都在更高的境界，都看得到我们，他灵性是往上升。《三字经》就证明，"窦燕山，有义方"，那不就是他的祖父来点化他，他改过自新，不然他福都折完、快没命了。所以人要相信真理，要相信祖先，不要怀疑真理、怀疑自己的圣贤祖先，这一念就折大福报。

我有跟大家举过例子，有个新疆的女士，她的老板学传统文化很慷慨，印了很多书跟光碟，她有点贪小便宜，每次都拿很多，拿了以后又不看，放在床下。突然有一天她女儿说，"妈，我梦到爷爷"，就是她公公，"爷爷说"，她女儿3岁，"赶快把你床下的书拿出来看，尤其《了凡四训》要看。"她吓坏了，因为她女儿不知道她床下有书。祖宗都在护佑。刚好她那时候动了念头，想跟她丈夫离婚，她公公就来了，后来还满认真。

我们中华民族很清楚有祖先、有天地的这些神明，所以大家到乡下地方都还看得到，敬天、敬地、敬土地公、还有敬灶神（灶神爷记录善恶）、祭祖先。人有这样的恭敬心，他就断恶修善，不敢放纵，这都是很可贵的文化。

所以第一点，跟圣人比。师长教导我们，"学儒就学孔子"，就从今天开始，不是跟张三也不是跟李四比，是跟孔子比，这决定不傲慢，因为还差一大截，赶快"仰之弥高，钻之弥坚"，就是感觉跟不上夫子，差距太大了，赶紧要勇猛精进、追赶上去。所以师长这句法语很得受用。"学道学老子"，以老子《道德经》为标准，"学佛学释迦牟尼佛"，以这三教的圣人为榜样。像我们从事教育工作，释迦牟尼佛一天教八个小时，教四十九年，我们就往这个目标迈进，哪还有时间傲慢？

第二，傲慢容易在学习圣贤教育的过程起现行，听多了，可能拿道理去看别人、去要求别人，这也容易傲慢。所以我们读经也好、听课也好，要有正确的态度，自己是当机者，是讲给自己听的。哪怕自己是跟大众分享课程，讲课给学生听，那也是主要是劝自己。而且劝完大众要提醒自己，我讲的这个道理大家都听到了，假如我没做到，人家看到了笑话，人家看到了对圣贤教育没有信心，那自己就战战兢兢，更不可能傲慢。要有：只有一个人是学生，自己，其他的人都是老师的心态。其他的人都是老师也不可能傲慢，这些心态都对治傲慢。

真是如此，孔子就是这么教的，我们要会用。孔子说，"三人行，必有我师焉，择其善者而从之"，那他的善是我的老师；"择其不善者而改之"，那他的不善也是我的老师。不同人，善、恶人是老师；同一个人他有善有恶，他的善是我们老师，他的恶也是我们老师。比方说这个人他脾气大，那他就提醒我不要像他一样，他不也在教我？而且假如我们看到一个人脾气大，不断鞭策自己，不要再发脾气，我跟您保证，你完全把脾气调伏掉，你又跟他是同事，或者是你的家人，他一定会感动，因为他看到你一直在改。人都有良知，一个大逆不道的人，你骂他"不孝"他也生气；你说他"孝顺"他还挺高兴，他都有良知的。

所以要转，这个心态不转，都跟人对立。他傲慢，你就看他傲慢，其实一个人傲慢能让我们不高兴，我们也傲慢了。"心中有佛，见人是佛；心中有粪，见人是粪"，苏东坡这个故事很启发人。"这个人脾气真不好！"我们的脾气也起现行了，那还能讲别人？所以"工于论人者"，都是论断别人就傲慢了，"察己必疏"，看自己就更不用心了，甚至还给自己找借口都有。

孔子教育他的学生子贡，口才这么好，又那么有钱，坦白讲是很容易起傲慢心，所以看到学生在批评别人，夫子抓住机会点，"端木赐，你很贤德了吗？我在自己身上下功夫，都觉得时间不够用了，你还到处批评人。"这个机会点抓得非常有智慧。

所以往后看到任何人的过，不能动气。首先，"好，他有这个，我全改，感动他，不辜负他给我的启示"，多好。"仁者无敌"，就不跟人家对立，也不跟人家冲突了。这是真正落实《弟子规》，"见人善，即思齐"，"见人恶，即内省"，把它改掉。所以卢叔叔让我们很佩服，他说他要做改过的专家。我记得一直以来，长辈是我的父辈，智慧又那么高，德行又那么好，常常都问我们，"你觉得我身上有什么缺点，你给我指出来，我改。"这么谦退。

我们讲到这里来反思一下，我们有多久没有问另一半，"我有没有什么缺点，你可不可以帮助我？"要问这句话以前，要找一家咖啡店，要表现诚意。或者我们是当领导的人，我们多久没有问下属，"有没有哪一些做得不妥？"那才是一个领导者受谏的态度展现出来。假如很久了，那铁定我们这个很谦卑受教的态度还是不足的。

传统文化是实学，是君子之学。在《荀子》的"劝学篇"说到，"君子之学也，入乎耳"，从耳朵进来，"着乎心"，这段话提醒我们不能学错了，要内化到自己的心里去，时时观照这句教诲，"布乎四体，形乎动静；小人之学也，入乎耳，出乎口，口耳之间则四寸耳，曷足以美七尺之躯哉？"君子求学的态度，耳朵听进来，放在心上，时时观照，时时落实，真的做到了

"布乎四体"，他表现在举手投足，"诚于中，形于外"。你看他言语柔和，你看他任何人的需要他非常敏锐，主动就去帮助。我们有时候看那个很热心助人的人，我们坐在他旁边都有点不好意思。"奇怪了，他怎么都能够看到这么多需要？自己都慢半拍。"这个就是他"布乎四体，形乎动静"。一个人有涵养，他不只一言一行让人感觉到如沐春风，连他不讲一句话都给人很好的感受、磁场。师长说他的老师章嘉大师，说在他老人家身边，一句话都不讲，身心舒畅。用科学讲，叫磁场非常好，"行乎动静"。

那小人之学呢？"入乎耳"，还没有入心，都没有先从自己修身做，就"出乎口"，可能就去好为人师，或者是指责别人、批评别人了。口耳之间只有四寸，那怎么可能可以修养好自己七尺之躯呢？心是主宰，所以这些教诲首先要先入心，要用心去落实才行，不然都变"记问之学"，或者只是卖弄口舌而已。卖弄口舌变成毁谤圣贤教育，人家说"那个学的，都是讲而已，都不做"，这样是有过失的。所以我们学习的态度，"入乎耳，着乎心"，学一句，实实在在去做一句，"布乎四体"。

那我们具体来谈一些，比方说批评怎么对治？批评是傲慢的表现。我们有个学长，讲到他父亲教导他，"一个人，你没有认识三年，你不要批评他。"这个教诲非常有智慧！一个人都没有认识三年，怎么会知道他心里想什么？看到他一个动作就判断，看到他一个动作就批评，一定会批评错，人家可能是善意，我们还觉得人家做错了。所以这个家规很好，刚好我也听了，我也要来效法，那就是他父亲这个教诲跟我有缘；也可以教导孩子，他会用心去观察、学习别人的优点，但不武断，马上去下判断。

而批评，首先对自己不好，好批评的人那个傲慢心一直增长，自己就堕落。第二，真正经历过人世间很多团队的事情，就知道这个时代做事容不容易？不容易。为什么？人失去了善恶是非的标准。我们不是从小学经典，所以要建立共识就相对困难。而且人的福报又比较浅，没有福报要做事情，往往很多条件不具足。所以这种种分析，要成就一件好事就已经很难了，我们还常常批评，对于那些付出的人，会不会打击他的信心，会不会打击他的积极性？会。所以有大局观，能看到现在成事不易的人，他决定不乱批评。哪怕真的有不足，私底下先肯定对方，然后很委婉："假如怎样就更好。"对方得到你的肯定他更积极，你又给他建议，他很欢喜接受，就对了。

不然事情已经很不容易了，好还没肯定，劈里啪啦就批评了好几点，那做的人心寒。你说："他真的做得不够水平啊。"你有没有去了解，他只有一个礼拜的时间，他又不是两个月。所以好批评一定要改，不然这个口造了很多孽。人马上下判断的时候，请问，客观条件都了解过了吗？所以人都不够冷静，会被习气牵着走。你都客观了解了，保证你不会批评。为什么？你的动机是为了对方好、为了整个团体好，你怎么会批评？你会善巧的，该肯定的肯定，该鼓励的鼓励，该提醒的提醒。

批评会传染，"学好终年不足，学坏一日有余"。一个孩子、年轻人听一个大人批评几句，他就学会了；你要让他学习好学，跟着你三年还不见得学得会。认知到这一点，在孩子面前，在下属、在年轻人面前，绝对不做错误的示范，不然我们没有资格做领导，也没有资格做长辈，你已经把他带坏了。

所以教儿教女先教自己，当父母哪有那么容易？当老师、当领导哪有那么容易？我们只是有个名而已，实是什么？实是理智，实是念念为他想，不是逞口舌之快。情绪化的人已经没有资格当领导跟老师了，是我们有那个福报坐那个位置，但是更要警惕，我们要名符其实。所以"君、亲、师"都得学。祖先给我这个福报，让我可以做老师，学生信任我、家长信任我、国家信任我，要对得起这个信任。那人就谨慎了，不会放纵自己。别人叫我们老师，我们还给他错误的示范，情何以堪？

刚刚分析的，批评，自己堕落，打击付出的人。再来，你一批评，听到的人又对当事人起成见，不是搞得团体失和？实实在在讲，谁能听了话心里不落痕迹呢？"我听了就过了，我不会放在心上。"这样的功夫，我也服了你了，那也不简单。那一落印象不就造成成见？师长老人家，人家要讲批评的话，他马上说，"好了，你不要讲了，我一辈子都记他的好。"智慧！人家一讲，"他怎么说你，你知道吗？""你赶快说，他怎么说我的？"完了。师长又提到，假如你一下叫他不讲，交情又不够，他恼羞成怒也不好。"我知道了，这事我知道了。"也是善巧，甚至再补一句，"他对我很好的，哪里好哪里好……"对方就讲不下去了。还有，不适合劝他，"对不起，我上个厕所。"离开就好了。

人要有自知之明，听了以后会落痕迹还听，那不还是随顺习气？师长当时跟三个老师，那是台湾当代的高僧大德，学问太好了。学问很好，很多人嫉妒，会毁谤。你看师长那么年轻就有这些应对的智慧，他不听，不然把自己跟着这么好的老师的机缘都给毁掉了。尤其人容易先入为主，除非你自己慢慢调整到你不容易落痕迹、不容易受他影响，听了以后，很客观的去判断，你有这个功夫，那就还行，还没有以前，要有自知之明。像我们认识一些长者，他们好像包青天一样，断案很厉害。甚至我们在跟他讲的时候心偏了，他马上就看出来，我们就讲不下去了，有德行的人有这个功力。

再来，批评，从大局来讲，会影响整个团体的和睦。有大局观，就慢慢会调伏自己这个习惯，自爱、爱人、爱团体。批评跟劝谏不一样，劝谏的动机是为他好，而且还会抓场合，还会抓时机，言语还会"怡吾色，柔吾声"，这个叫劝谏，这个叫护念对方。批评就是自己不高兴了，逞一时之快而已。

再来，武断，很容易误会别人、错怪别人。这个都慢慢从生活当中，从自己的习惯、念头当中去调伏。刚刚跟大家写了这一段，"德薄者，其心刻傲，见人皆可憎"，都看人家不顺眼，"故目中所鄙弃者众"，关键是内心缺乏忠恕。所以师长老人家，在儒家当中提取了四个字，这四个字就含摄儒家一切教诲；在佛家找了四个字，也含摄。儒家："仁义忠恕"；佛家："真诚慈悲"。

人刻傲、武断，武断到底要证明什么？"我跟你讲，他一定是怎么样。"到底要证明什么？这样去武断，对自己有什么好处？我觉得应该冷静想一想。对自己、对别人没有好处的话跟事情不要做，不然就是随顺习气，不然就是愚痴、没有智慧。自害害人，干嘛做？所以是什么？缺乏忠恕。忠是什么？尽自己的力量去帮对方，"尽己之谓忠"。尽力都来不及了，干嘛批评、干嘛武断呢？所以缺乏忠。

可能有人会讲，"会呀，我对那些好朋友，我尽心尽力啊；那些人我看不顺眼，我不尽心尽力。"请问大家，他对那个好朋友真的是忠吗？这个值得思考。"忠"这个字怎么写？心是中，是中庸之道。这个人帮，那个人不帮，他已经不中了，哪有忠？"可是他也很尽力。"那是什么力量？"爱憎"那个爱的力量，那个叫好恶的动力。我喜欢他就尽心尽力帮他，告诉大家，喜欢会不会变？不是真心都会变。"我恨那个人。"保证他前面先爱那个人，爱爱爱，有条件的，对方都不回馈他，他就恨了。那哪叫道义？骗得了别人，真正明眼人骗不了。所以没有平等慈悲，都不是用真心，不要被自己骗了，那是最可悲的。明明自己不是忠义之人，心里还常常想着自己忠义，那就根本不知道自己的心态错在哪，怎么提升？

所以，人时时是分别心作用。这个人对你比较凶，你都对他很客气；那个人对你很柔和，你失约都对他失约，反正他又不跟你计较。那不是人都分别，欺善怕恶不就表现出来了？对你好的人你要更恭敬他，那才是对的态度。"反正他也不会骂我"，那不好。从这些处事待人的应对，我们内心深处还有很多习气要调伏。"惟从心源隐微处，默默洗涤"，这段大家回去念《了凡四训》，什么是端、什么是曲，开解得非常好。真心不夹杂丝毫的谄媚、丝毫的目的、丝毫的贡高我慢在里面。

所以能忠，只想着怎么尽力去帮这个人、帮这件事，不会批评。恕，宽恕，不会放在心上。甚至什么？这个恕道"如其心"。虽然人家没有做好，但是不会情绪化的把他全部否定，还会看到他的存心，还会看到他的难处，先给予肯定，然后来协助他，"见人错事不指责，要协助"。

再来，对治这个傲慢，老人家有句法语，叫"别人错的也是对的，我对的也是错的。"别人错为什么对？叫正常现象，他没有学过，他怎么会就包容、宽恕？"我对的也是错的"，因为我们起一个"我对"，就要去争对错了，高下已经出来了，我错了，我已经被习气牵着走了，当然错了。亲人之间是为了争个对错吗？还是为了利益对方？所以家里不是法院，家里是讲情义的地方，讲情就互相疼爱；家里假如讲理，讲理就气死你了。这也是通达人情事理。

《朱子治家格言》上说："因事相争，焉知非我之不是，须平心暗想"，常常觉得自己对，就是傲慢，不懂得反省。"因事相争"，已经冲突了，"焉知非我之不是"，我有没有错？"我错得少，我才错两分，他错八分。"那还是错啊。人有错，他只要想那个错，他就不好意思，他就不会继续生气了。说"我错得少"，坦白讲，他没有认错，他还是盯着对方错得多。人只要觉得自己有错，慢慢气焰就下来了。不然再继续思考：我咬着他八分错，他会咬着我两分错，互相咬，像什么？很难看。"各相责，天翻地覆"。

用一句成语来讲就很容易了解，"一个巴掌拍不响"。很有道理，两个人能吵得起来就是什么？水平差不多，叫半斤八两。那水平差不多有什么好傲慢的？有什么好争的？这么一思考，心就平了，不好意思了。有人就会说，那有没有一个人都没有错，都是对方错？有啊，完全没错，就对方错。那个没有错的人不是吃亏了吗？保证他不吃亏，他会怎么样？他会变圣人，福慧圆满，怎么会吃亏？人有时候思考事情都不够深、不够远，都是一时间："我受不了了，别跟我讲了。"舜王都没有错，没有错他还认错，这才是修养。叫"贤人争罪，愚人争理"。"愚人争理"，一争，家庭就失和，团体就失和；"贤人争罪"，都是我的错，别人一看，他也都没错，还自己扛，大家的气焰就下来了。你看自己的孩子跟人家争吵，父亲马上去跟人家鞠躬、认错，这个孩子就流眼泪，惭愧了。

包含我们看五伦关系当中，都有完全没错，最后这样的人成就都非常高，真的不吃亏。舜王智慧成就，福报现前当天子。《德育课本》里面"张李丐养"，她先生很早就过世了，留下一个瞎眼的婆婆，而且脾气又大，常常还骂她、打她。她自己一个女子当乞丐已经够难的吧？够苦的吧？还要奉养一个瞎了的婆婆，而且脾气又大。最后她成就非常高，无疾而终。当尽所有的钱财帮她婆婆办后事，办完削发为尼，无疾而终，坐着，活到八十几岁走了，大福报。五福临门，最大的福就是临终没有病痛，自在的走。

我们接着进入"严以律己"第五个心地功夫，"不疑"。这个怀疑，首先我们体会体会，对自己的杀伤力非常的大。人怀疑自己就好像堕到深渊一样，不知道底在哪。"啊，没力气了。啊，做不了了，学不了了。"就一直往下沉。老祖先说天人合一，整个大自然跟人心是相交感。大家回想一下，二十年前，很少听到说哪个都市里突然一个地方有个大窟窿出现，整个房子、车子全部陷进去，连桥都陷进去。你们听过没有？现在这样的新闻不少。人的疑心越来越重，疑心越重，地会陷下去，就像人一没有信心，好像跌到无底深渊一样。天人合一是真的，不是假的。人心善，风调雨顺；人心不善，天灾很多。老祖宗知道这个真相，一看到这些乱象，马上反省自己，要求自己改过。首先谁先做？皇帝、天子先到天坛去忏悔自己。他这么做就带动全国人民也反省，所以很快的灾祸就转掉了。

疑对别人杀伤力也很大，对团体杀伤力也很大。比方今天你一个好朋友他不相信你，保证当下我们很难过。再来，一个团体彼此之间不信任，这个团体随时都会瓦解，因为互相不信任。"自古皆有死，民无信不立"。没有互相的信任，怀疑了，这个团队再有一百人、一千人，可以在一夕之间就瓦解掉，很脆弱的。可是假如互相信任，谁都不能影响，二人同心，其利都可以断金，"三兄四弟一条心，门前泥土化黄金"。大家看，整个圣贤教育弘扬开来，一开始都几个人而已，彼此信任，众志成城。那我们体会到了，别人不相信我，我一定相信他，慢慢那个风气就被自己带动起来了；别人不跟我和，我一定跟他和。其实谁不愿意跟人和？谁愿意怀疑别人？你完全的信任，那一份至诚就感通了，"精诚所至，金石为开"。

　　人现在很希望建立自己的自信，而我们观察到，现在有信心的人不多，甚至那个信心，随时会遇到一些境界会变化。首先第一个，信心不多，为什么？我们从小到大都跟人家比，这个攀比的风气太明显，比来比去。像我就很没有信心，第一个，成绩不好，小时候成绩就考十几名、二十几名，回到家头都不敢抬起来，不好意思。再来，小学毕业身高才一百五十五左右，站在那里，"完了，完了，我会不会跟我妈妈一样高？"每天在那里跟我妈妈比，"妈，我怎么跟你差不多？"现在想起来很不孝，要忏悔。对啊，"儿不嫌母丑"，怎么可以嫌我妈妈矮呢？这个你看，罪过。但那个时候风气，自己就很在乎，就希望长高一点。所以我到学校去，我们那些女同学有的一百六十几，初中的时候女孩子先长高，男孩子比较晚，我们那些女同学（也不能怪她们，她们也没学过《弟子规》），每次都走在我身边来，就这样比，我就没信心了。人在这样的环境你说有信心，这个人也不简单。他要不是契入真理，不然就是傲慢，那不是自信。人只要有攀比了哪有真的自信？除非他真正了解真相。什么真相？我本有明德，本有本善，我一定可以恢复，他干嘛自卑？

　　所以经典可以开启人的智慧，开启人正确的人生态度。"大学之道，在明明德"，我有明明德，我干嘛自卑？我有本善，"人之初，性本善"，我不自卑了；"苟不教，性乃迁"，我还有习气，我不自傲了。所以经典很好用，几句话你领纳在心里，你的整个心态就转了，不自卑也不自傲。为什么？我有习气，可是习气可以改掉，我还是可以恢复我的本善，我干嘛自卑？"勿自暴，勿自弃，圣与贤，可驯致"。

所以信心一定是建立在真理，决定不是建立在外在的比较条件上。如果说因为我很高，我很有自信，那你假如到NBA去呢？那些人都比你高，那你会不会没自信？你说我学历很高，学历比我们高的还有，人外有人，天外有天，信心假如是建立在这些条件上，迟早它要变化，它不是真的。你说可是我先天，比方说我先天是残障，我怎么会有自信？很多我看有些报导，先天一出生，脚就没有了，手也没有了，非常乐观。他演讲，底下那些学生都哭得痛哭流涕，他以自己的人格感到尊贵，他以自己不气馁、念念服务社会感到尊贵。这些学生一看他，"我有手有脚，他没手没脚还造福人群"，被他感动了，他也不自卑啊。

这样的例子很多，我看日本有个乙武洋匡，畅销书的作者，你看他的笑容跟婴孩一样。他没有手，他好像脚也是有残障，可是他的父母非常可贵，从来没有把他看作不正常的人。把他当正常的人，用正确的心态对待他，他也很有能力，很乐观。所以我们当父母也好，当老师、当领导，我们用这种真理来对待一切人，我们信任一切人、不怀疑一切人。

那我们了解经典不会骗我们，从今天开始，会不会因为哪件事没信心？会不会因为哪句话，像消了气的皮球？"人之初，性本善"，"大学之道，在明明德"，"一切众生皆有如来智慧德相"。一句经句入心，就得大受用。刚好前几天有朋友问，说："你怎么这么相信经典说的话？你怎么这么相信圣人说的话？"我说："人要骗人总有个目的吧？他没有目的，他骗你干什么？"所以师长就讲，这些圣人讲了那么多的教诲，大部分你都懂，都是真理，可是有些境界高，你不能理解，那首先他讲的你能理解的部分都是对的。再来，你不能理解的部分，你要相信他一心一意就是要成就你，他不可能骗你，他又没有要占你一丝一毫的便宜。

所以首先要什么？信圣人的话，不怀疑经典，这个人有善根。因为你可以判断，他绝大部分你能理解的，都是对的。其他不能理解，你就要老老实实照他去做，你慢慢就跟他一样契入那个境界。圣人在二十楼，我们在三楼、四楼，那你要爬上去，当然要听他的教诲，慢慢就爬上去。你理解了，你真相信了，"信解"，你真的去"行"，你就"证"，证就是契入他们的境界，而且你会边走边明白，确实是这样。

我们建立信心了，但是自己基础还是比较差，没有关系。"人一能之，己百之；人十能之，己千之。果能此道矣，虽愚必明，虽柔必强"。其实人容易不相信自己，容易找借口。比方，"我以前受英文教育的，我怎么弘扬中华文化？"行不行？行，perfect（完美），太好了。为什么？学英文教育的人，一心一意学好，那些从小读汉字的、读中文的人全部："哎呀，丢脸了。"他不是把所有人的羞耻心都唤醒？他没有这个身份，还唤不到这么多人。有没有道理？你们没反应？要给我鼓个掌，不然我没信心——错了，信心不能建立在别人的掌声当中。

坦白讲，所有一般觉得很不好的记忆，你一转念，那都是给众生最大启示的机会。"顺逆皆佳境"，什么境界都是最好的，你用觉悟去看它就是最好的。白方礼老先生，他有什么地位，他有什么财富？可是他对教育的贡献多大！他能这样去支持教育，带动全中国的人，甚至海外的人一听他的事例都流眼泪。就因为他是那样的背景，他无私无我的去为教育，就感动所有的人，"我的条件都比他好，怎么可以不做呢？"所以诸位长辈，你不要说："我今年70岁了，太大了。"Perfect，你发愿，你都不要讲一句话，你就那个白头发坐在最中间，后面的人都被你感动，而且保证你延寿二十年以上。这个事这么重要，中华文化可以救世界，整个民族文化承传这么大的事，你发愿，老祖先马上就庇佑你了。

我讲这个话是有根据的。李炳南老师，这么有智慧的人，他一看学生短命相，让他弘扬正法就延寿了。你看李炳南老师多么善巧，让师长去学讲经，是吧？"你来看看嘛，他们都小学毕业而已。"你看他善巧方便。师长："我初中，小学毕业都能，那我也可以。"不然师长那时候觉得自己不行。善巧方便进来了，就安心了，就开始学了。师长老人家命中45岁，已经延寿四十多年了，身体还这么好。所以我们也有信心。所以汉学，深入十年一部经，不分男女老少一起来。"严以律己"就跟大家谈到这里。

接着，"宽以待人"，这是恕道。宽恕宽恕，宽表现在哪？宽，心量一宽，不分彼此，设身处地，就表现出他的宽以待人。再来，不计较，那也是代表他的宽，没有不能容的。师长讲到，"普天之下没有我恨的人，普天之下没有我不能原谅的人，普天之下没有我不能爱的人。"那还会跟谁计较？第三，宽表现在哪？厚。宽厚宽厚，厚道待人。以这三点跟大家做交流。首先第一个，设身处地，不给人难堪；第二，不傲慢；第三，感同身受。

《群书治要·说苑》里有一个故事，楚庄王有一次宴请群臣，喝了酒，有个臣子可能控制不了自己，结果去拉了楚庄王一个妃子的衣袖。这个妃子也很厉害，一被拉了衣服，马上就把那个人的帽带扯下来。当时这个臣子在拉衣服的时候，刚好遇到风大，把所有的蜡烛都吹熄了。然后这个妃子马上去找楚庄王，"你有一个臣子对我非礼，拉我的衣服，你赶紧把蜡烛点起来，把那个人抓起来。"结果庄王听了以后，"我怎么可以让我的臣子难堪，来彰显你妇女的节操？而且是我宴请大家，让大家喝个痛快，有点失礼也是正常的嘛。"然后，楚庄王就说，"今天要跟大家喝个痛快，假如没有喝到把帽带都扯断，就是不够尽兴。"他这么一讲，大家就全部都扯掉，然后再把蜡烛点起来，这个事就过去了。

后来有一场战役，势均力敌，有个臣子几番冲锋陷阵。后来他们胜了，庄王很感动。"我好像也没怎么厚待你，你怎么为我这么拼命？"结果这个臣子就讲，"庄王，很多年前，你宴请群臣，结果蜡烛熄掉了，那个拉你妃子衣服的就是我，当时候你宽恕了我，这个恩德我一直记在心上。"所以不让人难堪，最后怎么？救回命。假如让人难堪呢？可能会丢一条命，是不是？人家记恨在心就麻烦了。

所以格言当中提醒我们，"凡一事而关人终身"，这一件事有没有关他终身？有啊，那个蜡烛一点燃，他这一生他的名节就没了，人家每次看到他，"这个就是对君王妃子非礼的人。"他还怎么做人？或者人他以前不懂事，家里出了一些事，你知道了可不能挂在口上，"你知不知道他以前什么情况？"这都是不厚道。"看人要看后半段，浪子回头金不换"。有些人还好打听人家过去哪些事情，还讲给别人听，你要断人家改过自新的路吗？所以"凡一事而关人终身，纵确见实闻"，你真的看到了，"不可着口"，不要去讲，要给人留后路，去鼓励他。"凡一语而伤我长厚"，这个话有失厚道，去损到别人、轻慢到别人都不行。不然会养成习惯，好拿别人开玩笑，这都损德。"虽闲谈戏谑"，饭后聊一聊都不应该，"慎勿形言"，这也是长养自己对人的恭敬，不要言语随便。关人家终身的事还到处讲，可能"一语折尽半生福"，一句话就把自己半生的福报给折掉了，因为断了人家的路。所以老人都劝我们要积口德。人功德从哪里积？从守口德开始积，不然每天都漏光了。

这第一个不给人难堪，还有一个故事，宽以待人，我们就想到刘宽。他不只是不给人难堪，他不愿意人家难受。他有一次骑着自己的牛出去了，走在路上，有个农民，"这头牛是我的，你怎么可以拿我的牛？"看那个人义愤填膺，这么坚定一定是他的牛。"对不起对不起，您赶紧牵回去吧。"当时民风也淳朴，人家也不会去强占人家的牛，他只是一时间认错了嘛，不然他继续这样争执下去，可能那个人身体也会受损。"赶快，你牵回去吧。"结果那个人一回去，他家的牛跑回来了，"啊，认错了。"又了解他是刘宽大人，吓得半死，赶快牵牛去还给刘宽。刘宽马上说，"牛都长得很像，很正常，你认错太正常了"，要给人家台阶下，"还麻烦你给我牵过来，谢谢，谢谢。"

我们当时看到这个故事，佩服。佩服完呢？效法，像他这样的一种应对的柔软。所以先人也告诉我们，多读一些圣贤人留的话跟他们的故事，人会长见识，人那个气度，看着看着慢慢就扩宽了。你说那个"二十四孝"，看一遍不流眼泪，不孝。我们回去试验试验，真的看完"二十四孝"都没哭怎么办？再看一遍。人，你要相信自己，铁定慢慢就化掉这个铁石心肠。

第二，不傲慢就是感受到，人傲慢的态度一起来，对方会很难受。像我也曾经跟大家分享过，我姐姐从小都是第一名，我都是十几名、二十几名。所以兄弟姐妹之间相处，你假如书又读得好、钱又赚得多、学历又高，小心，不知不觉就压到自己的兄弟姐妹。所以假如自己特别优秀，更要慎重。不要回去，"太简单了，太容易了。"人家都内伤了。因为每个人开窍的时间不一样，你先开窍，不能以才智盖人，"勿以己之长而盖人，勿以己之善而形人，勿以己之多能而困人"，要"收敛才智"。很重要啊，现在人都没信心，我们一下子标榜自己，就把人家给弄得很难受了。这一点，我的二姐从来没有因为成绩去炫耀过、去标榜过，所以我没有从我二姐身上感觉到压力。

再来，我父母也没有拿我去比。所以我这样的条件，没有扭曲掉，是因为我的父母、我的姐姐们都不攀比，也不给人压力，所以我感他们的恩德，我的人格还算健康。那我们这一段听完之后，要回想自己对待父母、对待所有的亲人要小心，不知不觉会傲慢。甚至更严重的，父母不识字，自己硕士、博士，那个傲慢气就上来了。没有父母哪有我们？那是太不应该了。

不只不给人傲慢，还要给人信心。曾经有个企业家，他的小舅子在他的公司，小舅子表现不是很理想，他的岳父岳母就常常在他面前，"不好意思，我这个儿子不长进，给你添麻烦。"就讲这些话。他一听，"也对，他表现不好。"坦白讲，他那时候只是想着"对啊"，他已经见了小舅子的过，可是他没有体恤到一个当爸爸妈妈的人，在自己女婿面前讲自己儿子的不是，那多痛苦、多难过！

所以人经过学习不一样，他能够体恤他岳父岳母的心情。体会到了，不一样，他岳父岳母又讲，他马上把话接过来，"爸，妈，是我不对，我没把弟弟带好，他其实挺好"，然后哪里好哪里好讲出来。为什么？还是有优点，岳父岳母一听，很感动啊。再来，这个话有没有可能传到他小舅子那里？很可能传过去，人的良心就被他唤醒了。我表现这么不好，我姐夫不只没有责怪我，还怪他自己，我怎么可以对不起他？但是假如不是这样的心态，还是见小舅子过，常常岳父岳母在那里骂自己儿子，小舅子还坐在旁边，还加一句、加两句，就完了。

所以不傲慢，时时体恤别人的心情，再加上时时反省自己的不足，我想这个家庭种种的嫌隙，慢慢就转化过来了。"消得家庭内嫌隙，便是一大经纶"，这才是真正把经教学进去，落实在处事待人接物当中。"人能弘道"，真的落实，家里人决定会感动，身边的人决定能感动。这是不傲慢。

第三，感同身受，"人饥己饥，人溺己溺"，同理心。像我们在学校，新来的同事，他对这环境都不熟悉，难免会有紧张。你能感同身受，就像爱护自己的亲人一样对待他，他很快就安心，很快就融入了。我有听一个老师分享，他刚到这个学校，在睡午觉的时候，他有个同事就把自己的外套披在他的身上，他睡着了，他就非常感动。大家在一起，相逢即是有缘，就时时设身处地去爱护对方。所以一个团体老人带新人，他很快就可以融进去。

好，还有另外一个故事，应该大家也有印象，杨诚斋先生的夫人，七十来岁了，都起大早煮粥给仆人吃。她的孩子不忍心，"妈妈，你年纪这么大了，还起这么大早。""他们都是父母的孩子，他们都有父母有亲人，他们过得好，他们的亲人都安心。而且这么冷的天，肚子没有一点热气就去工作，非常伤身体。所以我煮点粥，他们喝完再去做事情"。爱人如己，感同身受。包含哺乳，她生了七个孩子都是自己哺乳。她说我让其他人哺乳，我就抢了她孩子的奶水了，自己哺。虽有这么高的地位跟财富，还是一样，那一颗没有被染浊、那一颗爱敬的心对人。最后她四个孩子，有三个考上进士。厚道之人，必有厚福。

今天就跟大家交流到这里。我们下个礼拜再接着讲最后一个大单元，就是自我教育从"敦伦尽分，闲邪存诚"下功夫。"己所不欲，勿施于人"是心境、是纲领，但具体一定落实在伦常、本分当中，然后在落实过程当中，不断闲邪存诚，观照自己是不是真诚、是不是清净、是不是慈悲的心在做。好，谢谢大家！

第十八讲 自我教育的重要性（六）
敦伦尽分，闲邪存诚（1）

尊敬的诸位长辈、诸位学长，大家下午好！

我们"做孩子一生的贵人"这个主题，谈到第七个大项，是"自我教育的重要性"。在自我教育当中，首先第一，要认知"教育者要首先受教育"。尤其在我们这个时代，因为传统文化的承传、伦理道德的教育我们接受得少，读了师范学院，或者在因缘当中出来推广传统文化，学生就称我们是老师，其实我们基础都还不牢固，所以我们这一代人都是亡羊补牢，是补习教育，决定不能因为别人喊我们老师，我们就错估自己的程度。因为孟子提醒我们一句话，"人皆好为人师"，等于这个习气，是很容易被调度起来的，所以更要非常慎重的来调伏这个好为人师的傲慢。

比方学生教不动，那不能去批评学生不受教，能够反过头来，是不是我的耐心不足？跟这个学生互动的过程，我自己有没有动气？这就是在自我教育。假如我们没有先要求自己，就先去要求学生，那在人情上，他是不可能接受得了。比方说让孩子不要发脾气，但是我们在跟他讲话的时候已经发脾气，那不只学生不能接受，一般的人也很难接受。所以要让这个好为人师能够调伏得了，还是要回到只有一个人是学生，其他的人都是我们的监考老师，看我们的修养到不到位。

其实我们很容易在一件事当中，要去争个对错，好像一定要争到是我对他错了，才肯罢休。其实冷静想一想，五伦关系都是讲道义、都是讲情义，争个对错不是伤情了吗？所以人一执着道理去看别人、去要求别人，执理则伤情，只要伤了人与人的情感，伤了人情，其实已经非理了，已经不在道理当中了。所以通达人情都了解，比方在家庭当中，不是讲理，不是拿理去要求家人。家人不能讲理，讲理会气死你；要讲情，讲情义，讲情就互相疼爱了。

既然是情义，就要念念为对方着想。我们提醒自己，本来我是为他好，怎么最后变成要跟他争对错呢？可是往往都是这样，明明是为先生好，在劝他，劝到最后着在"我为他好，他怎么是这个态度？我受不了，这口气我咽不下去。"那都跟本来的初衷都变了。变了哦，所以人要始终如一用真心，我们的心不能始终如一，叫变心的人。

诸位长辈、学长，你们有没有遇过变心的人？有没有让你三天吃不下饭，还是三年睡不着觉？细细想想，难道自己不是变心的人吗？对父母有没有始终如一的情义？小时候信誓旦旦，一定给爸爸妈妈好日子过，现在娶了老婆就忘了娘，这也是变心。走入婚姻的夫妇，有没有想到当初的承诺，有没有始终如一？

所以一个人想要不用道理去要求别人，真的是挺困难的。有一个方法，我们刚刚也提到，就是自己是学生，其他的人都是老师。比方对方变心了，就教育我们，我不能像他一样，他也在教我啊。所以他变心，我始终如一。一个真正始终如一的人，一定感动他旁边变心的人，大家相不相信？你们没有反应，是非常严重的问题，very serious（非常严重）。为什么？从事教育工作的人，首先要相信"人之初，性本善"。

一个真心现前的人，怎么可能不感动旁边的人？"精诚所至，金石为开"。假如这点我们不能认同，我们可能打从内心里不相信这个真相。假如我们从事教育工作就会觉得，"你看你看，这个根本就没有办法回头，根本就没有善根，你看我跟他讲多少次了。"那越偏越大，对人就不信任、有成见了。其实实在讲，我们讲别人没有善根的时候，请问是谁没有善根？我们已经怀疑他人了，怀疑"人之初，性本善"了，是我们没善根，不是他没善根。所以不回光返照，往往都是在看别人错，没有观到自己的心态有没有偏颇掉。

所以一个人能够不意气用事、不动情绪，首先要练一个功夫，就是"不见世间过"。每个人都是老师，来提升我的功夫，他变心，我不变心。我不能感动他，就是我的德行不够，那哪还会看他的过？"天下无不可化之人，但恐诚心未至"，这个话不是拿来背的，这个话拿来自我提醒，就不会见人家的过了。

我们祖先大舜，他当时在雷泽一带，整个风气都是在争、在夺，他看了非常的怜悯。大家注意，看到这一方的人都不懂得礼让、都是在那里抢夺，舜王有没有见他们的过？有没有指责？没有。所以仁者无敌啊！反而是什么？怜悯。哎呀，怎么身为炎黄子孙，怎么身为人，天地人三才，居然被习气控制成这个样子，做不了主。那种争夺，只会让自己、让这个地方风俗越来越坏，人越来越无福。他怜悯他们，因为舜王懂得真理，要礼让、忍让、谦让，才和谐、才有福报。

他们本有本善，但是不明理。怎么让他们明理？舜王没有用讲道理去劝他们，完全用以身作则去做。他们争，他不去扬他们的恶。因为"扬人恶，即是恶，疾之甚，祸且作"。第一个，被扬恶的人他不能接受，可能恼羞成怒，就冲突；第二个，听到我们扬恶的人，可能统统加入，在那里批评别人的恶，那我们也带错团体的风气。讲一句话、做一件事得要三思，冷静想清楚。自利利人的言语跟行为才做，对自己、对别人都没好处，那叫不理智了，那个事情不要做。

大舜都是不指责，看到别人让，他就赞叹，然后自己主动去做出让的行为。一年左右的时间，这个地方的风气就整个转过来了。整个地区呢，不是只有一个人。所以我们现在身边的亲戚朋友，我们不能感动他，那要反省，要以舜王为榜样，来实实在在的完全落实《弟子规》，落实这些经教。因为人都有良心，一个脾气大的人，他身边只要有一个完全不发脾气的人，慢慢的他的惭愧心也会被唤醒；一个贪心的人，身边有一个无私奉献的人，他会不好意思的，这就是证明"人之初，性本善"。

所以人与人既然都是一份情义、道义，就不应该是用理去压人、去争对错。应该首先从我们做到一点，念念为对方着想。不管发生什么事情，这个念头不能变，一变就变心，一变就贪嗔痴慢都来了，都是意气用事。

一开始，自我教育的重要性，教育者首先受教育。那我们今天谈到，一个老师、一个教育工作者首先教育自己，有没有念念为学生着想，有没有成就学生的这份愿心。不管遇到多大的困难，一定要成就他。我们看孔老夫子，很多学生跟着他几十年了，夫子也是诲人不倦。那"舜何人也？予何人也？"夫子何人也？"有为者亦若是"。我们既然选择了这条路，就要希圣希贤来鞭策自己。

第二个，自我教育很重要，我们从提醒我们自己先受教育，在观照自己、教育自己的过程，只要发现过失，就要下功夫去改过。所以第二点，"改过"。改过的动力在哪里？还是慈悲心，还是利益学生的心。因为假如今天我们习气不改，不知不觉会给学生负面的影响。我们走这个路就是要利益学生，怎么可能愿意给他们不好的影响？但我们一日不改，可能就一日会产生负面的影响。所以为师者这个身份，跟一般世间的行业还是有不一样，既然选择了，发现自己过失，要有痛改的决心。况且从事教育工作，在学校往往是领国家的俸禄，那要对得起社会大众、纳税人；假如是在传统文化的行业的因缘，那是对得起广大人民的支持，都应该要有这种气概，赶紧"德日进，过日少"。

第三点，我们提到改过当中一个重要的纲领，"严以律己，宽以待人"。严以律己，首先调伏贪嗔痴慢疑这些习气，改过从根本、从起心动念改起，从思想意念改起。心里不起这些邪念，自然不可能有不好的言语跟行为。而严以律己是成就自己，宽以待人是跟人和谐相处，这也是"恕道"。

宽以待人，首先第一点要设身处地。设身处地具体表现，首先要不给人难堪。再来，不贡高我慢，不傲慢。曾国藩先生说讨人厌败在一个"骄"字，很骄慢，就给人很大的压力，很不舒服，讲话都带刺，都要把人家压下去、比下去，这就不替人着想。再来是感同身受，这一点，像我们上节课讲，一个新人来到我们的学校、单位，我们也回想，曾经我们也是新人，到一个新单位也是很紧张。我们能替他着想，很热情的招待他，热情的带他熟悉所有的环境跟工作，那他就觉得好像回到自己家一样的安心。

包括家里娶媳妇，这个新娘到了一个家族里面，难免还是会忐忑不安，假如这一家的人都能感同身受，在很多地方让她宽心，不要太紧张。比方说她刚嫁过来，尤其现在这个时代，人出嫁前一两个月才开始学煮饭，好像这个情况现在是比较普遍。那刚嫁过去的时候，厨艺还不是很好，结果蒸馒头，那个馒头丢人都可以把人家丢脑震荡，是吧? 真的。我曾经听到一位朋友讲，他说他太太第一次蒸馒头，他说惨不忍睹。他还跟他太太开玩笑，就稍微比了一个动作，就是拿那个馒头敲头，然后昏过去这样。他太太也没有办法，就蒸成这个样子。结果她公公就拿起来吃，虽然很硬，"嗯，还不错。"她公公故意的。结果当下这个媳妇就非常感动，公公这么包容，还鼓励她。后来她跟她公公的感情非常好，就像父女一样。所以人能够感同身受，可能会交到一个知心的朋友，可能这个五伦关系就非常融洽。

包含上次举到的主人对待仆人，知道他们那么冷的天气起来，假如肚子里没有吃点东西有个热气，特别伤身。虽然她都七十几岁的老太太了，还是这么勤奋的去照顾这些仆人。所以，其实我们见到一切有缘的朋友都要想着，他也是有父母的，他也是有家人的，他们的家人都希望他在公司里面受到人家的爱护跟尊重。假如他在公司里面受到欺负，受到人家轻慢，所有爱护他的家人不都很难过？假如我们感同身受，把他当作亲人一样爱护，他回到家，一提到自己的同事，就好像知己一样。他的父母跟家人，光听他谈同事，就安了一大半的心了，"哎呀，我儿子在公司里面，还有像兄弟姐妹一样照顾他的这些同仁。"安了一方家人的心。

《周易》六十四卦有一卦叫"泰卦"，我们常常说"否极泰来"，这个泰卦叫"地天卦"。从这个卦象，地在上，天在下。大自然的现象应该是天在上，地在下。那等于是天跟地换了位置，换位思考。在团体里面，比方一个国家有君有臣、有君有民。君是天，天子假如能为人民设想，人民也能体会领导者的难处，那互相体谅，这个国家会强盛起来。这是从君臣关系来看。在家庭里面，丈夫、父亲是天，母亲是地。先生能体谅太太的辛劳，太太能体恤先生在外的不容易，夫妻一和睦，夫妻互相感激，念对方的恩德，那夫妇有义，二人同心其利断金，这个家就可以兴旺。但是假如没有换位思考，先生都是嫌弃太太，太太也笑先生没有能力赚不到什么钱，那可能家里面就没有宁日了，就是互相指责、互相要求而已。

整个五伦的关系，其实我们只要冷静去观察，人与人当中出现矛盾冲突，您假如是旁观者，往往其实也没有什么事情，都是执着自己的角度，没去体恤对方的难处。你说现在做一件事情，从人来讲，可能当事人自身他也在学习当中，他又不是圣贤。可能他在做这件事的过程，还要很多人配合，那大家也还在学习，怎么可能做得尽善尽美？可是假如我们只一直盯着他的错误，在那里放大，那对方也觉得，我都付出那么多了，你怎么都不体谅一下我的难处，那这样就没有交集。

转个念头，什么事都没有了。体恤他的不容易，赞叹他的不容易，肯定他的付出。一肯定，"哎呀，没有啦没有啦，我们还是有很多不足。"让人家更有积极性去付出，同时，他们自身也会自自然然提起一种自我反省、自我提升。因为人家一称赞，会诚惶诚恐、受宠若惊，"还有很多不足。"所以人与人相处，不要吝啬于给人家肯定、给人家赞美。不要变成只会严苛的批评要求，这样不好。要练习口吐莲花，常常都是给人肯定，给人信心的言语。

第二，宽以待人，要不计较。学习圣贤教育首先要从扩宽心量做起，不能心量狭小，走到哪铁定跟人家斤斤计较。圣贤人都是胸怀天下，大肚能容，要从心上学起。怎么学？念念为对方着想，就是具体的做法，包含遇到事情，不要跟人家计较，肯吃亏，这也是在扩宽心量。或者看到别人的优点称赞，看到别人的善事、好事称赞，心量就大。因为我们假如没有明白做人的道理，在这个时代成长，嫉妒心是很容易起来的。诸位学长，有没有人没有嫉妒心？请举手。我想可能是七十二贤再来，不然他居然没有染上嫉妒心，那太厉害了。我是很早就染了，看到别人考得好，"有什么了不起，运气好而已。"那这个嫉妒心就增长。多看看、听听古圣先贤他们的行谊，会让人起惭愧心。

记得看到明朝的杨翥，他做到尚书的职位。尚书就是现在的部长，那都是国家重要的干部。他确实充分展现了严以律己，宽以待人。像他们邻居住的地方比较狭窄，一下雨，隔壁家的雨水一定都排在他们家，然后家里的人就很不能接受，就在那里发牢骚。他笑一笑说，"下雨天少，晴天比较多，没关系。"好像很多事情，心量一扩宽就没事了。天下本无事，我们不肯扩宽心量就有事了。

说到这里就想到，我们安徽桐城有一个名胜古迹叫六尺巷。清朝张英家，他们好几代都是大官，家就住在桐城。他的儿子张廷玉，是雍正时代的名臣。刚好张英的老家人与邻居在地界的问题上发生争执，他们家里人就写一封信到京城，去让张英了解。一般听到，"岂有此理，怎么跟我们家争起土地来了。"可是你看张英看完了，就给家里写了一封信，"千里家书只为墙"，就为了人家围墙盖过来了，"让他三尺又何妨，万里长城今尤在，不见当年秦始皇"。秦始皇他当了皇帝又怎么样？现在不是化为黄土了？所以人生什么都带不走，有什么好争的？

结果家里的人一看，以前的人，长辈的话不敢违背，有孝道的承传，不只不跟他计较，自己家退三尺。你们要盖给你们盖吧，退三尺。结果对面他看张家退了三尺，就你们君子，我就变小人？我也退三尺。所以就退出了那个"六尺巷"。这个故事也证明我们刚刚说的，对方贪你不贪，他生惭愧心；对方争，你让，他生惭愧心。这历史当中都可以证明，人都有良知的。

刚好有机会我真的去走那个六尺巷，发现一件事情，只要汽车看到前面有人在走，在六尺巷里面，只要看到有人，他马上连动都没有动，他就把车停下来，等行人走过来他才走。因为在那个巷子里面，假如车子、摩托车继续这样开，对方会怎么样？可能会有压力。所以他们也懂得让，不要让人家有压力。所以一看到人，他先停下来，等人家走过去，前方没有人他才走。

我说这几百年之后，这个让的风气还在这个巷子里面。所以"人生自古谁无死，留取丹心照汗青"。我们处事待人的精神，有没有在自己的家族承传？最近我们很多学长们在"述祖德"。他的父母很勤奋，他的爷爷奶奶乐善好施，从他们的身上都看到祖辈、父母的德行的承传，所以他们的父母，留取丹心照汗青，他们的风范对得起后代的子孙。像张英这样的圣贤读书人，他的精神几千年还在为人们所称道跟效法，这一生没有白来，这是有意义的人生。

杨翥，您看他转个念，哪有什么事要去计较呢？他厚道到什么程度？隔壁生了小孩，小孩子很怕声音惊吓。他因为每天上朝都是坐驴子，但是驴子有时候会叫，他怕惊吓了婴儿，他就把驴子卖了，自己走路。这不简单，他是官员，一般官员都有官气，我高人家低，他居然替一个孩童着想。我们看到什么？他们的仁爱心是没有分别的，他们对人的恭敬心是没有分别的，这才叫真心。

对那个人很好，对这个人不好，那不叫真心，那叫分别心，那叫爱憎的心。"可是他真的对他很好。"他对他很好是现在,假如对方不合他的意、不照他的意思做了,或者是回馈给他的他不满意了,"我对他这么好,他怎么可以这样对我?"那爱会变成什么?恨。相处久了,会不会很多不欢喜的地方?那不就变恨?所以那个爱也是贪爱,不是真爱,真心一定跟不分别相应。所以对人平等恭敬、平等慈悲才是用真心。大家冷静去看看,恨都从哪里来的?都从爱来的。今天一个不认识的人,他刚好不高兴骂你两句,你会痛苦三年吗?不会吧?"算了算了,不要跟他计较了,可能他买股票输得很惨",你不跟他一般见识。但是假如是你丈夫,突然有一句话让你深深的不能接受,跟他冷战两年都有可能。那个怨恨从哪里来?所以诸位长辈、学长们,我们现在心上还有怨恨的人,不是他变心,是谁变心了?是我们变心了。要调整到本来的那个初衷去待人,始终如一才对。

但我们冷静观察自己,请问我们对成人守信用,对三岁的小孩守不守信用?假如不守信用,那这个对成人守信用也有点怪怪的。为什么对他守信用?我要不守他的信用,我以后跟他借钱就借不到了;他出去讲给别人听,我名气受损。可是那三岁的孩子,他可能对我不会造成什么太大的影响,先糊弄他几天没关系,那这个也是错误的态度。

《德育课本》里面"郭伋亭候",非常有意义,他是汉朝的一个大官,孩子们看到他,慈眉善目,这都是会互相交感的。诸位学长们,你们有没有遇过一个小孩子看到你,一直哭,不敢走近你?这个时候你要反求诸己,可能身上有杀气。郭伋,孩子看到他就很喜欢,统统围过来,"大人,你下次到我们这里来是哪一天?"他算算日子,"啊,某某天我会来。"就放在心上了。结果他早回来了一天,为了实现当时给孩子讲的承诺,他在城外的亭子里过了一夜才进来,他不愿失信于小孩。所以这个平等恭敬才是对的。

从杨翥对一个孩子那种体恤入微,我们可以想象他当官,那一方的百姓是非常有福报的。后来有一天又发生他们家的祖坟墓碑被推倒,古代人都明白慎终追远，对自己的祖坟都还派人去看守。刚好小孩不懂事，把他祖坟那个墓碑给推倒了。守坟的仆人赶紧回来："大人，我们祖坟的碑被小孩给推倒了。"结果他并没有生气、计较，他还赶紧问："哪一户人家？"就跑到那一户人家去了解，说："孩子有没有受伤？"首先关心孩子。讲到这里，我们就想到孔子家里失火了，孔子第一个念头是什么？"伤人乎？"有没有伤到人，身外之物没有放在心上。马厩失火，可能马就没有了，那等于是你的一台豪华轿车没有了，心不心疼？你们都不心疼，佩服佩服。那可能是几年的俸禄才够买一匹马。所以人修养在哪里看到？突如其来的事情就看到他的心地功夫，完全没有那种指责别人的存心，都是处处为对方着想。

杨翥问完，"没受伤？没事没事，不要害怕。"交代他的父母看好这个孩子，不要再让他做出这些危险的动作，怕他被压到了。我想当下这对父母惭愧又感动，这样的好官，一点都不指责他们，还关心他们的小孩。那杨翥不计较，从这几个事例当中我们就很感佩了。

他的严以律己，其中有一个例子，他有一天睡觉，梦到自己走到一个果园里面去，摘了人家两颗梨子吃。他醒过来以后非常的自责，说："梦中没有经过人家同意，摘两颗梨子，就是我平常义跟利分不清楚。"结果几天不吃饭，处罚自己。严以律己。故事听完了，跟我们有什么关系？改天做梦，梦到不好的，有妄念、邪念，隔天面壁思过，或者饿一餐不吃饭，印象深刻。但也别饿得太严重，不然到时候做梦都是梦到肚子饿。

从这个事例我们就看到，古人自我鞭策是非常严格的。为什么？他们非常清楚，人一天万境交集，念头一不觉察，一个念头错了，整个错误的念头就一直相续。就像刚刚我们举的例子，不能换位思考，一直盯着对方的错。他会放大，不只放大，又讲给别人听，是非越来越多。没事变有事，小事就变大事。所以这个错误的态度念头要止住，或者是那个愤怒要止住，不然无法收拾。

"忿如火，不遏则，则燎原"；"欲如水……"，你们没有背起来，因为你们觉得还有明天可以学。所以责任的承担是成长的开始。我们以前在学校教书，赶鸭子上架，自己的积累都不够，但是每天都得上课，都被逼出来的。你们的日子都很太平。这些句子说不定你今天记起来了，当天回到家，就一个人遇到那个问题，你这句话一出去，像一个甘露水、清凉剂一样。"哎呀，谢谢你，我真是茅塞顿开。"你这句记住的话就功德无量，是吧? 你看一个人气得不得了，"忿如火，不遏则燎原"，你会把自己的福报跟你家里的和谐都烧掉，他突然冷静下来。因为现在这些好的教诲，人假如没有遇到缘分，他可能忙忙碌碌四五十年都还没有学过。所以当时我们办一些讲座，尤其印象最深，看着那七十几岁的老人，拿着《弟子规》的课本在那里流眼泪，"我都七十几岁了，我才刚学到，我要好好学，我七十岁才开始学做人。"我们炎黄子孙讲出这样的话，你看祖宗有多心疼? 代代都留给我们，就这几代忽略掉了。

所以我们马来西亚的华人要有志气、要有使命感，我们把汉学院好好办好。大家注意，"马来西亚汉学院"，代表什么? 马来西亚的华人要承担起来，任何因缘有主伴关系，主就是主角，伴就是配角。所以马来西亚汉学院的主角就是马来西亚的华人，你们不要觉得我在推卸责任，我不是这种人，你们要相信我，我当配角也会很卖力的。但是你要看，这个主角、这个主人越尽心尽力，你能感召更多的全世界的华人来共襄盛举。假如主人都不积极、都没有使命感，人家说来了之后，我看也干不长久，我看先考虑考虑吧、先观察观察吧。任何因缘都要了解主伴关系，假如这个因缘是我们负责，我们绝对当仁不让去承担。好，今天你们回家可能会作梦，梦到要上台讲课。你就突然梦到自己在那里，一直看书一直看书，醒过来以后，就从那天开始不使一秒钟空过、不使一句话空说，好好努力。我们早一天有智慧、有学问，遇到我们的有缘的人跟学生就早一天得利益。

宋朝是文人政治的时代，出了非常多的宰相、名臣。我们熟悉的范仲淹先生、司马光先生，还有韩琦、富弼、王旦、王曾，这都是我们非常仰慕的名臣。从他们的身上都能看到"宰相肚里能撑船"的胸襟。像富弼这些名臣，都受过范仲淹的教导跟栽培。范公最大的贡献，培养了朝廷很多的栋梁，还有办义学。他把他们家的风水宝地捐出来盖学校，听说现在也是名校，历朝历代，他那个学校、那个地方出的状元好像就有八十几个人，进士就几百个人。

富弼，年少时就看出肚量，不跟人计较。有一天，有人在骂他，他的朋友就过来跟他说，"哎，他在骂你呢。"富弼说，"他可能在骂别人吧。"这个朋友说，"他指着你的名字骂呢。"指着你的名，一个字都没有错，富弼说，"同名同姓的人很多啦。"就没有放在心上。我想，这个骂的人，假如后来听到别人转述这个情况，可能也不好意思，不再骂了。看人家一点都不计较，怎么可能还骂得下去？所以人跟人能骂得起来，就是双方都动气了，越骂越来劲。人与人会打架也是这样，就越打越来劲。假如一个人打，一个人都不还手，他打几拳打不下去，不好意思了，他的怒气就下来了。我们师长就有讲到，他跟人，人家打他，他从来不还手。对方假如推的力量太强，他就倒在地上，结果后来就打不下去了。

而都不跟人冲突，上司最欣赏，领导人最欣赏这样的人。因为领导人他看的是大局，他知道"天时不如地利，地利不如人和"。所以都会提拔那些不会跟人冲突、会为大局着想的人，会栽培这样的人，考绩都会给这样的人甲等的考绩。所以不跟人计较吃不吃亏？一点都不吃亏。反而你不跟人冲突，所有旁观者看到的都是钦佩，都是认同你这样的处事态度。

刚刚讲到的韩琦，也是不跟人计较。曾经人家赠送他一双玉杯，很珍贵，他也不占人家便宜，用很多钱答谢他。有次招待客人，客人都是官员，官员当中的下属，有一个不小心撞到了那个桌子，把他两个玉杯给摔破了。大家都知道玉杯的价值，当场所有的客人都傻了。那个下属吓得发抖，跪下来求饶。结果韩琦（他封魏国公），魏国公还带着笑意，把那个人叫起来，"别那么紧张，每一样东西它能用多久都是有定数的。今天就是这个杯子该坏的时候，你又不是故意的。来，起来起来，大家吃饭，大家吃饭，大家喝酒，没什么事情。"这个宽以待人做到家了。

又有一次，魏国公他在看书，好像也在写书信。旁边的士兵帮他拿蜡烛，这个士兵拿着蜡烛，稍微有点分心，不小心那个蜡烛烧到了他的鬓发。魏国公继续做他的事，只是一个手势，把那个火给熄掉了，继续专注的做他的事情。结果过了一会儿，他可能发现一些动静，一看，那个士兵换人了。他招来士兵队长说，"你怎么换士兵了呢？""他刚刚拿蜡烛把将军的鬓发都烧了，我们换人了。""把他叫回来，他已经知道如何不烧到我的鬓发，他会拿得很好，赶快把他叫回来。"不跟下属计较，更重要的是仁慈。因为他能推想到，这个士兵假如真的被叫下去了会怎样？一定会被严格处罚，所以不计较。我想光是这件小事就振奋整个军心，这个事情一传出去，我看士兵可能哭成一片，太感动了。这么好的将军，死都要跟随他。打仗就在一个士气，团结一致，士气如虹。

所以有段格言讲得好，"大其心，容天下之物"，没有不能包容的，根本就不可能去计较；"虚其心，受天下之善；平其心，论天下之事；潜其心，观天下之理；定其心，应天下之变"。这段话看古人处世的那种气概恢宏。"万物一体，谓之仁"，我们儒家就是教我们契入仁爱之道，把万物都当作自己一样爱护，不只人，还有一切生命，谓之仁。普天之下没有不能包容的人，没有不能原谅的人，没有不能爱护的人。

还要虚心受天下之善。比方说一个长期讲学的人，讲学跟教学不一样，讲学是上台讲堂课；教学是什么？教学相长。而且那个"教"字，是以身作则，手把手带，才叫教学。讲了课没有带学生，叫讲学，不叫教学。而且以前在私塾的教育，私塾老师都是跟学生住在一起，那个对学生潜移默化的影响非常大。而长期在讲课，假如讲的内容都没有能够从很多其他讲学者当中去吸收、去学习，那这样心量就不够大。因为每个人他讲学当中，都有他很好的优点，或者都有他论述得非常精辟的义理，我们听了收获非常大。假如我们讲的都没有别人的优点，那铁定我们在听别人讲的时候，没有马上领纳别人可贵的地方。那在弘扬讲学的这个因缘当中，就要观得到自己不懂得欣赏别人、不懂得"虚其心，受天下之善"。

刘余莉教授，她在讲怎么对治嗔恨心，她讲得非常精辟，她用"六忍"。这六忍就是我们当时听刘教授讲课，"哇，太好了。"一听赶快，我们要赶快吸收，之后课程就可以供养他人。人家刘教授度量大，她没有"版权所有"。师长说，你看书可以先看后面那一页，看有没有版权所有，没有版权所有，这样心量比较大。她"六忍"讲，反忍、忘忍、力忍、观忍、慈忍、喜忍。我们马上听懂、吸收就可以去供养别人、利益别人。

"平其心，论天下之事"，要心平气和，不要带着指责跟批判去谈事情，这样对自己、对他人没有好处。而且这个时代更应该宽恕、包容，就像经上说的，"先人不善，不识道德，无有语者，殊无怪也"。这几代人都没有学，我们去指责他，不是很苛刻吗？《三字经》说"人不学，不知义"，《礼记·学记》说"人不学，不知道"，他就没学，我们干嘛苛刻对他。应该怎么样？从我们自己带动起，我们有学呀。

可能有人就会说，"他已经学五年了呢，还做得这么差。"所以人很容易着相，从现象看事情，我们假如换位思考，他学五年了还越学越退步，他不是很可怜吗？站在我们自己，"他五年了，他应该学得很好，他不应该是这样啊。"都是自己的角度。学五年的人越学越退步，他是掉到一个陷阱里面去、一个坑洞里面去啊，哪有人愿意越学越后退的？你们有没有遇过哪一个学中华文化的人，"啊，我好高兴，我越学越退后了。"那你更可怜他，他精神有问题，谁都不愿意这样。你们有没有遇过修学的人，他要突破一个习气，三年、五年，他痛哭啊，"我很想改啊，改不了啊。"所以，真正突破自己习气的人，对人决定不苛刻，因为他知道不容易。

一个人会批评人家脾气大，保证自己脾气也小不到哪里去，因为一个真正把脾气改掉的人，他对别人发脾气一定能包容，甚至能怜悯。因为他已经享受到不发脾气的喜乐了嘛，他在看别人发脾气，他会觉得对方这样会伤害身心，"我以前也是这样"，他是怜悯。过来人不会跟人家计较，所以别人的行为能够激怒我们，其实我们内在可能也有那些习气。一看到别人傲慢我们很生气，我们也傲慢了。所以别人是我们的镜子，还是要回到只有自己是学生，其他人都是老师，这样我们才不容易在见人过当中不观照到自己的问题。

所以看到学久的人反而越偏离道，应该要更怜悯他，因为他可能比还没学的人更可怜、更难回头，那就要更用善巧。为什么？因为学越久的人，别人都以为他是真学传统文化，那他的行为可能就会给传统文化抹黑，那他也要负很大的因果责任。所以真的天底下没有人我们应该指责，做错的人我们应该包容跟怜悯才对。

"潜其心，观天下之理"，潜心修学，我们心浮气躁，不可能体悟圣贤的存心跟义理。所以一个纵使在外讲学的人，都要常常调整自己的身心。比方出去讲几天课，回来沉淀，回来用功，用功一段时间，又有因缘，再去利益大众。假如说我们今天出去讲传统文化，一年讲三百六十五场，那就像空中飞人一样了，一个人一年跑那么多地方，心是定的，这个我做不到。那这个人的功夫吓死人，一般我们还在学习当中，不可能。假如我们跑到心都不定，请问我们讲课能利益多少大众？那我们是为了赶场而赶场，还是为了利众去讲学？这得要很冷静，不能变成赶场。

有时候我们做着做着就会忘了初心，而且我们要很冷静，假如不潜心修学，这讲学的因缘，几百人、几千人来听，那个掌声会不会陶醉？"色不迷人人自迷，酒不醉人人自醉"，掌声不迷人，人也会自迷。一下课下来，底下的人很激动，跑过来握着他的手，"你真是孔子再世！"第一次听的时候诚惶诚恐，听到第七次，"嗯……好像也有点像。"那就完了。假如没有充分厚积薄发的时间跟空间，在这因缘当中人会退转的、会染着的。

都要有自知之明，要懂得调整。

"人能弘道"，不是谁讲的场次多能弘道，这都要很冷静。弘道的人是什么？他是真正经典都做到、力行。像胡小林老师他很用功，他一出来讲学，大家都非常受益。他怎么调伏自己的贪嗔痴慢，人家那是真正一点一滴这样突破过来了。大家一听很感动、很感佩，就效法。所以实修，真实的修身功夫才是弘扬正法、弘扬文化最重要的基石，是这条路能走得长远的大根大本。所以曾子这句话不能忘，"人能弘道，非道弘人"。每个人的体力、修学状况都不一样，但自己要很清楚自己的修学稳不稳、自己的修学有没有在不断提升。

最后"定其心，应天下之变"，人的定力、人的沉着稳重，往往在突如其来的事当中见增长。所以我们虽然学了这些经教，都要经过很多事情的磨炼跟历练，才能够老成持重。历练不够，有时候做起事来，虽然理上明白，还是会慌张、手忙脚乱。所以人，因缘成熟的事，要勇于承担、勇于去锻炼自己。做事的能力提升了、阅历丰富了，然后对人的一种宽容也会更多。因为经历的事多、看的多了，什么事都会发生，不要去指责跟计较。

好，我们刚刚讲到的，宽以待人第二个重点，不计较。第三，能厚道，第三个大项。想到"厚"，宽厚；想到"厚"，就想到大地。万物得到大地的滋润，然后却把骯脏的排泄物给了她，她不只没有生气，又把那个排泄物一转，又变成营养。所以母亲就像大地一样，我们三岁以前，多少屎跟尿给了母亲，母亲浓浓的爱给我们，好的教育给我们。厚道的"道"就是道义。

那厚道在哪里培养？第一，"慎终追远，民德归厚"。一个人连几百年前、几千年前的祖先都感恩，哪有不感恩眼前恩德最大的父母？而且这种感恩心一内化之后，他会很自然的在面对每件事情，他都会慎终追远。"啊，这件事情都是以前这些人付出的，我们今天才有这样的受用。"就闽南话讲的，"吃水果要拜树头，吃米饭要供锄头"。就是说，你吃水果要谢谢树、树神,吃饭的时候要感激农夫,要感激那个锄头,都是有这些付出跟工具因缘,我们才有米可以吃。

这种慎终追远内化以后,每件事他都懂得去感恩,因为他知道因缘都不容易。甚至会变成什么?走到哪里接触各行各业都感激人家。出去外面吃饭,看到人家端菜来了,很自然:"谢谢你,辛苦了,天气这么热。"很可能对方说:"来,我再炒一盘,免费请你吃。"他受到这么多这么好的尊重、肯定,你又结一个很好的缘,以后他看到你来就欢欢喜喜招待你。当然不是为了吃免费的,是我们很自然做人的态度。

那慎终追远,"一日之所需,百工斯为备",人一天生活所需,各行各业你算算看,可能一百个行业在服务我们。大家相不相信?你今天睁开眼睛洗脸,洗脸液要不要用?再来,自来水要不要用?再来,你用完水,擦抹布,那抹布要不要买?然后你用的浴缸、洗脸盆,也是人家生产的,是吧?你早上坐马桶……你所有的用具,食衣住行全部,多少人?人怎么可以不感恩?还挑剔,就折福了。人念念知恩报恩,他是最快乐的人,他一点都不吃亏。所以幸福其实没有那么复杂,一念之间。把要求转成感恩,就幸福了。

厚道的人惜缘。知缘、惜缘、造缘。慎终追远是念恩;惜缘是念旧,人很重感情就不会刻薄。像我们现在这个年龄,每次回家过年,看到那老朋友,"哎呀,我们认识三十年了。"讲起来彼此都笑得很欢喜。我小学六年级满十周岁,那时候交的同学,现在算起来,整整三十年的老朋友。这些朋友,我们一回想,当时候一起读书,一起吃便当,他有好吃的菜还夹到我的碗里面来。其实人也很奇怪,好像别人的饭菜都比较香。可是经历一件事之后,就不会这么觉得。出去读大学,好一段时间没有吃爸爸妈妈煮的菜,回来不一样了。什么最好吃?还是妈妈的菜最好吃。这是念旧。在《论语》当中也说,"故旧不遗,则民不偷"。老朋友不嫌弃,纵使有错的地方,还是尽心尽力爱护他。像孔子那个时代,他就有一个朋友德行不算很好，但夫子还是非常用心的在帮助他，这就是"故旧不遗，则民不偷"，"偷"就是刻薄。

再来，在哪里培植厚道？"看人要看后半段，浪子回头金不换"。厚道的人，他就会肯定人家现在的状态。比方听到别人："哎呀，你不知道他以前怎么样。""好啦，那个都过去了，不要讲了。"就是厚道。

好，这节课先跟大家交流到这里。谢谢大家！

尊敬的诸位长辈、诸位学长，大家下午好！

我们上节课谈到厚道的人，以至于我们要不断提升自己的厚道，那在处世当中，看人就要看后半段，都是相信人家可以越来越好。不只相信，假如有缘，要助他一臂之力，不要对人有成见、怀疑、否定。尤其是我们从事教育工作者，老师的一份信任是学生的动力，老师的一个否定可能让学生消极、沮丧。孔子是我们的好榜样，曾子曾经提到夫子的修养，"见人一善而忘其百非"，看到他有改善、有善行的表现，以前所有种种都不放在心上，肯定他现在的表现。

人，当他过去种种错误，他的亲人、他的老师、他身边的人都没有去否定他、去指责他，反而他有些许的优点就肯定他，这样能把人的良心给唤醒。"哎呀，我这么一点好，我太太就肯定，就给我宣扬，我这些不好她只字不提，我不能糟蹋了她的信任。"那种良知的动力就出来了。尤其在家庭里面，叫"不言家丑"。家里人不好，到处讲，最后还传回自己家人的耳朵，那这梁子就结得严重了。不好不讲，好的都肯定，传到家人的耳朵里会感动。都是隐恶扬善，会把人的良心给唤醒。"浪子回头金不换"，反而他的良知真的唤醒，他可以去带动很多迷途中的人，因为他是被鼓励、肯定，回过头来，他也会给很多跟他同样走错路的人信心。不要小看任何一个人，当他真的回头，他的生命可以产生非常大的价值跟力量。

浪子回头？首先哪个浪子要先回头？从我们自身开始。这个一回头力量很大。比方，我们马来西亚的学长，你假如以前是受英文教育，华文讲得都不怎么流畅，好事还是坏事？你只要一回头都是好事。你说，"好，我要到汉学院，十年深入一部经，我以后要做汉学家。"大地都震动，咚咚咚咚咚，你这个愿心非常勇猛。为什么？你真正做到，那所有从小就读华小跟独中的人，会不会觉得很受刺激？连从小不在华小，都能学这么好，"来呀，我们一起上"，你就带动很多人的信心。

有些人又说，我都已经65岁了，行吗？行！65岁，65的好！因为65岁都出来了，年轻人敢不出来吗？是不是？你们不相信？假如第一排坐着一个满头白发的人在那里听课，后面的人都不敢打瞌睡，不好意思。65岁真的发愿成为汉学家，最起码延寿二三十年，日子还很长，别担心。因为承传汉学，这攸关世界的安定跟和平，这么大的愿力，老天爷一定会给你延很长的寿命。这个理上我们可以了解。就像孔子，他自我期许是传承道统，在危难当中夫子毫不畏惧，他觉得他是有使命，不可能就这么死去的。

之前跟大家有分享到，我们一个专门做水处理的董事长，他精通《易经》。当时要到马来西亚来，他一卜卦，好像这个事情不能成。他就发了一个愿，说："纵使我这个事业不成，我也要把我们中国水处理最高的技术带到马来西亚，利益这个国家。"结果他来以后事业很顺利。这一念利益一国人民的心，就转了这个缘分。我遇到这位董事长，我也跟他说，你一定要出来弘扬《群书治要》，专攻《易经》，他回去也很用功。好，我们互相期许，每个人一发愿，都是最完美的安排，叫perfect（完美）。所以这个"浪子"应该是指我们自己，我们忽略了这一生应该最重要的使命，是承传中华文化，"为往圣继绝学，为万世开太平"。

当然，人还没有听闻圣贤教育以前，难免不明理，会做错事情。所以圣贤人教诲我们，要"容人之过"，而且别人的过失我们要很留有余地的，甚至帮人家掩饰，不要去张扬人家的错误。在与人相处当中，也要注意这一点。比方，今天所面对的人，我们并不熟悉他们的过去，很可能我们在谈话的时候，"啊，现在的政治人物都贪污。"结果他是当官的。"哎呀，现在的人，年轻，年少轻狂，什么堕胎呀什么的。"哇，刚好讲到他也有这个情况，那可能对方的心里又会觉得，他是不是知道我什么？他是不是对我有成见？无形当中会造成误会。所以面对你不熟悉的人谈话，言语少，然后呢？人家有问，你再跟他交流，这就不会造成这样的误会。因为人家问，你答，那是顺着在谈论这些义理，对方就不会敏感。以后彼此有信任了，他举一些具体的东西，他肯跟你探讨，那就没有这个问题。

所以在处世时，应对进退也要懂得观察缘分，不熟悉的人还是以静制动来应对，来得比较妥当。甚至你要敏感，比方，今天来的是什么背景的，你假如知道，你就不要谈人家忌讳的东西；或者已经看到了对方身体先天有残缺，那你就要格外的恭敬、小心，不要谈到他敏感的地方；或者你已经看到他衣着，可能家里不是很富有，就不要去谈那些富贵的话题；或者你已经知道，他考试没考上，你就不要去谈，"想当年，哎呀，我考试是太容易了。"那个人桌子一拍就走了。所以，厚道就在这些时时体恤人心、人情事理，表现出厚道来。

当然，这厚道的地方实在举不胜举，我们就举到第四个点。在哪里表现呢？在送礼、在包红包，婚丧喜庆的这个进退当中看到厚道。像我们回想小的时候，父亲都有一本记录礼金的往来。上次女儿出嫁的时候他包了两千，现在他女儿要嫁了，两千二。就是不肯占人家一点便宜，还要加一点。

这个我们几千年的祖先，像当皇帝的人都是这样，非常慷慨。外国的友邦给我们礼物，我们皇上一定是加倍再还给他。所以有没有发现各国的人都很喜欢到中国来？因为我们很慷慨、很大方。您看郑和下西洋，带去的都是中国最好的文化跟谋生的能力，都无私的奉献给他们，而且不占人家的一寸土地。假如没有这样文化涵养，都是去占人家的土地，去掠夺人家的人力跟财物，这是很不厚道的。因为老祖先厚道，郑和下西洋六百年之后还有多少人在纪念他。所以，人心即天心！几百年之后人还怀念，那做出来的就跟上天的"好生之德"是相应的。我们中国习主席这次来大马访问，有到马六甲。马六甲就是郑和下西洋当时很重要的一个据点，当地还有三保庙（郑和庙），就纪念他的德风的。

明朝的袁了凡先生，他的姑父姑母都是非常厚道的人，我们刚刚所提的这些设身处地、不计较，在他们处事当中都流露出来。比方有一次，他姑父带着仆人去赴宴，结果仆人的定力不够，喝醉了，最后是他主人划船把仆人给拉回来的。拉回来以后，联络了他们的妻子、家人，赶紧把他们扶回去休息。结果隔天早上，他的姑父沈心松先生，那一天就睡得很晚。他的太太不理解，就过来："嫁给你这么久，从来没看过你晚起，还睡这么晚，赶快起来了。"他说："那些仆人还没有起来，我就不起来。因为我假如先起来，一定会遇到他，他一想到昨天那个场景，他会抬不起头，觉得难为情。我先等他们都出去工作了，我再起来。"体恤人家会难受，自己再多躺一下，等他们都出去再起来，厚道到这么细微之处。

姑母也同样很厚道。仆人有一次不小心，看到桌上一碗白色的东西，以为是水就把它泼掉，结果是酿出来的酒。哇，一百粒米可能才酿出一滴酒，那很浪费。她不只没有发脾气，因为事情已经发生了，既往不咎，但是提醒他以后要小心，百粒米才酿一滴酒，要判断清楚，下次不要再这样就好。或者小孩不懂事，仆人的小孩把菜翻了，盘子也破了，当下仆人就要教训这个孩子。她马上阻止，"哎呀，那孩子又不是故意的，好好提醒他，以后走路小心就好。"

刚好那时候，沈先生的儿子病了。沈先生是员外，都有田地租给农民，农民念他的情感，还特地坐船来探病。他的夫人就非常感激这个农夫，念这一份情，然后在这个农民来了之后，煮了丰盛的餐点招待他，热情好客，还把他坐船的钱给了他。因为这个农民来还拿了礼物，就衡量了那个礼物，又加倍加厚的还礼给他。所以在送礼当中看出人的厚道。

好，这个厚道的部分就跟大家交流到这里。厚道的地方其实还很多，我们举一反三，处事时时念念为人想，我想这个厚道，可能最后表现在一举手、一投足当中。

接着我们再来一起探讨自我教育重要性的第四个重点，我们具体怎么来自我教育、怎么来自我要求呢？从"敦伦尽分，闲邪存诚"下手。

"人无伦外之人，学无伦外之学"，敦睦五伦关系，然后在这个关系当中时时想着，我还有哪个本分要尽力的？只问自己有没有尽力，绝不要求别人有没有做到。就像大舜能感动他的弟弟，是他只问自己有没有尽到兄长的本分，他并没有去要求、指责他的弟弟，这样才能感动对方。因为假如有要求跟指责，就不能"闲邪存诚"，去指责、要求，这个念头就越来越偏、越来越邪，就不可能用真诚心去感动对方。而且一指责，"各相责，天翻地覆"，事情会越来越复杂。

在古代有一个读书人叫缪彤，他们有五个兄弟姐妹，那这么多兄弟姐妹合在一家生活，他是大哥。后来弟弟们都娶妻了，弟妇们就在讨论要分家。那他是大哥，显然，他很多的弟弟读书、成长，甚至于娶妻，我想都离不开他这个大哥的鼎力爱护、相助。人有时候遇到一些境界会被牵动、会忘了这些恩德，但他不是真忘。但是假如在别人忘了恩德的时候，马上说，"五年前我是怎么对待你的？十年前我是怎么爱护你的？"人一听会怎么样？他会惭愧。惭愧到最后难受，会变什么？不欢喜，埋怨。"有什么了不起，我又没有逼你，你自己愿意的。"所以你硬要别人感你的德，会副作用。因为实在讲，我们当时候尽这份情义、道义，难道是为了对方回报吗？假如我们这个念头很强，那我们用的也不是真心。真心，不求回报的才是真正的真情真义。

所以人付出，不能要求别人回报，而且也不能流露好像你比较高，你比较有德，人家比较低，在接受你的恩惠，这样也不好，那就压到别人了。你兄弟姐妹之间，他也要自尊，他的家庭情况、福报跟你不一样。假如你说，"弟，你拿去，我钱比较多，帮助你。"他可能不是很欢喜，"算了算了，我自己凭自己能力就好。"但是确实是很吃紧，这个时候你又不要让他伤了自尊，你就有善巧方便。

所以人的智慧从哪里来？就念念为他想，始终不忘这一颗心，方法就出来了。"士有百折不挠之真心，方有万变不穷之妙用"，人真心不变，那一颗爱心会生出智慧来。往往为什么我们一心为对方好，还是想不出好方法？是那个心没有保持，慢慢想着有点不耐烦，慢慢想着：我已经做很多了，他怎么这么不受教。这些念头一起来，方法就没有了。有耐心才有真心啊，始终如一去为他设想，一定可以想出好的方法出来。看到兄弟姐妹困难，又怕伤了他的自尊，每个人都有不同的性格，那你就是很善巧。刚好孩子考上大学，"哎呀，侄儿，真争气，太好了！来，叔叔给你包红包。"包大一点嘛。或者家里有什么事情值得庆祝的，你就善巧的表达一个恭喜，那不就有支援给他。这个都是善巧。

刚刚我们讲到缪彤，兄弟跟弟媳吵着分家，当下那一念，就表现出缪彤的修养，弟弟都是他拉拔大的，他心上都没有。所以真正孝悌做到位的人，他对父母的付出跟对兄弟的付出，心上痕迹都不露，他心上只有做得不够。至孝之人，你一称赞他，他诚惶诚恐，"啊，没有没有，我还做得很差，还有哪里不足。"因为他根本没有觉得这是值得赞叹的，他觉得那是天经地义的事，怎么还用赞叹呢？那兄弟们要分家的当下，缪彤并没有去指责他的弟弟，关起门来，"哎呀，我是读圣贤书的人，学的就是修身、齐家、治国、平天下的学问，居然连兄弟都不能团结。"他就很惭愧，他就自己打自己，在房子里忏悔。可能这一念反求诸己，这个真心也能感通，他的弟弟跟弟妇好像有惭愧，就去看看大哥的情况，又看到大哥在自己打自己。赶紧阻止他的大哥，跪下来道歉，"啊，我们不分家了，我们有今天都是大哥的照顾。"就因为他的自我反省，就把这个家给重新又团结起来。

读书人在这一章、这一篇故事后面下了一处注解，这真的是人生的智慧，说到："天地间，除自责自尽外，更无道理矣。"这个"更无道理矣"，不是说除了这句，其他都没道理了，其实所有的道理都不离这一句道理。这一句道理就是"忠恕之道"。其实圣人所教都离不开忠恕之道，自责是忠，自尽是恕，就是人与人五伦关系当中发生的任何一个事情，只要我们的心摆对了，就能处理得好。所以"内圣外王"，自己内心都跟圣贤教诲相应，这个"王"就是一定可以是家里的好榜样，"王"就是表率，一定是团体的好榜样，因为人家佩服我们的修养。就像缪彤遇到这件事情，他就自我反省，第一个态度就是自我反省，事情怎么会变成这样？所以心态一调整，心态是正报，他的家庭情况是依报，心境一转，依报就随着这个正报转了。就像刚刚举的舜王，舜王都是自己去以身作则，他的心是正心，就能转动这个地方的风俗。这个依报就随着他的以身作则、他这个父母官的存心转动。

"自尽"，就是不管情况如何，我还能尽什么？我还能做什么？还能做哪些补救？这个"自尽"里面还有，我是不是有哪些方法不妥当，需要再调整？都是一直往"是不是我的心态，是不是我的方法不对？"这就是自尽，尽力去改善。"更无道理矣"，假如我们当下这一句教诲入心了，以后处理人事问题，我相信不会出什么大问题。首先自我反省，我哪里有不妥？因为人一反省，整个气氛，大家会互相反省。我还能出什么力？就带动大家不分彼此尽力去完善、去补救。

能自责自尽才是闲邪、才是存诚。我们从事教育工作要"敦伦尽分"，首先我们要能时时不离做人的三宝精神，来扮演好这个老师的角色，就是第一点，"作之君，作之亲，作之师"。师长曾经有一个专题就谈到如何做到"君、亲、师"。事实上每一个人要扮演好自己家庭跟工作的角色，一定都要做到君、亲、师，才能把它做好、做圆满。因为师长会谈到君、亲、师，是听到不少当父母的人说孩子不听话；当老师的人说孩子不好教；当领导的人说员工不好带。那师长就谈到，可能我们在扮演这个"君、亲、师"角色的时候，我们着眼只在"君"，但"亲"、"师"忽略了；着眼在"亲"，但是"君"跟"师"忽略了。比方我们在学校教书，着眼"师"，但是有没有"君"，以身作则？

举个例子，有一所初中规定学生不可以染头发，结果抓、抓，抓了好长一段时间，效果不彰。所有的老师都觉得很疲累，怎么这么没有效果？突然，有一个人静下来一看，"我们的老师染头发的好多。"老师染，叫学生不染，他怎么服气得了？所以当老师，他可能会执着在这个身份，"我是教人的"。但他忽略了"君"，要先以身作则，身教才有效果。

再来，"亲"，你跟孩子不亲，他怎么信任你呢？他不跟你对立、冲突就很难得了。你没有建立信任关系，他对你的严格管教可能造成误会。所以"君子信而后谏"，信任之后才劝谏，"不信则以为谤己也"，没有信任关系，你就常常教诲他，他会觉得你对他有成见。

我们回想自己成长过程，有没有觉得老师对我有成见？或者发现好像很多同学都觉得老师对他有成见？你们好像都想不起来的表情，你们放下的功夫很好，"从前种种譬如昨日死，从后种种譬如今日生"。大家要知道这一句话"从前种种譬如昨日死"，是不放在心上。但是只要谈论到，一想起来就非常明白，当时候对在哪、错在哪，了了分明。假如"从前种种譬如昨日死"，全部想不起来，叫健忘；你常常想，那叫放在心上、罣碍、放不下；平常都不想，一讲就想起来，然后一想就是借这个事情供养大众，"哎呀，我以前那个例子可荒唐了，可惭愧了"，娓娓道来。

所以师长这么一提醒，再延伸，不只当老师要注意到"君、亲、师"；你在家里面，你当太太也要"君、亲、师"。"君"是什么？以身作则；"亲"，要爱护丈夫；"师"，你要抓住每一个很好的机会点，以先生可以接受的方式去提醒他，机会教育，那也是"师"的角色。"妻贤夫祸少"，一个太太假如在提醒先生时非常善巧，又带点幽默，可能先生的一个劫难就跨过去了。

比方说他抽烟抽得很厉害，那身体就受损很厉害。你就很善巧："哎呀，我们的女儿长得这么可爱，多么希望她结婚典礼的时候，是你牵着她的手走上红地毯，是由你把她的手交给她的丈夫，你决定不能缺席，要好好爱护你的身体。"点到为止，不讲了。你不要说："烟不要抽了！"他就："我偏不要。"人有时候还观照不了自己的心态，特别会闹牛脾气，也明明知道人家讲的对，就是不舒服，好像我现在就听他的，我不高兴。那你讲话就要懂得分寸，点到为止，见好就收。所以给人家建议，别人不能接受，还是自己的柔软跟智慧不够，不能怪他。

得不到他人的谅解，要回过头来反省自己。就像《弟子规》那一段话特别精彩，"亲有过，谏使更"，不要忘了我们的初心，是要让他改、是为他好；要"怡吾色，柔吾声"，态度；"谏不入，悦复谏"，"悦"是找他高兴的时候，地点、时候都要找得对，"悦复谏"，"复"是什么？一而再、再而三的耐性；"号泣随，挞无怨"，他不能理解，还骂我们一顿，关在房间哭一哭，自立自强再出来。为什么？哭还是"我好伤心"，我执还没放下，擦干眼泪再出来奉献。

您看这一段话就让我们反省，我们在做一件事、劝别人，是不是这些环节没有注意到？那这个义理则放诸四海皆准，扮演哪个角色都可以"君、亲、师"。甚至于你是一个社区的居民，可不可以做到"君、亲、师"，带动这社区的风气？可以啊。而且人都想着我怎么"作之君、作之亲、作之师"，就不会去见人家的过了。因为一想，自己还有不到位的地方，赶紧做了，哪还有时间去看人家、去批评人？甚至于你批评他的地方，就回过头来，"他乱扔垃圾，我还做得不好，我每天捡，一定感动他。"那这一念转，就从迷惑、意气用事转到觉悟、转到以身作则。

我们在事相当中举不胜举，我们就谈精神就好了。"作之君"，第一，以身作则的精神；第二，使命感，一个领导者一定是带着团体去追求目标、追求有意义的人生，所以他必然要有使命感，就会让人家感觉，跟着这个领导很有希望。不要当领导的每天一谈起话来，"唉，人生苦短。哎呀，人生没啥意义。"那就完了。这样的领导人，他的团队是忧郁症的高危险群。

积极向上，大家看道德模范评选，有一位女士叫许月华。她12岁（她很早就丧父丧母）双脚被火车压断，18岁送到福利院去。结果她去了以后没多久，她给负责人说："我要出来照顾比我小的孩子。"那负责人吓坏了，你双腿都没有了，不用人家照顾你就不错，怎么可能是你照顾人家? 但是她坚持。开始用板凳走路，都是实木的板凳，37年的时间，照顾了138个孤儿。我们想一想，假如那是我们的人生，我们还笑得出来吗? 结果她居然是非常乐观，常常展现笑容。她带出来的138个孩子，有不少孩子都是先天兔唇，或者有先天残障的，但是我们看到她培养出来的那些孩子，跟她一样的特质，很乐观。这就是以身作则。

她心地非常柔软，她在谈话当中谈的一点，我们印象很深。她能设身处地，这些孩子先天残障，特别敏感，你一个动作可能就会伤到他的心。她有时候抱这些孩子，这些孩子会流口水，流得很厉害。这个口水只要沾到她的身上，她绝对不会用手去擦，她很怕这么一擦，那孩子很难受。所以这是厚道厚到一个动作都生怕去伤到对方。

我们从事教育工作，听到这个例子，佩服得五体投地，觉得她是我们的榜样。她虽然是当妈的角色，但她那个乐观，她是君，她又是师。我想她一百多个孩子回来找她，她一定会给他最好的引导。所以在访问的时候，有一个女孩把她推出来，那个女孩也笑得很灿烂。人家问她，你从小在福利院，怎么可以这么乐观面对人生? 她说跟我"妈妈"学的。

"君"当中还有一个特质，叫大公无私，这样才能服众，整个团体才服气；你私心，那可能团体就会人心不平了。不只带团体，当父母的人，生了三五个孩子，也要以无私的心来对待孩子。

再来，知人善任，这也是"作之君"很重要的。在团体当中，用人用错了，这个团体就要遭很大的灾祸。比方，你要用去管理财务的人，一定特质就是廉洁正直；你要让他去带领一个部门，他的人格特质一定要是非常有度量，因为"德不广不能使人来，量不宏不能使人安"。一个主管人员心量狭小，这个团体、这个部门压力很大，是非会不少。那你任用他，本来是要他来带领一个部门，要安一个部门，最后反而问题越来越多。那也不是他的问题，是我们自己用人不当。他的才性是适合冲锋陷阵、打前锋，你把他用来当元帅，也不对。

领导者用错人，不能指责这个人，还要回过头来反省自己。为什么？每一个人都有他的特长，是我们懂不懂得用。我们闽南话"歹歹马也有一步踢"，你们没听过？"歹歹马"就是很差的马，它最起码还会一招，它也会踢。那你就去用他刚好会的那个，他也能够付出嘛。"用人取其长"，用他的长处；"教人责其短"，你要提升他，你要明白他的问题、不足，然后很有耐心的去带，手把手传、帮、带，把他带起来。

再来，很重要的一个为君者的修养，就是要纳谏，要能接受别人的劝谏。唐太宗是很好的榜样，人家批评他错了，他没有反驳，他还很有雅量，错了他也接受，这样大家就可以没有压力的去劝皇上。有时候皇上他毕竟是九五之尊，很有威严，假如底下臣子劝的时候，他又龙颜大怒，可能臣子也会有顾忌，他很多话就不敢完全表达，很可能贻误重要的事情，老百姓会受害。念念为人民着想的皇帝，他一定很有度量，接受批评跟不同的意见。

当然在五伦关系，也都需要尽这一份责任，就是劝谏，然后也要有修养，纳谏。劝谏的人心平气和，不是借题发挥，甚至不是去扬他的恶，所以"规过于私室，扬善于公堂"，不能在别人面前去批评他，这样就不厚道。劝谏的人心平气和，接受的人欢欢喜喜、感谢对方，这个家庭跟团体就可以坦诚相待，没有话不能直率的互相沟通。但是假如彼此没有这样的态度、修养，到最后都不能直心的互相沟通，那就变成表面上都不讲，私底下就讲，就给人家看笑话。你私底下讲，传给外人听，人家觉得这个团体不团结、互相批评，那不是这个家跟这个团体给人家看笑话了？所以"不言家丑"也是很重要的人生态度。因为自己的家、自己的团体，自己有责任，怎么还批评？改善都来不及了，还出去讲给别人听，那我们不是根本就不懂得什么叫"敦伦尽分"。那我们都不懂敦伦尽分，还有资格去批评别人？尤其还批评自己的人。

接着"亲"的角色，要尽到照顾、养育。你说我当老师还要养育学生？有，像我那时候带六年级，他们常常会肚子饿，我就要准备有机的饼干给他们吃，人在长身体的时候很容易饿的。你说："我是领导啊。"领导也要，毕竟他到团队来，一天可能有八九个小时在跟我们相处，他生活种种，饮食，甚至保暖种种，你要很自然的去关心，也是养育啊。比方她吃冰的时候，你要劝她，吃冰对身体的损害很大，你就不要只跟她讲："不要吃冰了。"现在成年人很好面子，你直接跟他讲，他不欢喜。你说，"从前从前，我有一个好朋友从小喜欢吃冰，最后这个女性朋友，她长了一些瘤，很不好。"你又没有直接讲她。然后她每一次想要去买冰棒，就想到会长瘤，就不吃了。我跟大家讲，不是吓大家的，没有侥幸的啦。为什么这么多妇女病？很多都是吃出来的，病从口入，祸从口出。

这个"亲"第二个特性，高度的信任。哪有父母不相信他的孩子的？孩子成长，尤其在学走路的时候，他不知道跌了多少次。有没有哪一个当父母的人，孩子跌了一百次，说："啊，我买个轮椅给他坐吧，我看他不行了。"不会的。对他那个信任是从来没有改变过的，所以那个信任的眼神就传递给孩子，"孩子你一定可以的！"就是这种鼓励，一下子把孩子的潜能就激发出来。尤其踏稳第一步，"哇"，家里人跳起来，"太棒了！"高度的信任。

　　我想当父母的人，那一份高度的信任，在孩子学走路时候的那个状态，再拿到现在青少年的身上，我想也能把他劝回头。现在因为我们已经当父母的人，没有像孩子一两岁那时候我们对他那种高度的信任，可能孩子很多的不好都放在心上，一看到，脾气就来了。不行，这样转不了孩子的心，你还是要用这个高度的真心去转。

　　父母也好，领导也好，老师也好，他在护念我们的成长，大家要了解，护念跟信任是不冲突的。你不要老师提醒你哪里不好，你说："老师不信任我。"那这个理解就有待商榷了。因为我们还不是圣人，很需要提醒。所以那个信任是建立在什么？相信我们"圣与贤，可驯致"。但是假如我们有哪些不足，他们都看不清楚，他怎么护念我们？他怎么指导我们？他怎么提醒我们？

　　所以"慈母多败子"啊！她那个慈已经变成什么？全是情感、溺爱了，她就护念不了她的孩子了。而我们有时候太重自己的自尊，疑心太重，有时候别人提醒我们，马上就心情很不好，"哎呀，他不信任我。"不要这样。理要清楚，要用正确的道理调伏自己的情绪化，这样反而可以感召更多的贵人来护念我们的人生。假如人家好意提醒我们，我们又觉得不高兴了，"人家不信任我"，人家下次就不敢再提醒我们。为什么？人家又不愿意得罪你，这个时代谁愿意得罪人？除了父母，除了老师，很少人会很直接的常常这样护念我们。但只要态度转了，我想人生会有很多贵人出来，"闻誉恐，闻过欣；直谅士，渐相亲"。

　　再来，不弃不舍，不放弃，哪有父母要放弃孩子的？所以不弃不舍。再来，不求回报，这也是父母无私的爱的一个精神表现，不求回报。很多当领导的人，栽培了一个下属，之后他有点不懂事，不念恩，离开了，我们也不要生气。尽心尽力栽培他，是我们尽我们的本分，他纵使不在我的公司，学到的做人跟能力，他走到哪也是利益社会，我们心量大一点。但是他不对的地方，总有一天机缘成熟，他会反省、忏悔，他会更佩服这个领导的度量、修养，我们不就又教育他了吗？假如他有不懂事的地方一出现，我们又在那讨人情，又在那骂他，跟他的缘分就切断了，这很可惜啊。那你纵使以前对他再怎么好，因为已经有隔阂了，他那些反省反而出不来。所以老祖先提醒我们"绝交不出恶言"，公道自在人心，何必逞一时之气呢？

突然想到，厚道，一定要注意绝对不要讲非常绝情的话，五伦关系里都不能讲绝情的话。比方，尤其这个时代，人很可怜，为什么？他做人做事，他不知道标准在哪、准绳在哪，他也很迷惘。又没有很好的家庭、学校，还有明师指点，人的思想观念善恶夹杂，他也做不了主，还有一些习染会拖着他。现在去哪里找，哪个学生、哪个孩子，父母一讲、老师一讲，全部听？万中难得有一二吧？可是他转不过来，他现在不能接受，他得要跌一跤，可能他又会回来问你，那你得要有耐心等待。

可是他一不听话，"我跟你断绝父子关系！"你不就把他的后路给斩断吗？所以当父母的讲这种话，也是没有智慧，也是情绪做主。你这种绝话一讲，他真的想回头的时候又想起你这句话，又不回头，在外面出了大事怎么办？你到时候哭都来不及了。你还是表达那一份对他的爱，他真正碰了一鼻子灰，他还肯回家，你就有真正让他再懂事、再提升的机缘。不只父子关系，五伦关系统统是这样。尤其我们学传统文化的领导、老师或者当父母的人，讲这种话，那就对不起老祖先了，我们自己都做坏榜样了。

再来，"师"。这个"师"表现在承传道统，"师者，传道、授业、解惑也"。这个道统，首先"百善孝为先"，一定要教孝道，然后掌握纲领，教五伦、五常、四维、八德。再来，很能够掌握机会教育点，开人的智慧。像孔子，他带着学生，看到流水，他就马上机会教育了，"逝者如斯夫，不舍昼夜"，时光就像这个河流，一去不复返，人要珍惜时光，"寸金难买寸光阴"。

师者，要以培养国家、民族的栋梁为己任，要以改造人类的灵魂为责任，不然当老师折福。因为老师是人类灵魂的工程师，假如我们教的内容，是让人类的灵魂堕落，那罪业很重。外国听说幼儿园就教竞争，这是误人子弟啊！我们老祖先是教礼让、忍让、谦让，这才是做人的态度。觉得西方的功利主义是对的，现在我们华人都引进来，误了非常多孩子的人生。

有一个父亲去参加小孩的幼儿园毕业典礼，幼儿园的老师为了要展现他教孩子的成果，在这么多家长面前说，"诸位小朋友，什么东西不能吃？"底下的小朋友说，"亏不能吃。"这个父亲是开始学传统文化，一听吓坏了，我要把孩子送去哪里读书？从小就不肯吃亏、跟人家会争，还得了！那等读到大学会变成什么？会跟人争、会跟人计较，更严重会害人。

有一所名校的学生，嫉妒同学成绩好，在水中下毒。你看那个竞争，再提升变斗争，斗争再提升变战争。现在整个功利的风气不就让整个世界多少地方在战争，到时候核子弹出来就完了。这是死路，不能走啊，我们要走老祖宗教给我们的康庄大道。"天下为公"，要能"讲信修睦"，哪来的争？"人不独亲其亲，不独子其子"才对。终身让路，决定没有吃半点亏的，越让心量越大，量大福大。

接着我们来看"敦伦尽分，闲邪存诚"，在我们教育界，还有一个很重要的思考：人臣的本分。在学校可能听教务主任、听校长的指导，我们也是臣；当老师的人在教学方面，孔子是我们的君，我们也是臣。不然我们在小学里负责一个班，我们永远是君，这样会不会慢慢的气焰比较高？会。会不会回到家里，对先生讲话像对小朋友讲，"你给我站好，不要动。"那你就执着在这个君的角色，不会变换。你回到家看到父亲，你还是儿子。有没有小学老师，看到父亲还是小学老师？有。那就在自己的这个身份当中修养、心性就堕落了。"应无所住而生其心"，那个"住"就是执着了。当着董事长，那个董事长的官气就什么时候都放不下；当了老师，那个老师好为人师的态度什么时候都放不下去，就把自己给毁掉了，道业就没有办法提升了。所以人在任何境界里面不执着、不贪着，那要有高度的警觉性。我们有太多角色，都要随时能懂得本分应该怎么尽。

而我们要深信因果，我们自己在学校当中，君臣关系非常融洽，我们教出来的学生，以后就懂君臣关系。假如我们当老师的人，动不动批评领导、批评国家干部，我们的孩子以后到哪都是不懂君臣关系，这个老师的口业就造大了。因果会相续，我们做错了，可能就毁了孩子的人生态度了。

而在尽本分当中，有一句话，很多人听了不舒服，那是不懂它真正的意义。"父可以不父，子不可以不子；君可以不君，臣不可以不臣"。一听，不公平。那个不是在相上去较量公平，重点在哪里？君他不君，他已经错了，他不懂，那我们臣继续不臣，那不是跟他一般见识吗？那我们不是也堕落吗？人要理智，在五伦关系当中，对方可以不明理，对方做错了，我决定不做错，这才是理智的人生态度。也由于我做对了，就能够转对方的不对。舜王的父母不对，可是他为人子，"我一定要做对。"最后不是也感动他的父母吗？所以这两句话是提醒我们，不要意气用事，要正己化人。自己都做对了，自然感化对方、感化五伦关系。所以听这句话没有听到义理，反而还在这里误会，这就很可惜啦。所以依文解义，照自己意思去领会，圣贤人喊冤枉！

当下属要有四种主动，甚至于是当学生也要有四种主动。今天我们当老师，那是一个因缘的身份，不代表我们已经具备老师的德行跟学问，我们还在学。尤其我们站在学校的讲台上，对于老祖宗的文化，我们这些年才在学，所以我们也要具备一个当学生的态度。其实当孩子、当学生、当下属，精神是相通的。

所以在本分当中，四种主动。第一，主动请教。"心有疑，随札记，就人问，求确义"。那你到任何一个单位去，你要请教你的领导，你才能够熟悉你要做的业务、你要做的本分。主动请教，有不懂的主动发问，请教就是发问。

主动汇报。你学的情况怎么样？这个事情做的进度怎么样？你要汇报,领导者他才能安心,哦,交代你的事没问题了。假如你不汇报,他就一直得要挂念这个事情。假如做秘书不懂得这些道理,那就变成君臣颠倒,秘书变董事长,董事长变秘书,变成董事长要一直去追他的事情。

主动汇报,包含我们学习,领会的道理有没有正确?有时候一领会,会偏掉。有学长说,"我终于了解我们要从见别人的过到能够包容,然后从这个包容又发现,这个包容还是分别心,还是有高下见,不应该起这样的念头。"我们就听一个学长在这么分享。我说你讲错了,包容怎么是分别?怎么是高下见?不是,就是有时候在领会道理的时候,他可能会不准、偏掉。但是他自己没有发现,又没有去汇报的时候,又没有被提醒,他还讲给别人听,别人还很佩服,"哇,他讲得很对。"那就不妥当了。是你包容的心里面还有"我比较修养好,他修养不好",那可能你有高下见,但是你不能说包容叫高下见、叫分别心,那不对的。

就好像曾经我们有一个同仁,当时候我在北京跟大学生分享,那一天讲完课回去,她就对着我们的同仁讲,"蔡老师讲课,就是上台之后,就把底下的人当作自己家的兄弟姐妹。"大家一听,很有道理。我说,"不是上台把大家当兄弟姐妹,平常就……"她分享的,大家都:"哎哟,很对。"她讲的也不是说错,但是要更提醒,你不是上台才提醒自己"兄弟姐妹、兄弟姐妹",那到时候可能要笑都抽筋,不自然嘛。当然也要从不自然当中一直提醒自己变自然,可是要平常的时候就是这样的心境。那她不讲出来,我们也不知道她体会的情况。

主动请示。这些都是《弟子规》教的,你看主动汇报,"出必告,反必面"。我们读小学回到家:妈,今天学校哪些情况,学到什么。妈妈很清楚你的学习跟人际关系,她也很好指导你。这个为人子的态度习惯了,到学校去,也会汇报老师我的学习情况,老师好指导我们;到单位去,事情做到什么情况了,都汇报,这就是"出必告,反必面"。你一个事情处理完了,你要发个短信,"领导,这个事处理完了。"他就不用再挂碍这个事情。现在有这个习惯的人不多，你要为领导设想。为什么？任何一件事情，有责任的人，他绝对不失信于人，你一发回来，他那个心不就安了嘛。

请示，"事虽小，勿擅为，苟擅为，子道亏"。擅自做主，这非常不妥当。在家里，就要什么事情要问过父母才做，不能擅自做主，那在学校、在单位也是一样。而实在讲，只要是主动汇报跟请示的人，最后会得到什么结果？"这个事你做主就好了，这个权限授给你了，你以后不用跟我汇报了。"因为信任嘛，他成熟嘛。

假如从小就不养成这个汇报跟请示，领导、老师、父母都提心吊胆。因为什么？我们做事没有章法，没有这些本分的概念，又不按牌理出牌，也不知道我们又有什么新花样出现了。所以当领导不怎么放心我们，不是去要领导的信任，他那个不放心一定有原因的，假如我们做事都是正确态度，那一定赢得领导的信任。我们反思一下，父母、老师、领导不够信任我们，我们拿这四个对照对照，自己有没有做到位。

还有主动参与。"亲所好，力为具"，主动参与在家庭里面，只要父母鼓励的事情，当大哥哥、大姐姐都去带动，那父母觉得是最好的帮手。古代，不要说古代了，我们上一辈就懂，只要把大儿子、大女儿带好，后面五六个人统统跟着他学。那我们也有这个期许，我们在学校当中，国家的政策、学校的政策由我带头主动参与，带动大家的风气。这样的存心有大福，因为这是尽忠尽力的态度，"试看忠孝之家，子孙未有不绵远而昌盛者"，忠孝是做人的大根大本。

第二，人臣的本分也要常常能提醒自己，要务本。"勤俭为服务之本，礼节为治事之本，服从为负责之本"，在台湾我们学习的过程，都有学过"青年十二守则"。这十二条做人的根本，非常好的教诲。其中跟人臣有关系的，我们举这三句。勤奋、节俭。一个人不节俭，给他办事不放心，他会乱花钱。尤其我们在公家单位，"尔俸尔禄，民脂民膏"，不可以乱浪费公帑。而且勤奋才能真正把事做好。

人还要自我锻炼，当你事情很多的时候，刚好遇到了，大家有没有经验，突然什么事一起来又推不掉？这个时候要稳住，然后要磨炼自己在事情很繁多的状况要定得下心、不要急。这在下一节课，我们谈到"敦伦尽分"的第三个重点，为师者要有正确的思想观念，怎么对人，怎么对事，怎么对物。我们这些思想观念都正确，孩子一生都受用。"急事宜缓办"，事情很急的来，你要放慢脚步、要稳住，不然忙则多错。那就锻炼自己，事情再怎么多，心不要烦，然后更好的去安排时间。然后不只不烦，马上想起一段话，叫"天将降大任于斯人也"，你这个心境一转，接受就好。我们往往就是事情太多，不接受、发牢骚，时间又过去了。骂一骂，人家也不敢跟我们配合，自己造成障碍，心上的障碍跟人与人人际的障碍。

"服从为负责之本"，服从的人他才会主动请示、主动汇报，才安心让他负责事情。比方说他不主动请示，他带十万大军出去，什么人的话都不听，十万大军全军覆没还得了？同样的，我们在学校一带班，那一个班都是几十个孩子，责任也很重，都要配合国家还有整个学校的这些政策来发挥。

"礼节为治事之本"，人与人的应对分寸才不会失人和。做什么事情都有节度、都有步骤，你一个典礼不都有步骤吗？包含吃顿饭也都有步骤。他就养成做事情都是循规蹈矩。"不在其位，不谋其政"，因为这也是一个分寸、礼的节度。这事不归你管，你去好管，人家就生烦恼了，明明这个事是我管的，怎么你来做？这样就没有尊重到人家的职权，所以分工合作，大家职权都很清楚，就不会造成不必要的误会。包含礼节当中，"礼者，敬而已矣"，任何团体当中互相配合事情，都保持一个尊重的态度，知会一下对方。他感觉被尊重，他要配合起来很欢喜，这就符合礼的精神，"礼者，敬而已矣"。

好，今天就跟大家分享到这里。谢谢大家！

第二十讲 自我教育的重要性（八）
敦伦尽分，闲邪存诚（3）

尊敬的诸位长辈、诸位学长，大家下午好！

我们这几堂课跟大家共同交流的主题是"做孩子一生的贵人"。这个"孩子"，从事教育工作，指我们的学生；对于家长，是我们的小孩；对于一个领导者，是我们的员工，这些员工跟我们在一个大家庭当中，当作自己的亲人一样爱护。再放眼，我们能"老吾老以及人之老，幼吾幼以及人之幼"，以我们祖宗的存心，那所有中华民族的炎黄子孙都是一个大家庭。面对我们中华文化继绝存亡之际，我们应该把这个民族的责任扛在肩上，做整个中华民族后代子孙一生的贵人，有机会就要把老祖宗五千年的智慧介绍给他们，让他们能够站在五千年的智慧之上，看得更远。而我们老祖先在经典当中教诲我们，都是要天下为怀，所以我们学好了，让全世界对我们中华文明产生信心，进而利益全世界的下一代，也不辜负上世纪七十年代汤恩比教授对我们中华儿女的期许。汤恩比教授说："解决二十一世纪的社会问题，唯有孔孟学说跟大乘佛法。"唯一能够带领世界走向幸福、安乐的大道，要靠我们中华儿女了。

所以面对这个主题，我们心胸有多宽大，可能我们在吸收老祖宗的这些教诲，就会更深刻，所谓"责任的承担是成长的开始"。我们今天记得一句、体会一句，说不定这一句就改变了别人的人生了。当然，要改变别人的人生，首先得要改变自己的人生。自己学了传统文化，没有脾气了，自私去掉了，都能处处为人想，我想身边的人绝对会非常感动，进而很好奇，这个人到底发生了什么事情？原来他在学习《弟子规》，在学习《群书治要》。这叫为人演说。你改变得很大，改变得很好，你就表演给他看，他就对中华文化有信心，他有信心才会深入去学。所以这个主题，做孩子、做你生命中有缘人一生的贵人，首先得做自己人生的贵人。

人一生的命运怎么改变？"改习为立命之基"，把坏习性改掉，命运就变了。一个人脾气很大，说不定他命中四十三岁遇到一个人起冲突，结果命就没了。但是他把坏脾气改掉了，他的命不就改掉了？他本来很吝啬，他就没有福报，他改成懂得布施，那福田就越来越厚，他的命运当然就转了。

那改掉习气，就要时时自我教育，看到这个心态不对了、言行不对了，要痛改。所以"自我教育的重要性"，是我们这个主题当中第七个大项。这第七个大项是最重要的，因为从事教育工作，身教最重要，一定要以身作则。在这个主题当中，我们之前提到，第一，教育者首先受教育；第二，知道自己有过失了，知过、悔过，进而要改过。我们常常："好，我知道了，我知道了。"知道了五年、十年，就是不改，那叫明知故犯，"倘掩饰，增一辜"。这样不只没有改命，还折福。第二个重点"改过"非常重要。为什么折福？糟蹋老师给我们的教诲、糟蹋圣贤人留这么好的宝藏，哪有这样而不折福的道理呢？所以谁有福？听父母话的人有福。谁折福？不听父母话还忤逆的人就折福。祸福都在一个心念之间。

第三，我们要改过，要抓住纲领去改，当然改过以前要发"三心"。要发耻心，别人可以做圣贤，我怎么可以一直堕落？"装身于千古圣贤之列"，这有志气。比方文天祥到了孔庙，看到历代的大儒，欧阳修、司马光这些留名青史的圣哲人，他小小年纪就期许自己，决定要像他们一样。所以文天祥留下了"人生自古谁无死，留取丹心照汗青"的名言。有大成就的人都是早发愿的人。"装身于千古圣贤之列，不愿为随波逐浪之人"，这个随波逐流，力量很强，整个物欲横流，所以我们得真正爱护自己、把持好自己，进而要成就自己，人生不能空来一场。要真正有成就、有意义，那这一份发愿、这一份志气，就变成改过的动力了，源源不绝的动力，发耻心。

发畏心，敬畏。为什么？善有善报，恶有恶报。人懂得赶紧改过，弥天的大恶还可以悔改，就好像千年暗室，拿一个灯去照，千年暗室就去除，大放光明。但是假如不肯改，到生命结束的时候就没有办法改了。自己沉沦之外，很可能殃及子孙，所谓"积不善之家，必有余殃"。这个我们在历史当中看到不少。董卓乱政，他自己被处死了，连他九十几岁的老母亲都被拉到刑场，最后满门抄斩，所以要有敬畏。人不能放纵自己的欲望，不能肆无忌惮，要懂得敬畏真理、敬畏天地鬼神。有了这样的警觉性，连恶的念头都不能起。所谓"有一行而酿子孙之灾"，这个行为会造成子孙的灾祸，不可以做；"有一言而伤天地之和"，这就没有口德了，我们以前老一辈的说"要积口德"，口下要饶人；包含一个念头不对都是一个种子，变一个恶的种子会感召未来不好的果报。

举一个例子，有一个读书人，他的学问很好，怎么考都考不上功名，后来遇到一个高人提醒他，"你虽然学问很好，但是你的福报折得很厉害。"所以人考得上功名，除了学问好，他还要命中有这个福报才行。财布施得财富，他得有修那个福报才行。结果这个高人提醒他，"因为你年少的时候不高兴，狠狠地瞪了你父亲一眼，这对你人生折了大福。"大家想，起了个嗔恨的念头，他的功名就被折掉了，所以念头，它那个能量是很厉害的。

你起一个善念，就像《了凡四训》里面讲卫仲达先生，"君之一念，已在万民"，为全国人民着想，所以那一念的力量超过他四十年造的恶。现在我们讲"正能量"，力量这么大。起个念头要害全国人民，那不得了，那这个负能量的损害就非常非常大，这可能就要殃及子孙。所以，明白这些道理了，敬畏的心就可以起来，就不敢有恶念，叫"克念作圣"，克制自己的恶念，念念都是正念，就契入圣贤的境界。

所以要发耻心、发敬畏之心，还要发勇猛之心。发现过失痛改，大的，就像被毒蛇咬到，马上把手就砍掉了，不然命就没了；小的就像被芒刺刺到，赶快把它去掉。这是谈自我教育重要性第二点，改过。

第三点，"严以律己，宽以待人"，抓住了这个改过的重点。自己怎么改？严以律己。与人相处怎么去调整？宽以待人。抓住这个纲领，具体下手处就是我们上节课跟大家谈的第四点，"敦伦尽分，闲邪存诚"，就在尽本分，敦睦伦常当中尽自己的责任，同时提升自己的境界。闲邪存诚，心就不断转恶为善、转迷为悟，就可以克念做圣。

敦睦伦常，这个"敦"是和睦、和谐。我们看到古人，一千个人住在一起和睦相处，我们现在三个人在一起，每天都不知道要吵几次，看这个不顺眼，看那个不顺眼，那这就很难敦伦，那更不可能尽到本分。这种家庭情况，父母都提心吊胆。还让父母操心，孝道就差远了，"身有伤，贻亲忧；德有伤，贻亲羞"。我们读到这一句"德有伤"，现在还有哪些行为、还有哪些性格让父母挂心的，赶快把它改掉，不然父母的担心是不可能改善、放得下来。你贪心不去掉，会不会触犯法网？比方说傲慢，会不会跟人冲突？比方脾气大，会不会出事？这些都让父母操心。比方爱喝酒，光是一个爱喝酒，父母就没有宁日。喝了酒会乱性，喝了酒安全有问题。更恐怖的是赌博，一赌，可能全家都在苦海当中。这些都要马上改掉。

所以要尽本分不容易，得真正能够时时善观己心，我的心态有没有偏掉？心态一偏，天壤之别。举个例子，就像在家庭团体当中，"各自责（反省自己）天清地宁，各相责（互相指责）天翻地覆"。这只是一念之差，天壤之别，所以必须闲邪存诚，存真诚心、存反省的心。

所以一开始我们从"敦伦尽分，闲邪存诚"，下手处，要时时提醒自己

"作之君、作之亲、作之师"，因为我们要尽每一个本分、角色，一定要做到这个"君亲师"的精神。我们传统文化、传统的家庭当中都强调祭祖，"慎终追远，民德归厚"，不忘本的人他才没有失去人格，忘本就糟蹋人格了，行为可能畜生都不如了。因为乌鸦都知道反哺，羔羊都知道跪乳，怎么"天、地、人"三才的人可以不知恩呢？

传统的大家庭，正厅都是祠堂，祭祖先的。祭祖先一年春秋二祭，还有一些重要节日，平常就拿来教育子孙，就是私塾的教室。效果很好，在祖宗的灵前上课，不敢打瞌睡、不敢不专心、不敢不尊重老师。我第一次到马来西亚来，上课的地点也是祠堂，刚好在吉隆坡的陈氏宗祠，我好像瘦了半公斤，战战兢兢。陈氏祠堂，因为我们清楚，是舜王的后代，陈姓、胡姓这些都是。一想到是舜王的后代，不敢造次，要尽心尽力结这一份善缘。感觉在祠堂里上课确实不一样，因为我们的祖先时时都念着我们这些后代。我们的祖宗有高度智慧，而且是真正慈悲到了极处，为我们五千年后的子孙着想，五千年后还可以学到他们的教诲。

而祠堂的正中，有一个神位，上面写着"天地君亲师"。我们之前去云南还看得到这个牌位。天地化育万物，没有天地我们就没有生命了，要感天地之恩。接着我们人生，对我们恩德最大的：君、亲、师。君王治理国家安定，各行各业才能发展、兴旺，不然你看现在这么多国家在打仗，那生灵涂炭，可能都是颠沛流离，妻离子散都有。其实我们马来西亚可能在上一辈都经历过战争，都遇到日本占领，那时候人们内心的恐惧可想而知。这些都是我们熟悉的长者他们的经历，我们好好体会，就感国恩，进而好好在每一个行业尽本分，让社会发展得好、安定，回报这个国恩。所以这君恩、国恩不可忘。亲是父母，没有父母就没有我们的生命，要报答他们的养育、教育之恩。还有师，老师教育我们，我们才懂得礼义、懂得做人。因为没有礼教，人的行为可能就离了这些伦常，做出来的行为可能就会伤了父母、伤了亲人的心。所以亲恩不能忘，师恩不能忘，这是"天地君亲师"。

而"君亲师"可以说是我们人生处事待人的三宝。"君",我们上一节课讲到以身作则、使命感、大公无私、知人善任、纳谏，这些部分都是君的精神；"亲"，养育、对人高度信任，然后不求回报、不弃不舍，这是亲的精神；"师"，启发人的智慧、道统的传承，还有培育民族的栋梁，这是师。我们掌握这个精神，扮演任何一个角色都能扮演得非常成功。

这三个精神，时时要求自己，不是要求他人，因为现在人都有烦恼，烦恼在哪？比方父母觉得孩子不听话，老师觉得学生不好教，领导觉得下属不好带。大家有没有这个烦恼？想不想放下烦恼？传统文化教给我们，"转烦恼为菩提"，可能我们现在最痛苦的事情，会转念，那个最痛苦的事会变成最快乐的事情，转念很重要。真的，可能同样的事情两个人遇到，一个人觉得像下地狱，一个人觉得像上天堂。明明同样一件事，为什么他们的感受不一样？所谓"境缘无好丑"，人生的际遇没有好坏；"好丑起于心"，心的分别执着、心的好恶造成的。

我们中心的执行长，吴执行长，他刚好要对我们大马的大众讲一堂课："《群书治要》在企业中的实践"。我想大家应该印象很深刻，我们执行长讲，他遇到越困难的事情越兴奋，啊，又是他人生一个很好突破的机会；而且越困难，突破了，帮助的大众越多。

当时苏州政府有一个很棘手的问题，很久不能解决。后来政府来找他，他花了三个礼拜的时间，把这个问题给解决，皆大欢喜。为什么能解决？"内行人看门道，外行人看热闹"，我们一听解决了，啊，拍手，也不知道是什么心态能解决、什么方法能解决。其实在执行长他分享当中，"心生则种种法生"。方法从哪里来？从他的心出来的，都是无我利他的心，对方感觉到了，"你怎么处处都替我想，你也没有得什么好处。"人就觉得很感动，他就肯跟你沟通。谁愿意对立，冲突几年都不能解决，谁愿意？你们有没有遇过有人去打官司，打了五年，花了很多钱，常常上法院，他说

"好快乐，我上法院上了五年"，那他是精神有问题了。都想解决问题。所以这个无我利他的心境可以感动对方，"精诚所至，金石为开"。首先哪里开了？对方的心结就解开了。再用方法，再互相之间的设身处地，互相的一种调节、一种包容，那就能化开了。

我们谈到的"君亲师"，让我当下感受最强烈的，也是我们的执行长，他落实"君亲师"落实得非常具体、非常让我们感佩。首先"君"，以身作则，他开始工作，早上可能五六点就开始工作了，工作到晚上十二点。其中有一天忘了上厕所，十几个小时没有上厕所。我听了很心疼，还是要去上厕所，这还是会伤身。两位领导，我们的执行长跟我们的康顾问，两个人从来的第一天到现在都是这样在工作。我对执行长讲，曾经听过您的课，您有两句话我印象很深。他说，"做人的最高品质是无我"，把自己忘了，念念为他人、念念为国家社会；"做事的最高品质是忘我"，把自己给忘了。看到他们干了一整天了，十几个小时没有疲态，我打哈欠都要到旁边去打，有点不好意思。这是以身作则，"君"，还充分听取我们很多的意见，这就是纳谏。

"亲"，执行长这几天中餐、晚餐都跟我们所有的同仁一起吃，很关心我们的身体健康、学习、工作，这就是爱护。昨天晚上我们一个同仁，血压高，今天已经恢复正常，执行长就带着我们一起去，到他住的寝室看望他，这就是表演"亲"给我们看。

还有"师"，师就是循循善诱，给我们上课的时候，包含跟我们一起用中餐、晚餐，吃完饭有时候一聊两个小时，每个同仁的问题，他都一一给他们解答，这是机会教育。尤其有一段话印象很深，因为我们执行长他在整个传统文化的落实，给人印象最深刻的是他落实"家文化"。两千多员工不用打卡，他说哪有回到家还要打卡的？两千多员工很团结。像他们员工只要怀孕，都是特别照顾，可以晚一个小时上班，或者早一个小时下班，吃饭的时候都是坐特别桌，给她们特别加菜。因为每一个同事怀孕，那孩子就是这个大家庭的下一代。

而整个"家文化"确实是中华文化的核心。二次世界大战前夕，西方的科学家，他们研究了一个主题：为什么全世界的文明只剩中华民族的文明，中国的文明还历久不衰，达到五千年之久，是什么因素才能成就这样的文明？他们去做研究，研究出来的结论：可能是中国人重视家庭教育。这就告诉我们，整个文明的道统靠什么承传？"家"承传！这个家不是三口之家，也不是四口之家，少则两三百，多则五六百。所以为什么齐家可以治国？跟几百人相处都能很融洽，处事就懂得进退，有处事的智慧、胸怀都在其中。

我们的民族面临一个很大的转变，大家族没有了，那这个文化怎么承传？都市化以后，我们下一代的素质快速下降，为什么？两代怎么教孝道，怎么教处事待人接物、应对进退？甚至只有他一个独生子女，那不都宠坏了？所以道统没有办法靠小家庭传承，很困难。那不传承，我们的下一代会快速堕落！香港有一个华人很感叹，说一个拥有五千年文明的民族，为什么短短几十年变最短视的民族？这个我们听起来很有感受，因为打开报纸，年轻人为了几百块、几千块，伤害自己父母、爷爷奶奶的例子已经不是新闻了。看到这个情况，我想我们的祖先在天之灵在淌血，这么好的教诲给我们，我们不学，学自私自利，学跟人家争夺，就变成这个样子。那摆在我们面前是这个现象，而且这个现象越来越严重，青少年犯罪率越来越厉害。既然在我们眼前出现，我们就有责任、就有道义要改善，见义要勇为。

师长有高度的智慧，看到现在都是小家庭，那文化怎么承传？提出企业"家"，企业团体是个大家庭，以前的大家庭是用血缘的关系来维系；企业家团体的大家庭，用道义、用仁义来团结。这一点其实日本做得很好，但现在也越来越衰弱，因为还要透过不断的教育才行，不然好的传统也很难保持。因为日本是亚洲最早接受功利主义，它现在孝道这些伦理道德也下降得很厉害。他们有承传的企业，那员工都待一辈子，从来没换工作，他生活、居住、下一代都照顾得好好的，所以人心很安，尽心尽力为自己的团体。这用仁义、用道义，不是血缘。

而我们执行长他们听了以后，就在自己的企业落实"家文化"，结果带动几千家企业到他们的企业去观摩，去学习他们的经验。大家不要小看一个团体、企业对整个国家社会的影响，那个力量非常大。几千家企业接触了，都照着"家文化"去落实，不得了，影响无远弗届。现在连日本、韩国都在效法，他也受邀到日本、韩国，包含这一次一个企业家论坛，主题是稻盛和夫（日本经营之圣）的经营哲学，我们执行长也是受邀亲自去授课，解决了很多嘉宾提出来不能解决的问题。

为什么他能够回答这些问题？因为他自己做了这么久的时间，他的企业二十多年了，他真正去落实君亲师，哪有问题提出来他不能够解决的？他真做了一定能说，说不一定做得到。说有时候是理论，得解行、知行合一，才能真正契入。执行长他真正自己去做了，由他来给我们讲"家文化"，感觉有醍醐灌顶的感受，特别点到最重要的核心点，他点出来就是君亲师的这个"师"，他不只抓住机会，他点都点到最核心。哪些是最核心？"有'我'就不是家文化。"这句话很经典。

请问大家，一听到"家文化"，第一个念头是什么？给我温暖。那每个人都要温暖，谁去烧柴火？每一个人都首先想我、我、我，那叫自私自利，怎么是家文化？我们就想起师长的教诲，中国的教育达到的两个目的，第一个就是让一个人"父子有亲"的天性终身保持，就是孝嘛。那他的孝道终身保持，不就心中只有父母，他怎么会自私自利呢？由这个孝道的核心、爱的原点，再延伸达到第二个目的，从孝延伸，从爱父母延伸到爱兄弟、爱家族、爱邻里乡党、爱社会、爱民族，最后爱世界一切不同种族、宗教的人。那一天，我们一个学长他就讲到他的母亲，跟所有宗教的人相处得非常融洽，那是因为他的母亲本来就有孝道的基础；再来，连乞丐都爱护，都不轻慢。所以这一延伸开来，对所有宗教都爱护。他小的时候跟着母亲，清真寺进去拜，天主教这些都去礼拜，都去恭敬。

老祖宗的教育达到的这两个目的，爱父母终身保持，延伸开来，爱一切的人，甚至爱一切的生命、爱护一切的物品。不糟蹋物品，勤俭、惜福，都是从这个爱的教育延伸出去。那既然是在这样的家道，从爱父母到爱家族，就没想自己，这样才能带动家文化。哪有每一个人都想自己？那不就争了、不就夺了？这一点我相信诸位学长只要冷静，尤其马来西亚的学长，很多大马的学长，三十年前都挑大粪，都帮父母，能为父母分忧的人，保证晚年有后福！大家仔细去观察，真理就在自己的身边，哪有念念体恤父母的人没有福报的道理呢？

大家冷静去看，比方说有七八个兄弟姐妹，头几个人很刻苦，后面那最后的，生活比较好了。结果三十年之后风水轮流转，前面大哥大姐还是懂事，很有后福；最后那几个小时候就享受，享受了，都要戴领带、都要穿得漂漂亮亮，结果他的下一代也比较爱花钱，最后他晚年不好。所以老祖先说"三十年风水轮流转"是有道理的。有没有人转了三代人还富有的？有，那一定是有智慧的家道承传，叫勤俭持家，才办得到。只要喜欢花钱，青出于蓝会胜于蓝，保证你富不过三代，没有一家侥幸的。不要跟真理过不去。所以谁有福报？听真理、听祖先的话、听父母的话，不会败。一家如此，一个朝代亦如是。清朝为什么盛？前面那几个绝对不敢打折扣，完全遵照老祖宗教诲，后面比较没有遵守，他的气数就会比较弱下来。

所以我们执行长讲的第一个点，家文化首先要"无我"，为父母、为家人着想，这就是我们几千年来大家庭最核心的精神。我父亲是长子，又是长孙，我父亲的一生事业也比较平顺，这确实都是托祖先的福报。由于受的传统文化的教育，所以一生就是"道义人生"，从来没想过自己，我没有看过我父亲的思维里面有先考虑自己的，没有。父母、兄弟、朋友都非常尽力去爱护。而我们马来西亚的华人很有福报在哪里？对于祖国大陆的亲人尽心尽力爱护，这太可贵了。就是自己可以没得吃，不能让家乡的亲人没得吃，这是道义的人生态度。所以马来西亚的天灾特别少，好像也没遇过地震，这都是福报的感召，包含现在汉学院在马来西亚办。我没有吃醋，我随喜，我们尽心尽力支持。学传统文化就要当个明理的人。为什么在大马？因为大马华人非常珍惜老祖宗的教诲，有感就有应嘛。

"家文化"第一点，无我，不能自私自利，才能建设家文化。第二点，治家没有秘密。家里人没什么话不能讲，坦诚沟通。这个我们执行长跟我们相处几天，我们都感觉到。反映一些情况，充分了解，然后赶紧去协助、去处理。第三，平等爱护，没有大小眼、没有偏心，这个很重要；第四点，强调勤劳、勤俭持家，这都是家文化里面很重要的，没有勤俭，这个家道就要败了。

我们执行长抓住任何一个机会点，他在表演君亲师的这个"师"，机会教育。看到我们同仁在教室里面穿得很厚，还要围披肩，执行长说，"首先不恭敬这个同仁，让他那么冷。"所以我们执行长强调，"时时要保持恭敬心，对人、对事、对物，连地球的每一份资源都不能浪费。"他在他们的企业省电，做出来的效果非常非常好，给他整个企业的营运成本降低非常多。包含他们一个礼拜三天低碳餐，吃素食。这么多年省下来，那不知道可以少砍多少树木，这都是恭敬心的落实。

再来，时时是欢喜心，时时是感恩心。这感恩心、欢喜心、恭敬心在哪？Any time（大家复习一下），any where。一定在每一个细节，为什么？一言一行都是心的反射嘛，我们讲得再高再大，真正有没有做到都看细节。这个冷气太强不只对听课的人，包含我们中心是社会大众的支持，那我们这么耗损电，也是对大众的不恭敬，那也是对圣贤教育的不恭敬，圣贤教育教我们要节俭。好，今天的冷气还可以吧？我们主事的同仁要随时，假如太冷，注意一下，太热也要注意调整一下。待会我们会谈到正确的思想观念，君亲师里面都要有正确的思想观念，思想决定了一切的言行。

那正确思想观念里面有对人、对事、对物，所以在处理事情就不能过与不及，不能太凉，也不要太热，待会有人听课晕倒了，那也不行。"容容虚空，适得其中"，做什么事情要适中。待会我们再来讨论怎么适中，持这个"中道"。

这是提到恭敬心的落实在每个细节。包含执行长讲，"你就从二楼到三楼，还要坐电梯吗？"电梯你一启动，那耗的电就很多，你都尽量走楼梯，那省下来的电就不得了了。而且你看，省了地球的资源，同时自己多运动，身体好，所以利他绝对自利的。

这是跟大家分享"作之君、作之亲、作之师"，也从我们中心执行长，领导给我们的表演，我们体会相当深刻。感谢师长的威德、感谢卢叔叔的智慧，他慧眼识英雄，推荐我们中心要礼请执行长来带领我们；当然也感谢祖宗在天之灵的庇荫；也感谢诸位学长，托你们的福报，因为你们都祝福我们中心，这些力量就感来我们执行长跟康顾问对我们中心的护念。

第二，"敦伦尽分，闲邪存诚"第二个大项，是我们在工作岗位，包含我们教书，一个当老师的人，整班都听他的，我们当时候说是一个班的国王、统帅。但换另外一个角度看，校长是我们老师的领导，人有很多角色在转换。那请问一个人当董事长，回到家在他妈妈面前是什么？是儿子。他假如频道转错了，在妈妈面前还是董事长，铁定给母亲弄得够呛，一看到他还要发抖。他傲慢，甚至于拿的钱多，造成母亲的压力，这就不对。

所以人一定要有高度的警觉心，应无所住而生起真心、孝心、善心，那个"住"就是有执着点。比方学历产生执着点，"我硕士毕业，我博士毕业。"他一执着，他的气势就越来越强，他就傲慢。比方说赚了不少钱，以前跟人讲话客客气气的，现在走路要晃、头要抬得高高的，那不就"住"在我很有钱？比方一个人头发乌黑亮丽，会不会执着？一看到别人很多白头发，他就在那里："啊，我的头发很漂亮。"他很执着他的头发，那就炫耀、就压到别人了。人要自爱，什么是自爱？不要让自己有执着，不要让自己有染污，清清白白来到这个世界，要清清白白走，"本来无一物，何处惹尘埃"呢？

实实在在讲，人一贪着，人一自以为自己高，活得可够累的了，哪有什么好？因为你觉得自己有什么，就常常要别人给你肯定、给你赞叹、尊重你。那别人不给你肯定、赞叹，你回去不就很难过、很生气？是啊，那不都是自己找麻烦、自己找苦吃？所以老祖先提醒我们，"自讨苦吃"、"自作自受"、"自掘坟墓"。好，接下来你们自己想。老祖先这些成语在开我们的智慧，所有的障碍烦恼是自己的心造成，不要怪别人。就像刚刚给大家举，我们执行长越难越兴奋，怎么会有障碍？那大家这个课都听过了，这两天有没有遇到困难，有没有越来越兴奋？"我又要成长了，我又要突破了"，还是像消了气的皮球？所以读经、听课，最重要是什么？这个教诲要入心，变成我的灵魂、变成我的态度，就得大利益了。

所以人不能因为你人生的经历而产生贪嗔痴慢这些不好的习气、态度，应该在每个因缘当中不断提升自己的德行。我教孩子，越教，我的使命、我的心量越来越大，对了。教书越教，脾气越大，错啦。你当董事长越来越有人生的使命，把很多不懂事的员工都教得孝顺了，那你的德行智慧往上升。很多人当董事长欲望越来越重，他不就下堕了？

那当老师是一班的老师，但他换一个角色，又是校长带领的下属，所以我们也是人臣。以前的皇帝很懂，他是九五之尊，全国他最大。可是一个人假如时时都是君，会不会心态偏掉？会啊，他会越来越狂妄，谁都要听他的。"天子"，他是上天的儿子，他归谁管？归老天爷管。所以对老天爷来讲，他是臣，老天爷是君。只要有天灾出现了，他说："我做错了。"他得到天坛去向老天爷忏悔，他也是人臣。人时时调整还是为人臣，他就会谦卑、收敛。人一直往高处爬，还要常常自己归零，不然会恃才傲物。为什么说"少年得志大不幸"？他一下子觉得自己很高，就下不来了。

人臣的本分，我们上一次跟大家交流到四种主动。一个当老师的人，一个当校长的人，是不是人臣？他面对教育官员他就是人臣了。所以为人君者同时也是为人臣。假如当老师的人，为人臣做得非常好，保证他教出来的孩子以后出社会都是忠臣。一个老师动不动就批评校长、批评领导，他的学生以后出来可能就给人家添乱，因为会顶撞、会不服从领导。所以很可悲，有一些名校，名校是花国家最多的钱，因为给它的款项最多，结果很让人反思的是，这些名校学生很多都出国不回来，甚至骂自己国家最严重。因为那些名校里面，老师很可能都在批评领导、批评自己的国家，当然结果会这样。这是非常错误，得到国家最多的支持，应该最爱国，怎么颠倒？这是不对的。

那以身作则很重要。其实学生都单纯，包含大学生都单纯。这个除了自己的人生感受，我感觉我初中的时候非常单纯，你们看得出来吗？读了"三民主义"，孙中山先生的这些教诲，我自己跑去看"孙中山先生传"。初中的时候看了哭得死去活来，一个国家要建设起来，那多少革命烈士抛头颅、洒热血，一个国家社会的安定不容易！所以初中时候感觉单纯，包含我自己去北京很多所大学演讲，学生听课真的是聚精会神。你说他假如不单纯，怎么会这样听课呢？大学生都单纯，更何况是幼儿园、小学的孩子，他老师的身教、言教决定会改变他的一生。

那四种主动要从老师做出来。"主动请教"。当老师的人会不会遇到不会的问题？你当老师，常常在那里翻字典、常常向你学习的善知识请教，再来给你的学生回复，你的学生就看到你的好学，主动请教、主动发问。学问、学问，要学着怎么问。"主动参与"，学校里面很多活动，你都带头，主动参与。一个团体的风气也要靠每个人带动，不然领导会很辛苦。"主动汇报"，这些带班的情况要汇报。"主动请示"，做什么决定会影响团体，不自专，要请示之后再做。这些不只是为人臣、为人子女是这样，为人弟子亦如是，都是相通的。

其实我们冷静想一想，我们也作君、也作亲、也作师，但是最基本的弟子的态度没有。因为我们没有弟子态度，把它做好，所以我们在"君亲师"的角色一定会遇到状况，下属不够服从、小孩不够听话、学生不够受教。一遇到了，一定要想到老祖宗的一句话，"行有不得，反求诸己"。我们教的小朋友不听话，他那个不听话我有没有？大家不要看，心不听话都有能量，那个不听话的心念一出去，就会造成影响。

之前跟大家举例子，有一个母亲学传统文化，突然有一阵子遇到"韩流"，看韩剧。哇，没日没夜的看，不读经、不听课了。她女儿本来很乖，结果她在看韩剧那段时间，孩子在学校不听课、看小说，马上感应。所以当领导、当父母、当老师看底下有问题，马上回光返照，调自己，叫天人合一。人是我们自己的心，天是什么？自然的轨迹，我们所呈现的所有的现象，都是我们的心反射出去的。心境一调，境界就转了。所以传统文化教什么？心能转境。心把持不住了，就被境转了，功夫就在能转境界，守住自己的真心，守住自己不断的自我观照，然后自己以身作则去做。

接着我们跟大家提到，人臣的本分第二个重点要"务本"。务本，"服从为负责之本，礼节为治事之本，勤俭为服务之本"，上次有跟大家提过。我们有务本，我们孩子就学到了，这都是利益他的一生。

接着跟大家谈，人臣本分第三，要能"立节、尽忠、规劝、举贤"。我们透过《群书治要360》的复习，来体会人臣应有的德风。38页61立节操。首先我们身为公务员、教育人员，一定要不贪。尤其都是国家的公仆，"尔俸尔禄，民脂民膏"，都是人民的血汗。当然这个"立节"，除了不贪之外，包含很多重要的美德都应该带头来做，比方工作的尽忠、勤奋，都可以带头来做。

《群书治要360》第61句是讲到，"杨震字伯起，弘农人也。迁东莱太守"，要到东莱去担任太守。"道经昌邑，故所举茂才王密为昌邑令"，这"故"就是曾经举荐过的秀才王密，他刚好做昌邑的县令，"谒见"，去拜见他。"至夜怀金十斤以遗震"，晚上拿了黄金十斤要去送给杨震。杨震说："故人知君，君不知故人，何也？"我是因为了解你有才干，才推荐你出来服务人民，你怎么这么不了解我，还拿黄金来？这是为什么呢？人与人之间贵在相知，怎么可以这样？送黄金有点变成侮辱他了。

接着王密说："暮夜无知者"，现在已经天黑了，没有人知道。杨震说："天知神知，我知子知，何谓无知？"天知道，神知道，我知道，你也知道，怎么叫没有人知道？所以杨家后来堂号叫"四知堂"，就是杨震立节影响了他一两千年的后代。这也是读书人、公务员的好榜样，我们要立节。尤其刚刚讲到，四个主动当中，主动参与也是主动做好榜样。

第二，"尽忠"。《群书治要360》第64句，"君子之事上也"，君子在事奉国君、事奉他的领导，"进思尽忠"，上朝为官的时候想着尽忠职守，认真负责。当然他尽忠职守都是为了天下人谋福利，就像我们在学校服务，就是为了教育好下一代，成为社会的栋梁。"退思补过"，退朝居家的时候总想着补救自己的过失，增进自己的德行学问，以便利益大众。为人臣德行不高，领导人听我们的话会打折扣；你德行非常高，他打从内心尊重你，你的话他听得重。同样的，我们当老师在带孩子的过程，尤其自身也是失教的一代，传统文化断了两三代了，我们自己也没有深入，虽然现在在教孩子学《弟子规》、学传统文化的经典，我们也在学，甚至很可能，我们的习气某些部分还比学生重。那要不要退思补过？那要反思，我今天的态度、言行有没有给学生做反面教材？这个要忏悔，退思补过。

"将顺其美"，如果国君有美善的德行、善行，要顺势去促进。这个在学校里面，校长、领导，甚至于年级组长或者是同仁，有非常好的理念要在学校推展，都要"将顺其美"，要尽力去支持。好事多磨，学校的好事真的办成了，多少学生受益？尤其是推展圣贤教育，正确的思想观念就入了孩子的心灵了，再难都要极力支持，"将顺其美"。"匡救其恶"，帮助领导匡正补救他的过失。"故上下能相亲"，那你的领导就可以感觉到你的真心，互相之间就越来越亲爱。甚至于你的校长、你的领导常常有重要的事都会找你商量。一定的，这个是尽忠。

我们想到《弟子规》讲"父母呼，应勿缓"也是尽忠，"亲所好，力为具"，尽力去做。尤其我们现在整个国家在习主席的带领下，全面复兴中华文化，那学校更不用讲了，学校就是办教育的。这个时候"亲所好，力为具"，我们就尽忠带头，毫无保留去做。

下一句"劝谏"，《群书治要360》第65句，劝谏也就是《弟子规》上讲，"善相劝，德皆建；过不规，道两亏"，这也是本分，不劝我们就有过失。"亲有过，谏使更"，我们的领导甚至同事有过失，"谏使更"；"怡吾色，柔吾声；谏不入，悦复谏；号泣随，挞无怨"。其实我们劝领导、劝身边的人，劝得不好，只要肯拿这一句观照，保证可以找出我们哪边还有改进的空间。您假如找不到，我们再好好交流一下，切磋一下，绝对有！你说："我都找过了，真的没有。"没有你就不会来找我了，你找我代表你虽然其他都做到了，还有一点，耐性不够。对啊，不然你怎么来找我？因为你全部都做到了，接着就是耐性，要等待对方的成长，又急不来。当然不要因为这么讲，你就不来找我了，互相切磋可以互相促进。

这个"劝谏"的句子讲了，"忠有三术"，臣子尽忠有三种策略、三种不同的方法，甚至是功夫。功夫也有高下，也有浅深。第一种叫"防"，"二曰救，三曰戒。先其未然，谓之防也"，还没有发生，防微杜渐，这个最高。"发而进谏，谓之救也"，刚刚出现一些征兆、错误，赶快进行提醒、劝谏，这个叫"救"，就化解掉。"行而责之，谓之戒也"，"行"就是已经造成事实，事后检讨补救，这个谓之戒，"戒"就是往后引以为戒。"防为上，救次之，戒为下"。那我们既然懂得这个道理了，我们再为人臣，应该以什么为目标？"防"，那得要下功夫，要看得很深、看得很远。

第四点"举贤"，这个重要。今天我们在一个岗位当中，我们不能培养出一个跟我们一样的人才，我们离开了，那这个团队不就受很大的损害？那我们哪有尽到责任？以前对官员的评审，就是看他推荐多少孝廉、推荐多少人才，这是他考绩第一项。现在考绩变成拿金牌、拿银牌，有点不是很准确。以前的官员戴的帽子叫"进贤帽"，前面低后面高，你们看过宋朝的戏剧，那个就是进贤帽。后面的人超过前面，超过我们。

有一句格言讲，"进贤受上赏"，推荐贤德人，受到最好甚至上天最丰厚的福报；"蔽贤蒙显戮"，嫉妒人才、陷害人才，自己跟子孙要遭最大的祸患，很明显的祸患，这个历史当中都有例子。我们看《群书治要360》第68句，这一句就彰显了进贤的重要性。

这个故事就是子贡问孔夫子，"当今之世，谁是贤臣、忠臣？"孔子说，"齐有鲍叔牙，郑国有子皮。"子贡听了很惊讶，"应该是齐国的管仲、郑国的子产，他们都是治国的良相，这样才对啊？"子贡的认知跟夫子不一样。接着，孔子就问子贡，那我问你，经文里面讲，"汝闻用力为贤乎？"你觉得是卖力的人贤明？"进贤为贤乎？"还是推荐很多贤才的人才是贤明？子贡自己想一想，所以很多真理，自己冷静了也会想通，他说应该是"进贤贤哉"，应该推荐贤才的人才是贤明。孔子提醒他，那你有没有听说管仲推荐谁？你有没有听说子产推荐谁？那他们当然比不上鲍叔牙跟子皮的贤德。"不孝有三，无后为大"，当父母这样，当一个人臣亦如是，当一个老师亦如是，一定要以举贤跟栽培人才为重要的要务。

好，人臣的本分就跟大家交流到这里。我们下一节课最后一堂，我们谈的是第三个重点，"正确的思想观念才能带领好我们的学生跟下一代。"这节先跟大家交流到这里，谢谢大家！

尊敬的诸位长辈、诸位学长,大家下午好!

"敦伦尽分,闲邪存诚"第三个重点,就是我们要有正确的思想观念,这样我们就尽到增长学生慧命的责任。而这个主题,每个人人生的体悟都不一样。所以这个分享,礼旭是抛砖引玉,也是我们为人君、为人亲、为人师,自己要不断的积累更圆融的、更有智慧的思想观念。比方说一个父亲他人情练达,那他的孩子就跟一般孩子的见识不一样;一个老师他处事非常圆融,处处替人想,他的孩子跟他相处两年,绝对受他很大的影响。包含孩子跟着我们几年,你遇到事情是紧张、是退缩,还是冷静,还是很果决的去面对、去处理,都有可能会发生。所以这个思想观念,我们可以透过人生的积累,甚至于可以不断的从经典、从历史学到更多的做人做事的智慧。这个深度、广度,还得老师自己下功夫。我们早一天有智慧,早一天表现出正确的做人做事态度,学生就早一点种下了好的种子。孔子是"学而不厌",为什么他学习不厌倦?他学到的智慧马上可以去帮助学生,所以早一天觉悟,学生就早一天得利益。那不是当老师这样,当父母,还有当领导,都要有这样的使命感。

首先,对人应该有的思想观念、态度是什么?第一,对人第一知恩报恩,饮水思源。我们闽南话讲的,"吃果子,拜树头;吃米饭,敬锄头",你吃水果要拜这棵树，大树树神；你今天吃米饭，你要感谢那个锄头，就是它们耕耘才能有米饭。当然这个意思也是要感谢农夫，感谢成就我们可以吃到米的一切因缘。

那延伸开来，我们有四重恩，最重要的四个恩德。一，父母恩。为什么它是最重要的恩德？没有父母怎么有我们的生命？尤其三岁以前，一把屎一把尿拉拔成长。怀胎十月的辛苦，临产，那个生产非常辛苦。昨天我看到我们一个老同仁，他的太太生了个男孩，他太太差不多四十公斤，很瘦，还流了很多血。他说他印象很深刻，觉得母亲的恩太浩瀚，女人生产都有生命的危险。包含生产完，念子忘忧，孩子一生下来，最大的痛苦早就抛到九霄云外，都是念念考虑孩子的健康。帮我们洗尿布，洗濯不净，哺乳养育，喝母亲的乳汁，三年哺乳可能都要几百公斤了。所以女人的骨头颜色偏黑，那个营养都给了婴孩。

我们整个成长，父母操了多少心？从我们的健康，跟兄弟姐妹的相处，不懂事时常常打架、吵架，那最伤父母。还有安全问题，自己当哥哥姐姐要特别注意弟弟妹妹的安全，不能带他们去游泳，very dangerous，很危险，真的出了什么意外，怎么跟父母交代？要爱护、保护好兄弟姐妹。包含读书，有没有友爱同学，有没有尊重老师，有没有用心读书，这个父母都得操心。包含工作，尊不尊重领导，跟同事能不能和睦。以后结婚还得操心。我们夫妻相处、孩子教育种种。所以"母活一百岁，常忧八十儿"，甚至于临终都还在为孩子着想。

那知恩得要报恩，养父母之身，养父母之心，养父母之志，养父母之慧。在念父母恩，《群书治要360》第82句："蓼蓼者莪，匪莪伊蒿。哀哀父母，生我劬劳。无父何怙？无母何恃？出则衔恤，入则靡至。父兮生我，母兮鞠我，拊我畜我，长我育我，顾我复我，出入腹我。欲报之德，昊天罔极"。

这段叙述，最能让人回想成长过程中，父母对我们种种的爱护。一开始就讲到，那片长得很茂盛的莪蒿，再近一点看，原来不是莪蒿，是青蒿。人很多忧思的时候，往往看东西都看不清楚。因为心中充满忧思，竟把青蒿都看错了。因为他的忧思来自于回想父母的辛劳，所以"哀哀父母，生我劬劳"，可怜辛劳一辈子的父母，他们为了养育、照顾我，"劬劳"就是劳苦、憔悴。

当然，从父母的脸上我们可以看到岁月的痕迹。母亲照顾孩子，踏出了孩子的人生，也送走了自己的青春。包含我们自己的父亲，"父身病，是为子劳成疾"。父亲在我们的心中非常高大，为什么父亲会生病？为家里的经济，太操劳，积劳会成疾。我都感觉父亲是个巨人，巨人生病了，那个家就感觉好像要塌下来，这是我的感受。我父亲一辈子没有躺下来到医院去，这要感谢祖宗的庇荫；我的母亲有，曾经生病打点滴，很严重。我记忆深刻，都好像世界快要黑暗下来了，没有母亲那种感觉很恐惧，就是母亲生病了，自己内心都很恐惧。父母真的是天地啊！所以当唱到《跪羊图》那个"父身病，是为子劳成疾"，是真的；"母心忧，是忧儿未成器"。刚刚讲到的，我们一堆习气，还让父母提心吊胆，那是太不应该了。

而《群书治要360》中这句话的主人公，他已经成人了，可是父母不在了，他觉得"无父何怙"，没有父亲可以依靠谁？"无母何恃"，没有母亲可以仰赖谁？其实，他是心理上觉得没有办法回报他的父母。而且一个人能让他内心最踏实的，就是可以报父母、报对他有恩的人的恩德，这是让一个人内心最踏实、最欢喜的事情。所以古人才留下来最大的悲哀："树欲静而风不止，子欲养而亲不待"。

当然，有圣贤的智慧，世间任何的事都可以转，这一点好像上一节课有跟大家强调。有圣人的智慧，可以转烦恼为菩提、转危机为转机，可以化悲愤为力量。虽然父母已经离开了，《孝经》告诉我们："立身行道，扬名于后世，以显父母，孝之终也"。一个人真正道德学问成就，他的成就最大功劳就是父母、就是他的祖上，所以父母、祖上得的福报最大，所以我们真的"立身行道"，就是对过世的父母最好的感恩与回报。世间没有事情不能挽救的，只要我们明白真相。

那当老师的人要不要教生死的问题？要啊。我们的学生也会面临他的爷爷奶奶、他的家人离去，你不给他引导正确、引导好，他会得忧郁症。我初中的时候，我最尊敬的大姨丈去世了，车祸，我好几天睡不着觉，他对我非常好。然后我就想，这么好的人怎么死了？我想不通。最后我自己跟我自己沟通，我说可能他到更好的地方去了，转了念头才睡得着觉。大家就看得出来，我情执深重，感情太重了。都要了解这些宇宙人生的道理，自然而然在面对生死，就会很豁达、很正确的心态。

身体都带不走，身外之物更不可能带得走。真正明白人生这些道理，他绝对努力带得走的智慧、灵性、德行的提升，他不会去努力追逐那些身外之物，一样也带不走。不只带不走，他还牵挂老半天，一口气在那喘半天，喘了三年、五年在病床上不肯走，"我的房子，我的车子。"多苦！这叫家累，多了一大堆的累赘。人家窦燕山受了圣贤教诲，人家就不一样，活到八十几岁。那一天，他自己知道自己寿命到了，该走了，斋戒沐浴，洗得干干净净，跟所有亲属道别，"我走了啊。"给大家say goodbye（说再见）。讲完，坐着，眼睛一闭就走了，无疾而终。五福临门，最殊胜的就是无疾而终，"考终命"。

我们的学生，人生会遇到多少的境界因缘，假如老师这些都不懂，怎么引导他、辅导他？所以这个时代当老师得炼出十八般武艺，十八般武艺都得炼，都得积累才好。对不起，我今天讲闽南话讲得比较多，因为我今天收到消息，我们闽南漳浦教育局局长大力推展《弟子规》。现在每个礼拜，那个地区所有老师培训，一培训就是七天，这个教育局局长亲自上课，还有很多老师去支持。持续很长一段时间，就这样七天七夜一直培训，每次几百个老师这样培训。有这样的父母官，让我非常感佩，因为太高兴了，今天就多讲了几句闽南话。真的是为官一任，造福一方。《诗经》

讲的，"君子如祉"，君子是人民的福祉、福报，"乱庶遄已"，有他在的地方，很多人民的灾祸就化掉。这些老师都学会了，去教育孩子，很多孩子本来要叛逆的就转过来了。

我们也是今天听到，在内蒙有个老师也是学传统文化，他负责的是全校那个年级最差的一班，他给他们听了一年的传统文化讲座，好像只是一个礼拜的哪一天听而已，就这样听了一年，很多顶嘴的孩子收敛了、改过来了。结果一个全年级最差的班，参加高中联考，考上好高中的是整年级最多的。要化腐朽为神奇啊。松花江中学当时推展传统文化，他们的成绩快速提升。本来隔壁那个学校比他们好很多，结果他们推展了一两年，整个成绩跨越、超过他们非常多。所以人是可以教得好的。这些好消息我也不能讲太多，不然课又上不完，做事还是要掌握分寸，我还得把进度要拉回来。这叫人逢喜事精神爽，随喜这些好的父母官。

孝子们觉得人生最大的遗憾，就是没有办法跟父母同住尽孝，所以他就感觉"出则衔恤"，在外行走的时候，心中悲痛，"衔恤"就是抱着遗憾；"入则靡至"，"入"是回到家里又见不到父母，就感觉好像没有到家一样，房屋空空荡荡。这个我们想到翟导演，推开他们家的门，他说他最大的幸福就是喊一声"娘"。没有父母就不像一个家庭一样。"父兮生我"，父亲生下我；"母兮鞠我"，"鞠"是养育，三年哺乳，养育之恩。尤其我们在这个时代，其实我们小时候父母都是很艰难，当时候又要工作，又要回来哺乳，母亲所承受的压力非常大，这个大家要回去了解。

我们有一个学长，他就怪他母亲没有照顾他，哺乳只哺了四个月。后来，刚好我们班级里面有"述祖德"的学习活动，他自己回去了解到小时候他几个月大的情景，才知道他的母亲要工作，赶回来给他哺乳，来回的路程就要五十分钟，而请假只能请一个小时，他的母亲必须在十分钟之内哺乳。你看那种奔走，那个压力很大，所以哺乳四个月之后，就因为身心太疲惫，就没有奶水了。我们不了解情况还怨母亲，一了解，才知道自己太不能体恤母亲的难处。要善体亲心，就知道父母之恩比天高、比海深。

我自己读到这句"母兮鞠我"，我要非常感谢我的祖父。因为我的记忆没有记得这么早，都忘了那个情境了，我的祖父在我们成长过程中就提醒，你妈妈生你们三个小孩，还得去学校教书。我们原本住海边，我记得我三四岁回到老家，我三岁就到高雄市。我母亲去上课，她是沿着海岸线，那个路很小，都要贴着沿海很谨慎的走，不然会掉到海里面去，这我小时候的记忆都还有，六七岁还懂。我母亲每一天下课时间，她要赶回来给我们三个哺乳，还要走那个路很危险的。然后我爷爷就说了，"你母亲太累了，带那个班六七十个人，还要回来养你们三个孩子。"有时候上完课，下课就昏睡过去了，累到昏过去，然后上课都是学生给她摇醒，说："老师上课了。"没办法，醒不过来。啊，当时候听了很感动，就好像母亲在那里奔走的那个影像就历历在目，因为我们自己也知道老家的情境。

爷爷没有给我们提，我们哪知道？又说我们爱哭，哭哭哭，母亲隔天还要上班。然后我爷爷就说，"媳妇，你去睡觉，我来照顾就好了。"我爷爷也很体恤我的母亲。所以当公公的人体恤媳妇，就多了一个女儿，媳妇就多了一个父亲。很微妙，我爷爷曾经五十几岁的时候胃出血，胃出血没有及时发现会没命的，是我母亲发现的。所以我爷爷会说："啊，我这个媳妇救我一命。"你看公公跟媳妇之间那个缘分结得非常深。所以当时就我爷爷晚上哄我们睡觉，我听他老人家讲，他也很困了，就用脚摇，拉一条线用脚摇。后来功夫很高，睡着了还能摇，这可能是借由那个惯性定律。听到这个不只是感母亲的恩，还感爷爷的恩德。我们的人格健康就是因为父母、爷爷奶奶这些长辈，都提醒我们我们忘记的恩德，这太重要了。这是讲到"母兮鞠我"。

"拊我畜我"，"拊"，抚育；"畜"是疼爱。母亲最早起，母亲吃饭吃得最晚，然后最早吃完，又去忙，又去给我们弄水果，所以母亲对我们的抚育之恩，都在每一个生活的小细节当中。尤其最晚睡，洗衣服洗到很晚，最早起又要弄早餐。"畜我"，这个疼爱，我母亲很疼爱我们，所以我们很喜欢回家，都有香喷喷的东西可以吃。我父亲也非常疼爱我们，当时候我们念初中都在长身体，又要读书读到很晚，都是父亲出去买热腾腾的东西给我们吃。然后我记得我念小学六年级，我父亲买了一台二手车，那是人家开了十年的车，买来的时候后座是歪的。我们三个姐弟挤在那里，感情越来越好。虽然家里不富裕，为什么要买台车？全家刚好出游，那些出游的情境都是我们一生的回忆。包含那个车子性能不怎么好，爬坡爬到车子往后退，全家尖叫。虽然它是十年的车，对我们来讲，完全是感觉父亲他是全心全力的在陪伴我们成长，给我们留下生命中最好的回忆。

所以看这些句子，好像几十年的岁月就浮现在自己的脑海。"长我"，长养我们，尤其是智慧的增长。我父亲平常话很少，最主要是我犯错比较严重，他会训斥我。那印象最深的就是提醒我要自爱，不要糟蹋自己。"育我"，教育我。而父母给我们的教育，往往在每一个生活的情景，包含我父亲给我奶奶拍背，按摩。晚上老奶奶睡不着，父亲也不睡，在那里陪伴，这都留在我们的印象。甚至包含母亲只有打过我一次，打我两下，就转过身去，我就感觉母亲是流泪了，不愿意给我看到，"打在儿身，痛在娘心"。这教育我一辈子，那种感受，怎么忍心再让父母担心。所以很多亲戚朋友说我父母看起来比较年轻，我父亲讲，"没有被孩子气。"其实我爸爸太厚道了，我们还是有做很多不对的地方。但是就是因为深深感觉父母的爱，就觉得不愿意再让他们难过，报恩都来不及了，还让他们难过？

"顾我复我"，"顾我"就是顾看，"复我"，就是反复来回，不忍离去。生病的时候最明显，看的时候那个忧心就写在脸上，一晚起来好几次。我们求学在外，父母也都常挂念。尤其回到家中，第一句话，"你怎么瘦了？"赶紧煮我们爱吃的东西。

然后"出入腹我"，要出门、进门的时候抱抱我们。我告诉大家一个秘密，据我的记忆，我抱我母亲应该是抱到小学四年级，还在抱，所以我一些长辈都笑我，这么大了还常常粘着妈妈。粘越久，母子连心的效果越好，我现在一想起来都有那些情境在。当然，妈妈越疼我们，抱我们抱到小学四年级，我们要怎么回报？把父母给我们的这份真爱，要去爱别人，这才是报父母的恩，这样父母才没有白爱我们。"出入腹我"。

所以"欲报之德，昊天罔极"，念着比天高、比海深的恩德，回想父母的含辛茹苦，却没有机会报答的时候，就是感叹，念着苍天，然后心里忆念父母的恩德。所以这是痛切自己，这一份遗憾不能够停止。那当然我们就转成"立身行道，扬名于后世，以显父母"，至诚一定感通，父母在天之灵一定会很欣慰。

好，那我们体会父母恩，接着我们看怎么来报恩，《群书治要360》89句："子曰：孝子之事亲也，居则致其敬，养则致其乐，病则致其忧，丧则致其哀，祭则致其严。五者备矣，然后能事亲"。

侍奉父母，日常居家的时候应尽恭敬的心去伺候，不只让父母衣食住行无忧，而且要以恭敬的表情、恭敬的心去伺候。所以子夏问孝，孔子说"色难"，欢欢喜喜、恭恭敬敬的表情、态度去侍奉父母，这是最难能可贵的。

我遇过父母，孩子让他衣食无忧，挺会赚钱。但老人家讲，"我们也不缺那些钱，让我们最难受的就是孩子顶撞我们，那言语非常忤逆，对我们发脾气。"老人家讲，"他这么一顶撞过来，我两个礼拜缓不过劲来。"所以这个"居则致其敬"，恭敬很重要。为什么缓不过来？我当时候听，我就推想，因为父母从我们来到这个世间，看着我们的容貌这么天真、这么可爱，然后一把屎一把尿这样把我们拉拔长大，经过了多少的岁月，陪我们喜怒哀乐。所以当他看到一个长得比他高的儿子、比他大的女儿，他回想的是整个过程。而今天，他曾经抱在怀里的孩子这么可爱的脸庞，居然顶撞他，你说他缓得过劲来吗？所以有时候我们不能设身处地体会父母的心，就不知道我们这一句话杀伤力有多大。

所以夫子这些提醒很重要。"养则致其乐"，奉养的时候应该和悦的心、欢喜的心去服侍，衣食住行都是"养则致其乐"。煮父母喜欢吃的，煮的时候不要太硬，"软、暖、缓"。老人牙齿比较不好，食物要煮得软、煮得烂，他才好咬；第二，要煮热食，吃凉的食物伤胃，不能给老人吃凉的东西；第三，老人吃饭比较慢，不好咬怎么会吃得快呢？这个时候不要催老人吃东西，还有跟老人一起吃饭不要吃太快，当孩子的人、当孙子女的人，一下子吃完了，"爷爷，你怎么吃这么慢？"他就很有压力，一直吃。还有，老人还没吃完，就在那里开始收盘子了，那老人也很有压力。所以伺候老人要柔软，尤其人老了像小孩一样，要细心呵护。所以跟老人一起吃饭要吃慢一点，一定要吃得比他慢，他就没有压力了，你陪他吃，他很高兴。

衣，穿衣服，保暖。春夏秋冬，常常体恤这个季节的变化，提醒父母加衣服，或者添加新的衣裳。有时候摸摸父母的背，感觉一下够不够暖。我想那一个动作，可能会让父母觉得比衣服还要暖。有时候抱抱自己的父母、抱抱老人，这都是父母跟我们之间很好的肢体的沟通。

那当然你买衣服也要孝顺，顺，要顺父母之心意。你不要买他觉得太昂贵的衣服，还是买很好的品质，但不要太贵。甚至于虽然买的品质很好，不算太贵，可能父母还嫌贵，这个时候你假如三百块钱买的，你就跟爸爸妈妈说五十块钱，那父母一想，"哦"。不然他觉得太贵，穿在身上，每一次看到，"哎呀，好贵，好贵。"那他穿着不欢喜，所以这个时候可以跟父母说"五十"。父母一拿来穿，说："还是有点贵啦。你明天再帮我买一件。"那你要赶快去买，你不能说，"啊，又要买一件。"要很欢喜说，"好好好。"你不要又在那里算：又要三百。那你要改进，你心中没有父母，只有money（钱）。孝子心中没有那些金钱跟物质的概念，只要父母欢喜，全心全意去办到。

我们看德育故事，曾子伺候他的父亲，刚好今天那个菜，父亲特别喜欢吃，吃完了，问曾子说："还有吗？""有。"没有都马上说有，为什么？人老了，脾胃比较弱，要遇到他很喜欢吃的东西，不容易。所以看到老人胃口好，那孝子心花怒放，很高兴，没有都马上说有，然后回到厨房赶紧做。或者，厨房没有，赶紧去借，一定要拿来让他父亲吃得欢喜痛快。所以物质只要父母欢喜的，赶紧去提供给父母，报这个养育之恩。这是讲到衣。

住，住的环境，注意老人最怕摔，老人生活的环境，都要有防滑的措施。我们祖国大陆重视传统文化，现在连鞋子都有孝亲鞋，底部特别防滑，这都是体恤老人怕摔。这个企业绝对做得成功，他不只在经营事业，他还在弘扬中华文化。那个底部好几层，老人一穿非常稳、非常舒服。所以，住的考量，包含温度、湿度、通风都要考虑。

甚至于老人比较习惯住在他熟悉的环境，他熟悉，一吃饱饭可以出去散步，跟这些老朋友谈话聊天，他日子非常舒坦。结果有时候我们没有体恤到老人的心情，硬是把他带到都市丛林。这个譬喻不错，那高楼大厦一栋一栋的，有没有像森林一样都围起来了？都市丛林，那他整个生活就很不习惯。

其实，你们很喜欢住都市，我喜欢住在山清水秀的地方。首先空气清新，空气对自己生命的帮助比吃的食物还重要，空气跟水在乡下最好，在都市还要买矿泉水，花得更多。你常常出门就是青山绿水。所以你真的孝顺，搬回去乡下跟父母一起住也挺好的。"我的事业呢？"那你不明白，你这一生的福报，该是你的跑都跑不掉。你回乡下去，还是可以赚得到这些钱、这些福报。那陪父母晚年日子过得这么舒坦，将是你一生最大的安慰。

所以我本来打算，因为我成绩不错，考上老师，刚好我就住在那个乡下，代课一年。那个校长问我，"你愿意留下来吗？"我们学校里就有一座山，我一下课就可以爬山，特别幸福。结果因为成绩好，可以回都市，我打电话给我爸爸说，"爸，您觉得我在乡下好，还是回到都市？"我爸说，"回来吧，离家比较近。"我就听话，我就回去了。不然我现在也教书十多年了，在乡下可能每天晚上出来赏月、泡着茶，跟人家谈《群书治要360》。也有可能啊，现在台湾印这个书很多，说不定就在跟人家探讨。那后来就回家了。我们孝顺嘛，顺着父母的心意就对了。

食衣住行，生活点滴都要体恤入微，养父母之身。再来，养父母之心。不能让父母有被冷落的感觉。工作再忙，回到家陪父母坐一坐，谈谈心，一定要有这份孝心就对了。其实，我们最亲的家人都很能体恤我们，但我们要以一份真心去换、去感得他们的欣慰。

昨天我跟我们执行长，他很爱护我们，吃饱饭，给我们很多勉励，其中他就举到他们夫妻相处。这些相处的真心，大家要会听，要举一反三，反三有点来不及了，现在要举一反一切，对一切人都要用这样的心。

他提到，他的工作比较辛苦，他是两千多人的大家长。现在更辛苦，海外还有小孩，嗷嗷待哺。所以当大家长不容易。白天出门，太太还在休息；晚上回来，太太已经睡觉了。这是披星戴月。很早起床，天还没亮；很晚回来，天也是暗的。所以只要有时间，一定把这个时间空出来给太太，"啊，夫人，我有时间了。"一排出来，然后他的夫人就说，"你已经这么辛苦了，你好好休息。"因为他把太太放在心里，一有空了，绝对第一个马上都想到自己太太不容易，马上就把这个时间空出来给太太。那太太感觉他的真心，马上就说，"你太辛苦了，好好休息。"说不定要煮一餐很好吃的。这是我的推想，待会下课再跟执行长确认。

你看夫妻这样真心相待，那孩子一定懂得夫妻之道，每天都在真心相应给孩子做表率。那我们马上有时间，都想到父母、想到子女，纵使陪伴他们的时间不是很多，他们绝对可以体会到我们的真心。真心做出来了，最亲的亲人都能感觉到。为什么做不出来？没放在心上，才会做不出来。然后就会有一个非常漂亮的借口，"我忙啊，忙到没时间吃饭……"所以这个时代有点不是很妥当，就是好像赚钱最多的人，谁都要看他脸色，谁都要给他开绿灯，好像他不回家看望父母，没时间陪家人，全部都要给他绿灯。其实不对的。

只要跟父母、跟家人相处，觉得我们冷落了家人，都不妥当。把那么多的时间都花在外面，那你花那么多时间是真心吗？对父母、对亲人都不爱，"不爱其亲而爱他人者，谓之悖德"，不妥当。尤其假如学传统文化，还让父母、家人觉得被冷淡，"来人呐"，是要处罚的，是没有做好表率。说到这里我要忏悔一下，我当时候念大学，回到家里，好像大部分时间都跑出去找朋友了。这个还是冷落了自己的父母跟姐姐，后来姐姐点了我一下，"你回家，在家里的时间好像蘸酱油"，蘸一下就不见了，不见人。这很惭愧。你看父母还这么包容我们。

不能让父母有烦恼心，什么让父母在烦恼？赶紧改正、去掉。不能让父母有惊怖的心，恐惧、担忧，不行，要赶紧去解除掉。不能有愁闷心，忧愁烦闷。不能有难言心，让父母很想讲的话，憋在心里讲不出来，这是很不孝的；要让父母心里话，随时可以跟我们讲。不能让父母有愧恨心，惭愧、抱憾、埋怨的心不可以有。

那要真的养父母之心、养父母之志，有一段话非常好。"父母所欲为者"，"欲为"就是父母的志愿、志向，"我继述之"，发扬父母的事业，或者圆满他的志愿，"我继述之"。"父母所重念者"，非常关心、挂念的兄弟姐妹跟孙子女，或者是孩子，父母本身也有兄弟姐妹，也有孩子、也有孙子，"所重念者，我亲厚之"。

我们一位学长，谈到他父亲有一个姐姐，当时他们移民到大马，他这个姐姐还在大陆，生活很不容易。他常常寄钱回去给姐姐，后来他姐姐的孩子全部读到大学，都是他父亲支援他姐姐跟这些外甥、外甥女。那他这么照顾姐姐跟她的后代，谁最高兴？他的父母啊。子孙对父母来讲就是他的枝叶，父母是根。

这是养父母之心，还有他的志向，最后是养父母的智慧。孔子提醒我们，"老者戒之在得"，人年纪大了，最重要的就是读圣贤书增长智慧，越来越豁达，越来越放得下。假如没有深入修学圣贤教诲，这社会风气攀比很厉害，比来比去，患得患失，烦恼会越来越多，就没有宁日可以过了。所以子女孝顺父母，在他晚年一定要让他深入圣贤的教诲，他一定宽心，他一定人生很充实、很有目标。好，这是养父母之智慧。

回到我们跟大家讲到，对人首先要知恩报恩。对我们的老师，报恩最重要的，依教奉行，对社会做出贡献，是给曾经教导过我们的老师最大的欣慰。当然，过年回家一定要去看望老师，老师年纪都大了，一定要把《群书治要》，把《弟子规》、《了凡四训》带给老师，老师会很欣慰自己的学生在学这个。你带回去给老师，说不定其他的同学去了，老师又把这些书介绍给他们，那你以前那些同学都有缘分。我们知道遇到老祖宗教诲的难能可贵，要知缘、惜缘、造缘，造更多的人能够听闻圣贤教诲的因缘，因为这是我们的责任，我们现在是圣贤弟子。

国家的恩，前面跟大家提过。还有大众的恩。"一日之所需，百工斯为备"，一个人一天，各行各业在照顾我们。那怎么回报各行各业对我们生活的照顾？首先，自己也要把自己这个岗位做好、这个行业做好，我们就利益了这个社会。每个人都尽心尽力在自己的岗位、行业，整个社会就非常安乐、非常兴旺，每个人尽一份力量。

再来，面对各行各业的服务，我们要非常感恩的去谢谢他们。比方我们开车的时候，公路上收费人员，他也在服务我们。你过去的时候，给他亲切的一个问候、感谢，说不定他三天心情都很好。今天你到餐馆去，也很感谢那些服务人员，说不定他整天工作都非常愉快。甚至于因为你很感谢他，下一次你到那家餐馆吃饭，他会给你加菜。然后第三次去，你记得把书拿过去送给他。假如他学了，以后他服务的人，说不定他都送他经书，那你功德无量。你那份感恩，就当了学传统文化的好榜样，人家给你结善缘，那你广结善缘，说不定他也广结善缘。

　　"天不生仲尼，万古如长夜"，在这个功利时代，没有遇到孔老夫子圣贤教诲，人生怎么会光明呢？我们自己曾经走过黑暗，就不忍心看人再多一秒钟在黑暗当中。所以我记得，当时候只要有人说想要拿什么《弟子规》、《了凡四训》，再晚我们都给他送去。甚至于车上随时都准备好，你跟他聊两句，那个人眼睛发亮，书就拿出来了。说不定你这辈子就跟他见最后这一次，或者只有这一次，你下次想给他，可能因缘就不具足了。

　　好，这是大众的恩。老祖宗也留了一句话给我们，"受人滴水之恩，定当涌泉相报"，我念这一句的时候，刚好跟这个讲台背景有点呼应，这个滴水之恩都要放在心上。历史当中有讲"一饭千金"，有一个妇女看到韩信当时很落魄，一看面有菜色，饿了好几天，非常怜悯他，煮了一餐饭供养他。韩信念兹在兹，不敢忘了这个恩德。后来他当了大将军，把这个妇女找过来，然后赐给她千金。这"一饭千金"的典故，就是从韩信不忘一饭之恩来的。

　　另外，韩信不简单在哪里？曾经侮辱过他的一个少年，让他从他的胯下爬过去，他也把他找来了。结果这个人吓得半死，"今天可能命没了"，跪下来发抖，"将军饶命。"结果韩信感谢他，让他修养自己的忍辱功夫。一个人的成就，绝对跟他的忍耐、忍辱成正比。当时候假如忍不了，跟他一冲突，可能就会有伤亡。所以这个因缘提醒他要能屈能伸。他今天成就事业了，感谢他，不只没有处罚他，还给他一个官位做。

　　大家假如听这个故事听懂了，给他羞辱的人他都感恩，那我们学到了，这一生不就生活在感恩的世界里了？所有的人都是来提升我、来成就我，有顺增上缘，有逆增上缘。他骂我，让我训练定力，不受他影响，那他也帮助我啊。而且他骂我、毁谤我，我没有犯这样的错，"人之无过咎而横被恶名"，没有过失被人家毁谤，"子孙往往骤发"，这《了凡四训》讲的。那被人家骂，好事还是坏事？你们好像有点吞不下去。所以啊，人只要这句经文一入心，你的太平日子就来了。入心了，"我没有过失他骂我，他送福报给我,我还修智慧。"为什么?"一切法得成于忍",你忍得过,你才定得住,定之后就能开智慧。他一骂,哇,火冒三丈,功德全部烧光光。所以他给我福报,他又给我智慧,让我练功夫。

那这些道理真搞明白了,日日是好日,时时是好时,人人是好人,事事是好事。现在很多人要移民,你真明白了,还有什么好跑来跑去的?跑到最后,现在很多人跑海外去又跑回来。为什么?跑海外去,语言、生活环境、背景什么都不一样。老祖宗有德,我们中国、还有华人在的地方都会越来越好的,更重要的是我们要听话,不听老人言,吃亏在眼前;真听老人言,幸福在面前。

接着对人,第二个要爱敬存心,这是对人很重要的心态。不管你面对什么缘分,那个人找你麻烦,你还念念为他想,"精诚所至,金石为开",就化掉了。假如这个人找你麻烦,你跟他对立冲突,那就没完没了了。所以人要有肚量,而且学圣贤教育的人"正己而不求于人",不要求人,要求自己、正己。别人不恭敬我,我一定恭敬他,不然我就白学了孔子的教诲。"君子喻于义",对人要有道义,要仁爱存心,孔子又没有说,对你好的人你才爱他。颜回夫子说"人善我,我则善之;人不善我,我亦善之",这才是修养啊。颜子讲,"人之无良",他是举《诗经》的句子,非常美,"人之无良"就是人家不善良,恶意对我,"我以为兄",他不善意对我,我把他当兄弟看待,那才能化掉,才能给社会最好的表率。

好,学传统文化从哪里学起?今天回去考虑一下,哪一个人是你最讨厌的人,先练功夫,把他的照片放在你的床头,每天睡前、起床给他鞠一个躬,慢慢心就转过来了。转过来以后,再去现场练功夫。这个也叫循序渐进,不然一下子去见到,有时候转不过来又跟他杠上了。可以先练,这叫真干。

"先难",怎么落实仁爱大道?先从最难的习气对治,先从最难的人去落实仁爱、去落实爱敬存心,这叫有气魄、有气概!真想成就,真想给社会做表率，真想利益众生，你就能真下功夫。人不肯改习气，还是愿力不强、利众的心不切。因为我们不改，就给人不好的影响，就给孩子负面的带动，你真爱护他怎么愿意呢？所以你真的知道抽烟对孩子的健康不好，你那个父爱一提起来，当天就断掉了。有没有人抽烟？大家都没有，都是好学生。

这个爱敬，不难。为什么恭敬？因为我们明理，每一个人都可以成圣成贤，你怎么不恭敬他呢？每个人都有明明德，都有本善，我们今天跟他有缘，没有别的目的，就是协助他成圣贤，不然太可惜了，所以敬。爱呢？以"祖宗之心为心"，天下哪有不友爱、不和睦的族人呢？我们都是炎黄子孙，所以每次放"黄帝颂"，听了都很感动，体会炎帝、黄帝这些圣主他们的心情，你就没有看不顺眼的人了。

那这一份爱体现在哪里？亲戚朋友相处，要"难与能与；难作能作；难忍能忍；密事相语，不相发露；贫贱不轻；遭苦不舍"。亲戚朋友之间表达这份爱护，"难与能与"，他急需钱财，要有通财之义去帮助他。"难忍能忍"，家里人哪有不摩擦的？能包容、能礼让、忍让、谦让。"难作能作"，辛苦的自己带头做，牺牲的自己带头做，难作能作。亲戚朋友之间，他有很多心理话跟你讲，你不能去再讲给别人听，不言家丑这个也很重要。"贫贱不轻"，他比较贫穷，地位比较低，一样爱护尊重他。甚至于他虽然贫穷，但是我们小时候，他对我们很多的爱护，我们要放在心上。人绝对不要因为自己的钱多、地位高，而被这些名利所染污，这是人生最大的悲哀。人生最大的财富是智慧的提升、是真心不断的保持跟提升，这是带得走的。亲戚朋友遭到苦难，绝对不弃不舍，全心全意帮助他。

这几点，假如一个团体里完全去贯彻，那这个团体向心力、凝聚力会非常强。每一个人在这个团体当中非常安心，因为他只要有问题、情况出现，所有的人都拉他一把，铁定可以度过难关。别人人生会有起起伏伏，不管是学业还是事业，那我们会不会？会。别人跌倒你拉他，改天我们不小心跌倒，必然种因得果，也有人会拉我们，"出乎尔者，反乎尔者"。所以什么人最没有福？斤斤计较的人、不肯吃亏的人，那是没有福报的人。

再来，我们对人应该有的态度，师长讲到的："互相尊重，互相敬爱，互相关怀，互相照顾，互助合作"。能这么做，天时不如地利，地利不如人和，这个"人和"，铁定可以让家庭、事业兴旺，甚至于就像我们执行长他的企业，他们这样去落实，那感动中国以外，现在这次来感动很多我们大马的企业家，还有海外很多因缘，都很感佩。谁不愿意自己的企业团体变成一家人一样？

执行长公司有一个员工离开五年了，结果听到消息，她得了重病，全公司募款，赶紧去看望她、帮助她。哇，她的母亲就说到，她现在的公司都还没有来看她，怎么是五年前的公司来看她？公司的同仁就讲了，她虽然离开公司了，她还是我们的家人，我们还是要爱护她。所以能这样去爱护自己的员工，这是仁德，"有德此有人，有人此有土，有土此有财，有财此有用"。现在很多父母，比方说儿子在公司被感动了，父母说那我连女儿都到这个公司来工作。所以我们执行长他们公司，现在很多可能是母女档，还是兄弟档，还是姐妹档，这样的拍档应该是越来越多。这样人事招聘都省下来了。现在企业里面最大的损失是什么？人员流动。一流动你要重新栽培，那是最大的损失。他们公司人员都不走，他们的亲戚朋友都来。

所以"天道无亲，常与善人"，上天都会庇佑这个行仁道的团体。我相信老祖先、圣贤人都在庇荫，一个企业能够尽心的弘扬中华文化，所以固锝的愿景就是将圣贤教育、圣贤文化带给全世界、造福全人类。我们这个民族就是最重视伦理道德的民族，在各行各业都是奉行圣贤、契入圣贤。所以在医学界，是医道；在商业界，商道；在教育界，师道，每一个行业都是培养造就圣贤的因缘。两千多员工在这样的环境熏陶，那是真正安了两千多个家庭了。

接着我们谈第四点，对人要离爱憎、离好恶的心，喜欢这个人、讨厌那个人，这个心要放下。因为假如这个心不去掉，我们走到哪，制造纷争，讨厌的人就对立了，爱护的人就袒护了，这样处事没有德行跟智慧。所以下功夫首先把憎恨、这个好恶心放下来。以什么心呢？平等的恭敬、平等的慈悲心。甚至于假如对人情事理更明白，离我们近的人，越近，你要对他越严格；离我们比较远的同事，你要对他越宽容、爱护，这是人之常情。离你越近，你又对他很好，人家会觉得你都宠爱这些人；然后对他们又冷落，他们本来就已经觉得跟你关系比较远，你又不主动关心他们，他们一定胡思乱想。

那这一点我做得很不好，昨天晚上我们执行长约我去参加我们晚餐沟通会，我们英文组的同仁，他坐在我旁边，"我来中心这么久，第一次跟蔡老师一起吃饭。"害我有点快吃不下去了，很惭愧。然后另外一个也是英文组的同学说，"我也是。"幸好我已经答应下个月他们办课程，我要去参与学习一堂课。我们同仁都非常可爱，我也是非常感佩他们。我调查起来，他们以前事业都做得挺大，或者在学校教书都表现得很好。但是舍掉这些工作来到我们这个大家庭，这都是难能可贵的因缘，我们要彼此护念、互爱，彼此成就。那我就不能偏心，要平等爱护、平等慈悲。

再来，第五点，对人有一个教诲非常好，这是我自己提出来跟大家交流的，这没有标准答案。你们的人生也很精彩，一定也能积累很多去供养他人的这些好的做人做事的态度。这第五是师长讲的法语，"别人错的，也是对的；我对的，也是错的。"

为什么别人错的也是对的？他会犯错是他没有学过，"人不学，不知道"、"不知义"，所以这是很平常的现象，他没学就会？他又不是孔子再来。假如对别人错还不能包容，那我们太苛刻了，所以别人错的也是对的。可能有人又说了，"他都学五年了，还这样？"人不肯依教奉行，可以出一百个借口，一百个理由。他学五年还学成这样，他更可怜！有没有道理？

有啊，因为他学到一个坑洞里面拔不出来了，你不只不能跟他生气，他都学错了，你还跟他生气，那我们心量不是太小？而且他学错了，掉下去，他的名牌上面还说学《弟子规》。然后他学错了、做错了，人家说"你看，学《弟子规》的都这样"，他造孽，他背因果责任。所以学越久的人学不好，你要对他越仁慈，要全力把他拉起来。爱敬存心，要设身处地，干嘛跟他一般见识、跟他过不去呢？转个念，绝对不会跟人对立跟冲突。所以"做事需替别人想，论人先将自己想"，我自己的心态有没有偏掉？

"我对的也是错的"。我对人错，高下的心就出来了，要去跟人争个对错。家里不是争对错的地方，家里人讲理，讲理就气死你了；夫妻、亲人要讲情义，讲情就互相疼。所以"我对的也是错的"，有这个高下心，就拿道理压人就不对了。

最后一点，对人不猜疑。人与人之间不信任，那是团体最大的危机，很容易就垮掉了。你说："他还是有很多问题呀。"很多问题，那我们有责任让他改过来，不要去怀疑"人之初，性本善"，不要互相猜疑，然后又去传来传去，这是动摇人心，最严重。

再来，我们去猜别人，这都是不厚道的态度，为什么？我们够了解他吗？我们对他现在办的事情客观了解吗？那不是变成武断吗？有一位学长他的父亲教导他，"你对一个人还没认识三年，你不要随便批评他。"因为你没有足够的时间了解他，可能都错怪人家了，还去讲给别人听，又障碍他跟人家的因缘，这就造孽了。

好，今天时间到了，就跟大家交流到这里。最后还有对事对物，我们下个礼拜再把它讲完。谢谢大家！

尊敬的诸位长辈、诸位学长，大家下午好!

我们从《群书治要》当中可以看出，历代皇帝没有不尊师的。"师严而后道尊，道尊而后民知敬学"。尊重老师，进而尊重道德学问，那每一个人就有智慧，就有德行，天下才能够安定。这几节课我们谈的主题是"做孩子一生的贵人"的第七个重点"自我教育的重要性"之中第四个要点："敦伦尽分，闲邪存诚"。

在"敦伦尽分，闲邪存诚"中，我们又分为三项跟大家做深入的交流、探讨。在为师的角色上，要"作之君，作之亲，作之师"。延伸开来，就是扮演任何一个角色，要扮演得圆满，要让人家接受、信服，这个"君亲师"的精神都要能够到位。"君"，以身作则；"亲"，爱护，不弃不舍；"师"，循循善诱，机会教育。

为师者，他也为人臣子，他也为人弟子。尤其我们这个时代，纵使在学校从事教育工作，我们所接触到的师范学院的培训也是只有四年的时间。像我自身在学校服务之前，我是读师资班，是大学毕业之后再读一年的教育学分，读了一年，人家就叫我们老师了。看着我们老祖宗的经典，被人家叫"老师"，战战兢兢，如履薄冰。为什么? 德不配位，名不符实。

"师者，所以传道授业解惑也"，传什么道? 授什么业? 解什么惑? 甚至于自己人生还有很多疑惑不能解决，自己都不能觉，怎么去觉悟他人？所以从事教育工作要名符其实，自己在经典当中要下大的功夫、不断的深入才行。并且首先要具备一个做弟子的态度，假如我们今天在学校教学，觉得自己已经可以是老师了，那就已经是我们自身没有自知之明了。自己都不明，怎么去启发别人的智慧呢？所以人贵自知，自己的程度到哪里，自己心里有数。

我们这个时代，两三代人忽略了圣贤教育，我们都是补习的状况，更要从根本做起。所以这个"敦伦尽分"当中，为人弟子的本分要做到。我们跟大家分享到，要主动发问，有不懂的地方要询问。其实这是《弟子规》当中对追求学问的一个基本态度，"心有疑，随札记，就人问，求确义"。我们听到这句话，大家都点头、都认同。那请问，上个礼拜七天过去了，我们面对那么多人事物，有没有不了解的地方？针对不了解的地方，有没有请教经典、有没有请教他人？假如没有，那这句话就还是知识。

为什么我们不去主动的请教他人？因为我们觉得还有明天，"明日复明日，明日何其多？我生待明日，万事成蹉跎"，所以这种主动学习的态度不足。再来，利益他人的心不切。学圣贤教诲，"慈悲为本"，要利益人的心很切。我早一天明白，我早一天可以利益孩子、利益他人。总是要在遇到的事情当中，清楚自己的心不足在哪里，这个毛病出在哪里，为什么会有这个行为，心需要在哪方面去修正、去提升。孟子说到："学问之道无他，求其放心而已矣"。真正的真心，应该念念要利益他人，那就要主动提升自己、主动突破自己，这是爱人的表现。

不只是为人学生、为人弟子（我们是圣贤弟子），还是为人臣，在学校里面我们面对校长，我们也是为人臣。其实我们想一想，我们到底要教给我们的学生什么学问？我们要教给他，首先我们要明白这些学问，进而要去做到这些学问。假如我们自己没有用心去做，知行不合一，学生要信任我们也不容易。

学什么呢？"人无伦外之人，学无伦外之学"。伦常不外乎五个关系，在家有三个伦常关系，出外延伸出君臣（领导跟被领导），还有朋友关系。家里面就有夫妇、父子、兄弟。这是五伦，学问没有超过五伦关系的。假如我们在学校里面跟领导都处不好，我们教出来的学生懂得怎么"君仁臣忠"吗？所以这些都是值得我们思考的问题。今天假如一位老师，他在家里的伦常关系都处不好，他每天甚至还带着情绪到学校去，可能学生还要受池鱼之殃。大家求学过程当中有没有经验，某某老师今天走进来，学生说："小心一点，今天好像有点暴风雨的前兆。"那我们在讲台当中就不能做好榜样了。"学问深时意气平"，我们在讲台上常常让学生感觉带着情绪，甚至于言语当中还会针对五伦关系批评、发脾气，那已经没有办法给孩子学到怎么人与人和睦相处了。

夫子有一个精神，我们从事教育工作一定要时时这样去期勉自己："闻善必躬亲行之，然后导之"。听闻到好的教诲，必定要亲自去落实、做到、然后去引导学生做到。这是以身教来做示范。

那这种以身教做示范的态度对于我们接下来谈的第三个部分非常重要，就是一个为师者要有正确的思想观念，他怎样去对人、对事、对物。他对人的态度，可以是随时随地都呈现在学生的面前。什么时候是教育？可能有人会觉得上讲台才是教育，当父母的人觉得把孩子叫到面前来，就是开始教育他。其实，一举一动潜移默化都在影响；甚至于没有见到孩子，光是思想波都会影响。之前跟大家讲到一个例子，有一个母亲本来学习传统文化挺认真，有一阵子看韩剧，结果就迷了，看到三更半夜。突然发现她的女儿在学校不认真学习，都在偷看小说。她在那里看韩剧也没让她女儿看到，但是她这个不认真的念头就影响到她的女儿。所以父母跟子女是连心，确实如此。

我们上一次跟大家就"对人"谈到，第一，知恩报恩、饮水思源，这是做人的大根大本。

第二是爱敬存心。不管任何时候，哪怕是跟人有摩擦、冲突，"道也者，不可须臾离也"。有没有尊重对方？有没有爱护，为他设想？这个爱敬之心"不可须臾离也"。要时时能提得起来，不然学圣贤教诲会学成应付。你对某些人尊重、某些人不尊重，这不就学成不平等、学成大小眼、学成傲慢了？瞧得起的就尊重，瞧不起的就不尊重，这样学是学偏了。不只对人平等恭敬，任何时刻也要平等恭敬。老师看我们的时候我们要恭敬，老师不看我们的时候我们还是要恭敬；在众人面前要恭敬，自己独处的时候也要恭敬；上班的时候要恭敬领导，下班的时候还是要恭敬领导。不然就学成做样子，应付给人家看。

第三，我们提到互相尊重、互相敬爱、互相关怀、互相照顾、互助合作。其实这些对人的态度，说难，不难做到；说简单，也不容易。关键在哪？能不能放下自我，念念为别人着想，这样就不难做到。不然以自我为中心，就容易放纵自己的念头跟言行。

第四点，我们提到要离爱憎、离好恶，要平等恭敬、平等慈悲。

第五点，有一句话跟大家共勉，"别人错的，也是对的；我对的，也是错的。"这样的存心，懂得宽恕，懂得时时反观自己的心有没有偏颇、有没有高下、有没有傲慢。其实，我们的心偏了，又有什么资格去讲他人、去论对错呢？所以我们自己先做好了，自自然然感化他人，叫"正己化人"，这是一个很重要的处事态度。

比方说，我们可能在跟人谈话中会谈到，"哎哟，那个人买那个名车，要几十万呢。"我们可能接话，"有什么了不起，我才不稀罕那些东西，我安贫乐道，我不追求那些虚荣的东西。"别人在贪物质，其实我们讲这些话的时候，自己有没有在贪呢？还要标榜自己挺高尚的，不追求那些东西，可能我们当下也在贪这个高尚之名。所以看别人贪的时候在批评别人贪，可能当下我们也在贪。所以苏东坡先生那个公案很好，"心中有佛，见人是佛；心中有粪，见人是粪。"心里面没有贪嗔痴慢，遇到人家贪嗔痴慢，他不会起现行，他遇到这个缘不会起现行。

比方说一个人跟你讲话很傲慢，可能他一离开，你就会说："有什么了不起，就是硕士毕业而已，有什么了不起。"其实我们在讲这个话的时候傲慢心也起来了。再比方说，"你不要生气好不好？你讲话小声一点！"我们在讲别人的时候，我们自己不也是没有做示范吗？我们也动气了。所以圣贤学问用功处在"善观己心"，时时能洞察心念是觉还是迷、是正还是邪、是清净还是染着。

第六，跟大家谈到处事不猜疑。当然，我们在跟大家探讨这些处事的态度，我们当下在吸收，心态也要对。比方说，我们讲知恩报恩，那是自己做知恩报恩。不然我们懂了这个理，又去看别人的过，他没有知恩报恩、他没有爱敬存心。所以学圣贤教育的人求之于己，不要求别人，"正己而不求于人则无怨"。

我们不猜疑别人，但是遇到别人猜疑我怎么办？"严以律己，宽以待人"，别人猜疑我了，反求诸己。"君子耻不修"，这句话在《群书治要》当中也有，"君子耻不修，不耻见污；耻不信，不耻不见信；耻不能，不耻不见用"。君子羞耻自己没有真实的修养，不羞耻别人误会他、侮辱他。别人误会、侮辱我们就动心了，那哪来的修养呢？"受侮不答，闻谤不辩"才是功夫。我们要重实质的东西，而且对于什么该羞耻、什么不该羞耻要搞清楚，人会觉得说被别人瞧不起很羞耻，不是的，做不到圣贤的教诲才是真正要羞耻的。"耻不信"，羞耻自己没有做出让人家相信的事情、言行出来，不羞耻自己做到了但别人还是不信任我，我们已经心安理得，不去强求，日久见人心。我们不能人家一个不信任，我们就跳起来了，那是变成什么？强求别人、要求别人要相信我们。任何事情要让它水到渠成，不是强求来的。"耻不能，不耻不见用"，羞耻自己没有能力把这个事情、把这个位置扮演好，不羞耻别人不给我这个机会。所以在每一个当下都是要求自己，不要求别人。

比方在一个活动当中，自己没有被派到重要的工作任务，就很伤心，"这个工作一定要给我做，你不给我做，我就不干了，我就不学了。"那是很在乎的表现，这个心态是不对的。有机会让你做，别人可以做的，让给别人，没有问题。你今天没有表现的机会就说不干了，那叫威胁领导。我们刚刚说这个心念是什么，自己清楚不清楚？这种心态叫情绪用事，所以主管不用我们是正确的。你要成就一件事情，要为大局着想，不能常常动气。所以当自己不被理解，或者不被重用的时候，反而应该回过头来反思自己有哪里不足，这样会更上一层楼，不会在那里闹情绪。

我们上一次谈的第六点，不猜疑，但不要求别人要信任我。为什么不猜疑？因为学圣贤教育的人相信"人之初，性本善"，他相信每个人都有本善，所以对人不会有成见。纵使在发生事情的时候，因为对人没有成见，不会妄下判断。我们看到一个动作、一个情况，"他一定怎样怎样"，那都是已经内心中对人家有成见，太武断。要充分了解情况，然后不要造成误会。真正充分了解情况，对方真的有错呢？那也没有成见，为什么？"苟不教，性乃迁"，那是他后来染上的习气，不是他的本性。所以相信人有本性，对每一个人，始终保持信任。跟对方有缘，更要进一步尽自己的道义，因为他本性迷失了，他现在贪心做主、嗔恨做主，所以这个时候是做《弟子规》，"善相劝，德皆建；过不规，道两亏"。

有朋友跟我交流说到，"若真修道人，不见世间过。"我说，这个"不见世间过"，是心上没有他的过，没有把他的过放在心上，那变成成见了，但是不是不清楚是非对错。你今天看着孩子在那里发脾气，然后你说，"若真修道人，不见世间过。"那你看你的孩子以后会怎么样？"我老子都不敢管我了。"那还得了？所以我们不能依这个文字的相去解，要依它的义理去理解。心上没有成见，始终相信"人之初，性本善"，但是很清楚判断，这不叫分别，这叫"了别"是非善恶，了了分明，清清楚楚自己的职责在哪，有几分缘分，就尽几分力量。所以是圆融的，"不见世间过"跟"善相劝"是相融的。

我们接着跟大家谈第七点，处事要懂得包容。今天是印度教的印度同胞们过年，是吧？好，我们应应时节，以我们印度教的教诲来谈这个包容，那当然颇具意义。为什么？因为这个大时代比较纷乱。你看现在家庭的矛盾，以前没有这么严重过；现在翻开报纸多少地方发生战争；还有天灾的现象比较严重。所以我们在这个大时代都有责任，"天下兴亡，匹夫有责"，这是读老祖宗圣贤书应该有的心量，没有这个心量，我们的书就白读了。《大学》告诉我们，"古之欲明明德于天下者"，是以这样的心来学这一部《大学》，"先治其国；欲治其国者，先齐其家；欲齐其家者，先修其身；欲修其身者，先正其心；欲正其心者，先诚其意"。我们不诚意正心，这个心怎么去包容别人？那怎么达到真的诚意正心，格物致知。没有把自私自利放下，怎么去包容别人？没有把是非对错放下，怎么可能不跟人对立呢？

师长跟马来西亚前首相马哈迪先生曾经交流过，两位长者都是胸怀天下的仁者，他们见面一开始谈的就是世界和平的问题。这一段话大家都听过吧？跟我们有什么关系？"国家与国家和睦相处、平等对待；种族与种族和睦相处、平等对待"，这个在我们马来西亚应该很有感受，好几个种族、好几个宗教生活在一起，"政党与政党和睦相处、平等对待；宗教与宗教和睦相处、平等对待"。而现在宗教徒占全人类人口的一半以上，所以师长说从宗教徒先开始带头，这个世界是慢慢可以走向和平、安定的。

这跟我们当前处事待人接物很有关系，我们要互相尊重、互相学习、互相包容。他们这些种族、宗教当中好的教诲，我们也要认真学习，在谈话的时候彼此赞叹，大家就很欢喜。因为你很尊重他们的经典、他们的圣贤。"敬其父则子悦；敬其兄则弟悦；敬其君则臣悦"；敬耶稣则基督教徒悦；敬阿拉则伊斯兰教徒悦；敬这些宗教的经典，他们的宗教徒都欢喜。

刚好这里有一句印度教的教诲，这个也是包容，叫："高贵的心灵是把自己奉献跟促进他人平静快乐"，人心灵高贵在哪？"奉献跟促进他人平静快乐"，他们体会这是生命的意义，所以助人为快乐之本，这人生的意义，"即使这些人曾伤害他。"

人与人的相处，要真心对待，这不是交易，不是说对方对我好，我才对他好，这是我们做人应该如此，要爱敬对待别人，不会因为任何的情况而改变。假如我们改变了，那我们就变心了，就不是用真心了。有个电视剧，清朝的神医喜来乐，他说到："今天有一条狗受伤了，那我是当医生的，救死扶伤是我的本分，我把那条狗给治好了。有一天它心情不好又咬了我一口，结果没多久它又病了，我治不治它？"这就是每个人回到自己内心深处，爱敬对人是我做人的根本，怎么会因为他的态度而改变？那我是利害心，不是道义的心，那我学圣贤教育学了这么多年，不是白学了嘛，义跟利我都分不清楚，"君子喻于义，小人喻于利"。

还有一句话是伊斯兰教的："在憎恨与喜悦的日子说公道话；接济与我断交的人；照顾与我绝情的人；原谅对我行不义的人。"您看那个包容心有多大。我念这一段话的时候，想到了《了凡四训》说的，行仁爱大道要"先难"，要从最难的地方下功夫，这句话不容易。人要在憎恨的时候，你对他有怨恨，可是你讲话还要公道；你很喜欢他，你很高兴的时刻，你也要讲公道话。那个心要时时保持公平、平等，这是功夫。

你要接济跟你断交的人，其实也对，他都跟你断交了，冤家宜解不宜结，刚好遇到他有大难的时候，你去帮助他，不都化掉了吗？"照顾与我绝情的人"，实实在在讲，人没有爱哪有绝情，是吧？你会不会去面对路边的一个人说，"我要跟你绝情"？他会觉得你脑子有问题。但是回过头来再想想，孔子说："爱之欲其生，恶之欲其死。"你喜爱他的时候，他什么都好，什么都帮他想；发生了一件事以后怎么看他怎么不顺眼，甚至于还诅咒他。他有没有问题暂且不论，我们的心也变得太厉害了。所以回头想想，这个绝情还是因为我们有爱憎，他的行为我们很不高兴，这个爱就起化学变化了。

孟子那句话，我们时时观照，"求其放心"，迷失的真心，把它找回来。我们因为境界而改变了处事的态度，这都是真心迷失掉了，所以要"照顾与我绝情的人"。他与我绝情，我不与他绝情；他不跟我和，我跟他和；他跟我断交，我不跟他断交，保持自己的真心，"精诚所至，金石为开"。因为实在讲，他生气、怨恨，那也是一直在变化，也不是真的。只要你坚持对他好，慢慢的他就知道，原来你是对事不对人；假如他生气了，你也看他不顺眼，那这个梁子就越结越严重了。

"原谅对我行不义的人"。这些道理好像都是相通，"别人错的，也是对的"，他对我不义，因为他没有学，"人不学，不知义"。怎么没学我们都不原谅他，那我们不学成苛刻了吗？可能我们又说了，"他有学啊，学了十年了！"他学十年都学成这样，不是比没学更可怜？你看这念头一转不就天下太平。为什么转不了？因为我们执着，因为我们对立。因为我们一对立，就没有设身处地，没有想到他的家庭背景，没有想到他整个人生的过程，没有想到他未来的凄惨可怜。你从过去看、从未来看，你对任何人不会对立、不会怨恨的。

最后，举一个兴都教，兴都教说："宽恕必能制怒"，这都是包容；基督教说："不要以恶报恶"。大家有没有想起来，我们学习《群书治要360》在讲"度量"的时候有一句话，也是我们老子的教诲。"以德报怨"，这样才能化解冲突。这是各个宗教当中都有，英雄所见相同的见解，都是包容来处事。

第八点，善解人意。比方说，有一个人过来跟你说，"某某人说你怎样怎样。"我们接着说，"啊，那是他误会了，我们相处得很好，他以前怎样怎样对我，挺好的。"对方就讲不下去了。这样的话再传到那个批评我们的人的耳里，那一个巴掌拍不响，他还不好意思，就不再批评了。因为你都记他的好，他的良心就被这个态度给唤醒。

比方某人做错了一些事情、不妥当的地方，别人来告诉我们，我们可能跟他讲，"哎呀，他可能最近太忙了，他是不是家里发生了什么事，可能心里的负担很大就忘了、漏了。"这都是善解人意。有可能真是这样，假如不是这样，对方一听很感动，然后也会生惭愧，人家都这么包容、体恤我，那我得更谨慎、更周到才好。常常说："啊，他不是有意的啦，他只是一时刚好激动，你不要往心里去，你不要对他有什么误会了。"这都是善解人意。

其实，这是护念自己的善心，也是护念身边人的善心。不然身边的人已经情绪起来了，我们还添油加醋，那没事都变有事，小事都变成大事了，这是善解人意。

当然还有很多，包括我们《群书治要》当中讲的"孝悌"，这也是处事。而且这个孝悌不只是孝顺父母、友爱兄弟姐妹，要延伸开来，孝敬一切人的父母、一切人的兄弟姐妹，"事诸父，如事父；事诸兄，如事兄"，"凡是人，皆须爱"。包含我们时时念着恩义、情义、道义、仁义，要诚信待人、谦卑待人，这个部分就跟大家交流到这里。其实这是其深无底，其广无边，所有的学问其实都离不开处事待人接物。

接着我们看对事情，做事情有哪一些正确的思想观念？首先我们做事的目的要很清楚，不是为了做事而做事。很多人做事陷在事情里面，越做自己越强势、脾气越来越大，跟着他的人也学不到真正做人做事的德行。一个人强势，最后身边的人都被他影响，讲话都很大声、都不体恤人情，自己堕落了，身边的人也堕落了。这是真正做事的目的吗？可不能这件事情做完了，所有的人都堕落了。要怎么样？这件事情虽然没有做成功，每个人的灵性都提升了、智慧都提升了。

灵性、智慧都提升了，怎么事情没有做成？"岂能尽如人意"，很多事情是众多条件才能成就，是吧？他条件没有具足，可是每一个人都是尽心尽力去做，他的心量都不断扩宽，虽然事情没有成就，那是表面没有成就，所以看事不能看表面，"莫以成败论英雄"。我们最熟悉的孔老夫子，周游列国十四年，从事相当中，他并没有能在一个国家当官，把这个国家治理成春秋时代的示范国。不是夫子没有能力，是什么？是众生福报不够，是当时候的君王私心太重，他不相信有大公无私的人，他就害怕孔子会不会把他的权位给拿走了、会不会抢了他的威信？有这个疑惑，怎么可能重用得了孔子？所以因缘不具足。但是夫子已经尽心尽力，他就圆满了，他的精神长存，"知其不可为而为之"。

其实，两千五百多年之后，我们也应该再效法孔子的精神。而且，这两千五百多年来，哪一个圣贤弟子不是在效法孔子的精神？哪有每一个读书人都遇到盛世的？不很多都遇到乱世吗？明朝的史可法，宋朝的文天祥，但他们尽忠报国也是万古长存，怎么可以以成败论英雄呢？我们一说到忠臣就想到孔明，他最后也没有复兴汉室，但是他的"鞠躬尽瘁，死而后已"是圆满的。

所以我们做事，真正的目的要搞清楚，《大学》开篇就讲，人生的价值在哪里？"在明明德，在亲民，在止于至善"。一个人如何明明德、如何亲民、如何止于至善？就在他依教奉行，就在他生活所遇到的每一个人事物当中、每件事情当中，他在历事炼心。舜王遇到了他的父母，最后成就了他的德行、他的至孝，最后他的福报也现前，成为天子。他的明德恢复了，就在他的父子关系当中历炼，恢复自己的真心。所以做事的目的是要自利利他。自利，恢复明德，不是去搞自私自利，那个是刀头舐蜜，那个是祸，不是真实的利益，真实的利益是恢复无量的智慧、德能、福报。我们执行长常说的"无我，内求"，就是在每件事情当中，最后把自私自利完全放下，这是做事的目的。"哎呀，我怎么做这件事情脾气都控制不住？贪求、攀缘很严重。"就借这个事放下自己的习气。"在亲民"，"亲民"就是齐家、治国、平天下，利益苍生，这是亲民。

　　我们很清楚做事的目的了，就不会陷在事相里面，就能够保持理智，就能够善观己心，做事的时候看清楚自己的心。再来，处处体恤别人的心。所谓"做事须替别人想，论人先将自己想"，您看这个做事态度不是在自利利他吗？论人为什么要先将自己想？比方我们在谈论这个人有什么习气，假如我们真的反省，很可能我们讲别人的地方，我们自己都还有，改掉都来不及，不先去看别人了。

　　那我们做事情有哪些原则？首先，"务本"。做任何事情，要从根本去下功夫，"君子务本，本立而道生"。假如我们做事都是枝末，那解决不了问题，会本末倒置。成就一件大事，根本从哪里下手？从心下手，从孝道下手，从修身下手，这些都是务本的态度。从智慧下手，因为没有智慧怎么去做事呢，不是帮倒忙？所以"青年十二守则"有讲到"学问为济世之本"，济世，要利益这个世间，真实学问重要。而且这个学问不是知识，是智慧，所谓"好学近乎智"，这个学习的目标是智慧，不是知识的积累。孔子在《论语》当中有讲，"诵诗三百"，《诗经》三百首他都倒背如流，学了很长的时间，"授之以政"，让他去办政治，"不达"，遇到事情还是不能通达应对；"使于四方"，派他出去做使者，"不能专对"，他跟人家没有办法随机进行外交的应对，把事给搞砸了。"虽多，亦奚以为？"虽然他已经熟悉了《诗经》三百，但他是知识，不是真实的学问。

　　我们现在学习传统文化也要冷静一点，我们学习的时间很久，但是真正去办事，反而经典当中的义理没有办法用出来。比方我们都知道做事要冷静、要镇定，要以静制动、以沉制浮、以宽制褊、以缓制急，这个理我们都知道，可是一遇到紧急的事情，就开始手忙脚乱，鞋子也穿错。所以"理有顿悟，事要渐修"，还要更多的历练、锻炼，慢慢的解行相应，因为在历练过程当中知不足，那个体会会越来越深。而且要悲智双运，你有慈悲利人的心，要用智慧去做，不然好心办坏事，所以智慧很重要。有一句话叫"慈母多败子"，她爱她的孩子，怎么最后毁了她的孩子？"爱之不以道,适所以害之也",她没有用智慧去教。

再来,办事的原则有"名正言顺"。每个人在一个团体,或者在一个职务当中,你要给他名正言顺,他才好做事,他才好领众、发号施令。不然他自己心里也虚、也没底,然后别人可能还对他有讥嫌。用一个重要的干部,都要设身处地为他着想,还要尊重他,尤其这个名正言顺重要。

再来,做事的原则,本分、职责要清楚。大家都很清楚,做事就不乱;假如职责不清楚,到时候三个部门在那里探讨,这事是谁的?有时候做了以后,另一个部门又觉得你抢了他的事,那不是横生误会?所以本分、职责要清楚。"君子思不出其位",我们思考的、尽力的,在自己的职责之内,不要自己的职责没做好,都去担心、去挂碍别人负责的事情,那就没有那个必要。当然自己职责完成了,其他部门真的有需要,我们也能适时的去体恤、去支援,所谓"分工不分家",这都是很重要的做事原理。

再来,做事要合情、合理、合法。这情、理、法要掌握得圆融。我们常常在掌握情、理、法的时候,会觉得比较有难度。像有一次我们办进修班,有一个学员他没有报名,就坐飞机飞来了,要上课。诸位学长,假如你遇到了怎么处理?飞机票挺贵的,你顾虑这个情,那以后会有更多的人坐飞机飞过来,没有报名他就要上课了。所以还是要遵守一个团体的规矩,但是情理还要说得过去,你要体恤他的心情。所以多留他几天,然后安排好他的生活、学习,我们善尽地主之谊,然后之前讲过的课程,又刻录给他带回去。所以这个情方面做到尽心,让他感觉尽力了,但是在规矩上还是不能破掉。那也是再一次提醒他,您这次来最重要的一个学习,就是到哪还是要遵守哪里的规矩,不能太冲动。您假如能记住这一点,那这一点对您一生都有很大的利益,您听了以后有什么不了解,我们再联系。

真正你是主事的人,你会遇到很多情况,比方说你会遇到走后门的人来找你,怎么办?你一答应他,那你以后的事就越来越复杂。你说:"我也没得什么好处,我只是念他那一份情而已。"但是你坏了规矩也不行。

所以都要有应对的方式、方法。其实，走后门本身对当事人一点好处都没有。为什么？这个机会不是他自己争取来的，是他老爸给他争取的、是他老妈给他争取的，那真的对他的孩子有利益吗？他不会珍惜的。所以你要跟他的爸爸妈妈分析，你这么做不是帮他，是害他。"我知道你这一份心，你是真正为孩子想，你们当父母的心情我了解。"他一听，嗯，你很理解他。先要顾及人情，最后才给他说明事理，要疏通这个人情，然后再把理跟他讲。因为他觉得你理解他，你的话他比较能接受。那你这么一分析，实在讲，你没有为自己，你是为他考虑，一般都还是能够接受。最后他还是很执着、不接受，那你就笑着跟他说，"还是不行。"

所以主事的人掌握原则还是很重要。好，那他生你气呢？他说他生气，过两天他就好了，你也别挂碍。为什么？一个巴掌拍不响，他一直给你生气，你又不生他气，日子久了，他的气就消了嘛。再来，除了那一件事情你坚持原则以外，你该买白咖啡给他喝，你还是买嘛，你该泡普洱茶给他喝，还是泡给他喝嘛，我就不相信他能气三年。我看气三年，命也快没了，没人这么傻。他就明白你的态度，可能一个月、两个月过去了，你的坚持反而给了他很好的教育。

这个合情、理、法，有一个公案非常好。唐朝有一个读书人叫张镇周，他是舒州人，他从寿春迁到舒州当都督。回自己家乡当都督不容易，因为家乡里有多少的父老乡亲、多少的长辈、朋友。他就回到自己的故宅（老家），买了很多的好酒好菜，把他的亲戚、老朋友全部都召集来，痛痛快快又吃又喝十天。而且日子算得很准，因为第十一天他要上任了，就喝到上任前一天。喝了十天，还把金银绸缎送给这些亲戚朋友。最后一天要送他们走了，"今天还能够跟你们这样欢欢喜喜的喝酒，明天我要当舒州都督，要治理百姓，官员跟百姓在礼节上、礼数上是有所区隔的。所以我明天上任以后，就不能常常跟你们这样再一起喝酒、再一起聚会了，什么事情我得秉公处理了。所谓太子犯法与庶民同罪，就要公平、公正来治理人民，不能再跟你们这样聚会了。"然后说着说着，痛哭流涕送他们走。隔天他上任，就没有再跟这些亲戚朋友交往，结果整个舒州内治理得非常好。因为这个事情传开来了，所有的人民都觉得他很公正，人民心里就服，佩服他，就遵守他的管理。

以舒州人当舒州都督，这是非常困难的事情，可是假如只是守法，都没人情可以讲，就伤了情了；徇着情就违法了，违法了就不符合礼了。不好做就在这里，伤了情也不合礼了。所以张镇周他能够在自己的老屋里宴请亲朋好友十天，然后还赠给他们金银绸缎，临别的时候又非常恭敬，痛哭流涕把这个道理告诉他们，这个情用得很深，法律也彰显了，礼数也做到位了。所以处处都要做到合情、理、法，尽心尽力，又不违背公平、公正，掌握这个度，应该就不会偏差太多。

做事，还有一句格言："见事贵乎理明，处事贵乎心公"。这些都是面对事情的原理原则。我们遇到一个因缘、遇到一个事情，得清楚问题在哪，得清楚做事重要的道理。比方我们学《群书治要》，"为政"当中很重要的，"其人存，则其政举；其人亡，则其政息"，所以用人用对人，这都是做事的关键。包含在很多做事的细节当中，比方要注重组织的伦理，不可以越权去管事情，这样当中的干部会觉得不被尊重、不被信任。这种感受，人与人就有隔阂、就有情绪、就不能团结。都要在很多做事的细节当中尊重、体恤到他人的感受。

打个比方，我们中心跟同仁有午餐的沟通会，同仁在修学上或者在工作上，他会提出一些情况，这些情况有时候会牵扯到一些部门做事的情形。那这个时候我不能马上回应，我得跟这个部门主管沟通清楚，之后再由他们去做处理。这个我不可以越权，不能在这里拍胸脯，结果他们难做人。因为有时候同仁的反应是有道理，但毕竟他是一个角度，可能主事的人他必须考虑三四个角度，我们假如马上回应了，我们又没有考虑其他角度，那这样就处理得不妥当了。不尊重主事者，同时也太早承诺这个反应情况的同仁，到最后会里外不是人，进退就失当了。

"处事贵乎心公"，这个又是很重要。做事情要公平、公正，不以私废公，不以人情做公家的事情。这一点假如没有做到，人心一不平，就会成为组织最大的障碍。人心都不平，怎么可能团结一致呢？

还有一段格言讲到，这个是跟"见事贵乎理明"相应："公生明，诚生明，从容生明"。我们在面对事情的时候，都能处公心，用真诚去对应，然后能够从容的去对应。我们公心，就不会被自己的私欲所障碍；真诚，就不会被自己应付虚伪所夹杂；从容就不会因为心烦意乱，反而没有把事情看清楚，搞清楚。

上一次跟大家提到，我们落实家文化，其实这个"公"很重要。假如三四百口人住在一起，每个人都为自己、为自己的小孩，那这三四百口人可以分成几派？所以我们老祖先有高度的智慧，知道人性私欲很容易起来，所以从孝道下手，让他父子有亲的天性终身保持，他就念念为父母想，他的私欲就不起了。所以家文化是无我，无我才能够贯彻家文化，没有自私。

再来，治家没有秘密，要坦诚，还有要平等。这个"公"其实也是平等。在明朝的"天下第一家"，郑濂分两颗梨子的故事，他把两颗梨子砸碎在两个水缸里面，每个人一杯，这是平等，人心也跟着平了。

当然，治家要守"六和敬"，"见和同解"，见解要相同，家规大家要认同，家学大家要认同，要孝顺，要勤俭，要谨慎，这些都是治家的重点，包含家丑不可外扬，这些大家都要认知到位。

那天我们遇到一位总经理，当时我们一起分析到，整个从身心、家庭、社会、世界的种种乱象，非常的纷杂。身体现在文明病那么多，心理疾病，很多以前都没听过的现在都有。五伦的冲突，包含犯罪率、诈欺种种。堕胎，一年世界堕胎是五千万人，比任何一次的世界大战还要惨烈，而且是伤害自己的亲生骨肉。那这么复杂的问题，从根本上是非常单纯，只有一个问题，就是人心的问题。《尚书》讲"作善降之百祥，作不善降之百殃"，所有这些乱象，全因为人心不善，问题找到了。

找到根本，就能对症下药。从小教他孝道，问题就解决了？"先王有至德要道，以顺天下，民用和睦，上下无怨"，是真的，不是假的。你用孝道，天下就太平了，因为从根本上看，一点都不复杂。因为人心都去追求利欲了，追求利，伤害别人；贪欲望，身体搞坏了、精神也都搞坏了。

那个总经理，他分享自己母亲给他的教育，我听了非常触动，我说这个总经理分享的两件事情，就可以解决现在世界种种问题。他是广东人，他说他妈妈教他们："吃饭的时候要看菜吃饭。"就是菜比较少的少夹，让给爷爷奶奶、让给爸爸、让给长辈，他们辛苦。一个人从小看到眼前的佳肴都是先想着父母、想着爷爷奶奶，他的私利、私欲不就下来了吗？甚至他不会增长。大家不要小看一个生活教育，它长善，救失。他又说他妈妈跟他讲，"买衣服，打折的时候再去买。"节俭嘛。现在很多问题都是纵欲、挥霍、不节俭，才造成种种的乱象，所以这些细微的生活教育非常重要。这个节俭，我们还会讲到对物要珍惜、要节俭。

"见和同解"，再来，"利和同均"，六和敬，不要分谁的钱，"利和同均"，这是家业。以前几百口人住在一起，女子纺织全部放在一起，不分彼此。甚至于明朝的一户人家，张闰，他们的妇女不分彼此到什么程度？哪个孩子哭了，谁先听到谁就哺乳，所以小孩子一两岁的时候有点搞不清楚谁是他妈妈。这个方法就不分别。一个人有几十个妈妈，他们几百口人住在一起不分彼此。这"利和同均"。

"戒和同修"，家是有戒律的，是有规矩的，是有家规的。又有亲情，又有人情味，又很严格，这都是不要太过，不要不及，要适中，要宽猛相济。"身和同住"，在一起多给别人方便，不要只求自己方便。"口和无诤"，要能忍让、礼让，不要争口舌。"意和同悦"，有福同享，有什么好事，大家一起分享、一起同乐。这个"利和同均"应该就是有福同享，有难同当。

刚刚跟大家提到也是做事的原则，不要太过也不要不及。就像佛门进山门，首先看到四大天王，东方持国天王，持国、持家的原理原则是一样，他手上拿一个琵琶，太松跟太紧都不行，就是做事不要太过，也不要不及，要适中，不偏不倚。

好，这节课先跟大家交流到这里。谢谢大家！

第二十三讲 自我教育的重要性（十一）
敦伦尽分，闲邪存诚（6）

尊敬的诸位长辈、诸位学长，大家下午好！

我们接着继续谈我们在应对事情、做事情应掌握的一些原则，比方在讲到做事情要循序渐进，不可操之过急。事情，我们说道法自然，"绳锯木断、檐滴石穿、水到渠成、瓜熟蒂落"。不然我们做事的原则没有掌握，有时候都瞎着急，自己一着急心都不定，对事一点帮助都没有。事物的整个发展，必然有它的轨迹可循，所以"天下之势，以渐而成；天下之事，以积而固"。很多形势我们要判断清楚、要掌握好，而且形势好的时候更重要的是要有人才出来，所谓教化一方、利益一方，都要有正知正见的人才。但人才非一朝一夕可以培养出来，所以对于天下的形势，我们可以感受到整个中华文化的复兴，在中国领导人的带动之下是必然之势。我们要了解人才难得，首先自己要期许自己，要好好下功夫、好好提升，机缘成熟为国家、民族所用。而以学问来讲，那得要厚积薄发，我们自己不好好实修，到时候真的机会来了，孟子讲"富贵不能淫，贫贱不能移，威武不能屈"，假如面对一些诱惑抵不住，本来是要利益天下、复兴文化，最后自己变成负面教材，那就情何以堪。所以"自天子以至于庶人，壹是皆以修身为本"。

我们刚好谈到求学问方面，在之前我们以夫子为榜样，谈了为学、谈了如何做一位老师，这里就不再多谈，就几个点跟大家再交流一下。在求学问当中，不在于我们学了多久，得的真实利益在"一分诚敬得一分利益，十分诚敬得十分利益"，都要从诚敬心当中下功夫。而儒家的学问、中国传统文化的学问很强调"笃行"，博学、审问、慎思、明辨，这是属于学问，加上笃行，才是真实的智慧，要解行相应，自己的境界往上升才有智慧。

有一段格言讲到，"为学为教，用力于讲读一二，加功于行者八九"。不管是求学，还是从事教育的工作，把精神力量用在讲课或者读书、听课上一二；把主要的功夫放在哪呢？放在力行上八九。有一句诗提到，"古人学问无遗力，少壮工夫老始成"，少壮就开始接触这些经典，"纸上得来终觉浅，绝知此事要躬行"，等于是一句要落实，都要下很大的功夫。之前有跟大家提过，明朝薛文清公，他就讲到二十年来对治一个脾气"怒"字，都感觉还没有调伏尽，以此知克己不容易。要真正把这个嗔怒心完全调伏，那时时刻刻不可以放松，所以"加功于行者八九"。

还有求学问要有恒心，不能间断，就好像钻木取火。钻木取火，钻了两分钟手酸了，休息三十秒，三十秒后再钻，它又凉了，火还没出来。火好像智慧一样，未出来已经休息了好几次，很难真正钻出火来，所以要用功不间断，丝毫不可懈怠。甚至于古人的用功，连作梦都不敢懈怠，梦里面有做的不好的行为，醒过来还要忏悔。这是跟大家提到循序渐进的重要。

再来，面对事情要"度德量力，审势择人"。我们说量力而为，我们自己的德能，还有包含做这件事情所应该具备的能力，具不具足？所谓"事非宜，勿轻诺；苟轻诺，进退错"。事实上，当我们这么仔细去衡量而拒绝，反而会赢得对方的信任。因为对方会觉得我们做事是非常慎重，不会轻易答应。但是答应了，再怎么难都要去做到。古人做事很守信诺，他很慎重评估，不轻易答应，答应了，抛头颅、洒热血他都要做到。

而这个"审势"当中，有些形势还没有形成，不可以强求。比方说虽然是好事，法律还没有同意，这个时候你硬做，最后落个违反国家规定，那好事的流弊就很大。"审势"很重要。这也延伸出来，另外一个格言说到，"做事必先审其害，后计其利"。我们看事情要方方面面，不能只看到它的利益，可能会产生的负面影响也要想得到。古人考虑事情都会强调"不论现行而论流弊，不论一时而论久远，不论一身而论天下"。比方我们学传统文化，做的事情跟法律不相应，最后人家会说学传统文化的都不守法，这个流弊就非常大。有一些地方还没有拿到批文，就开始办课程，这都是很不妥当，要名正言顺为妥，做好事不可心急，要很冷静。

《了凡四训》当中有讲到，吕洞宾跟汉钟离学习，教他"点石成金"。一点，那石头就变金子，马上就可以去救济人，好不好？"先审其害"。吕洞宾很冷静的问，"那请问，这个金子会不会再变回石头？"他说："五百年后会变回来。"吕洞宾说："那我不是害了五百年以后的人？这么做还是不妥当。"汉钟离说："修仙要积三千善事，你这一念，三千善事满了。"因为他连五百年后的人都为他设想，这一念，心量非常广大。

就像我们现在从事传统文化的弘扬，我们这一两百年来传统文化被忽略了，等于是在一个兴起的时节因缘。有一句格言讲到，"以慎重之行利生，则道风日远"。夫子影响我们两千五百多年，夫子在世的时候，他有七十二贤、三千弟子，他要革命不难，他为什么不做？会有流弊的问题。所以我们现在审时度势，整个文化的复兴可不是两年、三年就成就了，所谓十年树木，百年树人，要培养一个人都要几十年的功夫，现在是整个中华文化能够再度复兴起来，没有三五代的人，怎么做得了！

而且欲速则不达。这几年来，整个传统文化是宣传期，很多人没有学过经典、没有听过这些课程，连五伦是什么，八德是什么，他还不一定讲得出来。他一接触经典、一接触课程，"哇，这个东西很好。"宣传效果，播种下去了。种子播下去了，接着呢？要施肥、要灌溉，它又不是明天就可以收成了。所以各个地方长期教学的风气很重要，哪有说一接触就成圣贤了？当地有没有电视台在播放？有没有教育单位持续在教导？所以"宣传期"之后要走入长期的"扎根期"，把德行真正扎下去，把经典真正落实在处事待人接物的工作。

请问扎根期要多久？刚刚我们说对一个"怒"字要二十年，才知道克己难，所以不能急，都要在自己的身上下功夫。"身修"才能"家齐"，自己的家庭、自己的单位才能"为人演说"，所以根深蒂固才能枝繁叶茂。这些都要了解到，不然我们都觉得办课程就是弘扬文化了，都没有人去落实，最后广大的人群说，"这讲课的人都是讲而已，都不做。"他还学不学？那这就不是以慎重之行去利益众生了，这道风怎么会远呢？

真正要扎根可不轻松，放下每一个习气，比方说好面子，要把这个好面子放下，要一层皮撕下来。孔子说"学而时习之，不亦说乎"，怎么会苦？撕下来的时候就不被它控制了、就不被欲望牵着鼻子走，就快乐嘛。可是边撕的时候怎么样？当然会痛。

比方我们都有经验，刚好自己说错话、做错事了，对方刚好纠正我们，一下子那个态度有点不是很欢喜吧？本来要给他顶回去，突然想到"闻誉恐，闻过欣"，吞回去。你假如说，读了这一句以后，人家劝你，马上欢欢喜喜给他鞠躬，我真的要给你鞠三个躬，你太厉害了。因为我们习惯好面子，我自己读书过程当中都跟人家攀比成绩，慢慢自己就好面子。人家一讲我，我第一个反应是不高兴，可是《弟子规》又是这么讲，马上提起来，得要转变一下态度。"始而勉强，终则泰然"，哪有一开始就欢欢喜喜，那不是普通人，可能是颜回转世，他不贰过，人家一给他讲，他接受就去改了。

"慎重之行利生，道风日远"、"先审其害，后计其利"，有一个很重要的原则，"不求有功，但求无过"，要战战兢兢。为什么不求有功？这是我们炎黄子孙应尽的本分，所以不邀功。但是生怕自己的疏忽给传统文化抹黑了，不愿意这么做，这样就会很谨慎。所以谨慎也是做事相当重要的一个关键，不谨慎，事情早晚要出问题。要能够守住成果，谨慎重要，要居安思危，要防微杜渐。

再来，事情在面对很多不同的情境，比方"缓事宜急干"，这个事情不是很急，可能是下个礼拜、下个月的事情，但是你分配好时间积极去做。"急干"就是很有步骤的安排好，就赶快去做，不会"临时抱佛脚"。我们往往事情不是很急的时候，拖拖拉拉，把时间都混过去了，等到明天该交出来了，就一直熬夜到很晚。这样做第一个，事情的品质不好；第二个，身体搞坏了。这都不长远，所以"缓事宜急干，敏则有功；急事宜缓办，忙则多错"。我选的这些句子，因为我常常犯，跟大家做交流，这些句子特别提醒自己。

"缓事宜急干"的话，闲时要忙，事情还不是很急迫，一来要提升德行跟能力，再来要循序的安排事情。我们现在变成有事干的时候想学习，然后没事的时候又胡思乱想、又下不了功夫，都不是安住在境界当中，这样做，事跟修养都提升不上去。"急事宜缓办"，这个事情很急，首先心要定住，不然一急躁就顾不了自己的心跟一言一行了，怎么去办事？铁定越搞越乱。心要先定住、要静，要把心先静下来。人的心要静不容易，欲望要淡，得失要淡，心里挂碍的事要少。你每天牵挂那么多事，事情一来你怎么专注面对？

所以我们看这些格言，就可以感觉到古人他们修养功夫很深，这些都不是一日、二日之功，都是长期在事情当中不断历练、突破自己。无事的时候，人没有事的时候戒一个"偷"字，没有事就做白日梦，胡思乱想，时间就没有了；有事的时候戒一"乱"字。

刘念台这个读书人说到，一个学圣贤教育的人，遇到事情不能很好的应对，会慌、会乱，总是因为心有毛病、有不足的地方。这个心，问题出在哪呢？他接着讲，遇到事情只有"炼心法"，每件事都在炼自己的心、历事炼心，"没有炼事法"，这个心是根本。而炼心之法怎么炼呢？"大要只是胸中无一事"，心里面很清净，没有什么挂碍的事。所以我们现在炼心地功夫、心地清净，什么事要看得破、放得下。"无一事"，心里面没有事，很清净，就像镜子，镜子是清净的，他遇到什么都照得清清楚楚。就像那个湖面，它很平静的时候，"静水照大千"，旁边看得明明白白；可是它起波浪呢？啥也看不清楚，手忙脚乱。

古人从这些事物当中都在提醒我们，心要静下来才能有智慧，才能从容处理事情。所以这里讲到，灯动了就不能照物，水动了就不能见物，水面照东西就不清楚。人的心性也是这样，所以心一波动、一妄动了，"万理皆昏"。人一急躁起来，哪一句经句提得起来？我们曾经看人动情绪的时候，你跟他再交谈，他讲了二三十句话，你很柔软的问他，"你刚刚讲这二三十句，没有一句是师父教的，没有一句是经典的"，他"万理皆昏"，都随着他的情绪在思考了。"静则万理皆澈"，能静得下来，烦恼能伏得住的话，他的智慧能够观照到自己的心、观照到整个事情的客观状况。所以"静"这个字，心静，"静"这个字，每一天二十四小时离了一刻都不行，只要离了心境就开始乱了，心就会乱了。

这里有几个比喻很有意思，门每天开开关关，但是它那个门枢是不动的，"枢常静"；"妍媸"，好看的东西、不好看的东西每天都在镜子前面来来去去，但是镜子是常静的，不随它转；人也不能随接触的东西心乱、心转，"人尽日应酬"，应酬就是应对很多不同的缘分，应酬不是去喝酒，去应对很多缘分，心常是静的。所以唯有静，一举一动你才从容，你才很清楚、不慌乱，不然做的事情都会后悔。假如随着事情，心念都一直妄动、慌乱，那你面对事情一定看不清楚。所以纵使是在睡觉的时候念头不静，作梦也是胡乱作。大家有没有经验？你刚好事情多的时候，连作梦都是梦那些事情。人的心太活跃了，一分钟之内都不知道有几个妄念在那里起起伏伏。

所以这个心要时时不妄动，都在定、静当中，不容易。大家不相信你试试看，你三天什么事都不干，不过要你的领导准你的假。你三天什么事都不干，好，我就把心静下来，你看静不静得了。比方说，送你到寺院去，你从今天开始就住在寺院里，暮鼓晨钟，你不是很喜欢静下来吗？好，从今天开始你都不要回家了，就住在寺院里面，每天暮鼓晨钟伴着你入睡，你看能不能接受？马上心思如涌泉一般，我太太呢？我儿子呢？你平常这些东西是你有事情忙来忙去，你看不到自己的念头很纷乱，真的要你静下来，哪有那么容易？

所以人要静下来的时候，会感觉很多妄念。这个时候要什么？以理折情，用这些圣贤的义理调伏自己的妄心。"不怕念起，只怕觉迟"，人那么多妄念都是过去妄想、现在妄想、未来妄想。过去的已经过去了，要放下；未来的还没发生，不要瞎操心；现在的也别担心，依照道理好好的去应对、去尽心尽力就对了。你用圣贤的教诲、经典慢慢调伏这些妄念，慢慢会越来越少。这些义理常常正念分明，心就在法喜当中，不在纷乱当中，所以静下来也是循序渐进。一下子说："好，我关起门来，一个月不见人。"你得有功夫，不然你会有点轻微的精神病出现。给你关一个礼拜，"赶快找个人来跟我说说话，我快不行了，快憋不了了。"很多事情还没经过，都觉得很容易，"事非经过不知难"。你很羡慕人家关一个礼拜不出来、一个月不出来，那也不容易。

我们刚刚讲到炼心法怎么炼？心中无一事，唯有心中无事，"乃能事事"，这有味道。比方你刚刚挂碍的事没有放下，另外的人来找你谈话，有听没有进；或者你对这个人有成见，你边听就边有对他的一些怀疑跟看法，你怎么去应这个事情呢？所以这句话在自己处事待人再去看看，很有味道。要不断放下心中的这些牵挂、妄念、习气，"此是主静功夫得力处"，你真的要静得下心来，要时时炼胸中无一事，慢慢的功夫才能得力。

"处事大忌急躁"，所以不能乱。我们刚刚说到的"忙则多错"，不能乱，"有事时戒一乱字"。"处事大忌急躁，急躁则先自处不暇"，你自己都顾不了自己了，"何暇治事"，怎么可能去负责事情呢？所以首先，"为学第一功夫，要降得浮躁之气定"。心里面为什么那么多事情、那么多念头？总是贪嗔痴慢疑的念头伏不住。这一点我们在前面的课程有跟大家讲，"严以律己"，要把这些东西调伏。比方说财色名食睡你非常贪着，那个心随时都是妄念纷飞，怎么可能会静得下来？所以放下得失、放下欲望、放下这些最执着的妄念，这个很重要。

再来，有四个字很重要，"事缓则圆"。我们是很希望利益人，把事情做得好，但往往会有情况是越帮越忙。大家有没有经验？人家夫妻吵架还是朋友之间吵架，我们去当和事佬，结果越帮越忙，然后自己也被搅进去、气得半死，这都考验我们应对事情的涵养、功夫。这个"事缓则圆"，因为我们往往在听一些话的时候，自己的情绪会被牵动，比方对方谈的时候谈到我们，自己的情绪被牵动；或者你在听话的时候，听一面之词。曾经我们也遇过夫妻两个冲突，你听他先生讲的话，太太不是人；你听他太太讲的话，先生不是人。有时候听了，奇怪了，怎么同一件事情讲出来的话天壤之别？一来角度不同，更重要的是每一个人的我执、我见很强，他看事不客观。其实假如一件事情，双方讲出来差那么多，我想双方讲的都有失客观。除非你很清楚其中一个人的修养，他不打妄语，不然一般很容易被自己的情绪牵动去看事、去说事情。

那这个时候怎么办？"熟思则得其情，缓处则得其当"，这个很好，"事缓则圆"。"熟思"，非常周详的去了解、去思考，才能得到实情，真实的状况才能够判断得好。所以人听话首先要很冷静，他哪里带情绪讲，你都能够点出来。然后因为你历练得多，你能够判断他的虚实，再去客观了解，"熟思则得其情"，他的情实就清楚了。"缓处"，了解清楚了再去处理，不然一处理，可能对方觉得被误会、误解，反而那个情绪更大，所以缓处。你客观了解了，先肯定他对的、肯定他的存心是好的，只是方式方法可能对方不能理解，用这样的方式去跟他谈，"缓处则得其当"，很平缓冷静的去处理，会处理得比较妥当。我们有时候听一面之词，激动了，就去批评、去骂人，那就越帮越忙。你双边充分了解之后，你就可以判断每个人他的态度、他的念头偏在哪，比较能够看得清楚，进而你能够去调剂人情，然后发明义理、发明事理，把他的正念给提起来。

再来，做事情"言不可道尽，事不可做尽"。这个做事的分寸很重要，事不可做尽，不要什么好事都往自己身上揽，应该见好就收，功成身退，不要恋战，最后会着名闻利养，还惹来一大堆的毁谤。要带动风气，不为师、不为先，这都是做事很重要的态度，好事多让别人做，事不可做尽。

我们就曾经遇到，这个"做尽"，有的是好事不让别人做，有的是坏事做过头了，所谓"多行不义必自毙"。有一个官员叫奚显度，他负责工程，皇上交代的工程，结果夏天很热，不让工人休息；冬天已经冻得没有办法工作了，他还是苛求。很多人受不了这样的虐待就自杀。他不体恤这些人民，最后他也被处死刑。这样的人做事情铁定会出很多纰漏，最后就被判死刑了。

还有一个监狱的官员，他对自己的下属也很严格，比方交代他一件事情，晚了一天，打五大板，以前衙门里面的板子很大的。结果有一个下属晚了六天，他心里想，这三十大板打下去他就没命了，他就找他的领导商量，可不可以分几次打？结果这个官员就很苛刻，事就做尽，不答应，直接打三十板，活活打死，对自己的下属不仁慈。结果这个下属死亡的消息传回去，他的儿子当场吓死，他的太太，自己的丈夫跟孩子死了，她也自杀。就一个苛刻，三条人命没了。他的下属心里想，可能他会收敛一点，没想到一点都没改变。

所以人反省很重要，不然再大的福报最后还是会折光。你看他这么苛刻，三条人命，他还能继续当官也是很有福报。人假如没有福报，伤害几条生命，他自己的命也没了；很多人有福报乱杀人，他还在那里做皇帝。

人的福报不一样，但真的假如做尽了就折光了。没多久他回到故乡，带着自己的独生儿子回去，就生病，儿子就病得很严重，在病中还在那里叫喊："不要追我，不要追我。"好像有人在要他的命，最后就死了。那他也伤心得最后也没多久就死了。所以"事不可做尽"。

坏事不可做尽，好事也要让大家一起来。我记得有一次我们出去吃饭，结果他们三个人走去付钱，其中一个人把两个人推开，挺粗鲁的，然后就坚持："我付就好了！"我看另外那两个人回来的时候脸色很臭，那你还不如"哎，我们三个人一起来"，不是皆大欢喜？干嘛做事都这么执着自己的意思呢？所以好事也不可做尽，大家一起来，然后功成身退最好，带动风气就好了嘛。可不能做了好事，每一次见到人，"这个事是我先做的，第一个是我！"所以"本来无一物，何处惹尘埃"，不容易。

"言不可道尽"，有时候劝人点到为止，你再过了，他本来还欢喜，你一过了，他恼羞成怒，你前功尽弃。当然因为你的言语柔软的话，你一看这句话他已经皱眉头了，赶快"锵锵锵"鸣金收兵，不要再讲了，见好就收，这个是讲话的分寸。

还有，"绝交不出恶言"，好合要好散。一见面相见欢，结果最后吵架，以后都见面不相识了，那多遗憾？要善始善终，叫好合不如好散。大家缘分尽了，欢欢喜喜，说不定二十年后又见面了，又是一个好的开始。你假如这个缘很不愉快，可能我们心上常常都有一块石头，甚至于一想就生气，甚至于对方每天在诅咒我们，你会觉得怎么耳朵很痒，人家骂你会有磁场、会有念力。所以面对人生所有的事情跟因缘，广结善缘，决不跟人结恶缘、决不跟人结怨，这都是做事相当重要的态度。

接着，我们来谈一下面对事情的态度、心态。什么态度呢？"不怕事，不惹事"。人不敢承担就是怕事，所以人要存公心，存利益天下的心，勇于去承担责任。再来，纵使面对人家的指责、不理解，他也据理力争，因为他要为大众负责、为人民负责。少数人不理解，他也能接受这些批评，"人不知而不愠"，"岂能尽如人意，但求无愧我心"，甚至于为了天下的人，有生命危险他都不怕。大家要了解，明朝时候海瑞要觐见皇帝，已经把棺材买好了。然后那个谏言一去，哇，皇帝暴跳如雷，"他不想活了？"官员说："他已经把棺材都买好了。"皇帝反而有点气不出来。我们看到古代忠臣犯颜直谏。范仲淹直谏好几次，那都有生命危险，被贬得很远。他都已经抱着必死的决心，交代他的子孙在自己的墓地旁边办学教学，继续还是利益天下，都有想到自己可能要面对的情况。

　　当然我们虽不怕事，但是对事不对人。当时候宋朝有一个官员当到宰相，范仲淹画了一个《百官图》，那个《百官图》呈现太多人都是借由宰相的裙带关系去当官。宰相一看到这个奏折，就集了很多力量毁谤范仲淹，结果范仲淹被贬得很远。不久宰相也因事被罢免。后来仁宗重新起用范仲淹，也让那位宰相再度出任。仁宗劝勉范仲淹不计前嫌，范公就强调，当时候纵使是进谏《百官图》，也是对事情，不对任何人起对立冲突。学圣贤教育的人"仁者无敌"。

　　再来，不惹事。"本无事而生事，是谓薄福"，这无事生非铁定是折福的。所以我们处事要大事化小，小事化无。甚至于心量再大，面对任何事情能够开诚布公、尽弃前嫌，以前的事都过去了，不要放在心上，让大家都有这样的心境来一起共事。假如我们自己本身没有错，都能带动这样的风气；自己本身有错呢？首先去赔不是，首先去承认错误，那也能开启大家坦诚相待。不然你不化开这个局面，大家彼此都不信任、都有隔阂，事情怎么办得成？

　　做事的态度第二点，我们刚刚讲第一点不怕事、不惹事，第二点，"一心敬慎"。时时在处理事情非常恭敬每个人、恭敬每件事情，这个敬当中还有什么？花的钱，尤其是公务员，要为国家人民负责、为公众负责，这都是恭敬的表现，能省得一分就是为公家着想。甚至于自己在当公务员，都要对得起国家的俸禄。范仲淹先生他假如觉得今天做事不够尽忠尽力，当天晚上睡不着觉，隔天很早赶快去办公，觉得要补过来自己才心安。

而这个恭敬、谨慎表现在慎始慎终。这个慎始很重要，为什么？人心很受一开始的影响，比方好的开始是成功的一半，你要把士气带起来，"慎于始"。好的印象会直接影响别人对我们的信任，这都是人之常情。所以一个单位接待部很重要，每个人一来，都是接触接待的人员，他假如很有笑容、很亲切、很恭敬，都跟所有的人一开始就结善缘。你假如找一个连笑都笑不出来的，好像人家欠他很多钱，你去让他接待大众，那有点……这样的人你要把他用去管财务，他那个脸，就让每一个人想要去走后门，一看到他，"嗯，算了算了。"用人取其长，要把他的长处用出来。

包含每一个缘分，他假如一开始就能得到很好的叮咛、很好的启示，建立起非常正确的态度，那他整个事情就能够比较圆满，发展得好。比方说，一个人要去念大学，他首先建立对这四年应该有的态度，他不能蹉跎光阴。有些大学生一进去被学长带坏了，跟他说，"university，叫由你玩四年。"那他一开始就被人家误导，就毁掉了。我就是被学长这么讲的，不过我不怪他，因为我自己定力不够，我有爱玩的因，遇到那个缘，所以"行有不得，反求诸己"。但是我要忏悔，我做错了，怎么忏悔？要劝所有有缘的大学生，不要再走我的弯路。那当学长的人、当长辈的人，在你的学弟或者你的晚辈要去念书，你就要告诉他，"这黄金的四年，你要好好提升德行跟能力，你出大学才能报父母的恩、才能报整个国家对你的栽培。"你把那个恩德要入他的心，他就觉得我要好好提升自己，他那四年就不会空过。

包含我们老祖先非常深明这个"慎于始"的重要。所以成年礼，你成年了，应该有什么责任、态度？在那个礼仪当中收摄他的身心。婚礼，婚礼非常隆重，整个过程提起他的责任感。这不是儿戏，"上以事宗庙，下以继后世"，这是社会、国家最重大的一件事，就是婚礼、结婚。因为国家能不能出人才，社会、家族能不能出人才，就在夫妇的相处上，夫妇好合自然能出圣贤子孙。

这个恭敬、谨慎的态度,不要急于求成,这也是谨慎的态度,"勿欲速,勿见小利;欲速则不达,见小利则大事不成"。

第三,做事的态度要深信因果。深信因果,他绝对廉洁不贪污,他知道贪财会感来横祸,这个因果,善因善果,恶因恶报。历史当中有很多例子,比方在魏晋南北朝,有一个人叫阴铿,他为人很善良,有一天他跟朋友在吃饭,他看到服务人员很辛苦,给他们端菜倒酒。他突然就端了一杯酒,然后拿了一些好菜,要请这个服务人员吃。他那些朋友都笑他,说你干什么?他说:"他可能服务的不知道有多少人,连那酒的味道他都没有尝过,因为他穷,哎呀,请他喝一杯嘛。"这个服务员很感动,喝了他那杯酒。结果后来梁武帝时候发生"侯景之乱",很多的贼寇作乱,阴铿就被贼寇给围住,眼看着就没命了,突然有一个人杀出来帮他解围,把贼寇给打退了。他突然捡回一条命,魂不守舍,还没定下心来,赶紧问:"哎呀,这位兄台,我跟你非亲非故,你怎么冒着生命危险救我?"结果对方讲,我就是那个当初你请我喝一杯酒,我感你这一份情谊,刚好遇上就报这个恩。

所以要多请人家吃东西。这个历史当中举不胜举,就因为请人家吃饭,包含春秋时候的赵盾,他就是请一个人吃饭,最后也捡回一条命,那个人帮他杀出重围。所以要广结善缘,不是不报,时候未到,当你在危难、当你在很需要帮助,那些善果就现前了。假如你非常为难、焦头烂额的时候,找人帮忙没人肯,不要生气,要反求诸己,平常没有跟人家结善缘。

这个深信因果要深信到念头,一个恶念都能产生严重的恶果。像有一个读书人,本来考得上进士,但是知道自己考得上,当天晚上起个念头,太太长得不够漂亮,回来要换太太,他就考不上了,一念就把福报给折掉了。人最严重的损德是不孝父母。有个读书人学问也很好,一直考不上,有个高人就提醒他,以前曾经瞪过自己的父亲,所以折掉了福报。当然，假如他肯发自内心至诚的忏悔，我想他也能够转变命运。但从这些事例让我们了解，一个恶念都不能起。要起善念，而且这个善念要为天下的百姓着想，像卫仲达的例子，他一个念头是为天下苍生，他那一个善念的力量超过他四十年造的恶业，这个力量很大。

而这个因果还包含什么？一个人不尽责任，就要负因果。“养不教，父之过；教不严，师之惰”。哪有说我都没有做恶事，所以我没有什么恶报。不尽本分就是做错事情了，就要负责任。以前古人都很明白，你推荐的这个人对国家有害，事情东窗事发了，我是推荐人，我要引咎辞职，我对不起国家。假如皇上下令你还是要为国家做，那当然要听君王的话，那可能国家还是会处分、会降职。所以敦伦尽分是积功累德，不尽本分也是折自己的福报。其实不尽本分就是不孝父母，也是不尊重圣贤、师长的教诲了。其实人不真干就折福了，为什么？糟蹋圣贤、师长的教诲啊，怎么会不折福呢？人最大的福田，孝亲尊师。而尊师表现在哪？依教奉行上。

做事的态度还有一点很重要，不情绪化，叫“凡事不指责，勇敢去负责”。事情已经发生了，在那里指责、发脾气，于事无补，既往不咎。我们复习曾经讲过的一句话，“天地间（“缪彤自挝”有这一段话，非常精辟），除自责自尽外，更无道理矣。”自责，自我反省。这一句话我的心态有没有不对？这一件事我有没有没提醒到的地方、没有尽到力的地方？反省自己。再来，这件事现在是这样了，我还能怎么补救？亡羊补牢，怎么尽我的力。人都时时反省，然后尽忠尽力，他不会把念头放在去指责、去发脾气上，不会的。

再来，做事情要专精，所谓“若要功夫深，铁杵磨成绣花针”，“精进”。你不能学一大堆，什么都好像懂一点，什么都松。就像挖井，你挖了十口井，没有一口井挖到水，不如深挖一口井，所以专心专注非常重要。“事无巨细，不专则不精；业无大小”，你不管做哪个事业，“业无大小，不熟则不巧”，熟能生巧。德国人这一点做得很好，他很多行业，那个公司几百年他都做同一个东西，做到一门深入，谁都比不上他的技术。

再来，做事要有恒心。"日日行，不怕千万里；常常做，不怕千万事"，有恒为成功之本。"天下无难事，只怕有心人"。再来，做事不攀缘、不强求。缘分具足，尽心尽力；缘分不具足，好好提升自己，等缘具足了再去尽力；或者只有七分缘就做七分，只有三分缘做三分。三分缘做七分，攀缘；七分缘做三分，叫不负责任、随便。这个都要审时度势，抓好那个分寸。但是你三分缘你做三分，慢慢那个缘会发展起来，人家就会很信任你，觉得你这个人很有分寸，那个缘也会不断的造得更殊胜。还有一句格言很好，"不自反，看不出一身病痛"，人不能自我反省，看不到自己的问题点；"不耐烦，做不成一件事业"，耐烦也是成就事情很重要的修养。

还有一个很重要的态度，就是做事的时候，时时要为大局着想。格言当中有说到，"任难任之事"，你担任很困难的事，"要有力而无气"，这个事情已经很难成就了，你要带头出力，带动大家的参与投入，甚至是牺牲奉献的态度，有力但是不要生气。事情已经很困难了，我们还发脾气、还跟人摩擦，不是让事情更难发展？真正有大局观的人，不愿意添一丝毫麻烦。"处难处之人"，我们做事不可能不跟人相处，他的性格比较刚烈，"要有知而无言"，很有智慧能了解他的情况，包容，但是不要背后批评，背后批评又传出去，没完没了，这个都是大局观的态度。

我们最后谈对物的态度。首先要爱惜物命，"上天有好生之德"，不能乱伤害生命。我们从小教孩子爱护生命，戒他的杀心，他就仁慈；爱护物品，他就不会糟蹋东西，他就会爱惜东西、他会节俭，俭以养廉，戒他的贪心。所以古人教孩子很有智慧，不要伤害生命，"爱鼠常留饭，怜蛾不点灯"。你说真的昆虫太多到家里来怎么办？把那些引诱他们的东西清干净，然后在外面留一些食物给他们吃，还要真诚沟通就没问题了。我之前跟大家分享过，我们到云南去，看到那一千亩的水梨，它有其中一块就是让昆虫去吃、让鸟去吃，真的其它都没有碰，就吃那一群，而且吃得非常有修养。我去看被吃的那一片果树，那一棵里面，被吃的那一粒吃得很厉害，然后旁边没有吃。所以这些昆虫跟鸟很有修养，它们看这一颗已经被咬两口了，它们就继续接着吃。看到旁边的同伴又咬其它的，"你真没有教养，人家对我们这么好，你也不有职业道德。"为什么? 它都咬同一颗，其它好的还可以去卖。所以万类相感，会感应，你真诚对它，它对你非常和善。

物品，比方说食物，"一粥一饭，当思来处不易; 半丝半缕，恒念物力维艰"。每一个物品背后可能有很多人的血汗，甚至于我们吃的菜，他要种菜可能还得牺牲不少的生命，蚯蚓啊，不小心误杀，所以暴殄天物跟杀生一样的罪恶，所以要爱惜物命。而且人爱惜东西他会节俭、会养廉。他爱惜以后会把省下来的财物去帮助人，提升仁德。爱惜物品的人他会考虑把福、把东西留在后面，不要现在就把它给挥霍掉，他会深谋远虑。而且我们感觉，人怀着一个感恩的心，他对每一个物品都会非常爱惜。比方我们想到，这个衣服阿姨送的、这个帽子姐姐送的、这个眼镜是我哥哥送的，都想着他们的情谊，怎么舍得糟蹋呢? 你越爱惜这个东西，东西越耐用，而且越用觉得越有感情，衣服就不会脏、不会坏。

日本江本胜博士的水实验，你以善念对这个水，它结晶很漂亮。你以善念对一切的物品，包含珍惜所有人对你的爱、对你的付出、对你付出的血汗，你对一切行业都尊重，对一切他们生产的物品都尊重，这些东西不容易坏。而且更有价值，一件衣服你能穿二十年，人家一看到说，"哎呀，学传统文化的特别爱惜物品"，你还给圣贤脸上贴金。

第二，不浪费资源。我们古人敬天敬地、敬山敬河，觉得一切资源都不是理所当然，都应该怀着感恩的心去接受。甚至于自己丰收的时候，都要感谢天地万物，所以很多祭祀都是祭祀万物的恩德，非常可贵。现在的人没有这样的心境，对大自然予取予求，对山林滥砍滥伐，最后得的恶果，什么土石流、泥石流，全部是我们自己不尊重天地万物所造成的恶果。这不是天灾，都是人心坏了造成的。

再来，对物品知足常乐。人，家财万贯，一天还是吃三餐就好，不然会吃出病来了；"广厦千间，夜眠六尺"，你房子再多，每天也是睡一张床吧？有没有人说："我有六间房子，我每一个小时睡一间，反正我就是要告诉别人，怎样？我就是房子多！"保证他得脑神经衰弱。知足常乐，够用就好了，为什么？人生的意义是成就自己的智慧、提升自己的灵性，而不是追求这些外在的欲望，变成欲望的奴隶。不做圣人，去做奴隶，多可悲！

所以"身在万物中，心在万物上"。《荀子》讲："君子役物，小人役于物"。君子是去享用这些物质；小人是虚荣，欲望不能满足，最后所有的日子都是拼命赚钱去还钱、去还贷款，那何苦来哉？现在都市的人忙了一辈子，好像都不得清闲，所以家累很多。真正冷静的人，才不会追逐这些东西，最后把自己累得半死，反而要什么？不要吝啬，要肯布施。人生面对所有外在物质的享受，甚至于所遇到的一切亲人的缘分、朋友的缘分都不要增长贪求，要珍惜、要感恩。不要变成强求，还觉得要变成应该的、理所当然，那就堕落了。彼此有缘珍惜这一份情谊，缘尽了不要去强求，甚至去伤害别人，这个都是很愚痴的。

再讲一个重要的观念，就是对一切物品，我们只有使用权，不要有所有权，不然心里面常常一大堆负担、挂碍。不要说要留多少东西给下一代，那也很傻，"人遗子，金满籝；我教子，惟一经"。留智慧、留经典给孩子，现在人不懂，留一大堆钱财。很多企业家留钱财，最后死了以后棺材都没有下葬，孩子争财产争了好几年，摆不平，这是留钱给子孙冲突。所以老祖宗创字，"钱"字怎么写？金的旁边两支刀。所以这个财物，多布施出去给子孙修阴德，不要留下来给他们争争吵吵。

最后以一句邵康节先生的一段话跟大家共勉，我感觉他这个心境对人、对事、对物，都是常存一个感恩祝福的心。他说到，"每天清晨一炷香"，他早上起来，可能是三点到五点就起来了，清晨一炷香，"谢天谢地谢君王"，他感谢天地、感谢国家，因为没有发生兵祸，假如发生兵祸了，那可能就妻离子散都不一定。所以人往往在没有兵祸的时候不知道感恩，真的发生战争才知道有国家的保护是多么的可贵，人往往在失去的时候才知道珍惜。所以这些话都提醒我们，时时要感恩国家，"每天清晨一炷香，谢天谢地谢君王"。"但求处处田禾熟"，就是每一个地方都丰收，"但求处处田禾熟，惟愿人人寿命长；国有贤臣安社稷，家无逆子恼爹娘；四方宁静干戈息，我若贫时也无妨"。我假如很贫穷，我也觉得很欢喜，因为天下太平。我们以这样的心境来祝福天下、祝福国家、祝福每一个人。大家也可以从明天开始，每天清晨一炷香，我们心量很大，量大福就大。

好，"做孩子一生的贵人"这个主题，就跟大家交流到这里。谢谢大家！